BIBLIOTHÈQUE LATINE-FRANÇAISE

PUBLIÉE

PAR

C. L. F. PANCKOUCKE.

OEUVRES

DE C. C. TACITE

TRADUITES

PAR C. L. F. PANCKOUCKE.

HISTOIRES

TOME SECOND ET DERNIER.

PARIS

C. L. F. PANCKOUCKE

MEMBRE DE L'ORDRE ROYAL DE LA LÉGION D'HONNEUR
ÉDITEUR, RUE DES POITEVINS, N° 14.

M DCCC XXXI.

BIBLIOTHÈQUE
LATINE-FRANÇAISE

PUBLIÉE

PAR

C. L. F. PANCKOUCKE.

IMPRIMERIE DE C. L. F. PANCKOUCKE,
RUE DES POITEVINS, N° 14.

OEUVRES

DE

C. C. TACITE

TRADUITES

PAR C. L. F. PANCKOUCKE.

HISTOIRES

TOME DEUXIÈME.

PARIS
C. L. F. PANCKOUCKE
MEMBRE DE L'ORDRE ROYAL DE LA LÉGION D'HONNEUR
ÉDITEUR, RUE DES POITEVINS, N° 14.

M DCCC XXXI.

HISTOIRES DE C. C. TACITE.

LIVRE III.

I. « Meliore fato fideque partium Flavianarum duces consilia belli tractabant : Petovionem in hiberna tertiædecimæ legionis convenerant : illic agitavere, placeretne obstrui Pannoniæ Alpes, donec a tergo vires universæ consurgerent; an ire cominus et certare pro Italia constantius foret. »

« Les généraux du parti Flavien concertaient avec un zèle plus fidèle et un meilleur destin les opérations de la guerre. Réunis à Pettau, quartier d'hiver de la treizième légion, ils y délibérèrent s'ils garderaient les passages des Alpes pannoniennes, jusqu'à ce que toutes leurs forces fussent levées derrière eux, ou s'il ne serait pas d'un courage plus ferme d'aller droit à l'ennemi et de lui disputer l'Italie. »
M. Burnouf.

Un meilleur destin et plus de fidélité inspiraient les chefs qui dirigeaient la guerre pour le parti Flavien : ils s'étaient réunis à Petovion, quartier d'hiver de la treizième légion. Là, ils délibérèrent s'il ne convenait pas de fermer les Alpes de Pannonie jusqu'à ce que toutes leurs forces se fussent levées à la fois derrière eux, ou si l'on ne montrerait pas plus de résolution en marchant en avant pour combattre et disputer l'Italie.
C. L. F. Panckoucke.

II. « Nisi quis retinet, idem suasor auctorque consilii ero. Vos, quibus fortuna in integro est, legiones continete : mihi expeditæ cohortes sufficient. Jam reseratam Italiam, impulsas Vitellii res audietis; juvabit sequi et vestigiis vincentis insistere. »

« Si personne ne m'arrête, ce conseil que je donne mon bras l'exécutera. « Vous dont le sort est encore en vos mains, tenez ici les légions; des cohortes « légères sont tout ce qu'il me faut. Bientôt vous entendrez dire que l'Italie est « ouverte et la fortune de Vitellius sur le penchant de sa ruine. Ce vous sera « plaisir alors de me suivre et de marcher sur les traces du vainqueur. »
M. Burnouf.

« A moins d'être retenu, ce que je conseille, je vais l'exécuter. Vous, qui n'avez pas compromis votre destinée, contenez les légions : des cohortes légères me suffiront. Vous entendrez bientôt la renommée dire que l'Italie est ouverte, que la fortune de Vitellius est renversée; alors vous voudrez me suivre et marcher sur mes pas victorieux. »
C. L. F. Panckoucke.

III. « Non, ut plerique, incerta disseruit, huc illuc tracturus interpretationem prout conduxisset; aperte descendisse in causam videbatur, eoque gratior militibus erat, culpæ vel gloriæ socius. »

« Là, au lieu de tenir comme les autres un langage équivoque, qu'il pût un jour interpréter au gré de sa politique, il s'était déclaré avec une franchise qui le rendait cher aux soldats, comme le complice de leur faute ou le compagnon de leur gloire. » M. BURNOUF.

Son opinion n'y fut pas, comme celle de la plupart, en termes ambigus, dont le sens pouvait s'interpréter selon l'évènement; on le vit se lancer ouvertement dans l'entreprise; aussi se fit-il chérir bien plus des soldats en s'associant tout entier à leur crime ou à leur gloire. C. L. F. PANCKOUCKE.

X. « Rapiuntur arma, et ut proditionis ira militum in T. Ampium Flavianum incubuit : nullo criminis argumento, sed jam pridem invisus, turbine quodam ad exitium poscebatur : propinquum Vitellii, proditorem Othonis, interceptorem donativi clamitabant. Nec defensioni locus, quanquam supplices manus tenderet, humi plerumque stratus, lacera veste, pectus atque ora singultu quatiens : id ipsum apud infensos incitamentum erat, tanquam nimius pavor conscientiam argueret. Obturbabatur militum vocibus Aponius, quum loqui cœptaret : fremitu et clamore ceteros adspernantur : uni Antonio apertæ militum aures; namque et facundia aderat, mulcendique vulgum artes et auctoritas. Ubi crudescere seditio, et a conviciis et probris ad tela et manus transibant, injici catenas Flaviano jubet. Sensit ludibrium miles, disjectisque qui tribunal tuebantur, extrema vis parabatur. Opposuit sinum Antonius, stricto ferro, aut militum se manibus, aut suis, moriturum obtestans : ut quemque notum, et aliquo militari decore insignem adspexerat, ad ferendam opem nomine ciens; mox conversus ad signa, et bellorum deos, hostium potius exercitibus illum furorem, illam discordiam injicerent, orabat. »

« On court aux armes, et la vengeance du soldat qui se croit trahi tombant sur Ampius Flavianus, irréprochable dans ses actions, mais haï de longue main, une troupe furieuse l'enveloppe comme un tourbillon et demande sa mort. Mille cris l'accusent à la fois d'être parent de Vitellius, traître à Othon, et d'avoir détourné à son profit les largesses du prince. Et nul moyen pour lui de se justifier : en vain il levait des mains suppliantes, prosterné dans la poussière, déchirant ses vêtemens, le visage en pleurs et la poitrine suffoquée de sanglots; son désespoir même redoublait la colère des mutins, qui prenaient cet excès de frayeur pour le cri de la conscience. Des clameurs tumultueuses étouffent la voix d'Aponius, quand il essaie de parler; on repousse les autres chefs par des frémissemens et des murmures. Les oreilles des soldats n'étaient ouvertes que pour Antonius; il avait de l'éloquence, un art merveilleux pour adoucir la multitude et beaucoup d'empire sur les esprits. Quand il vit la sédition s'échauffer de plus en plus et en venir des reproches et des invectives aux voies de fait et aux armes, il ordonna que Flavianus fût chargé de fers. Le soldat comprit la ruse. Les gardes qui défendaient le tribunal sont dispersés, et on allait se porter aux dernières violences : Antonius présente son sein à ces furieux, tenant son épée nue et protestant qu'il périra de leurs mains ou des siennes. A mesure qu'il aperçoit un soldat connu de lui ou revêtu de quelques décorations militaires, il l'appelle par son nom et réclame son secours. Enfin se tournant vers les enseignes et les dieux des légions, il les conjure d'envoyer plutôt aux ennemis cet esprit de discorde et de fureur. » M. BURNOUF.

On court aux armes : la colère du soldat, qui se croit trahi, tombe sur T. Ampius Flavianus, et, sans nulle preuve de son crime, un groupe l'enveloppe et demande sa mort : depuis long-temps il était détesté. On s'écrie : c'est le parent de Vitellius : il fut traître à Othon, il a intercepté les gratifications. On ne lui donne pas le temps de se défendre. En vain tendait-il ses mains suppliantes, prosterné dans la poussière, déchirant ses vêtemens, se frappant la poitrine et poussant des sanglots : ce qui irritait encore plus ces furieux, qui crurent cet excès de frayeur l'effet de ses remords. Les cris des soldats interrompaient Aponius dès qu'il commençait à parler; des frémissemens et des clameurs repoussaient les autres chefs. A Antonius seul les soldats daignaient prêter l'oreille, car il avait et de l'éloquence, et l'art d'adoucir la multitude, et de l'autorité. Dès qu'il vit la sédition prendre de la consistance, et que des insultes et des outrages on en venait aux voies de fait et aux armes, il ordonne que Flavianus soit chargé de chaînes. Le soldat s'aperçut qu'on le jouait, et renversant ceux qui défendaient le tribunal, il se préparait aux dernières violences : Antonius présente sa poitrine, tire son épée, et déclare aux factieux qu'il périra de leurs mains ou de la sienne. Sitôt qu'il aperçoit un soldat qu'il connait ou décoré de quelque insigne militaire, il le somme nommément de lui prêter secours; ensuite, se tournant vers les enseignes et les dieux des combats, il les conjure de frapper plutôt les armées ennemies de ces fureurs et de ces dissensions. C. L. F. PANCKOUCKE.

XVII. « Nullum, in illa trepidatione, Antonius constantis ducis, aut fortissimi militis, officium omisit : occursare paventibus; retinere cedentes : ubi plurimus labor, unde aliqua spes, consilio, manu, voce, insignis hosti, conspicuus suis : eo postremo ardoris provectus est, ut vexillarium fugientem hasta transverberaret : mox raptum vexillum in hostem vertit. »

« Antonius n'omit dans ce désordre aucun des devoirs d'un habile capitaine et d'un intrépide soldat. Il court à ceux qui chancèlent, retient ceux qui lâchent pied; partout où le danger redouble, partout où s'offre quelque espoir, il ordonne, combat, encourage, toujours en vue à l'ennemi, en spectacle aux siens. Il alla, dans l'excès de son ardeur, jusqu'à percer de sa lance un porte-enseigne qui fuyait; puis il saisit le drapeau et le porta en avant. »

M. BURNOUF.

En ce tumulte, Antonius remplit à la fois tous les devoirs du général le plus ferme et du soldat le plus intrépide : il accourt au devant de ceux qui s'intimident, arrête ceux qui plient; là où est le plus grand péril, quelque reste d'espoir, il conseille, il dirige, il exhorte, partout l'ennemi le remarque, partout il est visible aux siens; enfin, dans son ardeur, il perce de sa lance un porte-enseigne qui fuyait, et, saisissant l'étendard, il le tourne contre l'ennemi.

C. L. F. Panckoucke.

XXXIII. « Utque exercitu, vario linguis, moribus, cui cives, socii, externi interessent, diversæ cupidines, et aliud cuique fas, nec quidquam illicitum. »

« Dans cette armée, de langues et de mœurs différentes, assemblage de citoyens, d'alliés, de barbares, s'agitaient mille passions diverses; la morale variait d'homme à homme, et il n'était pas de crime qui ne fût autorisé. »

M. Burnouf.

Et comme, dans cette armée, la diversité de langage et de mœurs, le mélange de citoyens, d'alliés et d'étrangers formaient mille passions, chacun y avait sa morale particulière, et rien n'y parut illicite.   C. L. F. Panckoucke.

XXXVI. « At Vitellius, profecto Cæcina, quum Fabium Valentem, paucis post diebus, ad bellum impulisset, curis luxum obtendebat : non parare arma, non adloquio exercitioque militem firmare, non in ore vulgi agere : sed umbraculis hortorum abditus, ut ignava animalia, quibus si cibum suggeras, jacent torpentque, præterita, instantia, futura, pari oblivione dimiserat. »

« Cependant, lorsque Cécina fut parti pour la guerre, Vitellius content d'y avoir, au bout de quelques jours, poussé Valens après lui, couvrait ses embarras du faste de ses plaisirs : il ne songe ni à préparer des armes ni à fortifier le soldat par l'exercice et les exhortations, ni à se montrer aux yeux du peuple. Caché sous les ombrages de ses jardins, semblable à ces animaux paresseux qui demeurent couchés et engourdis tant qu'on leur fournit de la pâture, il avait également banni de sa pensée le présent, le passé, l'avenir. »

M. Burnouf.

Cependant Vitellius, depuis le départ de Cécina, et ayant, peu de jours après, déterminé Fabius Valens à se rendre à l'armée, voilait ses soucis du faste de sa cour. Il ne prépare point des armes, ne fortifie le soldat ni par des exhortations ni par l'exercice, ne se montre ni n'agit en public; mais, caché sous les ombrages de ses jardins, semblable à ces animaux sans énergie, qui, pourvu qu'on fournisse à leur pâture, gisent et dorment engourdis, il met dans un égal oubli le passé, le présent, l'avenir.   C. L. F. Panckoucke.

XLIX. « Dum hac totius orbis mutatione fortuna imperii transit, Primus Antonius nequaquam pari innocentia post Cremonam agebat; satisfactum bello ratus et cetera ex facili, seu felicitas in tali ingenio avaritiam, superbiam, ceteraque occulta mala patefecit : ut captam, Italiam persultare; ut suas, legiones colere; omnibus dictis factisque viam sibi ad potentiam struere : utque licentia militem imbueret, interfectorum centurionum ordines legionibus offerebat. »

« Pendant que la fortune de l'empire se déplaçait en remuant l'univers, la conduite d'Antonius était devenue, après Crémone, bien moins irréprochable; soit qu'il crût avoir assez fait pour la guerre, et que le reste s'achèverait de soi-même; soit que, dans une âme comme la sienne, la prospérité eût mis à nu l'avarice, l'orgueil et tous les vices qui se cachaient d'abord. Il foulait aux pieds l'Italie comme une terre de conquête; il ménageait les légions comme sa propriété. Nulle parole, nulle action qui n'eût pour but d'établir sa puissance. Pour infecter les soldats de l'esprit de licence, il livrait aux légions le remplacement des centurions tués. »   M. Burnouf.

Tandis que, par ce bouleversement du monde entier, la fortune de l'empire passe en d'autres mains, Antonius, depuis la prise de Crémone, n'avait pas une conduite irréprochable, soit qu'il fût persuadé qu'il avait assez fait pour la guerre, et que le reste serait facile, soit que la prospérité eût mis à découvert, dans un tel caractère, l'avarice, l'orgueil, et d'autres vices d'abord cachés. Il insulte à l'Italie comme à une conquête. Il s'attache les légions comme siennes; toutes ses paroles, toutes ses actions, tendent à élever son pouvoir, et, pour que le soldat fût imbu de toutes dispositions à la licence, il offrait aux légions de remplacer à leur gré les centurions morts.   C. L. F. Panckoucke.

LIII. « Nec sermonibus temperabat, immodicus lingua, et obsequii insolens : litteras ad Vespasianum composuit, jactantius quam ad principem, nec sine occulta in Mucianum insectatione : « Se pannonicas legiones in arma egisse; suis stimulis excitos Mœsiæ duces : sua constantia perruptas Alpes, occupatam Italiam, intersepta Germanorum Rhætorumque auxilia. Quod discordes dispersasque Vitellii legiones equestri procella, mox peditum vi, per diem noctemque, fudisset, id pulcherrimum et sui operis. Casum Cremonæ bello imputandum : majore damno, plurium urbium excidiis, veteres civium discordias reipublicæ stetisse. Non se nuntiis, neque epistolis, sed manu et armis imperatori suo militare. »

« Et il ne ménageait pas ses paroles, incapable de modérer sa langue, et peu accoutumé aux déférences. Il écrivit à Vespasien avec plus de jactance qu'on n'écrit à un prince, et sans épargner contre Mucien les attaques détournées : « C'était lui Antonius qui avait armé les légions pannoniennes; lui qui avait

« éveillé le zèle des commandans de Mésie; lui dont l'audace avait ouvert les
« Alpes, envahi l'Italie, fermé le passage aux Rhètes et aux Germains. Si la
« cavalerie avait fondu comme la tempête sur les légions éparses et mal unies
« de Vitellius, si l'infanterie avait continué de les battre tout le jour et la nuit
« suivante, ce beau fait d'armes était son ouvrage. Quant au malheur de Cré-
« mone, il le fallait imputer à la guerre; les anciennes discordes des citoyens
« avaient coûté plus cher à la république et ruiné plus de villes. Ce n'était
« point par des messages et des lettres, mais de son bras et de ses armes qu'il
« servait son empereur. » M. BURNOUF.

Il parlait sans modération, sa langue ne connaissait aucune retenue, et son
caractère aucune déférence; il adressa à Vespasien une lettre remplie d'une
jactance inconvenante vis-à-vis du prince, et de déclamations indirectes contre
Mucien. « C'était lui Antonius qui avait fait courir aux armes les légions pannoniques; c'était par ses instances que les généraux de Mésie s'étaient déclarés;
par sa fermeté que les Alpes avaient été franchies, l'Italie occupée, les auxiliaires de Germanie et de Rhétie interceptés : si les légions de Vitellius avaient
été en proie à la discorde; si une attaque de cavalerie, semblable à la tempête, les avait dispersées; si l'infanterie les avait, durant un jour et une nuit,
entièrement écrasées : c'étaient là de très-magnifiques exploits, et ils étaient
son ouvrage. Le désastre de Crémone devait être imputé à la guerre. Les anciennes discordes des citoyens avaient coûté à la république plus de calamités,
la ruine de plus de villes. Ce n'était pas, lui, avec des courriers et des missives
qu'il servait son empereur, mais avec son bras et son épée. »
C. L. F. PANCKOUCKE.

LVI. « Sed præcipuum ipse Vitellius ostentum erat, ignarus militiæ,
improvidus consilii, quis ordo agminis, quæ cura explorandi, quantus urgendo
trahendove bello modus; alios rogitans, et ad omnes nuntios vultu quoque et
incessu trepidus, dein temulentus. »

« Mais le premier des phénomènes sinistres, c'était Vitellius lui-même, sans
connaissance de la guerre, incapable de prévoyance, ne sachant ni régler une
marche, ni comment on s'éclaire, ni dans quelle mesure il convient de se hâter
ou de temporiser, réduit à questionner sans cesse, et, à chaque nouvelle, pâ-
lissant, perdant contenance, puis s'enivrant. » M. BURNOUF.

Mais le présage le plus remarquable était Vitellius lui-même, ignorant l'art
de la guerre, imprévoyant en ses desseins; ne sachant en quel ordre doit marcher une armée, comment l'on observe l'ennemi, quelles mesures sont utiles
pour hâter ou retarder les combats; questionnant sans cesse, à toutes nouvelles
son visage pâlissait, ses genoux tremblaient, et il finissait par se plonger dans
l'ivresse. C. L. F. PANCKOUCKE.

LVIII. « Ipse æger animi, studiis militum et clamoribus populi, arma poscentis, refovebatur : dum vulgus ignavum, et nihil ultra verba ausurum, falsa specie *exercitum* et *legiones* adpellat. Hortantibus libertis, nam amicorum ejus quanto quis clarior, minus fidus, vocari *tribus* jubet. Dantes nomina sacramento adigit : superfluente multitudine curam delectus in consules partitur. Servorum numerum et pondus argenti senatoribus indicit. Equites romani obtulere operam pecuniasque, etiam libertinis idem munus ultro flagitantibus. Ea simulatio officii, a metu profecta, verterat in favorem. Et plerique haud perinde Vitellium, quam casum locumque principatus, miserabantur : nec deerat ipse, vultu, voce, lacrymis, misericordiam elicere; largus promissis, et, quæ natura trepidantium est, immodicus. »

« Pour lui, en proie à toutes les souffrances de l'âme, il était soulagé par l'empressement des soldats et les cris du peuple qui demandait des armes ; et, dans son illusion, il donnait à un vil amas de lâches, incapables de rien oser au-delà des paroles, le nom d'armée et de légions. D'après le conseil de ses affranchis (car c'était aux plus distingués de ses amis qu'il se fiait le moins), il convoque les tribus et reçoit le serment à mesure qu'on s'enrôle. Comme l'affluence était sans bornes, il partage entre les deux consuls le soin de faire un choix. Il impose aux sénateurs une contribution déterminée en esclaves et en argent; les chevaliers romains offrirent aussi des bras et de l'or. Les affranchis eux-mêmes sollicitèrent leur part de ces charges. Cette scène de dévouement, née de la crainte, avait produit l'enthousiasme. La plupart plaignaient moins Vitellius, que le rang suprême avili dans sa personne ; et lui, de ses regards, de sa voix, de ses larmes, ne manquait pas d'implorer la pitié, généreux en promesses, prodigue même, comme tous ceux qui ont peur. » M. Burnouf.

Son esprit était souffrant : le zèle des soldats et les clameurs du peuple, qui demandait des armes, le ranimèrent : dans son illusion, il nomme cette foule sans courage, qui n'a d'audace que dans ses paroles, une armée et des légions. Sur les exhortations de ses affranchis, car plus ses amis étaient distingués, moins il s'y fiait, il ordonne aux tribus de s'assembler. Il prend les noms et reçoit les sermens. Comme le nombre en était excessif, il partage entre les consuls le soin de faire un choix. Il fixe, pour les sénateurs, une contribution en esclaves et en argent. Les chevaliers romains offrirent leur épée et leur fortune ; les affranchis sollicitèrent d'eux-mêmes un semblable honneur. Ce dévouement simulé, qui ne partait que de la crainte, s'était changé en enthousiasme, et sans doute la plupart ne s'apitoyaient pas tant sur Vitellius que sur le sort qui menaçait le rang et le pouvoir impérial ; et lui, de ses regards, de ses paroles, de ses larmes, ne manquait pas de solliciter la compassion, faisant à tous des promesses, et, ce qui est le caractère de l'effroi, les prodiguant sans mesure.

C. L. F. Panckoucke.

LXVIII. « Nec quisquam adeo rerum humanarum immemor, quem non commoveret illa facies : romanum principem, et generis humani paullo ante dominum, relicta fortunæ suæ sede, per populum, per urbem, exire de imperio. Nihil tale viderant, nihil audierant. »

« Il n'y avait pas de cœur assez oublieux des vicissitudes humaines pour n'être pas ému de compassion en voyant un empereur romain, naguère maître du monde, quitter le séjour de sa grandeur, et, à travers le peuple, à travers la ville consternée, descendre de l'empire. On n'avait jamais vu, jamais ouï rien de pareil. » M. Burnouf.

Et personne ne put assez oublier les vicissitudes humaines pour n'être pas ému à un tel spectacle : l'empereur des Romains, naguère le dominateur du genre humain, abandonnant le théâtre de sa grandeur, allait, au milieu de son peuple, dans sa capitale, descendre de l'empire. Rien de tel n'avait été vu, n'avait été entendu. C. L. F. Panckoucke.

LXXX. « Eo successu studia populi aucta : vulgus urbanum arma cepit. Paucis scuta militaria, plures raptis quod cuique obvium telis, signum pugnæ exposcunt. Agit grates Vitellius, et ad tuendam urbem prorumpere jubet. »

« Ce succès augmenta l'ardeur de la multitude ; la populace de Rome prit les armes : peu avaient des boucliers ; la plupart saisirent tout ce qui leur tombait sous la main et demandèrent le signal du combat. Vitellius les remercie et leur ordonne de courir à la défense de la ville. » M. Burnouf.

A ce succès, le zèle du peuple s'enflamme, la populace de Rome court aux armes : quelques-uns portaient des boucliers, la plupart s'étaient saisis des traits qu'ils avaient trouvés : ils demandent le signal du combat. Vitellius les en remercie, et ordonne de sortir pour défendre Rome.

C. L. F. Panckoucke.

LIVRE IV.

I. « Interfecto Vitellio, bellum magis desierat, quam pax cœperat. Armati per urbem victores implacabili odio victos consectabantur : plenæ cædibus viæ, cruenta fora templaque, passim trucidatis, ut quemque fors obtulerat. Ac mox, augescente licentia, scrutari ac protrahere abditos : si quem procerum habitu et juventa conspexerant, obtruncare, nullo militum aut populi discrimine. »

« La mort de Vitellius avait fini la guerre plutôt que rétabli la paix. Les vainqueurs, en armes dans la ville, poursuivaient les vaincus avec un acharnement implacable. Les rues étaient pleines de meurtres ; le sang rougissait les places et les temples. On avait égorgé d'abord tout ce qu'offrait le hasard ; bientôt, la licence croissant de plus en plus, on arracha ceux qui se cachaient du fond de leurs retraites. Si quelqu'un se rencontrait jeune et de haute taille, homme du peuple ou soldat, il était massacré. » M. Burnouf.

Vitellius tué, la guerre avait cessé plutôt que la paix n'avait commencé. Les vainqueurs, en armes, poursuivaient, à travers la ville, les vaincus avec une haine implacable. Les rues étaient pleines de carnage : les places, les temples étaient ensanglantés ; çà et là gisaient égorgés ceux que le hasard avait livrés ; et bientôt, dans l'accroissement de leur rage, ils recherchent, ils entraînent ceux qui se tenaient cachés. Si un homme jeune et d'une taille élevée est aperçu, ils le massacrent sans distinction du soldat ou du citoyen.

C. L. F. Panckoucke.

VII. « Sed Marcelli studium proprius rubor excitabat, ne, aliis electis, posthabitus crederetur; paullatimque per altercationem ad continuas et infestas orationes provecti sunt, quærente Helvidio, quid ita Marcellus judicium magistratuum pavesceret? esse illi pecuniam et eloquentiam, quis multos anteiret, ni memoria flagitiorum urgeretur : sorte et urna mores non discerni : suffragia et existimationem senatus reperta, ut in cujusque vitam famamque penetrarent : pertinere ad utilitatem reipublicæ, pertinere ad Vespasiani honorem, occurrere illi, quos innocentissimos senatus habeat, qui honestis sermonibus aures imperatoris imbuant. »

« Un intérêt de vanité animait Marcellus : il craignait qu'un choix où il ne serait pas compris ne parût une exclusion personnelle. Dans la chaleur croissante de l'attaque et de la réplique, ils en vinrent à des discours suivis et pleins d'animosité. Helvidius demanda « pourquoi Marcellus redoutait à ce « point le jugement des magistrats. N'avait-il pas sur tant d'autres l'avantage des « richesses et de l'éloquence? mais une conscience souillée le poursuivait de ses « reproches. L'urne et le sort ne faisaient pas acception des mœurs ; les suffrages « et l'examen du sénat avaient été institués pour pénétrer dans la vie et la ré- « putation de chacun. Il importait à la république, il importait à l'honneur de « Vespasien, qu'on envoyât au-devant de lui ce que cet ordre avait de plus « irréprochable, des hommes dont le langage laissât dans l'esprit de l'empereur « des impressions honnêtes. » M. Burnouf.

Mais la crainte d'un affront stimulait plus particulièrement Marcellus, qui appréhendait que le choix d'autres personnes n'indiquât qu'on lui portait moins d'estime, et peu à peu, d'altercations en altercations, ils en vinrent à des harangues en forme et pleines d'animosité. Helvidius demandait : « Pourquoi Marcellus s'épouvante-t-il ainsi du choix des magistrats ? Par ses richesses et son éloquence, il est au dessus des autres, à moins qu'il ne se sente lui-même abaissé par le remords de ses infamies. L'urne et ses hasards ne prononcent pas sur les mœurs; mais les suffrages et l'examen du sénat, on y a recours pour pénétrer jusque dans la vie et dans la réputation de chacun. Il sera utile pour la république, il sera honorable pour Vespasien, que ceux-là seulement viennent à lui, qui, jugés les plus purs par le sénat, feront entendre à ses oreilles les accens de la vertu. » C. L. F. PANCKOUCKE.

XXIX. « Congestis circum lignis accensisque, simul epulantes, ut quisque vino incaluerat, ad pugnam temeritate inani ferebantur. Quippe ipsorum tela per tenebras vana : Romani conspicuam barbarorum aciem, et, si quis audacia aut insignibus effulgens, ad ictum destinabant. Intellectum id Civili : et, restincto igne, misceri cuncta tenebris et armis jubet. Tum vero strepitus dissoni, casus incerti, neque feriendi, neque declinandi providentia. Unde clamor acciderat, circumagere corpora, tendere arcus : nihil prodesse virtus, fors cuncta turbare, et ignavorum sæpe telis fortissimi cadere. »

« Les barbares ayant allumé de grands feux se mettent à manger à l'entour, et, à mesure que le vin les échauffe, ils courent à l'assaut avec un téméraire et vain emportement. Leurs coups s'égaraient parmi les ténèbres; ceux des Romains allaient chercher, dans ces bandes éclairées par la flamme, les hommes que signalaient le plus leur audace ou l'éclat de leur parure guerrière. Civilis s'en aperçut : il fit éteindre les feux et ajouter les horreurs de la nuit aux horreurs du combat. Ce ne furent plus alors que bruits discordans, chances inattendues : on ne voit ni à diriger, ni à parer les traits. Un cri arrive-t-il d'un côté? c'est par là qu'on se tourne, c'est là que visent tous les arcs. Le courage est une arme inutile; le sort a tout confondu, et le plus brave périt souvent par la main du plus lâche. » M. BURNOUF.

Ils forment autour d'eux des amas de bois, les enflamment; en même temps ils se livrent aux festins, et, dès qu'ils sont échauffés par le vin, ils courent au combat, emportés par une vaine témérité; car leurs traits s'égaraient à travers les ténèbres. Les Romains, pour qui les barbares étaient visibles, dès que l'un d'eux se faisait remarquer par son audace ou par l'éclat de ses décorations, le prenaient pour but de leurs coups. Civilis s'en aperçoit, fait éteindre les feux, et ordonne que partout les ténèbres enveloppent les combattans. Alors des cris discordans, tous les effets du hasard : la prudence ne dirige plus, n'évite plus : d'où part un cri, on s'y tourne, les arcs y sont tendus; le courage ne sert de rien, le hasard confond tout, et souvent les plus braves tombent sous les traits des plus lâches. C. L. F. PANCKOUCKE.

SOMMAIRES[1]

DES HISTOIRES DE C. C. TACITE.

LIVRE III.

Chap. I. Délibération des généraux de Vespasien. Plusieurs proposent de ne point se hâter.

II. Antonius Primus répond que la célérité assurera le succès.

III. Son discours. Il est désigné comme le seul héros, le seul général.

IV. Cornelius Fuscus, procurateur, exerce après lui le plus d'influence. Le consulaire Flavianus en butte aux soupçons des soldats.

V. On attire dans le parti les chefs des Sarmates et des Suèves. Dispositions de l'armée.

VI. Antonius et son collègue Varus s'avancent sur l'Italie; s'emparent de plusieurs villes; surprennent trois cohortes de Vitellius.

VII. A cet heureux début, deux légions se joignent à Antonius. Il rétablit les images de Galba.

VIII. Il choisit Vérone pour théâtre de la guerre, prend Vicence, s'avance contre les avis de Vespasien et de Mucien.

IX. Cécina établit un camp à Hostilia, bourg tenant à Vérone; il écrit aux chefs du parti de Vespasien; leur réponse.

X. L'armée de Vespasien s'occupe à enfermer le camp de Cécina par une ligne de circonvallation; fausse

[1] Page 39 du tome Ier des Histoires, j'ai expliqué par quelle raison j'avais cru devoir établir de *nouveaux* sommaires pour toutes les OEuvres de Tacite.

terreur; danger de T. Ampius Flavianus. Il est sauvé par Antonius.

XI. Aponius Saturninus est à son tour menacé de la fureur des soldats. Il s'enfuit. L'absence de ces deux consulaires laisse toute l'autorité à Antonius.

XII. La discorde agite le parti de Vitellius.

XIII. Cécina le trahit.

XIV. Indignation de l'armée. Cécina chargé de chaînes.

XV. Antonius, instruit de ces évènemens, hâte sa marche et vient à Bédriac.

XVI. Varus s'élance imprudemment contre l'ennemi. Il est repoussé. Sages dispositions d'Antonius.

XVII. Antonius remplit à la fois les devoirs de général et de soldat. Les Vitelliens sont mis en fuite.

XVIII. Deux autres légions Vitelliennes qui survenaient sont enfoncées et se retirent dans Crémone.

XIX. Antonius s'arrête : ses soldats demandent l'assaut et le pillage de Crémone.

XX. Antonius les modère; son discours; il envoie chercher à Bédriac les machines de siège.

XXI. L'armée Vitellienne survient. Dispositions et désordre de l'armée d'Antonius.

XXII. Bataille nocturne.

XXIII. Antonius fait avancer les prétoriens. Dévouement de deux soldats.

XXIV. Antonius exhorte et anime les siens. Le soleil se lève : la troisième légion le salue suivant l'usage de Syrie.

XXV. Erreur des Vitelliens : ils sont battus.

XXVI. Antonius hésite devant les remparts de Crémone ; ses soldats préfèrent les périls aux retards.

XXVII. Siège de Crémone.

XXVIII. Découragement des soldats. On leur promet le pillage de Crémone.

XXIX. Attaque opiniâtre.

XXX. Difficultés. Incendie des environs de la ville.

XXXI. Soumission de Crémone. Cécina, délivré de ses fers, est envoyé vers Vespasien.

XXXII. Incendie de Crémone.
XXXIII. Pillages et massacres pendant quatre jours.
XXXIV. Histoire de Crémone.
XXXV. Les légions qui la défendaient sont dispersées.
XXXVI. Apathie de Vitellius.
XXXVII. Son discours au sénat. Flatteries des sénateurs.
XXXVIII. Accusation de Junius Blésus.
XXXIX. Vitellius le fait emprisonner.
XL. Lenteurs de Valens, qui ne sait ni oser ni prévoir.
XLI. Valens abandonne son armée.
XLII. Il aborde au port d'Hercule Monœcus (Monaco); renonce au projet d'entrer dans la Gaule.
XLIII. Il se rembarque; la tempête le jette aux îles d'Hyères où il est fait prisonnier.
XLIV. Les légions d'Espagne, les Gaules, la Bretagne se déclarent pour Vespasien.
XLV. Les Bretons essaient de se révolter.
XLVI. Insurrection chez les Germains, chez les Daces.
XLVII. Soulèvement dans le royaume de Pont.
XLVIII. Vespasien envoie des troupes qui arrêtent les progrès de ces révoltes.
XLIX. Orgueil d'Antonius, indiscipline de son armée.
L. L'armée victorieuse marche sur Rome.
LI. Un soldat qui avait tué son frère demande à être récompensé.
LII. Diverses dispositions militaires. Mucien jaloux d'Antonius.
LIII. Graves inimitiés entre eux.
LIV. Vitellius dissimule d'abord sa position désespérée.
LV. Enfin il envoie quatorze cohortes et les corps de cavalerie, assemble les comices, arrive au camp.
LVI. Présages sinistres. Vitellius retourne à Rome.
LVII. Défection de la flotte en faveur de Vespasien.
LVIII. Dévouement pour Vitellius.
LIX. Insurrection générale. L'armée passe les Apennins.
LX. Impatience des soldats.
LXI. Désertions des tribuns et centurions de Vitellius. Le simple soldat lui reste fidèle.

LXII. Valens est tué à Urbinum.
LXIII. L'armée Vitellienne se rend. Offres faites à Vitellius.
LXIV. On presse Sabinus, préfet de Rome et frère de Vespasien, de faire reconnaître Vespasien pour empereur.
LXV. Il hésite et conclut un traité avec Vitellius.
LXVI. Fermeté des soldats.
LXVII. Faiblesse de Vitellius.
LXVIII. Son discours au peuple.
LXIX. Menaces des cohortes germaniques. Sabinus s'enferme dans le Capitole avec Domitien.
LXX. Il se plaint de ce que le traité d'abdication n'est pas observé.
LXXI. Siège et incendie du Capitole.
LXXII. Histoire du Capitole.
LXXIII. Les Vitelliens y pénètrent et portent partout la flamme, le fer et le carnage.
LXXIV. Domitien s'échappe déguisé. Sabinus est tué.
LXXV. Portrait de Sabinus.
LXXVI. Le frère de Vitellius menace Terracine.
LXXVII. Sac de Terracine.
LXXVIII. Hésitation, lenteurs des chefs Flaviens.
LXXIX. Engagemens, aux portes de Rome, contraires à Vespasien.
LXXX. Zèle du peuple : il court aux armes.
LXXXI. Les vestales vont au devant d'Antonius.
LXXXII. L'armée pénètre dans Rome.
LXXXIII. Combats, massacres, orgies.
LXXXIV. Attaque du camp des Vitelliens.
LXXXV. Vitellius fuit de son palais, y rentre, s'y cache, est arrêté, tombe percé de coups.
LXXXVI. Portrait de Vitellius.

LIVRE IV.

Chap. I. Massacres et pillages dans Rome. Impuissance des chefs pour les arrêter.
II. Domitien se livre aux débauches. Antonius tout-puissant.

III. La Campanie est pacifiée. Capoue est punie ; Terracine n'est point récompensée. Lettres de Vespasien au sénat.

IV. Lettre de Mucien. Honneurs rendus aux généraux vainqueurs. Flatteries du sénat. Discours honorable d'Helvidius Priscus.

V. Caractère d'Helvidius.

VI. Débat entre Helvidius et Marcellus.

VII. Discours d'Helvidius.

VIII. Réponse de Marcellus.

IX. Discussion sur les dépenses publiques.

X. Rufus attaque Celer. La discorde est au sénat.

XI. Mucien fait son entrée dans Rome. La puissance de Varus et d'Antonius disparaît. Galerianus est mis à mort. J. Priscus se tue. Supplice d'Asiaticus.

XII. Soulèvement des Bataves.

XIII. Leur chef Civilis. Origine de ses haines et de ses espérances.

XIV. Plaintes des Bataves. Civilis les harangue.

XV. Brinnon. Le camp romain est pillé.

XVI. Trahison des Tongres.

XVII. Civilis obtient l'alliance des Gaules.

XVIII. Les Romains sont défaits et se retirent dans le camp de Vetera.

XIX. Les cohortes bataves qui se rendaient à Rome retournent et vont se joindre à Civilis.

XX. Près du camp de Bonn, elles sont attaquées et remportent la victoire.

XXI. Civilis, encore irrésolu, veut faire prêter le serment pour Vespasien.

XXII. Les légions romaines le refusent. Civilis attaque leur camp.

XXIII. Les barbares, d'abord repoussés, forment le siège du camp romain.

XXIV. Indignation des soldats contre Hordeonius.

XXV. Hordeonius cherche à s'excuser. Il leur donne Vocula pour chef.

XXVI. Pénurie d'argent et de vivres. Baisse du Rhin. Vocula se joint à Gallus.
XXVII. Sédition dans le camp romain.
XXVIII. Civilis presse les légions romaines.
XXIX. Attaque de nuit.
XXX. Les Bataves élèvent une tour mobile; elle est détruite. Machine à bascule qui enlève les assiégeans.
XXXI. La bataille de Crémone est annoncée dans les Gaules, qui acceptent Vespasien. Les vieux soldats hésitent.
XXXII. Montanus est envoyé vers Civilis. Discours astucieux de Civilis.
XXXIII. Civilis attaque Vocula. Il est repoussé.
XXXIV. Fautes des deux généraux.
XXXV. Manque de vivres et double sédition dans le camp romain.
XXXVI. Succès de Civilis. Les légions exigent la gratification, égorgent Hordeonius; Vocula leur échappe.
XXXVII. Les images de Vitellius sont rétablies. Trois légions reprennent Vocula pour chef.
XXXVIII. Inquiétudes à Rome. On craint que l'Afrique se sépare de l'empire.
XXXIX. Places et dignités ôtées et données. Mucien détruit habilement le crédit d'Antonius.
XL. Séance du sénat.
XLI. Serment du sénat. Dénonciation.
XLII. Aquilius Regulus est accusé par C. Montanus.
XLIII. Vifs débats dans le sénat.
XLIV. Domitien et Mucien y ramènent le calme.
XLV. Sénatus-consulte contre Sienne. Restitution de deniers.
XLVI. Les soldats de Germanie essaient de se révolter. Ils sont admis dans les cohortes prétoriennes, puis congédiés en détail.
XLVII. Emprunt de soixante millions de sesterces.
XLVIII. Pison, proconsul d'Afrique. Origine des évènemens qui suivent.

XLIX. Festus, parent de Vitellius, poussa-t-il Pison à la révolte? on ne sait. Prudence de ce proconsul.
L. Festus le fait égorger.
LI. Vespasien apprend les succès de ses généraux. Il envoie Titus en Judée.
LII. Entretien de Vespasien et de Titus. Vespasien fait passer des blés à Rome.
LIII. Le Capitole est rebâti. Cérémonies à ce sujet.
LIV. Civilis n'hésite plus : les druides répandent le bruit que l'incendie du Capitole annonce que les dieux abandonnent les Romains.
LV. Civilis, Classicus, Tutor et Sabinus, chefs barbares, conjurent la perte de Rome.
LVI. Vocula est prévenu de leurs desseins. Privé de moyens de répression, il s'avance toutefois vers l'ennemi.
LVII. Il cherche vainement à ramener Classicus et Tutor.
LVIII. Harangue de Vocula à son armée.
LIX. Il est assassiné. Des soldats romains jurent obéissance à l'empire des Gaules.
LX. La famine force les troupes du camp de Vetera à se rendre. Le camp romain est pillé, puis incendié.
LXI. Civilis ayant accompli son vœu de détruire les légions romaines, coupe sa blonde chevelure. Le lieutenant Lupercus, envoyé en présent à Veleda, est assassiné.
LXII. Deux légions romaines sont conduites à Trèves par les barbares.
LXIII. Civilis et Classicus hésitent s'ils ne livreront pas Cologne au pillage.
LXIV. Les Tenctères engagent les habitans de Cologne à détruire leurs murailles et à s'incorporer franchement à la Germanie.
LXV. Réponse des habitans. Veleda est consultée.
LXVI. Les Tongres, les Bétasiens et les Nerviens jurent fidélité à Civilis.
LXVII. Julius Sabinus, à la tête des Lingons, se précipite sur les Séquanais; il est battu, et reste caché neuf

années. Dévouement de son épouse Epponine.
LXVIII. Domitien et Mucien se préparent à partir. Disposition et marche des légions. Les cités des Gaules s'assemblent chez les Rhémois. Tullius Valentinus les pousse à la révolte.
LXIX. Julius Auspex, l'un des principaux Rhémois, apaise les esprits.
LXX. Les Trévirs et les Lingons persistent dans leurs projets de défection. Tutor est battu.
LXXI. Petilius Cerialis arrive à Mayence. Les espérances des légions romaines se relèvent. Tullius Valentinus est fait prisonnier.
LXXII. Cerialis entre dans Trèves; les soldats veulent détruire cette colonie; Cerialis s'y oppose et parvient à les calmer.
LXXIII. Il convoque les Trévirs et les Lingons; son discours.
LXXIV. Suite de son discours; il les ramène à des sentimens pacifiques.
LXXV. Les barbares offrent à Cerialis l'empire des Gaules; il ne leur fait aucune réponse et fortifie son camp.
LXXVI. Civilis veut attendre, Tutor se hâter, Classicus se range à l'avis de Tutor; on se prépare à combattre.
LXXVII. Disposition de l'armée; le camp romain est forcé. Intrépidité de Cerialis; sa harangue.
LXXVIII. Tutor, Classicus, Civilis animent les combattans; la vingt et unième légion soutient le choc; les vainqueurs tournent le dos; le camp des ennemis est rasé.
LXXIX. Les barbares obtiennent quelques succès en divers lieux.
LXXX. Mucien fait périr le fils de Vitellius. Antonius se rend auprès de Vespasien, et y trouve peu de crédit.
LXXXI. Prodiges singuliers, favorables à Vespasien.
LXXXII. Il visite le temple de Serapis. Sa vision.
LXXXIII. Histoire du culte de Serapis.

LXXXIV. Songe de Ptolémée. Serapis transféré de Sinope à Alexandrie.
LXXXV. Heureuses nouvelles de Trèves. Supplice de Valentinus. Mucien empêche Domitien d'aller au delà de Lyon.
LXXXVI. Projets et vaines tentatives de Domitien. Il renonce aux affaires, et feint l'amour des lettres et de la poésie.

LIVRE V.

Chap. I. Titus est chargé de soumettre la Judée; ses qualités; composition de son armée; il va camper non loin de Jérusalem.
II. Origine des Juifs.
III. Leur déportation. Moïse. Fondation de Jérusalem.
IV. Caractère et religion de ce peuple.
V. Divers usages. Ils n'adorent qu'un seul Dieu.
VI. Géographie de la Judée; ses produits. Le Liban; le Jourdain; le bitume.
VII. Villes de Judée embrasées. Le Belus. Sables vitrifiés.
VIII. Jérusalem; son temple. Histoire des Juifs.
IX. Suite de l'histoire des Juifs sous les Romains.
X. Vespasien avait réduit toute la campagne, toutes les villes de cette contrée, excepté Jérusalem, devant laquelle Titus vient mettre le siège.
XI. Siège de Jérusalem; ses fortifications.
XII. Trois chefs dans la ville, autant d'armées. La guerre réunit les divers partis.
XIII. Prodiges. Nombre des assiégés. Siège en règle.
XIV. Civilis recrute son armée et pose son camp à Vetera; Cerialis l'y suit.
XV. Engagement au milieu des marais; les deux chefs veulent terminer d'une manière décisive.
XVI. Disposition des deux armées; discours de Cerialis.
XVII. Discours de Civilis.
XVIII. Les armées en viennent aux mains; l'ennemi est tourné; les Germains sont mis en fuite.

XIX. Civilis, Tutor et Classicus passent le Rhin.
XX. Civilis partage ses forces et multiplie les attaques.
XXI. Engagement sérieux favorable aux barbares; Cerialis survient; Civilis repasse le Rhin; caractère de Cerialis.
XXII. Ruse des Germains; Cerialis leur échappe par hasard.
XXIII. Civilis conçoit l'ambition d'avoir une armée navale. Combat des deux flottes sur le Rhin.
XXIV. Cerialis, par des émissaires, offre la paix aux Bataves, le pardon à Civilis.
XXV. Murmures des Bataves entre eux.
XXVI. Entrevue de Cerialis et de Civilis.

HISTOIRES
DE C. C. TACITE.

HISTORIARUM

C. CORNELII TACITI

LIBER III.

VITELLIUS.

I. **Meliore** fato fideque partium Flavianarum duces consilia belli tractabant: Petovionem in hiberna tertiaedecimae legionis convenerant: illic agitavere, placeretne obstrui Pannoniae Alpes, donec a tergo vires universae consurgerent; an ire cominus et certare pro Italia constantius foret. Quibus opperiri auxilia et trahere bellum videbatur, Germanicarum legionum vim famamque extollebant, et advenisse mox cum Vitellio Britannici exercitus robora: ipsis nec numerum parem pulsarum nuper legionum; et, quanquam atrociter loquerentur, minorem esse apud victos animum. Sed, insessis interim Alpibus, venturum cum copiis Orientis Mucianum:

HISTOIRES
DE C. C. TACITE

LIVRE III.

VITELLIUS.

---

1. Un meilleur destin et plus de fidélité inspiraient les chefs qui dirigeaient la guerre pour le parti Flavien : ils s'étaient réunis à Petovion, quartier d'hiver de la treizième légion. Là, ils délibérèrent s'il ne convenait pas de fermer les Alpes de Pannonie jusqu'à ce que toutes leurs forces se fussent levées à la fois derrière eux, ou si l'on ne montrerait pas plus de résolution en marchant en avant pour combattre et disputer l'Italie. Ceux qui voulaient attendre les auxiliaires et traîner la guerre exaltaient la force et la renommée des légions germaniques. « L'élite de l'armée de Bretagne, disaient-ils, va joindre bientôt Vitellius ; nous n'avons que des forces inférieures, composées de légions récemment battues, et, malgré la fierté de leur langage, des vaincus ont toujours perdu de leur énergie. Mais, tandis que l'on fermera les Alpes, Mucien

superesse Vespasiano mare, classes, studia provinciarum, per quas velut alterius belli molem cieret. Ita salubri mora novas vires affore, et praesentibus nihil periturum.

II. Ad ea Antonius Primus, is acerrimus belli concitator, festinationem ipsis utilem, Vitellio exitiosam, disseruit: plus socordiae, quam fiduciae, accessisse victoribus; neque enim in procinctu et castris habitos; per omnia Italiae municipia desides, tantum hospitibus metuendos, quanto ferocius ante egerint, tanto cupidius insolitas voluptates hausisse. Circo quoque ac theatris et amoenitate urbis emollitos, aut valetudinibus fessos; sed, addito spatio, rediturum et his robur meditatione belli: nec procul Germaniam, unde vires; Britanniam freto dirimi; juxta Gallias Hispaniasque; utrimque viros, equos, tributa; ipsamque Italiam et opes urbis; ac, si inferre arma ultro velint, duas classes, vacuumque Illyricum mare. Quid tum claustra montium profutura? quid tractum in aestatem aliam bellum? unde interim pecuniam et commeatus? Quin potius eo ipso uterentur, quod Pannonicae legiones, deceptae magis quam victae, resurgere in ultionem properent: Moesici exercitus integras vires attulerint. Si numerus militum potius quam legionum putetur, plus hinc roboris, nihil libidinum: et profuisse disciplinae ipsum pudorem.

arrivera avec les troupes d'Orient : il reste de plus à Vespasien la mer, des flottes, l'affection des provinces, avec lesquelles il peut accabler l'ennemi du poids d'une seconde guerre. Ainsi un retard salutaire procurera des ressources nouvelles, sans compromettre en rien le présent. »

II. A ces paroles, Antonius Primus, le plus ardent instigateur de la guerre, répondit « que la célérité leur serait utile, fatale à Vitellius : que les succès avaient engourdi plutôt que fortifié les vainqueurs ; qu'ils n'étaient plus tenus sous les armes ni dans les camps : promenant leur nonchalance dans tous les municipes d'Italie, redoutables seulement pour leurs hôtes, ils se sont plongés dans les voluptés avec d'autant plus d'avidité qu'elles leur étaient étrangères, et que leur vie avait été plus sauvage. Le cirque, les théâtres, les délices de Rome, les ont amollis, les maladies les ont épuisés ; mais, si nous leur en donnons le temps, ils retrouveront déjà leur vigueur en se préparant à la guerre : la Germanie, source de leurs forces, n'est pas éloignée ; un détroit seulement les sépare de la Bretagne ; près d'eux sont les Gaules et les Espagnes ; dans ces deux provinces, des guerriers, des chevaux, des tributs : n'ont-ils pas et l'Italie elle-même, et les richesses de Rome ? et, s'ils veulent y porter eux-mêmes la guerre, n'ont-ils pas deux flottes et la mer d'Illyrie qui leur est ouverte ? Que servirait alors de s'être renfermés dans des monts, que servirait d'avoir retardé la guerre jusqu'à l'été suivant ? D'où cependant obtiendrait-on de l'argent et des vivres ? Profitons bien plutôt de ce que les légions de Pannonie, trompées plus que vaincues, sont prêtes à se relever pour cou-

Equites vero ne tum quidem victos; sed, quanquam rebus adversis, disjectam Vitellii aciem. Duæ tunc Pannonicæ ac Mœsicæ alæ perrupere hostem : nunc XVI alarum conjuncta signa pulsu sonituque et nube ipsa operient ac superfundent oblitos prœliorum equites equosque. Nisi quis retinet, idem suasor auctorque consilii ero. Vos, quibus fortuna in integro est, legiones continete : mihi expeditæ cohortes sufficient. Jam reseratam Italiam, impulsas Vitellii res audietis; juvabit sequi et vestigiis vincentis insistere.

III. Hæc atque talia, flagrans oculis, truci voce, quo latius audiretur, etenim se centuriones et quidam militum concilio miscuerant, ita effudit, ut cautos quoque ac providos permoveret, vulgus et ceteri, unum virum ducemque, spreta aliorum segnitia, laudibus ferrent. Hanc sui famam ea statim concione commoverat, qua, recitatis Vespasiani epistolis, non, ut plerique, incerta disseruit, huc illuc tracturus interpretationem prout conduxisset; aperte descendisse in causam videbatur, eoque gratior militibus erat, culpæ vel gloriæ socius.

rir à la vengeance, de ce que l'armée de Mésie nous apporte ses forces tout entières. Si l'on compte le nombre des guerriers et non celui des légions, nous avons ici plus de moyens réels : la corruption ne nous a pas atteints, et l'affront même de la défaite a servi à la discipline. Notre cavalerie ne fut pas vaincue, puisque, malgré la fortune contraire, elle a culbuté les rangs de Vitellius. Alors deux ailes de Pannonie et de Mésie enfoncèrent l'ennemi; aujourd'hui seize ailes ont réuni leurs étendards: ces guerriers, par leur choc, par le bruit de leur marche, par la seule poussière de leurs pas, vont mettre en fuite et anéantir des cavaliers et des chevaux qui ont oublié les combats. A moins d'être retenu, ce que je conseille, je vais l'exécuter. Vous, qui n'avez pas compromis votre destinée, contenez les légions : des cohortes légères me suffiront. Vous entendrez bientôt la renommée dire que l'Italie est ouverte, que la fortune de Vitellius est renversée; alors vous voudrez me suivre, et marcher sur mes pas victorieux. »

III. Ses yeux étincelaient, il faisait retentir sa voix, afin d'être entendu de plus loin, car des centurions et quelques soldats avaient pénétré dans le conseil, et il mit un tel entraînement dans ces paroles et d'autres semblables, que les esprits les plus circonspects et les plus en garde furent émus, et que la multitude et tout le reste, accusant les autres de lâcheté, le comblèrent de louanges en le désignant comme le seul héros, comme le seul général. Il s'était déjà acquis cette même renommée dès l'assemblée où furent lues les lettres de Vespasien : son opinion n'y fut pas, comme celle de la plupart, en termes ambigus, dont le sens pouvait s'interpréter selon l'évènement; ou

IV. Proxima Cornelii Fusci procuratoris auctoritas: is quoque, inclementer in Vitellium invehi solitus, nihil spei sibi inter adversa reliquerat. Titus Ampius Flavianus, natura ac senecta cunctator, suspiciones militum irritabat, tanquam affinitatis cum Vitellio meminisset: idemque, quod coeptante legionum motu, profugus, dein sponte remeaverat, perfidiae locum quaesisse credebatur. Nam Flavianum, omissa Pannonia, ingressum Italiam, et discrimini exemptum, rerum novarum cupido legati nomen resumere, et misceri civilibus armis, impulerat, suadente Cornelio Fusco; non, quia industria Flaviani egebat, sed ut consulare nomen surgentibus cum maxime partibus honesta specie praetenderetur.

V. Ceterum, ut transmittere in Italiam impune et usui foret, scriptum Aponio Saturnino, cum exercitu Moesico celeraret. Ac, ne inermes provinciae barbaris nationibus exponerentur, principes Sarmatarum Iazygum, penes quos civitatis regimen, in commilitium adsciti: plebem quoque, et vim equitum, qua sola valent, offerebant: remissum id munus, ne inter discordias externa molirentur, aut, majore ex diverso mercede, jus fasque exuerent. Trahuntur in partes Sido atque Ita-

le vit se lancer ouvertement dans l'entreprise; aussi se fit-il chérir bien plus des soldats en s'associant tout entier à leur crime ou à leur gloire.

IV. Après lui, le procurateur Cornelius Fuscus avait le plus d'influence : s'emportant sans cesse avec violence contre Vitellius, il ne s'était ménagé aucune espérance en cas de revers. T. Ampius Flavianus, temporiseur par caractère et par vieillesse, indisposait les soldats, qui le soupçonnaient de se souvenir de sa parenté avec Vitellius; et comme, après avoir disparu au commencement du soulèvement des légions, il était revenu de lui-même, on croyait qu'il cherchait l'occasion d'une trahison. En effet, quittant la Pannonie, il était venu en Italie, hors de toute atteinte; l'amour du changement l'avait engagé à reprendre son titre de lieutenant, et à se mêler dans ces guerres civiles, poussé par Cornelius Fuscus, non que celui-ci eût besoin des talens de Flavianus, mais c'était pour qu'un nom consulaire couvrît d'un voile honorable le parti qui se formait.

V. Au reste, afin de pouvoir passer sans périls et avec succès en Italie, on écrivit à Aponius Saturninus de hâter la marche de l'armée de Mésie; et, pour ne pas exposer nos provinces sans défense aux nations barbares, les chefs des Sarmates Iazyges, qui ont un mode de gouvernement, furent appelés dans les rangs de l'armée. Ils offraient encore une levée en masse de leur nation, et cette cavalerie redoutable qui fait toute leur force. Cette offre fut refusée, de crainte qu'à travers ces discordes, ces étrangers ne formassent quelque projet hostile, ou qu'une récompense plus forte du parti contraire

licus, reges Suevorum, quis vetus obsequium erga Romanos, et gens fidei commissae patientior: posita in latus auxilia, infesta Rhaetia, cui Portius Septiminus procurator erat, incorruptae erga Vitellium fidei. Igitur Sextilius Felix, cum ala Auriana et VIII cohortibus ac Noricorum juventute, ad occupandam ripam Aeni fluminis, quod Rhetos Noricosque interfluit, missus: nec, his aut illis proelium tentantibus, fortuna partium alibi transacta.

VI. Antonio, vexillarios e cohortibus et partem equitum ad invadendam Italiam rapienti, comes fuit Arrius Varus, strenuus bello: quam gloriam et dux Corbulo et prosperae in Armenia res addiderant. Idem, secretis apud Neronem rumoribus, ferebatur, Corbulonis virtutes criminatus: unde, infami gratia primum pilum adepto, laeta ad praesens male parta, mox in perniciem vertere. Sed Primus ac Varus, occupantes Aquileiae proxima quaeque, et Opitergii et Altini laetis animis accipiuntur: relictum Altini praesidium adversus classem Ravennatem, nondum defectione ejus audita: inde Patavium et Ateste partibus adjunxere: illic cognitum, tris Vitellianas cohortes, et alam, cui Scribonianae nomen, ad Forum Allieni, ponte juncto, consedisse. Placuit occasio invadendi incuriosos, nam id quoque nuntiabatur: luce prima inermos plerosque oppressere.

ne leur fit oublier leur foi et leur traité. On séduisit Sidon et Italicus, rois des Suèves, qui ont un ancien respect pour les Romains, et plus de constance dans la foi promise. On plaça sur les flancs des auxiliaires pour observer la Rhétie, dont le procurateur, Portius Septiminus, était d'une fidélité incorruptible pour Vitellius. Sextilius Felix fut donc envoyé avec l'aile de cavalerie Auriana, huit cohortes et les milices de la Norique, pour occuper la rive de l'Ænus, qui coule entre cette contrée et la Rhétie ; ni les uns ni les autres ne tentèrent le sort des armes : c'était ailleurs que devait se prononcer la fortune des deux partis.

VI. Antonius entraînait avec lui, pour envahir l'Italie, les vexillaires des cohortes et une partie de la cavalerie ; son compagnon d'armes était Arrius Varus : guerrier habile, il devait sa gloire à ses campagnes sous Corbulon, et à ses succès en Arménie. On l'accusait d'avoir voulu, dans des entretiens secrets avec Néron, faire un crime à Corbulon de ses vertus : ce qui, par une faveur infâme, lui donna le grade de primipilaire, élévation mal acquise, dont il se réjouit alors, et qui bientôt causa sa perte. Antonius et lui occupèrent les alentours d'Aquilée, et furent reçus dans les municipes d'Opitergium et d'Altinum avec des expressions de joie. Ils laissèrent à Altinum une garnison pour résister à la flotte de Ravenne, dont on ignorait encore la révolte ; ensuite ils attirèrent dans le parti Padoue et Ateste. Là, ils apprirent que trois cohortes Vitelliennes, et un corps de cavalerie appelé Scriboniana, s'étaient postés au Forum d'Allienus, après y avoir jeté un pont. L'occasion parut favorable pour les entourer pendant qu'ils n'étaient pas sur leurs

Prædictum, ut, paucis interfectis, ceteros pavore ad mutandam fidem cogerent : et fuere, qui se statim dederent : plures, abrupto ponte, instanti hosti viam abstulerunt.

VII. Vulgata victoria, post principia belli secundum Flavianos, duæ legiones, septima Galbiana, tertiadecima Gemina, cum Vedio Aquila, legato, Patavium alacres veniunt. Ibi pauci dies ad requiem sumpti; et Minucius Justus, præfectus castrorum legionis septimæ, quia adductius quam civili bello imperitabat, subtractus militum iræ, ad Vespasianum missus est. Desiderata diu res, interpretatione gloriæ, in majus accipitur, postquam Galbæ imagines, discordia temporum subversas, in omnibus municipiis recoli jussit Antonius : decorum pro causa ratus, si placere Galbæ principatus, et partes revirescere crederentur.

VIII. Quæsitum inde quæ sedes bello legeretur? Verona potior visa, patentibus circum campis ad pugnam equestrem, qua prævalebant : simul, coloniam copiis validam auferre Vitellio, in rem famamque videbatur. Possessa ipso transitu Vicetia : quod per se parum, etenim modicæ municipio vires, magni momenti locum obtinuit, reputantibus illic Cæcinam genitum; et pa-

gardes, comme on en eut aussi l'assurance : aux premières lueurs du jour, on les surprit, la plupart sans armes. On avait recommandé d'épargner le sang et de profiter de la terreur pour engager le reste à changer de parti. Quelques-uns en effet se rendirent aussitôt; mais un plus grand nombre rompirent le pont, et coupèrent le chemin à l'ennemi qui les pressait.

VII. A la nouvelle de cette victoire, à cet heureux début des armes des Flaviens, deux légions, la septième *Galbiana*, la treizième *Gemina*, arrivent pleines d'allégresse à Padoue, avec le lieutenant Vedius Aquila. Là, peu de jours sont donnés au repos. Minucius Justus, préfet de camp de la septième légion, la commandait avec une rigidité intempestive dans une guerre civile; pour le soustraire à la fureur du soldat, on l'envoya auprès de Vespasien. Une chose long-temps désirée, et qui fut interprétée davantage à la gloire d'Antonius, fut le rétablissement qu'il ordonna dans tous les municipes des images de Galba, renversées par les désordres de ces temps. Il savait bien que c'était honorer sa cause que de paraître approuver le gouvernement de Galba et de faire revivre son parti.

VIII. Il fut question ensuite de choisir le théâtre de la guerre : Vérone semblait préférable, parce que les campagnes environnantes, tout ouvertes, favorisent la cavalerie, force principale des Flaviens. En même temps, il était de leur intérêt et de leur gloire d'enlever à Vitellius cette colonie très-puissante. On prit possession de Vicence en y passant. Cet évènement, presque nul en lui-même, car ce municipe est d'une force médiocre, fut considéré

triam hostium duci ereptam. In Veronensibus pretium fuit : exemplo opibusque partes juvere. Et interjectus exercitus per Rhætiam Juliasque Alpes; ac, ne pervium illa Germanicis exercitibus foret, obsepserat. Quæ ignara Vespasiano, aut vetita : quippe Aquileiæ sisti bellum, exspectarique Mucianum jubebat, adjiciebatque imperio consilium, quando Ægyptus, claustra annonæ, vectigalia opulentissimarum provinciarum obtinerentur, posse Vitellii exercitum egestate stipendii frumentique ad deditionem subigi. Eadem Mucianus crebris epistolis monebat, incruentam et sine luctu victoriam, et alia hujuscemodi prætexendo; sed gloriæ avidus, atque omne belli decus sibi retinens. Ceterum ex distantibus terrarum spatiis, consilia post res afferebantur.

IX. Igitur repentino incursu Antonius stationes hostium irrumpit, tentatisque levi prœlio animis, ex æquo discessum. Mox Cæcina inter Hostiliam, vicum Veronensium, et paludes Tartari fluminis, castra permuniit; tutus loco, quum terga flumine, latera objectu paludis, tegerentur : quod si affuisset fides, aut opprimi universis Vitellianorum viribus duæ legiones, nondum conjuncto Mœsico exercitu, potuere, aut retro actæ, deserta Italia, turpem fugam conscivissent. Sed Cæcina, per varias moras, prima hostibus prodidit tempora belli,

comme fort important : on se rappelait que Cécina y était né : c'était enlever au général ennemi sa patrie. Vérone était d'un grand prix : son exemple et ses richesses aidèrent le parti. De plus, l'armée s'y trouvait comme jetée entre la Rhétie et les Alpes Juliennes, et fermait ainsi tout passage aux armées germaniques. Ceci était ignoré de Vespasien ou contre ses ordres; car il avait prescrit qu'on ne portât pas la guerre au delà d'Aquilée, et qu'on y attendît Mucien, et avait ajouté pour motifs que, « tant qu'on possédait l'Égypte, grenier de l'empire, et les revenus des provinces les plus opulentes, on pouvait réduire l'armée de Vitellius à se rendre par le manque de solde et de vivres. » Mucien répétait sans cesse les mêmes avis, disant qu'ainsi la victoire ne coûterait ni larmes ni sang, et donnant d'autres prétextes semblables; mais, avide de gloire, il voulait garder pour lui tout l'honneur de cette guerre. D'ailleurs, par l'éloignement des lieux, les conseils venaient après l'évènement.

IX. Antonius accourt donc subitement, et se précipite sur les premiers postes des ennemis. On se sépara sans avantage décidé, après avoir, par un léger combat, éprouvé les courages. Ensuite, Cécina vint élever un camp entre Hostilia, bourg dépendant de Vérone, et les marais du Tartaro, position favorable, puisqu'elle était couverte à dos par le fleuve, sur les côtés par ces marais; s'il se fût conduit avec fidélité en cette circonstance, il eût pu, avec cette réunion des troupes de Vitelliens, ou écraser les deux légions d'Antonius, que n'avait pas encore jointes l'armée de Mésie, ou les pousser en arrière, les chasser de l'Italie, et les contraindre à une fuite honteuse.

dum, quos armis pellere promptum erat, epistolis increpat, donec per nuntios pacta perfidiae firmaret. Interim Aponius Saturninus cum legione septima Claudiana advenit : legioni tribunus Vipstanus Messala praeerat, claris majoribus, egregius ipse, et qui solus ad id bellum artes bonas adtulisset. Has ad copias, nequaquam Vitellianis pares, quippe tres adhuc legiones erant, misit epistolas Caecina, temeritatem victa arma tractantium incusans : simul virtus Germanici exercitus laudibus adtollebatur; Vitellii modica et vulgari mentione, nulla in Vespasianum contumelia : nihil prorsus, quod aut corrumperet hostem, aut terreret. Flavianarum partium duces, omissa prioris fortunae defensione, pro Vespasiano magnifice, pro causa fidenter, de exitu securi, in Vitellium ut inimici, praesumpsere : facta tribunis centurionibusque retinendi quae Vitellius indulsisset spe : atque ipsum Caecinam non obscure ad transitionem hortabantur. Recitatae pro concione epistolae addidere fiduciam, quod submisse Caecina, velut offendere Vespasianum timens, ipsorum duces contemptim, tanquam insultantes Vitellio, scripsissent.

X. Adventu deinde duarum legionum, e quibus ter-

Mais Cécina, par divers délais, laissa les ennemis profiter de ces premiers momens, si précieux à la guerre, se bornant à réprimander par lettres ceux qu'il eût été facile de repousser par le fer, attendant qu'enfin ses émissaires eussent conclu le pacte de sa perfidie. Pendant ce temps, Aponius Saturninus arrive avec la septième légion, la Claudiana. Cette légion était commandée par le tribun Vipstanus Messala, issu d'aïeux illustres, très-distingué lui-même, et le seul qui eût apporté en ces guerres des qualités et des vertus. Ce fut à ces troupes, bien inférieures aux Vitelliens, car elles ne se composaient encore que de trois légions, que Cécina écrivit, en leur reprochant la témérité d'oser relever leurs armes vaincues : et en même temps il exaltait par des louanges le courage de l'armée germanique; peu de mots sur Vitellius et par formule vulgaire; aucun outrage contre Vespasien, rien surtout qui pût tendre à corrompre l'ennemi ou à l'effrayer. Les chefs du parti Flavien, sans se défendre sur les évènemens antérieurs, parlèrent en termes pompeux de Vespasien, de leur cause avec confiance, de l'issue de leurs projets avec assurance, de Vitellius en ennemis. Ils firent naître l'espoir, chez les tribuns et les centurions, de conserver tout ce que Vitellius avait fait en leur faveur. Ils exhortèrent, sans ambiguité, Cécina lui-même à passer de leur côté. Ces lettres, lues devant l'armée assemblée, redoublèrent sa confiance, parce qu'elle vit que Cécina avait mesuré ses expressions pour ne pas offenser Vespasien, et que ses chefs s'exprimaient avec mépris sur Vitellius, comme pour l'insulter directement.

X. Ensuite, à l'arrivée de deux nouvelles légions, la

tiam Dillius Aponianus, octavam Numisius Lupus ducebant; ostentare vires, et militari vallo Veronam circumdare placuit. Forte Galbianae legioni in adversa fronte valli opus cesserat, et visi procul sociorum equites, vanam formidinem, ut hostes, fecere. Rapiuntur arma, et ut proditionis ira militum in T. Ampium Flavianum incubuit, nullo criminis argumento, sed jam pridem invisus, turbine quodam ad exitium poscebatur: propinquum Vitellii, proditorem Othonis, interceptorem donativi clamitabant. Nec defensioni locus, quanquam supplices manus tenderet, humi plerumque stratus, lacera veste, pectus atque ora singultu quatiens: id ipsum apud infensos incitamentum erat, tanquam nimius pavor conscientiam argueret. Obturbabatur militum vocibus Aponius, quum loqui cœptaret: fremitu et clamore ceteros adspernantur: uni Antonio apertae militum aures; namque et facundia aderat, mulcendique vulgum artes et auctoritas. Ubi crudescere seditio, et a conviciis et probris ad tela et manus transibant, injici catenas Flaviano jubet. Sensit ludibrium miles, disjectisque, qui tribunal tuebantur, extrema vis parabatur. Opposuit sinum Antonius, stricto ferro, aut militum se manibus, aut suis, moriturum obtestans: ut quemque notum, et aliquo militari decore insignem adspexerat, ad ferendam opem nomine ciens; mox conversus ad signa,

troisième, conduite par Dillius Aponianus, la huitième par Numisius Lupus, l'armée voulut faire montre de ses forces, et former autour de Vérone une ligne de circonvallation. La légion Galbienne, qui, par hasard, était chargée des travaux de retranchemens en face de l'ennemi, vit de loin venir des cavaliers alliés, et fut saisie d'une vaine terreur, les prenant pour des ennemis. On court aux armes : la colère du soldat, qui se croit trahi, tombe sur T. Ampius Flavianus, et, sans nulle preuve de son crime, un groupe l'enveloppe et demande sa mort : depuis long-temps il était détesté. On s'écrie : c'est le parent de Vitellius : il fut traître à Othon, il a intercepté les gratifications. On ne lui donne pas le temps de se défendre. En vain tendait-il ses mains suppliantes, prosterné dans la poussière, déchirant ses vêtemens, se frappant la poitrine et poussant des sanglots : ce qui irritait encore plus ces furieux, qui crurent cet excès de frayeur l'effet de ses remords. Les cris des soldats interrompaient Aponius dès qu'il commençait à parler; des frémissemens et des clameurs repoussaient les autres chefs. A Antonius seul les soldats daignaient prêter l'oreille, car il avait et de l'éloquence, et l'art d'adoucir la multitude, et de l'autorité. Dès qu'il vit la sédition prendre de la consistance, et que des insultes et des outrages on en venait aux voies de fait et aux armes, il ordonne que Flavianus soit chargé de chaînes. Le soldat s'aperçut qu'on le jouait, et renversant ceux qui défendaient le tribunal, il se préparait aux dernières violences : Antonius présente sa poitrine, tire son épée, et déclare aux factieux qu'il périra de leurs mains ou de la

et bellorum deos, hostium potius exercitibus illum furorem, illam discordiam injicerent, orabat: donec fatisceret seditio, et, extremo jam die, sua quisque in tentoria dilaberentur. Profectus eadem nocte Flavianus, obviis Vespasiani litteris, discrimini exemptus est.

XI. Legiones, veluti tabe infectæ, Aponium Saturninum, Mœsici exercitus legatum, eo atrocius adgrediuntur, quod non, ut prius, labore et opere fessæ, sed medio diei exarserant; vulgatis epistolis, quas Saturninus ad Vitellium scripsisse credebatur. Ut olim virtutis modestiæque, tunc procacitatis et petulantiæ, certamen erat, ne minus violenter Aponium, quam Flavianum, ad supplicium deposcerent. Quippe Mœsicæ legiones, adjutam a se Pannonicorum ultionem, referentes et Pannonici, velut absolverentur aliorum seditione, iterare culpam gaudebant. In hortos, in quibus devertebatur Saturninus, pergunt: nec tam Primus et Aponianus et Messala, quanquam omni modo nisi, eripuere Saturninum, quam obscuritas latebrarum, quibus occulebatur, vacantium forte balnearum fornacibus abditus: mox, omissis lictoribus, Patavium concessit. Digressu consularium uni Antonio vis ac potestas

sienne. Sitôt qu'il aperçoit un soldat qu'il connaît ou décoré de quelque insigne militaire, il le somme nommément de lui prêter secours ; ensuite, se tournant vers les enseignes et les dieux des combats, il les conjure de frapper plutôt les armées ennemies de ces fureurs et de ces dissensions; enfin la sédition s'apaisa peu à peu : à la chute du jour, tous disparurent, et chacun s'enferma dans sa tente. Flavianus, parti cette même nuit, reçut en chemin une lettre de Vespasien, et fut hors de tout danger.

XI. Les légions, comme infectées d'une rage contagieuse, assaillirent Aponius Saturninus, commandant de l'armée de Mésie, avec d'autant plus de fureur que ce n'était plus, comme la première fois, des gens épuisés de fatigue et de travail : ils se révoltèrent au milieu du jour sur des lettres que l'on publia, et que l'on accusa Saturninus d'avoir écrites à Vitellius. Luttant d'insolence et d'audace autant qu'autrefois nos soldats luttaient de vertus et de discipline, ils demandèrent le supplice d'Aponius avec non moins de fureur que celui de Flavianus; car les légions de Mésie rappelaient aux légions de Pannonie qu'elles les avaient aidées dans leur vengeance, et celles de Pannonie, se croyant justifiées par la sédition des autres, se faisaient une joie de renouveler leur crime. Les mutins courent vers les jardins où logeait Saturninus, et les efforts réunis d'Antonius, d'Aponianus et de Messala le sauvèrent moins que l'obscurité de la retraite dans laquelle il était caché : il s'était enfermé dans le fourneau d'un bain qui, par hasard, était vide. Bientôt il s'enfuit, sans licteurs, à Padoue.

in utrumque exercitum fuit, cedentibus collegis, et obversis militum studiis : nec deerant, qui crederent, utramque seditionem fraude Antonii cœptam, ut solus bello frueretur.

XII. Ne in Vitellii quidem partibus quietæ mentes, exitiosiore discordia, non suspicionibus vulgi, sed perfidia ducum, turbabantur. Lucilius Bassus, classis Ravennatis præfectus, ambiguos militum animos, quod magna pars Dalmatæ Pannoniique erant, quæ provinciæ Vespasiano tenebantur, partibus adgregaverat. Nox proditioni electa, ut, ceteris ignaris, soli in principia defectores coirent. Bassus pudore, seu metu, quisnam exitus foret, intra domum opperiebatur. Trierarchi magno tumultu Vitellii imagines invadunt, et, paucis resistentium obtruncatis, ceterum vulgus, rerum novarum studio, in Vespasianum inclinabat. Tum progressus Lucilius auctorem se palam præbet : classis Cornelium Fuscum præfectum sibi destinat, qui propere adcucurrit. Bassus honorata custodia liburnicis navibus Hadriam pervectus, a præfecto alæ Mennio Rufino, præsidium illic agitante, vincitur. Sed exsoluta statim vincula, interventu Hormi, Cæsaris liberti : is quoque inter duces habebatur.

Le départ des consulaires donna à Antonius tout pouvoir, toute autorité dans l'une et dans l'autre armée : ses autres collègues le laissaient maître, et l'affection des soldats était entièrement à lui. Il ne manqua pas de gens qui répandirent qu'Antonius avait fait naître artificieusement ces deux séditions, pour recueillir seul les fruits de cette guerre.

XII. Dans le parti de Vitellius aussi les esprits n'étaient pas tranquilles : la discorde les travaillait d'une manière d'autant plus fatale qu'elle provenait, non des soupçons de la multitude, mais de la perfidie des chefs. Lucilius Bassus, préfet de la flotte de Ravenne, avait gagné au parti de Vespasien les esprits déjà chancelans de ses soldats, la plupart venus de la Dalmatie et de la Pannonie, provinces déjà soumises à Vespasien. On choisit une nuit pour l'exécution du complot, afin que les conjurés, à l'insu des autres, s'assemblassent seuls à la place d'armes. Bassus, par honte ou par crainte, attendait dans sa maison l'issue de l'évènement. Les commandans de galères se précipitent avec un grand bruit sur les images de Vitellius, et massacrent le peu de soldats qui résistent : tout le reste, par le seul amour de la nouveauté, inclina pour Vespasien. Alors Bassus, se montre, se déclare ouvertement l'auteur de la révolte ; mais la flotte voulut être commandée par Cornelius Fuscus, qui accourut en toute hâte. Bassus, sous une escorte honorable, fut transporté à Hadria sur des bâtimens légers : le préfet de cavalerie, Mennius Rufinus, qui y commandait, le fit charger de chaînes ; mais elles furent aussitôt brisées par l'intervention d'Hormus,

XIII. At Cæcina, defectione classis vulgata, primores centurionum et paucos militum, ceteris per militiæ munera dispersis, secretiora castrorum adfectans, in principia vocat. Ibi Vespasiani virtutem viresque partium extollit : « transfugisse classem; in arcto commeatum; adversas Gallias Hispaniasque; nihil in urbe fidum : atque omnia de Vitellio in deterius. » Mox incipientibus, qui conscii aderant, ceteros, re nova adtonitos, in verba Vespasiani adigit : simul Vitellii imagines dereptæ, et missi, qui Antonio nuntiarent. Sed, ubi totis castris in fama proditio, recurrens in principia miles, præscriptum Vespasiani nomen, projectas Vitellii effigies adspexit, vastum primo silentium, mox cuncta erumpunt : « Huc cecidisse Germanici exercitus gloriam, ut sine prœlio, sine vulnere, vinctas manus et capta traderent arma? Quas enim ex diverso legiones? nempe victas : et abesse unicum Othoniani exercitus robur, primanos quartadecimanosque : quos tamen iisdem illis campis, fuderint straverintque, tot ut armatorum millia, velut grex venalium, exsuli Antonio donum darentur. Octo nimirum legiones unius classis accessionem fore : id Basso, id Cæcinæ visum : postquam domos, hortos, opes, principi abstulerint, etiam militibus

affranchi du nouveau César : cet homme était aussi l'un de ses généraux.

XIII. Cependant Cécina, aussitôt que la défection de la flotte lui fut connue, fait choix de la place d'armes, y appelle les principaux centurions et quelques soldats, et, pour rendre le camp plus désert, éloigne et disperse les autres par diverses occupations militaires. Là, il exalte le courage de Vespasien et les forces de son parti. « La flotte est révoltée, dit-il ; les vivres manquent, les Gaules et les Espagnes menacent ; à Rome il n'est plus rien de fidèle ; tout annonce la perte de Vitellius. » Puis, commençant par ceux qui étaient venus instruits de ses projets secrets, il leur fait prêter serment à Vespasien, et entraîne le reste, qu'étonne la nouveauté de l'évènement. A l'instant, les images de Vitellius sont arrachées, et des courriers sont envoyés à Antonius. Mais dès que la renommée eut appris à tout le camp cette défection, le soldat accourt à la place d'armes, y voit inscrit le nom de Vespasien et les images de Vitellius renversées. D'abord ce fut comme un vaste silence, puis tout à coup ces plaintes échappent toutes à la fois. « Ainsi donc à péri la gloire de l'armée germanique : sans combat, sans blessures, vont-ils, les mains liées, remettre leurs armes captives ? quelles légions sont donc de l'autre côté ? des légions vaincues : encore l'unique force de l'armée d'Othon, la première et la quatorzième, sont absentes. Ne les avaient-ils, en ces mêmes champs, battues et mises en pièces que pour livrer tant de milliers d'hommes armés, comme un troupeau d'esclaves, à Antonius, à

principem auferre : licet integros incruentosque, Flavianis quoque partibus viles, quid dicturos, reposcentibus aut prospera, aut adversa?»

XIV. Haec singuli, haec universi, ut quemque dolor impulerat, vociferantes, initio a quinta legione orto, repositis Vitellii imaginibus, vincla Caecinae injiciunt : Fabium Fabullum, quintae legionis legatum; et Cassium Longum, praefectum castrorum, duces deligunt : forte oblatos trium liburnicarum milites, ignaros et insontes, trucidant : relictis castris, abrupto ponte, Hostiliam rursus, inde Cremonam pergunt, ut legionibus, primae Italicae, et unietvicesimae Rapaci jungerentur, quas Caecina, ad obtinendam Cremonam, cum parte equitum praemiserat.

XV. Ubi haec comperta Antonio, discordes animis, discretos viribus hostium exercitus adgredi statuit, antequam ducibus auctoritas, militi obsequium, et junctis legionibus fiducia rediret : namque Fabium Valentem, profectum ab urbe, acceleraturumque cognita Caecinae proditione, conjectabat : et fidus Vitellio Fabius, nec militiae ignarus. Simul ingens Germanorum vis per Rhaetiam timebatur : et Britannia, Galliaque et Hispania,

un banni : huit légions vont-elles obéir humblement à une seule flotte? Ainsi Bassus, ainsi Cécina l'ont réglé; après avoir enlevé au prince ses palais, ses jardins, ses richesses, ils enlèveront aussi le prince à ses soldats. N'ayant éprouvé aucune perte, n'ayant point versé de leur sang, ils seront méprisables pour le parti même de Vespasien : que répondront-ils à qui demandera quels furent leurs désastres, quels furent leurs succès? »

XIV. Ainsi chacun, ainsi tous vocifèrent, suivant que la douleur les transporte. La cinquième légion donne l'exemple : les images de Vitellius sont replacées, Cécina est chargé de chaînes. Fabius Fabullus, commandant de la cinquième légion, et Cassius Longus, préfet de camp, sont choisis pour chefs : le hasard leur livre les soldats de trois galères : ils les massacrent. Ils abandonnent le camp, ils rompent le pont, retournent à Hostilia, puis à Crémone, pour rejoindre deux légions, la première Italique et la vingt-et-unième Rapax, que Cécina avait envoyées en avant avec une partie de la cavalerie pour occuper Crémone.

XV. Instruit de ces évènemens, Antonius résolut d'attaquer l'armée ennemie tandis que les esprits étaient livrés aux discordes et ses forces désunies, avant que les chefs pussent retrouver l'autorité, le soldat l'obéissance, et les légions cette confiance qu'inspire l'union; il calculait aussi que Fabius Valens, sorti de Rome, accélèrerait sa marche en apprenant la trahison de Cécina. Valens était fidèle à Vitellius et expérimenté dans l'art de la guerre. Il devait de plus redouter, du côté de la Rhétie, une forte irruption de Germains. Vitellius

auxilia Vitellius acciverat, immensam belli luem, ni Antonius, id ipsum metuens, festinato proelio victoriam praecepisset. Universo cum exercitu, secundis a Verona castris, Bedriacum venit : postero die, legionibus ad muniendum retentis, auxiliares cohortes in Cremonensem agrum missae, ut, specie parandarum copiarum, civili praeda miles imbueretur. Ipse, cum quatuor millibus equitum, ad octavum a Bedriaco progressus, quo licentius popularentur : exploratores, ut mos est, longius curabant.

XVI. Quinta ferme hora diei erat, cum citus eques, adventare hostes, praegredi paucos, motum fremitumque late audiri, nuntiavit. Dum Antonius, quidnam agendum, consultat, aviditate navandae operae Arrius Varus cum promptissimis equitum prorupit, impulitque Vitellianos, modica caede; nam, plurium accursu versa fortuna, et acerrimus quisque sequentium fugae ultimus erat : nec sponte Antonii properatum, et fore, quae acciderant, rebatur. Hortatus suos, ut magno animo capesserent pugnam, diductis in latera turmis, vacuum medio relinquit iter, quo Varum equitesque ejus reciperet : jussae armari legiones : datum per agros signum, ut, qua cuique proximum, omissa praeda, proelio occurrerent. Pavidus interim Varus, turbae suorum miscetur, intulitque formidinem : pulsi cum sauciis inte-

faisait venir des renforts de la Bretagne, de la Gaule et de l'Espagne. Quel immense incendie, si Antonius, par cette crainte même, hâtant la bataille, ne saisissait le premier la victoire. Suivi de toute son armée, il vint en deux marches de Vérone à Bedriac. Le lendemain, il occupe les légions à former un camp, répand les cohortes auxiliaires dans les plaines de Crémone, afin que, sous le prétexte de chercher des vivres, le soldat prît goût aux pillages des guerres civiles, et il se porte lui-même, avec quatre mille cavaliers, à huit milles de Bedriac, pour favoriser leurs ravages. Ses éclaireurs, suivant l'usage, étaient en sentinelles avancées.

XVI. On était à peu près à la cinquième heure du jour, lorsqu'un cavalier vint à toute bride annoncer que l'ennemi arrive, que son avant-garde est peu nombreuse, que le mouvement et le bruit des troupes retentissent au loin. Tandis qu'Antonius se consulte sur ce qu'il doit faire, impatient de se signaler, Arrius Varus s'élance avec ses cavaliers les plus ardens, et renverse les Vitelliens. Leur perte fut médiocre, car un nombreux renfort accourt, la fortune change, et les plus déterminés des agresseurs se trouvent à la queue des fuyards. Cette imprudence ne provenait pas d'Antonius, qui en eût prévu le résultat : il exhorte les siens à soutenir le combat avec courage et fermeté, étend la cavalerie sur ses côtés, laisse un vide au centre pour y recevoir Varus et ses cavaliers; ordonne aux légions de prendre les armes, donne le signal aux troupes répandues dans les campagnes de laisser là le butin, et d'accourir pour combattre partout où elles se trouveraient près de l'ennemi. Cependant Varus, épou-

gri, suometipsi metu, et angustiis viarum conflictabantur.

XVII. Nullum, in illa trepidatione, Antonius constantis ducis, aut fortissimi militis, officium omisit: occursare paventibus; retinere cedentes: ubi plurimus labor, unde aliqua spes, consilio, manu, voce, insignis hosti, conspicuus suis: eo postremo ardoris provectus est, ut vexillarium fugientem hasta transverberaret: mox raptum vexillum in hostem vertit: quo pudore haud plures, quam centum equites, restitere. Juvit locus, arctiore illic via, et fracto interfluentis rivi ponte, qui incerto alveo, et præcipitibus ripis, fugam impediebat: ea necessitas, seu fortuna, lapsas jam partes restituit. Firmati inter se, densis ordinibus excipiunt Vitellianos temere effusos: atque illi consternantur. Antonius instare perculsis, sternere obvios. Simul ceteri, ut cuique ingenium, spoliare, capere, arma equosque abripere: et exciti prospero clamore, qui modo per agros fuga palabantur, victoriæ se miscebant.

XVIII. Ad quartum a Cremona lapidem fulsere legionum signa, Rapacis atque Italicæ, læto inter initia equitum suorum prœlio, illuc usque provecta. Sed, ubi

vanté, se jette au milieu de l'armée, y répand l'effroi; les blessés, par leur propre terreur, entraînent ceux qui ne l'étaient pas, et le peu de largeur des chemins les fait se culbuter et s'embarrasser.

XVII. En ce tumulte, Antonius remplit à la fois tous les devoirs du général le plus ferme et du soldat le plus intrépide : il accourt au devant de ceux qui s'intimident, arrête ceux qui plient; là où est le plus grand péril, quelque reste d'espoir, il conseille, il dirige, il exhorte, partout l'ennemi le remarque, partout il est visible aux siens; enfin, dans son ardeur, il perce de sa lance un porte-enseigne qui fuyait, et, saisissant l'étendard, il le tourne contre l'ennemi. Il ne restait toutefois près de lui qu'une centaine de cavaliers retenus par la honte : le terrain le favorisa. Le chemin était plus resserré; un ruisseau, dont le pont était rompu, la profondeur inconnue et les rives escarpées, arrêta les fuyards. Cet obstacle ou la fortune rétablit ses affaires désespérées : ses soldats s'affermissent entre eux, serrent les rangs, et reçoivent les Vitelliens, qui, se débandant imprudemment, furent mis en pleine déroute. On vit Antonius poursuivre les ennemis en fuite, renverser ceux qui résistent, et au même temps ses soldats, chacun suivant son caractère, dépouiller, faire des prisonniers, enlever des armes, saisir des chevaux; et ceux qui, tout-à-l'heure, fuyaient épars dans les campagnes, rappelés par les cris de joie, viennent se mêler à la victoire.

XVIII. A quatre milles de Crémone brillèrent tout à coup les enseignes des légions, la Rapax et l'Italique, qui, apprenant l'heureux début de l'attaque de leur ca-

fortuna contra fuit, non laxare ordines, non recipere turbatos, non obviam ire, ultroque adgredi hostem, tantum per spatium cursu et pugnando fessum. Forte victi, haud perinde rebus prosperis ducem desideraverant, atque in adversis deesse intelligebant. Nutantem aciem victor equitatus incursat : et Vipstanus Messalla, tribunus, cum Moesicis auxiliaribus adsequitur, quos militiae legionariis, quanquam raptim ductos, aequabant. Ita mixtus pedes equesque rupere legionum agmen : et propinqua Cremonensium moenia, quanto plus spei ad effugium, tanto minorem ad resistendum animum, dabant.

XIX. Nec Antonius ultra institit, memor laboris ac vulnerum, quibus tam anceps proelii fortuna, quamvis prospero fine, equites equosque adflictaverat. Inumbrante vespera universum Flaviani exercitus robur advenit. Utque cumulos super et recentia caede vestigia incessere, quasi debellatum foret, pergere Cremonam, et victos in deditionem accipere, aut expugnare, deposcunt. Haec in medio, pulchra dictu. Illa sibi quisque, posse coloniam plano sitam impetu capi. Idem audaciae per tenebras irrumpentibus, et majorem rapienti licentiam : quod si lucem opperiantur, jam pacem, jam preces, et pro labore ac vulneribus, clementiam et glo-

valerie, s'étaient avancées jusqu'en ce lieu ; mais dès qu'elles surent la fortune contraire, elles n'ouvrirent pas leurs rangs, n'y reçurent point les vaincus, n'avancèrent pas, ne dirigèrent aucune attaque contre l'ennemi, fatigué du combat et d'une poursuite si longue. Vaincues par l'effet du hasard, ces troupes, qui, dans les succès, n'avaient pas voulu de chef, comprirent combien il leur manquait dans le danger. Leurs premières lignes chancèlent, la cavalerie victorieuse fond sur elles. Le tribun Vipstanus Messalla survient avec ses auxiliaires de Mésie, dont on estimait autant le service que celui des légionnaires, quoiqu'ils eussent fait une marche forcée. Aussi ces cavaliers et fantassins réunis enfoncèrent ces deux légions : la proximité des remparts de Crémone leur donnait plus d'espoir pour la fuite, moins d'énergie pour la résistance.

XIX. Antonius s'arrêta : il savait combien de fatigues et de blessures avaient payé le succès d'un combat si long-temps douteux, et combien, malgré son heureuse issue, avaient souffert les cavaliers et les chevaux. Vers l'entrée de la nuit, tous les corps de l'armée Flavienne arrivèrent. S'avançant, sur des monceaux de cadavres, au milieu des traces récentes du carnage, ils demandent, comme si la guerre était terminée, à aller à Crémone pour y recevoir les vaincus à discrétion, ou forcer la ville. Ces belles paroles étaient proférées tout haut, mais chacun se disait à part « qu'une ville située en plaine pouvait être enlevée d'assaut ; que, dans les ténèbres, ils auraient tout autant d'audace pour l'attaque, et plus de licence pour le pillage ; si l'on attend

riam, inania, laturos : sed opes Cremonensium in sinu praefectorum legatorumque fore. Expugnatae urbis praedam ad militem, deditae ad duces pertinere. Spernuntur centuriones tribunique, ac, ne vox cujusquam audiatur, quatiunt arma, rupturi imperium ni ducantur.

XX. Tum Antonius, inserens se manipulis, ubi adspectu et auctoritate silentium fecerat : non se decus, neque pretium eripere tam bene meritis, adfirmabat; sed divisa inter exercitum ducesque munia : militibus cupidinem pugnandi convenire; duces providendo, consultando, cunctatione saepius quam temeritate, prodesse. Ut pro virili portione, armis ac manu, victoriam juverit, ratione et consilio, propriis ducis artibus, profuturum. Neque enim ambigua esse, quae occurrant : noctem et ignotae situm urbis, intus hostes et cuncta insidiis opportuna : non, si pateant portae, nisi explorato, nisi die, intrandum. An oppugnationem inchoaturos, adempto omni prospectu, quis aequus locus, quanta altitudo moenium? tormentisne et telis, an operibus et vineis, adgredienda urbs foret ? Mox conversus ad singulos, num secures, dolabrasque et cetera expugnandis urbibus, secum adtulissent? rogitabat. Et,

le jour, aussitôt on parlera de paix, on en viendra aux prières : ils ne retireront de leurs fatigues et de leurs blessures que des titres de clémence et de gloire, pures chimères ; mais les richesses de Crémone seront versées dans les mains des préfets et des lieutenans. Une ville prise d'assaut est une proie pour le soldat : rendue, elle en est une pour les chefs. » Les centurions et les tribuns sont méconnus, et, pour étouffer leurs voix, les soldats frappent sur leurs armes, prêts à enfreindre toute autorité, si on ne les mène à l'assaut.

XX. Alors Antonius se mêle à eux ; son aspect et son autorité imposent le silence. « Ce n'est pas moi, dit-il, qui priverai de gloire ni de récompense des braves qui ont si bien mérité ; mais une armée et son chef ont des devoirs différens à remplir : aux soldats appartient l'ardeur de combattre ; aux chefs la prévoyance, la délibération, la lenteur, plus souvent utile que la précipitation. Autant qu'il dépendait de mon bras et de mon épée, j'ai aidé votre victoire : je vous servirai encore de mon expérience et de mes conseils, qualités propres d'un général. En cette occasion, notre conduite est tracée. La nuit, la situation de la ville inconnue, les ennemis dans ses murs, tout est favorable aux embûches : si les portes étaient ouvertes, il n'y faudrait entrer qu'avec précaution, et seulement en plein jour. Entreprendrons-nous un assaut, lorsqu'on ne peut discerner quel est l'endroit accessible, quelle est la hauteur des remparts ; si nous devons assiéger la ville avec les machines et les traits, ou par des ouvrages et sous des claies ? » Puis, se tournant vers chacun : « Avez-vous,

quum abnuerent, gladiisne, inquit, et pilis perfringere ac subruere muros ullæ manus possunt? Si aggerem struere, si pluteis cratibusve protegi necesse fuerit, ut vulgus improvidum, irriti stabimus, altitudinem turrium et aliena munimenta mirantes? Quin potius mora noctis unius, advectis tormentis machinisque, vim victoriamque nobiscum ferimus? Simul lixas calonesque, cum recentissimis equitum, Bedriacum mittit, copias, ceteraque usui adlaturos.

XXI. Id vero ægre tolerante milite, prope seditionem ventum, quum progressi equites sub ipsa mœnia, vagos ex Cremonensibus corripiunt, quorum indicio noscitur, sex Vitellianas legiones omnemque exercitum, qui Hostiliæ egerat, eo ipso die triginta millia passuum emensum, comperta suorum clade, in prœlium accingi ac jam adfore. Is terror obstructas mentes consiliis ducis aperuit. Sistere tertiam legionem, in ipso viæ Postumiæ aggere, jubet, cui juncta a lævo septima Galbiana, patenti campo stetit; dein septima Claudiana, agresti fossa, ita locus erat, præmunita; dextro, octava per apertum limitem; mox tertiadecima, densis arbustis intersepta : hic aquilarum signorumque ordo : milites mixti

dit-il, apporté avec vous des haches, des pioches, et les autres choses propres à forcer des villes? » Et comme ils dirent que non : « Est-il quelque bras, ajouta-t-il, qui puisse, avec le glaive et la lance, percer et renverser des murailles? et, s'il est utile d'élever une terrasse, de nous couvrir de claies et de mantelets, allons-nous rester vainement, comme une foule stupide, en admiration devant la hauteur des tours et des fortifications ennemies? Que n'attendons-nous une seule nuit pour faire venir les machines et les béliers? Alors nous apporterons avec nous et les moyens et la victoire. » Aussitôt il envoie les vivandiers et les valets, avec les cavaliers les moins fatigués, à Bédriac, pour en amener des vivres et tout ce qui était nécessaire.

XXI. Mais le soldat ne cédait qu'avec humeur, et il était près de se révolter, lorsque des cavaliers, qui s'étaient avancés jusque sous les remparts de Crémone, saisirent quelques habitans errans dans la campagne. Leur rapport fit connaître que six légions Vitelliennes, et l'armée entière, qui campait à Hostilia, ayant fait trente milles ce même jour, sur la nouvelle du désastre des leurs, se préparaient au combat, et qu'elles allaient paraître. La crainte qui en résulta éclaira ces esprits indociles sur les conseils de leur général. Il ordonne à la troisième légion de se poster sur la chaussée même de la voie Postumia; il lui adjoint la septième *Galbienne*, sur sa gauche, dans une plaine découverte; puis la septième *Claudienne*, défendue par un canal d'irrigation creusé en ce lieu. A droite était la huitième, dans la contre-allée découverte; après elle la treizième légion, cachée par des bois

per tenebras, ut fors tulerat : prætorianum vexillum proximum tertianis; cohortes auxiliorum in cornibus; latera ac terga equite circumdata : Sido atque Italicus, Suevi, cum delectis popularium, primori in acie versabantur.

XXII. At Vitellianus exercitus, cui adquiescere Cremonæ, et, reciperatis cibo somnoque viribus, confectum algore atque inedia hostem, postera die profligare ac proruere ratio fuit, indigus rectoris, inops consilii, tertia ferme noctis hora, paratis jam dispositisque Flavianis impingitur. Ordinem agminis, disjecti per iram ac tenebras, adseverare non ausim : quamquam alii tradiderint, quartam Macedonicam dextro suorum cornu; quintam, et quintamdecimam, cum vexillis nonæ, secundæque, et vicesimæ, britannicarum legionum, mediam aciem; sextadecimanos duodevicesimanosque, et primanos lævum cornu complesse.» Rapaces atque Italici omnibus se manipulis miscuerant. Eques auxiliaque sibi ipsi locum legere. Prœlium tota nocte varium, anceps, atrox, his, rursus illis, exitiabile. Nihil animus aut manus, ne oculi quidem provisu juvabant : eadem utraque acie arma : crebris interrogationibus notum pugnæ signum : permixta vexilla, ut quisque globus, capta ex hostibus, huc vel illuc raptabat. Urgebatur maxime sep-

touffus. Tel était l'ordre des aigles et des drapeaux; mais, dans l'obscurité, les soldats se mêlèrent au hasard : l'enseigne des prétoriens était auprès de la troisième légion, les cohortes auxiliaires sur les ailes; les flancs et les derrières furent protégés par la cavalerie. Les chefs Suèves, Sidon et Italicus, avec l'élite de leurs peuples, marchaient au premier rang de bataille.

XXII. Cependant l'armée Vitellienne, qui, sagement, aurait dû se reposer à Crémone, réparer ses forces par la nourriture et le sommeil, et qui, le lendemain, aurait pu culbuter et écraser les ennemis épuisés par le froid et la faim, manquant de chef, privée de conseil, vers la troisième heure de la nuit, vint se heurter contre les Flaviens, déjà sous les armes et tout préparés. Quel fut l'ordre de bataille de ces soldats, jetés çà et là au milieu des ténèbres, et entraînés par leur fureur, je n'oserais l'établir avec certitude, quoique d'autres aient rapporté que la quatrième *Macédonique* était à l'aile droite, que la cinquième et la quinzième, avec les vexillaires des neuvième, seconde et vingtième légions britanniques, formaient le centre de bataille; que la seizième, la dix-huitième et la première étaient à l'aile gauche. Les soldats de la *Rapax* et de l'*Italique* s'étaient mêlés dans les autres corps; la cavalerie et les auxiliaires se choisirent eux-mêmes leur place. Le combat, durant toute la nuit, fut indécis, varié, atroce, fatal, tantôt aux uns, tantôt aux autres; le courage, les mains, y semblèrent inutiles, les yeux mêmes ne purent prévoir le danger : semblables armes des deux parts; le mot d'ordre connu de tous à force d'être fréquemment répété; les enseignes

tima legio, nuper a Galba conscripta. Occisi sex primorum ordinum centuriones : abrepta quaedam signa : ipsam aquilam Atilius Verus, primi pili centurio, multa cum hostium strage, et ad extremum moriens, servaverat.

XXIII. Sustinuit labantem aciem Antonius, accitis praetorianis : qui, ubi excepere pugnam, pellunt hostem, dein pelluntur. Namque Vitelliani tormenta in aggerem viae contulerant, ut tela vacuo atque aperto excuterentur, dispersa primo et arbustis, sine hostium noxa, illisa. Magnitudine eximia quintaedecimae legionis balista ingentibus saxis hostilem aciem proruebat : lateque cladem intulisset, ni duo milites, praeclarum facinus ausi, arreptis e strage scutis ignorati, vincla ac libramenta tormentorum abscidissent : statim confossi sunt, eoque intercidere nomina : de facto haud ambigitur. Neutro inclinaverat fortuna, donec, adulta nocte, luna surgens ostenderet acies falleretque. Sed Flavianis aequior a tergo : hinc majores equorum virorumque umbrae, et falso, ut in corpora, ictu tela hostium citra cadebant : Vitelliani adverso lumine collucentes, velut ex occulto jaculantibus, incauti offerebantur.

confondues, selon que quelque corps les enlevait aux ennemis et les portait, tantôt d'un côté, tantôt d'un autre. La légion la plus vivement pressée fut la septième, nouvellement levée par Galba : six de ses centurions des premiers rangs furent tués. Quelques enseignes lui furent enlevées; son aigle même ne fut conservée qu'aux dépens de la vie d'Atilius Verus, centurion primipilaire, qui fit un grand carnage des ennemis.

XXIII. Pour soutenir ses lignes chancelantes, Antonius fait venir les prétoriens : le combat à peine engagé, ils repoussent l'ennemi, puis sont repoussés; les Vitelliens avaient transporté leurs machines sur la chaussée, pour lancer librement et à découvert des traits qui d'abord se dispersaient et allaient se briser contre les arbres sans nuire aux ennemis. Une baliste de la quinzième légion, d'une grandeur extraordinaire, écrasait les Flaviens sous d'énormes pierres; elle eût fait un immense carnage, si, par une hardiesse héroïque, deux soldats, inconnus sous des boucliers enlevés du champ de bataille, n'eussent été couper les liens et les détentes de la machine; ils furent aussitôt massacrés. Avec eux périrent leurs noms; mais le fait est certain. La fortune ne penchait d'aucun côté, lorsque, à la nuit avancée, la lune, se levant, éclaira les deux armées, et abusa leurs yeux ; mais elle fut plus favorable aux Flaviens, qu'elle éclairait par derrière. Les ombres de leurs chevaux et de leurs guerriers s'allongeaient, et l'ennemi, trompé, croyant frapper des corps, faisait tomber ses coups en deçà du but. Les Vitelliens, resplendissans au contraire de la clarté qu'ils avaient en face,

XXIV. Igitur Antonius, ubi noscere suos nosciquc poterat, alios pudore et probris, multos laude et hortatu, omnes spe promissisque accendens, cur rursum sumpsissent arma? Pannonicas legiones interrogabat: illos esse campos, in quibus abolere labem prioris ignominiæ, ubi reciperare gloriam possent. Tum ad Mœsicos conversus, principes auctoresque belli ciebat: frustra minis et verbis provocatos Vitellianos, si manus eorum oculosque non tolerarent. Hæc, ut quosque accesserat: plura ad tertianos, veterum recentiumque admonens: ut sub M. Antonio Parthos, sub Corbulone Armenios, nuper Sarmatas pepulissent. Mox, infensius prætorianis: Vos, inquit, nisi vincitis, pagani, quis alius imperator, quæ castra alia excipient? Illic signa armaque vestra sunt, et mors victis; nam ignominiam consumpsistis. Undique clamor: et orientem solem, ita in Syria mos est, tertiani salutavere.

XXV. Vagus inde, an consilio ducis subditus, rumor advenisse Mucianum; exercitus invicem salutasse: gradum inferunt, quasi recentibus auxiliis aucti; rariore

se présentaient imprudemment aux Flaviens, qui lançaient leurs traits comme d'une retraite cachée.

XXIV. Aussi, dès qu'Antonius peut reconnaître les siens et en être reconnu, il enflamme les uns par la honte et les reproches, les autres par les louanges et les exhortations, tous par l'espérance et les promesses. « Pourquoi, demandait-il aux légions Pannoniennes, avez-vous pris les armes de nouveau? Voici les plaines où vous pouvez laver la tache de votre première ignominie, où vous pouvez recouvrer votre gloire. » Puis, se tournant vers les soldats de Mésie : « Vous êtes les moteurs et les instigateurs de cette guerre. Vainement avez-vous provoqué les Vitelliens et de paroles et de menaces, si vous ne pouvez supporter ici ni leurs attaques ni leurs regards. » Il parle ainsi à chaque corps qu'il aborde, s'adresse plus long-temps à la troisième légion, énumère ses exploits passés et récens, ses succès, sous Marc-Antoine, contre les Parthes; sous Corbulon, contre les Arméniens, et naguère contre les Sarmates; et, apostrophant avec une sorte d'indignation les prétoriens : « Quant à vous, dit-il, si vous n'êtes vainqueurs, vous deviendrez paysans : quel empereur, quel camp vous recevront? Ici sont vos enseignes et vos armes : ici la mort, si vous êtes vaincus. Quant à l'ignominie, vous l'avez épuisée tout entière. » De toutes parts un cri s'élève, le soleil paraît, et la troisième légion le salue suivant l'usage de Syrie.

XXV. De là, le bruit vague et soudain, semé peut-être par le général, que Mucien arrive, que les deux armées se sont saluées. On se porte en avant comme

jam Vitellianorum acie, ut quos, nullo rectore, suus quemque impetus vel pavor contraheret diduceretve. Postquam perculsos sensit Antonius, denso agmine obturbabat: laxati ordines abrumpuntur: nec restitui quivere, impedientibus vehiculis tormentisque. Per limitem viae sparguntur, consectandi festinatione, victores. Eo notabilior caedes fuit, quia filius patrem interfecit: rem nominaque, auctore Vipstano Messalla, tradam. Julius Mansuetus, ex Hispania, Rapaci legioni additus, impubem filium domi reliquerat: is mox adultus, inter septimanos a Galba conscriptus, oblatum forte patrem et vulnere stratum, dum semianimem scrutatur, agnitus, agnoscensque, et exsanguem amplexus, voce flebili precabatur placatos patris manes, neve se ut parricidam aversarentur: publicum id facinus; et unum militem quotam civilium armorum partem? simul adtollere corpus, aperire humum, supremo erga parentem officio fungi. Advertere proximi, deinde plures: hinc per omnem aciem miraculum, et questus, et saevissimi belli exsecratio: nec eo segnius propinquos, adfines, fratres trucidatos spoliant: factum esse scelus loquuntur faciuntque.

XXVI. Ut Cremonam venere, novum immensumque

renforcés par de nouveaux secours. Déjà les lignes des Vitelliens s'étaient éclaircies, car leurs soldats, sans nul chef, cédant à leur fougue ou à leur frayeur, serraient leurs rangs ou se débandaient. Dès qu'il les voit ébranlés, Antonius augmente leur trouble en les écrasant d'épais bataillons. Leurs lignes s'entrouvrent, se rompent, et ne peuvent se reformer, empêchés par les charriots et les machines; les vainqueurs, hâtant leur poursuite, se répandent sur le bord de la chaussée. Le carnage eut cela de plus remarquable, qu'un fils y tua son père. Je rapporterai ce fait et leurs noms d'après Vipstanus Messalla. Julius Mansuetus, venu d'Espagne, enrôlé dans la légion Rapax, avait laissé chez lui un fils adolescent. Ce fils, devenu grand, fut admis dans la septième légion par Galba; le hasard amène son père devant lui : il le blesse, le renverse, et, tandis qu'il le dépouille expirant, il en est reconnu, il le reconnaît, et, l'embrassant presque sans vie, d'une voix lamentable, il conjure les mânes paternels de s'apaiser, et de ne pas l'abhorrer comme un parricide : ce crime était celui de tous, et, dans les guerres civiles, quelle faible part peut avoir un seul soldat? En même temps, il enlève le corps, ouvre la terre, et s'acquitte envers son père des derniers devoirs. Les soldats les plus voisins le remarquèrent, puis un plus grand nombre; bientôt dans tous les rangs on est frappé de stupeur, on se lamente, on exècre cette guerre trop cruelle, et toutefois ils n'en dépouillent pas avec moins d'ardeur leurs proches, leurs alliés, leurs frères égorgés : quel forfait a été commis! se disent-ils, et ils le commettent.

XXVI. Dès qu'ils furent devant Crémone, des tra-

opus occurrit. Othoniano bello, Germanicus miles mœnibus Cremonensium castra sua, castris vallum circumjecerat : eaque munimenta rursus auxerat : quorum adspectu hæsere victores, incertis ducibus, quid juberent : incipere oppugnationem, fesso per diem noctemque exercitu, arduum, et, nullo juxta subsidio, anceps : sin Bedriacum redirent, intolerandus tam longi itineris labor, et victoria ad irritum revolvebatur : munire castra? id quoque, propinquis hostibus, formidolosum, ne dispersos et opus molientes subita eruptione turbarent : quæ super cuncta, terrebat ipsorum miles, periculi quam moræ patientior : quippe ingrata, quæ tuta, ex temeritate spes : omnisque cædes, et vulnera, et sanguis, aviditate prædæ pensabantur.

XXVII. Huc inclinavit Antonius, cingique vallum corona jussit : primo sagittis saxisque eminus certabant, majore Flavianorum pernicie, in quos tela desuper librabantur : mox vallum portasque legionibus attribuit, ut discretus labor fortes ignavosque distingueret, atque ipsa contentione decoris accenderentur. Proxima Bedriacensi viæ tertiani septimanique sumpsere : dexteriora valli octava ac septima Claudiana : tertiadecimanos ad

vaux immenses et nouveaux s'offrent à leurs yeux. Dans la guerre othonienne, les soldats de Germanie avaient posé leur camp autour des murailles de Crémone, entouré ce camp de fossés, et avaient ensuite augmenté encore ces fortifications. A cette vue, les vainqueurs s'arrêtent; les chefs, incertains, ne savent ce qu'ils doivent ordonner : commencer l'attaque avec une armée épuisée des fatigues du jour et de la nuit, c'était trop demander, cela même était dangereux, loin de tous renforts. Retourner à Bédriac, les soldats ne supporteraient pas les fatigues d'une si longue marche, et la victoire allait devenir inutile. Se renfermer dans un camp était impossible aussi près des ennemis, qui viendraient les troubler, par des irruptions subites, au milieu des préparatifs des travaux, ou lorsqu'ils seraient épars; mais, par dessus tout, leurs propres soldats mêmes étaient à redouter; ils préféraient les périls aux retards; les précautions leur étaient insupportables : dans la témérité était leur espoir, et, pour leur avidité, carnage, blessure, sang, avaient toute compensation dans le butin.

XXVII. Ces dispositions déterminèrent Antonius : il ordonna d'investir le retranchement. D'abord on combattit de loin avec les flèches et les pierres, au grand désavantage des Flaviens, contre lesquels les traits étaient ajustés et lancés d'en haut. Bientôt le général assigne à chaque légion l'attaque d'un retranchement et d'un poste, afin que leurs efforts distincts fissent reconnaître les braves et les lâches, et que cette émulation même les enflammât d'honneur. La partie voisine de la route

Brixianam portam impetus tulit. Paullum inde moræ, dum e proximis agris ligones, dolabras, et alii falces scalasque convectant : tum, elatis super capita scutis, densa testudine succedunt. Romanæ utrimque artes : pondera saxorum Vitelliani provolvunt; disjectam fluitantemque testudinem lanceis contisque scrutantur; donec, soluta compage scutorum, exsangues aut laceros prosternerent multa cum strage.

XXVIII. Incesserat cunctatio, ni duces fesso militi, et velut irritas exhortationes abnuenti, Cremonam monstrassent. Hormine id ingenium, ut Messalla tradit, an potior auctor sit C. Plinius qui Antonium incusat, haud facile discreverim : nisi, quod neque Antonius, neque Hormus, a fama vitaque sua, quamvis pessimo flagitio, degeneravere. Non jam sanguis, neque vulnera morabantur, quin subruerent vallum, quaterentque portas; innixi humeris, et super iteratam testudinem scandentes, prensarent hostium tela brachiaque : integri cum sauciis, seminecces cum exspirantibus, volvuntur, varia pereuntium forma, et omni imagine mortium.

XXIX. Acerrimum septimæ tertiæque legionum certa-

de Bédriac fut attaquée par la troisième et la septième, la droite du retranchement par la huitième et la septième Claudienne ; la treizième se jeta avec impétuosité vers la porte Brixiana. Il fallut un peu attendre qu'on eut apporté des villages voisins des hoyaux, des haches, des faux et des échelles. Alors, élevant leurs boucliers au dessus de leurs têtes, ils forment une tortue serrée, et s'avancent sous cet abri : des deux parts la science militaire des Romains. Les Vitelliens roulent des masses de rochers, cherchent à désunir avec les piques et les crocs la tortue qui flotte et s'entr'ouvre, jusqu'à ce que, brisant l'assemblage des boucliers, ils renversent les soldats déchirés et expirans, et en font un grand carnage.

XXVIII. Le découragement allait s'emparer du soldat, fatigué et sourd à de stériles exhortations, si les chefs ne lui eussent montré Crémone. Cette inspiration fut-elle due à Hormus, comme le rapporte Messala, ou dois-je préférer l'autorité de Pline, qui en accuse Antonius : je ne prononcerais pas facilement ; mais, quelque exécrable que soit ce forfait, ni Antonius ni Hormus n'eussent démenti alors leur vie ou leur réputation. Déjà le sang, les blessures n'arrêtent plus les soldats : ils renversent les palissades, ébranlent les portes ; élevés sur les épaules les uns des autres, et, gravissant sur la tortue reformée, ils saisissent les armes et les bras de leurs ennemis : les blessés roulent avec ceux qui ne le sont pas, les soldats à demi morts avec les expirans : ils périssent en diverses attitudes, et le trépas s'offre sous toutes les formes.

XXIX. L'attaque la plus opiniâtre fut celle de la sep-

men : et dux Antonius, cum delectis auxiliaribus, eodem incubuerat. Obstinatos inter se quum sustinere Vitelliani nequirent, et superjacta tela testudine laberentur; ipsam postremo balistam in subeuntes propulere : quae ut ad praesens disjecit obruitque, quos inciderat, ita pinnas ac summa valli ruina sua traxit : simul juncta turris, ictibus saxorum cessit : qua septimani dum nituntur cuneis, tertianus securibus gladiisque portam perfregit. Primum irrupisse C. Volusium, tertiae legionis militem, inter omnes auctores constat : is in vallum egressus, deturbatis qui restiterant, conspicuus manu ac voce, capta castra conclamavit : ceteri, trepidis jam Vitellianis, seque e vallo praecipitantibus, perrupere : completur caede, quantum inter castra murosque vacui fuit.

XXX. At rursus nova laborum facies : ardua urbis moenia, saxeae turres, ferrati portarum obices, vibrans tela miles, frequens obstrictusque Vitellianis partibus Cremonensis populus, magna pars Italiae, stato in eosdem dies mercatu congregata : quod defensoribus auxilium ob multitudinem, oppugnantibus incitamentum ob praedam erat. Rapi ignes Antonius, inferrique amoenissimis extra urbem aedificiis jubet; si damno rerum

tième et de la troisième légion ; Antonius les guide avec l'élite des auxiliaires, et s'acharne à ce point. Les Vitelliens ne pouvant résister à tant d'accord et d'obstination, et voyant leurs traits lancés glisser vainement sur la tortue, pour dernier effort, jetèrent la baliste elle-même sur les assiégeans : elle rompit un moment les Flaviens, et écrasa ceux sur lesquels elle était tombée, mais elle entraîna aussi dans sa chute les parapets et le haut du rempart. Au même instant, une tour qui y était jointe s'écroule sous le choc des pierres. La septième, formée en coin, monte sur les débris; la troisième, avec les haches et les glaives, brise la porte. Le premier qui pénétra, tous les auteurs en conviennent, fut C. Volusius, soldat de la troisième légion : parvenu sur le rempart, il renverse tout ce qui lui résiste, et se faisant distinguer par ses gestes et sa voix retentissante, il cria que le camp était pris. Les autres entrent au moment où les Vitelliens, déjà saisis d'épouvante, se précipitèrent en bas du rempart. Tout l'espace entre le camp et les murailles ne fut qu'un champ de carnage.

XXX. Mais de nouvelles difficultés se présentent encore : les murs de la ville sont élevés, les tours en pierres, les portes garnies de fer; les soldats brandissent leurs javelots; la population de Crémone est nombreuse et attachée au parti de Vitellius ; une grande partie de l'Italie s'y est rassemblée à l'occasion d'une foire tenue durant ces mêmes jours : c'était, pour les assiégés, un plus grand nombre de défenseurs ; pour les assiégeans, une espérance de plus de butin. Antonius ordonne de s'armer de torches, et d'aller incendier les plus délicieuses habitations

suarum Cremonenses ad mutandam fidem traherentur : propinqua muris tecta, et altitudinem moenium egressa, fortissimo quoque militum complet : illi trabibus, tegulisque, et facibus propugnatores deturbant.

XXXI. Jam legiones in testudinem glomerabantur, et alii tela saxaque incutiebant, quum languescere paullatim Vitellianorum animi. Ut quis ordine anteibat, cedere fortunæ : ne, Cremona quoque excisa, nulla ultra venia, omnisque ira victoris, non in vulgus inops, sed in tribunos centurionesque, ubi pretium cædis erat, reverteretur. Gregarius miles, futuri socors et ignobilitate tutior, perstabat : vagi per vias, in domibus abditi, pacem ne tum quidem orabant, quum bellum posuissent. Primores castrorum nomen atque imagines Vitellii amoliuntur : catenas Cæcinæ, nam etiam tum vinctus erat, exsolvunt, orantque, ut causæ suæ deprecator adsistat : adspernantem tumentemque lacrymis fatigant, extremum malorum, tot fortissimi viri, proditoris opem invocantes : mox velamenta et infulas pro muris ostentant. Quum Antonius inhiberi tela jussisset, signa aquilasque extulere : moestum inermium agmen, dejectis in terram oculis, sequebatur. Circumstiterant victores, et primo ingerebant probra, intentabant ictus : mox, ut præberi ora contumeliis, et, posita omni fero-

situées hors de la ville, pour voir si la perte de leurs biens pourra entraîner les habitans à changer de parti; il place aussi de ses plus braves soldats sur les toits des édifices les plus voisins des murailles, et dont la hauteur dépasse celle des remparts : avec des solives, des tuiles et des torches, ils écartent ceux qui les défendent.

XXXI. Déjà les légions s'aggloméraient pour former la tortue, les autres troupes lançaient les traits et les pierres, lorsque l'on vit les Vitelliens perdre peu à peu de leur énergie. Ceux que leur rang distinguait voulurent céder à la fortune, craignant que la ville, une fois prise, il n'y eût plus à espérer de grâce, et que toute la colère du vainqueur ne se tournât, non pas contre une multitude misérable, mais contre les tribuns et les centurions, dont le massacre était un profit. Les simples soldats, indifférens de l'avenir, ayant leur obscurité pour sauvegarde, persistaient encore : errans dans les rues, cachés dans les maisons, ils n'imploraient point la paix, alors même qu'ils avaient cessé de combattre. Les principaux officiers du camp enlèvent le nom et les images de Vitellius, détachent les fers de Cécina, qui était encore enchaîné, et le supplient de se présenter avec eux pour excuser leur conduite. Ils fatiguent vainement ses mépris et son orgueil de leurs larmes, et tant de si braves guerriers furent réduits, pour comble de malheur, à invoquer l'appui d'un traître. Enfin ils arborent sur les murs les drapeaux et les bandelettes de la soumission. Antonius fait cesser l'attaque. On vit d'abord sortir de la ville les enseignes et les aigles; les soldats les suivaient tristement, sans armes, les yeux baissés vers la terre. Les vain-

cia, cuncta victi patiebantur, subit recordatio illos esse qui nuper Bedriaci victoriæ temperassent. Sed, ubi Cæcina, prætexta lictoribusque insignis, dimota turba, consul incessit, exarsere victores : superbiam, sævitiamque, adeo invisa scelera sunt! etiam perfidiam, objectabant. Obstitit Antonius, datisque defensoribus, ad Vespasianum dimisit.

XXXII. Plebs interim Cremonensium inter armatos conflictabatur : nec procul cæde aberant, quum precibus ducum mitigatus est miles : et vocatos ad concionem Antonius adloquitur, magnifice victores, victos clementer : de Cremona in neutrum. Exercitus, præter insitam prædandi cupidinem, vetere odio ad excidium Cremonensium incubuit : juvisse partes Vitellianas, Othonis quoque bello, credebantur : mox tertiadecimanos, ad exstruendum amphitheatrum relictos, ut sunt procacia urbanæ plebis ingenia, petulantibus jurgiis illuserant. Auxit invidiam editum illic a Cæcina gladiatorum spectaculum : eademque rursus belli sedes : et præbiti in acie Vitellianis cibi : cæsæ quædam feminæ, studio partium ad prœlium progressæ : tempus quoque mercatus,

queurs les entourent, et d'abord ils les chargeaient
d'outrages, les menaçaient du geste. Bientôt, comme
les vaincus s'offraient patiemment aux insultes, et,
comme, déposant tout orgueil, ils souffraient toutes les
injures, il leur revint à la pensée que c'était là les
mêmes soldats qui naguère à Bédriac avaient été si modérés dans la victoire; mais dès que Cécina apparut
avec la prétexte et des licteurs, et, poussant la foule,
s'avança comme un personnage consulaire, les vainqueurs firent éclater leur indignation. Son orgueil, sa
barbarie, et, tant les crimes sont odieux! sa perfidie
même lui furent reprochés. Antonius le protégea, lui
donna des gardes, et l'envoya vers Vespasien.

XXXII. Cependant le peuple de Crémone était pressé
de toutes parts au milieu de gens en armes, et le massacre aurait eu lieu, si les prières des chefs n'eussent
apaisé le soldat. Antonius convoque en assemblée vainqueurs et vaincus, parle des uns en termes magnifiques,
des autres avec indulgence, de Crémone d'une manière
vague. L'armée, outre sa propension naturelle au pillage, avait une ancienne animosité qui la poussait à la
ruine de Crémone. Cette ville passait pour avoir favorisé
le parti Vitellien, même durant la guerre d'Othon. Plus
tard, la treizième, demeurée pour construire un amphi-
théâtre, y avait éprouvé des insultes et des railleries,
auxquelles est toujours disposée la populace d'une ville.
La haine s'accrut encore du spectacle de gladiateurs qu'y
donna Cécina. Crémone était pour la seconde fois le
théâtre de la guerre : elle avait apporté des vivres aux
Vitelliens sur le champ de bataille. Des femmes, entraî-

ditem alioquin coloniam, majorum opum specie comple-
bat. Ceteri duces in obscuro : Antonium fortuna famaque omnium oculis exposuerat : is balneas, abluendo
cruori, propere petit : excepta vox est, quum teporem in-
cusaret, statim futurum, ut incalescerent. Vernile dic-
tum omnem invidiam in eum vertit, tanquam signum
incendendae Cremonae dedisset, quae jam flagrabat.

XXXIII. Quadraginta armatorum millia irrupere,
calonum lixarumque amplior numerus, et in libidinem
ac saevitiam corruptior. Non dignitas, non aetas prote-
gebat, quominus stupra caedibus, caedes stupris, misce-
rentur. Grandaevos senes, exacta aetate feminas, viles
ad praedam, in ludibrium trahebant. Ubi adulta virgo,
aut quis forma conspicuus, incidisset, vi manibusque
rapientium divulsus, ipsos postremo direptores in mutuam perniciem agebat : dum pecuniam, vel gravia auro
templorum dona, sibi quisque trahunt, majore aliorum
vi truncabantur. Quidam obvia adspernati, verberibus
tormentisque dominorum abdita scrutari, defossa eruere.
Faces in manibus, quas, ubi praedam egesserant, in
vacuas domos et inania templa per lasciviam jaculaban-
tur : utque exercitu, vario linguis, moribus, cui cives,

nées au milieu du combat par ardeur pour le parti, y avaient été tuées. De plus, la circonstance de la foire semblait augmenter les richesses d'une colonie déjà connue pour opulente. Les autres chefs de Vespasien restaient dans l'obscurité. La fortune et la renommée exposaient Antonius à tous les regards. Il était allé en hâte aux bains pour laver le sang dont il était couvert. Comme il s'y plaignit de la tiédeur de l'eau, une voix répondit que bientôt on la chaufferait. Ces paroles d'un esclave attirèrent sur Antonius tout l'odieux de l'incendie de Crémone, comme s'il en eût donné le signal; mais déjà la ville était en feu.

XXXIII. Quarante mille hommes de guerre s'y précipitèrent, et un nombre plus grand encore de vivandiers et de valets, race plus cruelle, plus effrénée et plus corrompue. Ni la dignité ni l'âge n'empêchèrent que le viol ne se mêlât au carnage et le carnage au viol. Des vieillards du plus grand âge, des femmes vers la fin de la vie, proies inutiles, furent traînés pour leur servir de jouet. Une jeune vierge, un jeune homme d'une beauté remarquable, tombaient-ils entre leurs mains, les ravisseurs se l'arrachaient avec violence, et leur rage aboutissait à la ruine commune et des ravisseurs et de leur victime. Tandis que les uns enlèvent pour eux l'argent, les offrandes et l'or des temples, d'autres, plus forts, surviennent et les massacrent. Quelques-uns, dédaignant ce qui s'offre à leur avidité, forcent, par des coups et des tortures, les propriétaires à rechercher les objets cachés, à déterrer les trésors enfouis. Des torches sont en leurs mains, et, dès qu'ils ont saisi leur proie, ils

socii, externi interessent, diversae cupidines, et aliud cuique fas, nec quidquam illicitum. Per quatriduum Cremona suffecit. Quum omnia sacra profanaque in igne considerent, solum Mephitis templum stetit ante moenia, loco, seu numine defensum.

XXXIV. Hic exitus Cremonae, anno CCLXXXVI a primordio sui. Condita erat Tib. Sempronio et P. Cornelio consulibus, ingruente in Italiam Annibale, propugnaculum adversus Gallos, trans Padum agentes, et si qua alia vis per Alpes rueret. Igitur numero colonorum, opportunitate fluminum, ubere agri, annexu connubiisque gentium, adolevit floruitque, bellis externis intacta, civilibus infelix. Antonius, pudore flagitii, crebrescente invidia, edixit, ne quis Cremonenses captivos detineret : irritamque praedam militibus effecerat consensus Italiae, emptionem talium mancipiorum adspernantis. Occidi coepere : quod ubi enotuit, a propinquis adfinibusque occulte redemptabantur : mox rediit Cremonam reliquus populus : reposita fora templaque munificentia municipum, et Vespasianus hortabatur.

se font un jeu de les lancer dans les maisons dévastées et sur les temples dépouillés ; et comme, dans cette armée, la diversité de langage et de mœurs, le mélange de citoyens, d'alliés et d'étrangers formaient mille passions, chacun y avait sa morale particulière, et rien n'y parut illicite. Quatre jours entiers Crémone put y suffire. Tous les édifices sacrés ou profanes furent engloutis dans les flammes ; un seul, le temple de Méphitis, situé devant les remparts, échappa, protégé par sa situation ou par ses dieux.

XXXIV. Ainsi périt Crémone, après une existence de deux cent quatre-vingt-six ans. Elle avait été fondée sous le consulat de Tib. Sempronius et de P. Cornelius, lors de l'irruption d'Annibal en Italie, pour servir de boulevard contre les Gaulois habitant au delà du Pô, et contre quelque tentative armée qui menacerait du côté des Alpes. Le nombre de ses habitans colonisés, la commodité de ses rivières, la fertilité de son territoire, ses rapports et ses alliances avec les nations voisines, contribuèrent à son agrandissement et à sa prospérité ; aucune guerre extérieure ne l'avait atteinte, les troubles civils causèrent ses malheurs. Antonius, honteux de ce désastre, et voyant la haine s'accroître, défendit à tous ses soldats de retenir des Crémonais captifs. Ce butin était nul en leurs mains, l'Italie s'accordant à rejeter tout achat de semblables prisonniers. Ils se mirent à les égorger : dès qu'on le sut, leurs parens et leurs alliés vinrent les racheter en secret. Dans la suite, ce qui restait de population retourna à Crémone ; la munificence

XXXV. Ceterum adsidere sepultæ urbis ruinis, noxia tabo humus haud diu permisit : ad tertium lapidem progressi, vagos paventesque Vitellianos, sua quemque apud signa, componunt. Et victæ legiones, ne, manente adhuc civili bello, ambigue agerent, per Illyricum dispersæ. In Britanniam inde et Hispanias nuntios famamque; in Galliam Julium Calenum, tribunum; in Germaniam Alpinum Montanum, præfectum cohortis, quod hic Trevir, Calenus Æduus, uterque Vitelliani fuerant, ostentui misere. Simul transitus Alpium præsidiis occupati : suspecta Germania, tanquam in auxilium Vitellii accingeretur.

XXXVI. At Vitellius, profecto Cæcina, quum Fabium Valentem, paucis post diebus, ad bellum impulisset, curis luxum obtendebat : non parare arma, non adloquio exercitioque militem firmare, non in ore vulgi agere : sed umbraculis hortorum abditus, ut ignavia animalia, quibus si cibum suggeras, jacent torpentque, præterita, instantia, futura, pari oblivione dimiserat. Atque illum, in nemore Aricino desidem et marcentem, proditio Lucilii Bassi, ac defectio classis Ravennatis perculit. Nec multo post de Cæcina adfertur mixtus gaudio dolor : et descivisse, et ab exercitu vinctum :

des habitans rétablit les forums et les temples, et Vespasien les y encouragea.

XXXV. Mais une ville ensevelie sous ses ruines, un sol infecté de carnage, ne permirent pas aux vainqueurs une longue résidence; ils se retirèrent à trois milles, et rangèrent, chacun sous ses drapeaux, les Vitelliens tremblans et dispersés. La guerre civile durant encore, comme on craignait que les légions vaincues ne se conduisissent pas avec sincérité, on les dispersa dans l'Illyrie. Ensuite des courriers et la renommée apprirent la victoire à la Bretagne et à l'Espagne. Le tribun Julius Calenus vint l'annoncer à la Gaule; Alpinus Montanus, préfet de cohorte, à la Germanie. Celui-ci était de Trèves, celui-là du pays des Éduens : ils avaient été Vitelliens; on les envoyait comme en spectacle. En même temps, les passages des Alpes furent occupés par des garnisons. On suspectait la Germanie, comme toujours prête à s'armer pour Vitellius.

XXXVII. Cependant Vitellius, depuis le départ de Cécina, et ayant, peu de jours après, déterminé Fabius Valens à se rendre à l'armée, voilait ses soucis du faste de sa cour. Il ne prépare point des armes, ne fortifie le soldat ni par des exhortations ni par l'exercice, ne se montre ni n'agit en public; mais, caché sous les ombrages de ses jardins, semblable à ces animaux sans énergie, qui, pourvu qu'on fournisse à leur pâture, gisent et dorment engourdis, il met dans un égal oubli le passé, le présent, l'avenir. Il languissait lâchement dans les bosquets d'Aricie, lorsque la trahison de Lucilius Bassus et la défection de la flotte de Ravenne vinrent ébranler sa stupeur, et, peu après, on lui apprend sur Cécina une

plus apud socordem animum laetitia, quam cura valuit: multa cum exsultatione in urbem revectus, frequenti concione, pietatem militum laudibus cumulat. P. Sabinum, praetorii praefectum, ob amicitiam Caecinae, vinciri jubet, substituto in locum ejus Alpheno Varo.

XXXVII. Mox senatum, composita in magnificentiam oratione, adlocutus, exquisitis patrum adulationibus adtollitur. Initium atrocis in Caecinam sententiae a L. Vitellio factum: dein ceteri, composita indignatione, quod consul rempublicam, dux imperatorem, tantis opibus, tot honoribus cumulatus, amicum prodidisset, velut pro Vitellio conquerentes, suum dolorem proferebant. Nulla in oratione cujusquam erga Flavianos duces obtrectatio: errorem imprudentiamque exercitum culpantes, Vespasiani nomen suspensi et vitabundi circumibant. Nec defuit, qui unum consulatus diem, is enim in locum Caecinae supererat, magno cum irrisu tribuentis accipientisque, eblandiretur: pridie kalendas novembris Rosius Regulus iniit, ejuravitque. Adnotabant periti, nunquam antea, non abrogato magistratu, neque lege lata, alium suffectum: nam consul uno die et ante fuerat Caninius Rebilus, C. Caesare dictatore, quum belli civilis praemia festinarentur.

nouvelle triste et à la fois agréable ; Cécina l'a abandonné, mais l'armée a chargé de chaînes le perfide. La joie eut plus de prise sur cette âme molle que l'inquiétude. Il se rend à Rome avec tous les signes de l'allégresse, convoque une assemblée nombreuse, et comble d'éloges la fidélité de ses soldats. Il fit jeter dans les fers P. Sabinus, préfet du prétoire, à cause de son amitié pour Cécina, et nomma en sa place Alphenus Varus.

XXXVII. Ensuite il harangue le sénat : son discours était composé avec pompe. Les sénateurs, par leurs adulations recherchées, élèvent encore son orgueil. Son frère, L. Vitellius, fut le premier à ouvrir un avis rigoureux contre Cécina; aussitôt les autres, affectant de l'indignation, se récrient de ce qu'un consul avait trahi la république, un général son empereur, un homme comblé de tant de richesses, de tant d'honneurs, son ami; ils semblaient plaindre Vitellius, et n'exprimaient que leur propre inquiétude. Dans les expressions d'aucun d'eux, pas une invective contre les généraux de Vespasien : ils accusaient l'erreur et l'imprudence des armées, et, suspendant leurs pensées, ils tournaient autour du nom de Vespasien, qu'ils avaient soin d'éviter de prononcer. Un seul jour d'exercice de consulat restait à Cécina, et il se trouva un homme qui mendia cette faveur, au grand ridicule du donateur et de l'élu. Ce fut la veille des kalendes de novembre que Rosius Regulus entra en charge et en sortit. Des personnes instruites remarquèrent que jamais auparavant, sans démission de la part du magistrat, et sans loi rendue, on n'en avait subrogé un autre. Caninius Rebilus fut aussi

XXXVIII. Nota per eos dies Junii Blæsi mors et famosa fuit: de qua sic accepimus. Gravi corporis morbo æger Vitellius, Servilianis hortis, turrim vicino sitam, collucere, per noctem, crebris luminibus animadvertit. Sciscitanti causam, apud Cæcinam Tuscum epulari multos, præcipuum honore Junium Blæsum, nuntiatur: cetera in majus, de adparatu et solutis in lasciviam animis : nec defuere, qui ipsum Tuscum et alios, sed criminosius Blæsum, incusarent, quod, ægro principe, lætos dies ageret. Ubi asperatum Vitellium, et posse Blæsum perverti, satis patuit iis, qui principum offensas acriter speculantur, datæ L. Vitellio delationis partes. Ille infensus Blæso æmulatione prava, quod eum, omni dedecore maculosum, egregia fama anteibat, cubiculum imperatoris reserat, filium ejus sinu complexus et genibus accidens : causam confusionis quærenti, non se proprio metu, nec sui anxium, sed pro fratre, pro liberis fratris, preces lacrymasque adtulisse. Frustra Vespasianum timeri, quem tot Germanicæ legiones, tot provinciæ virtute ac fide, tantum denique terrarum ac maris immensis spatiis, arceat. In urbe ac sinu cavendum hostem, Junios Antoniosque avos jactantem, qui se stirpe imperatoria, comem ac magnificum militibus,

nommé consul pour un seul jour par le dictateur César; mais alors on se hâtait de payer les services de la guerre civile.

XXXVIII. La mort de Junius Blésus, qu'on apprit en ce moment, fit une grande sensation. Voici ce que j'en ai connu. Vitellius, souffrant d'une grave indisposition, remarqua, des jardins de Servilius, qu'une tour, située dans le voisinage, resplendissait, au milieu de la nuit, de l'éclat d'un grand nombre de lumières. Il en demande la cause. On lui dit que, chez Cécina Tuscus, on donne un grand festin, et principalement en l'honneur de Junius Blésus : on exagère tout le reste, l'appareil de la fête, la joie, la licence des convives ; et l'on ne manqua pas d'accuser Tuscus lui-même et les autres, mais plus perfidement encore Blésus, de ce que les jours où le prince était souffrant étaient pour Blésus des jours de plaisirs. Dès que ces hommes, qui profitent si habilement des ressentimens des princes, virent clairement que Vitellius était aigri, et que l'on pouvait perdre Blésus, le rôle de délateur fut confié à L. Vitellius : celui-ci, ennemi de Blésus, entaché de toutes sortes de souillures, ne lui pardonnait pas, dans sa basse rivalité, de l'effacer par la plus pure renommée. Il ouvre la chambre de l'empereur, portant son fils entre ses bras, et, tombant à genoux, il dit à Vitellius, qui lui demande la cause de son trouble : « Ce n'est point par crainte personnelle ni par inquiétude sur moi-même ; mais c'est pour un frère, pour les enfans de mon frère, que j'apporte ici des supplications et des larmes. Ce n'est point Vespasien qu'il faut redouter, Vespasien, auquel tant

ostentet. Versas illuc omnium mentes, dum Vitellius, amicorum inimicorumque negligens, fovet aemulum, principis labores e convivio prospectantem. Reddendam pro intempestiva laetitia moestam et funebrem noctem, qua sciat et sentiat vivere Vitellium et imperare, et, si quid fato accidat, filium habere.

XXXIX. Trepidanti inter scelus metumque, ne dilata Blaesi mors maturam perniciem, palam jussa atrocem invidiam, ferret, placuit veneno grassari. Addidit facinori fidem, nobili gaudio, Blaesum visendo. Quin et audita est saevissima Vitellii vox, qua se, ipsa enim verba referam, pavisse oculos, spectata inimici morte, jactavit. Blaeso, super claritatem natalium et elegantiam morum, fidei obstinatio fuit. Integris quoque rebus, a Caecina et primoribus partium jam Vitellium adspernantibus ambitus, abnuere perseveravit : sanctus, inturbidus, nullius repentini honoris, adeo non principatus adpetens, parum effugerat, ne dignus crederetur.

de légions germaniques, tant de provinces courageuses et fidèles, et enfin d'immenses étendues de contrées et de mers opposent une barrière : c'est dans Rome, c'est dans votre sein que se trouve l'ennemi contre lequel il faut se prémunir, celui qui s'enorgueillit de ses aïeux, les Junius, les Antoines; celui qui, affable et prodigue envers les soldats, leur apprend qu'il sort de la tige impériale. Vers lui sont tournés tous les esprits, tandis que Vitellius, oubliant amis et ennemis, protège un rival qui, du banquet où il est assis, se plaît à contempler les douleurs de son prince. Il faut changer cette joie insultante en une nuit d'affliction et de funérailles, pour qu'il sache et qu'il sente que Vitellius existe et commande, et que, si le destin dispose de l'empereur, il a un fils. »

XXXIX. Balançant entre le crime et la peur, craignant de hâter sa propre perte s'il diffère la mort de Blésus, et, s'il l'ordonne publiquement, d'en supporter tout l'odieux, il se décide à recourir au poison. Il confirma lui-même son attentat, par une joie manifeste, dans sa visite à Blésus, et, de plus, on l'entendit prononcer une parole atroce : il se vanta, je rapporterai ses propres expressions, d'avoir repu ses yeux du spectacle de la mort d'un ennemi. Blésus, distingué par l'éclat de sa naissance et la politesse de ses mœurs, était d'une fidélité inébranlable. Avant cette révolution, Cécina et les autres chefs du parti, déjà dégoûtés de Vitellius, avaient circonvenu Blésus, il refusa constamment. Irréprochable, ennemi des désordres, ne recherchant aucune élévation soudaine et encore moins l'empire, peu s'en fallut qu'on ne l'en crût parfaitement digne.

XL. Fabius interim Valens, multo ac molli concubinarum spadonumque agmine, segnius quam ad bellum incedens, proditam a Lucilio Basso Ravennatem classem, pernicibus nuntiis accepit. Et, si cœptum iter properasset, nutantem Cæcinam prævenire, aut, ante discrimen pugnæ, adsequi legiones potuisset. Nec deerant, qui monerent, ut cum fidissimis per occultos tramites, vitata Ravenna, Hostiliam Cremonamve pergeret. Aliis placebat, accitis ex urbe prætoriis cohortibus valida manu perrumpere. Ipse, inutili cunctatione, agendi tempora consultando consumpsit: mox utrumque consilium adspernatus, quod inter ancipitia deterrimum est, dum media sequitur, nec ausus est satis, nec providit.

XLI. Missis ad Vitellium litteris, auxilium postulat. Venere tres cohortes cum ala britannica: neque ad fallendum aptus numerus, neque ad penetrandum. Sed Valens ne in tanto quidem discrimine infamia caruit, quominus rapere illicitas voluptates, adulteriisque ac stupris polluere hospitum domus, crederetur: aderant vis et pecunia et ruentis fortunæ novissima libido. Adventu demum peditum equitumque pravitas consilii patuit, quia nec vadere per hostes tam parva manu poterat, etiam si fidissima foret, nec integram fidem adtulerant. Pudor tamen et præsentis ducis reverentia morabatur, haud diuturna vincula apud avidos periculorum et de-

XL. Cependant F. Valens, suivi d'une troupe nombreuse et efféminée de concubines et d'eunuques, s'avançait lentement, comme s'il n'allait pas combattre : un message rapide lui apprend que la flotte de Ravenne a été livrée par Lucilius Bassus. S'il eût hâté sa marche, il eût pu prévenir Cécina, qui balançait encore, ou joindre les légions avant la décision de la bataille. Beaucoup de personnes lui conseillaient de se rendre avec ses plus fidèles soldats, par des sentiers détournés, à Hostilia ou à Crémone, en évitant Ravenne. D'autres voulaient qu'il appelât de Rome les cohortes prétoriennes, et qu'il passât outre à force ouverte. Quant à lui, par d'inutiles délais, il perdit en délibérations le temps d'agir; puis, rejetant et l'un et l'autre avis, il s'abandonne au parti mitoyen, le plus funeste dans les périls urgens, il ne sait ni assez oser ni assez prévoir.

XLI. Il écrit à Vitellius, et demande des renforts. Il vint trois cohortes avec une aile de cavalerie britannique, troupes trop nombreuses pour dérober sa marche, trop faibles pour forcer le passage. Mais Valens, même en de si graves circonstances, ne manqua pas de se couvrir d'infamies, et s'exposa au juste reproche d'avoir ravi les plaisirs les plus illicites, souillé de prostitutions et d'adultères les maisons de ses hôtes; il avait en main la force et l'argent, et il voulait jouir des dernières licences d'une fortune qui s'écroule. Enfin l'arrivée de l'infanterie et de la cavalerie mit à découvert l'impéritie du général; car il ne pouvait passer à travers l'ennemi avec si peu de troupes, lors même qu'elles eussent été des plus fidèles, et elles n'apportaient pas une fidélité à toute épreuve.

decoris securos. Eo metu, cohortes Ariminum præmittit, alam tueri terga jubet : ipse, paucis, quos adversa non mutaverant, comitantibus, flexit in Umbriam, atque inde Etruriam : ubi, cognito pugnæ Cremonensis eventu, non ignavum, et, si provenisset, atrox consilium iniit, ut, adreptis navibus, in quamcunque partem Narbonensis provinciæ egressus, Gallias, et exercitus, et Germaniæ gentes, novumque bellum cieret.

XLII. Digresso Valente, trepidos, qui Ariminum tenebant, Cornelius Fuscus, admoto exercitu, et missis per proxima litorum liburnicis, terra marique circumvenit. Occupantur plana Umbriæ, et qua picenus ager Adria adluitur : omnisque Italia, inter Vespasianum ac Vitellium, Apennini jugis dividebatur. Fabius Valens, e sinu Pisano, sævitia maris, aut adversante vento, portum Herculis Monœci depellitur : haud procul inde agebat Marius Maturus, Alpium maritimarum procurator, fidus Vitellio, cujus sacramentum, cunctis circa hostilibus, nondum exuerat. Is Valentem comiter exceptum, ne Galliam Narbonensem temere ingrederetur, monendo terruit : simul ceterorum fides metu infracta : namque circumjectas civitates procurator Valerius Paul-

Cependant la honte et le respect pour le général présent les arrêta : c'était un frein peu durable pour des gens avides de périls et sans soucis du déshonneur. Valens, qui les redoutait, garde pour compagnons quelques braves que l'adversité n'a point changés, envoie en avant les cohortes à Ariminum, ordonne à la cavalerie de couvrir leurs derrières ; quant à lui, il se détourne vers l'Ombrie, et de là passe en Etrurie. Il y apprit l'issue du combat de Crémone, et conçut un projet hardi, et dont le succès aurait eu des conséquences terribles : c'était de se jeter dans des navires, de descendre sur quelque point de la Gaule Narbonaise, de soulever les Gaules, les armées et les nations germaniques, et d'entreprendre une guerre toute nouvelle.

XLII. Le départ de Valens jeta dans la consternation les troupes qui occupaient Ariminum. Cornelius Fuscus en fit approcher son armée, envoya ses galères le long des rivages voisins, et les enveloppa ainsi et par terre et par mer. Les plaines de l'Ombrie et le pays Picentin, que baigne l'Adriatique, sont occupés. Ainsi toute l'Italie fut partagée entre Vespasien et Vitellius par la chaîne des Apennins. Valens, sorti du golfe de Pise, fut contraint, par la tempête ou les vents contraires, d'entrer dans le port d'Hercule Monœcus. Non loin de ce lieu se trouvait Marius Maturus, procurateur des Alpes maritimes : fidèle à Vitellius, quoique entouré d'ennemis de toutes parts, il n'avait pas encore abjuré son serment ; il fit accueil à Valens, mais il l'effraya sur le projet téméraire d'aborder la Gaule Narbonaise. Au même moment, la crainte ébranlait la foi de ceux qui l'accompagnaient, car les cités environnantes avaient prêté ser-

linus, strenuus militiæ, et Vespasiano ante fortunam amicus, in verba ejus adegerat.

XLIII. Concitisque omnibus, qui exauctorati a Vitellio bellum sponte sumebant, Forojuliensem coloniam, claustra maris, præsidio tuebatur: eo gravior auctor, quod Paullino patria Forum Julii, et honos apud prætorianos, quorum quondam tribunus fuerat. Ipsique pagani, favore municipali, et futuræ potentiæ spe, juvare partes adnitebantur: quæ ubi paratu firma, et aucta rumore, apud varios Vitellianorum animos increbuere, Fabius Valens cum quatuor speculatoribus, et tribus amicis, totidem centurionibus, ad naves regreditur: Maturo ceterisque remanere, et in verba Vespasiani adigi, volentibus fuit. Ceterum, ut mare tutius Valenti, quam litora, aut urbes; ita futuri ambiguus, et magis, quid vitaret, quam cui fideret, certus, adversa tempestate Stœchadas, Massiliensium insulas, adfertur: ibi cum missæ a Paullino liburnicæ oppressere.

XLIV. Capto Valente, cuncta ad victoris opes conversa, initio per Hispaniam a prima Adjutrice legione orto, quæ, memoria Othonis infensa Vitellio, decimam quoque ac sextam traxit: nec Galliæ cunctabantur: et Britanniam, inclitus erga Vespasianum favor, quod illic secundæ legioni a Claudio præpositus et bello clarus egerat, non sine motu adjunxit ceterarum, in quibus

ment à Vespasien, à l'instigation de leur procurateur, Valerius Paullinus, guerrier habile, et ami de ce prince avant sa fortune.

XLIII. Paullinus réunit tous les soldats licenciés par Vitellius, qui, d'eux-mêmes, coururent aux armes, et mit une garnison à Fréjus, clef de cette mer. Son autorité avait d'autant plus de poids, que Fréjus était sa patrie, et qu'il était honoré des prétoriens, dont jadis il avait été tribun. Les habitans des campagnes eux-mêmes, par intérêt pour un concitoyen, et dans l'espoir de sa future grandeur, mirent tous leurs efforts à seconder ce parti. Dès que ces dispositions réelles, et de plus accrues par la renommée, eurent ébranlé de diverses manières les esprits des Vitelliens, Valens, avec quatre gardes, trois amis et autant de centurions, regagne ses vaisseaux. Maturus et les autres prirent volontairement le parti de rester et de jurer fidélité à Vespasien. Au reste, si la mer offrait plus de sûreté à Valens que les côtes et les villes, il n'en était pas moins incertain de l'avenir, et il savait mieux ce qu'il avait à éviter qu'il ne savait à qui il devait se fier. Une tempête le jetta dans les Stæchades, îles des Marseillais; là, des galères envoyées par Paullinus se saisirent de lui.

XLIV. Valens pris, tout se tourna vers la puissance du vainqueur : et d'abord commença en Espagne, la première Adjutrice, qui, par le souvenir d'Othon, furieuse contre Vitellius, entraîna de plus la dixième et la sixième. Les Gaules ne balancèrent pas; la Bretagne s'était distinguée par son attachement pour Vespasien, qui, nommé commandant de la seconde légion par Claude, y avait fait la guerre avec éclat; son adhésion n'eut pas

plerique centuriones ac milites a Vitellio provecti, expertum jam principem anxii mutabant.

XLV. Ea discordia, et crebris belli civilis rumoribus, Britanni sustulere animos, auctore Venusio : qui, super insitam ferociam et romani nominis odium, propriis in Cartismanduam reginam stimulis accendebatur. Cartismandua Brigantibus imperitabat, pollens nobilitate; et auxerat potentiam, postquam, capto per dolum rege Caractaco, instruxisse triumphum Claudii Cæsaris videbatur. Inde opes, et rerum secundarum luxus : spreto Venusio, is fuit maritus, armigerum ejus, Vellocatum, in matrimonium regnumque accepit. Concussa statim flagitio domus : pro marito studia civitatis; pro adultero libido reginæ et sævitia. Igitur Venusius accitis auxiliis, simul ipsorum Brigantum defectione, in extremum discrimen Cartismanduam adduxit. Tum petita a Romanis præsidia; et cohortes alæque nostræ, variis prœliis, exemere tamen periculo reginam. Regnum Venusio, bellum nobis, relictum.

XLVI. Turbata per eosdem dies Germania, et socordia ducum, et seditione legionum : externa vi, perfidia sociali, prope adflicta romana res. Id bellum cum causis et eventibus, etenim longius provectum est, mox me-

lieu sans quelque trouble de la part des autres légions ; leurs centurions et soldats, avancés en grade par Vitellius, s'alarmaient du changement d'un prince qu'ils avaient éprouvé.

XLV. Ces dissensions, et les bruits d'une guerre civile sans cesse renouvelés, ranimèrent les esprits des Bretons, excités par Venusius. A sa fierté naturelle, à sa haine du nom romain, se joignaient les ressentimens personnels qui l'animaient contre Cartismandua. Cette reine commandait aux Brigantes ; sa noblesse assurait sa puissance, et elle l'avait encore affermie depuis que, livrant par trahison le roi Caractacus à l'empereur Claude, elle avait ainsi orné son triomphe. De là ses richesses et tous les abus d'un sort prospère ; elle avait dédaigné Venusius, son époux, et donné sa main et son royaume à son écuyer Vellocatus. Cette infamie jeta tout à coup le trouble dans sa maison. L'époux avait pour lui l'affection du royaume ; l'adultère, la passion de la reine et sa cruauté. Venusius appela donc des secours, et, secondé en même temps par la défection des Brigantes, il réduisit Cartismandua aux dernières extrémités. Alors elle implora l'appui des Romains. Nos cohortes et notre cavalerie, après des combats de chances diverses, dégagèrent toutefois la reine du danger. Il en resta à Venusius son royaume, à nous la guerre.

XLVI. Vers ces mêmes temps la Germanie fut troublée, et par la négligence des chefs, et par l'insubordination des légions : les étrangers, par leur force, les alliés, par leur perfidie, furent sur le point d'anéantir la puissance romaine. Bientôt je ferai connaître cette

morabimus. Mota et Dacorum gens, nunquam fida, tunc sine metu, abducto e Moesia exercitu. Sed prima rerum quieti speculabantur: ubi flagrare Italiam bello, cuncta invicem hostilia, accepere, expugnatis cohortium alarumque hibernis utraque Danubii ripa potiebantur: jamque castra legionum exscindere parabant, ni Mucianus sextam legionem opposuisset, Cremonensis victoriae gnarus, ac ne externa moles utrimque ingrueret, si Dacus Germanusque diversi irrupissent. Adfuit, ut saepe alias, fortuna populi romani quae Mucianum viresque Orientis illuc tulit; et quod Cremonae interim transegimus. Fonteius Agrippa ex Asia, pro consule eam provinciam annuo imperio tenuerat, Moesiae praepositus est: additis copiis e Vitelliano exercitu, quem spargi per provincias, et externo bello illigari, pars consilii pacisque erat.

XLVII. Nec ceterae nationes silebant. Subita per Pontum arma barbarum mancipium, regiae quondam classis praefectus, moverat: is fuit Anicetus, Polemonis libertus, praepotens olim, et, postquam regnum in formam provinciae verterat, mutationis impatiens. Igitur Vitellii nomine, adscitis gentibus quae Pontum adcolunt, corrupto in spem rapinarum egentissimo quoque,

guerre, qui fut de longue durée, ses causes et ses évènemens. Les Daces s'armèrent aussi : nation toujours in-
fidèle, alors sans crainte depuis qu'on avait retiré l'armée de Mésie. Mais d'abord ils ne furent que tranquilles
observateurs des évènemens ; dès qu'ils apprirent que la
guerre embrasait l'Italie, que, de part et d'autre, tout
était sous les armes, ils enlevèrent les quartiers d'hiver
des cohortes et de la cavalerie, et devinrent maîtres des
deux rives du Danube. Déjà ils se préparaient à raser
le camp de nos légions, si Mucien ne leur eût opposé
la sixième. Instruit de la victoire de Crémone, il craignit que cette masse de barbares ne pénétrât des deux
côtés, si les Daces et les Germains s'avançaient à la fois.
Ici, comme souvent ailleurs, la fortune du peuple romain
signala sa présence en amenant de ce côté Mucien et
les forces de l'Orient, pendant que ses destinées se
fixaient à Crémone. Fonteius Agrippa, venu de l'Asie,
qu'il avait gouvernée, comme proconsul, pendant un an,
obtint le gouvernement de Mésie. On lui envoya des
troupes tirées de l'armée Vitellienne, qu'il était de la politique, pour parvenir à pacifier l'Italie, de disperser
dans les provinces, et d'attacher à une guerre étrangère.

XLVII. Les autres nations ne sommeillaient pas.
Tout à coup dans le Pont, un esclave barbare, jadis
préfet de la flotte royale, fait courir aux armes : c'était
Anicetus, affranchi de Polémon, tout-puissant jadis à
sa cour, et qui, depuis que ce royaume avait été réduit
en province, s'indignait d'une telle transformation. Ainsi
donc, au nom de Vitellius, il appelle les nations qui
entourent le Pont, séduit, par l'espoir du pillage, les

haud temnendæ manus ductor, Trapezuntem, vetusta fama civitatem, a Græcis, in extremo Ponticæ oræ conditam, subitus irrupit. Cæsa ibi cohors, regium auxilium olim, mox donati civitate romana, signa armaque in nostrum modum, desidiam licentiamque Græcorum retinebant. Classi quoque faces intulit, vacuo mari, eludens, quia lectissimas liburnicarum, omnemque militem Mucianus Byzantium adegerat. Quin et barbari contemptim vagabantur, fabricatis repente navibus (*camaras* vocant) arctis lateribus, lata alvo, sine vinculo æris aut ferri connexa: et tumido mari, prout fluxus adtollitur, summa navium tabulis augent, donec in modum tecti claudantur. Sic inter undas volvuntur, pari utrimque prora, et mutabili remigio, quando hinc vel illinc adpellere indiscretum et innoxium est.

XLVIII. Advertit ea res Vespasiani animum, ut vexillarios e legionibus, ducemque Virdium Geminum, spectatæ militiæ, deligeret. Ille incompositum et prædæ cupidine vagum hostem adortus, coegit in naves: effectisque raptim liburnicis, adsequitur Anicetum in ostio fluminis Cohibi, tutum sub Sedochezorum regis auxilio, quem pecunia donisque ad societatem perpulerat. Ac

plus misérables, et, chef d'une troupe assez redoutable, il fond subitement sur Trébisonde, ville d'une antique renommée, fondée par les Grecs à l'extrémité des côtes du Pont. Une cohorte y fut massacrée : elle avait été jadis composée de soldats du roi, qui, d'auxiliaires, furent décorés du droit de citoyens romains, adoptèrent nos enseignes et nos armes sans renoncer à la mollesse et à la licence des Grecs. Anicetus porte aussi la flamme sur la flotte : la mer était libre, il pouvait nous y défier, parce que nos meilleures galères et tous les soldats avaient été dirigés par Mucien sur Byzance. Ces barbares exerçaient aussi effrontément leurs pirateries sur des esquifs fabriqués à la hâte, et qu'ils appellent des *camares*; les flancs en sont étroits et le ventre large, sans liens de cuivre ou de fer qui les unissent : si la mer s'enfle, à mesure que la vague s'élève, ils augmentent les bords de l'esquif avec des planches, jusqu'à ce qu'elles se ferment en forme de toit. Ils roulent ainsi au milieu des flots; les deux bouts se terminent en proue, et les rameurs se retournent sur leurs bancs pour aborder indifféremment et sans risque par l'une ou l'autre extrémité.

XLVIII. Ces insultes attirèrent l'attention de Vespasien, qui envoya des détachemens pris dans les légions sous la conduite de Virdius Geminus, militaire considéré. Il surprit l'ennemi, errant en désordre pour faire du butin, et le rejeta sur ses esquifs; puis, ayant construit en hâte des galères, il atteignit Anicetus à l'embouchure du fleuve Cohibus, où il se croyait en sûreté sous la protection du roi des Sédochèzes, qu'à force d'argent et de

primo rex minis armisque supplicem tueri : postquam merces proditionis aut bellum ostendebatur; fluxa, ut est barbaris, fide, pactus Aniceti exitium, perfugas tradidit, belloque servili finis impositus. Laetum ea victoria Vespasianum, cunctis super vota fluentibus, Cremonensis proelii nuntius in Aegypto adsequitur. Eo properantius Alexandriam pergit, ut, fracto Vitellii exercitu, urbem quoque externae opis indigam fame urgeret. Namque et Africam, eodem latere sitam, terra marique invadere parabat, clausis annonae subsidiis, inopiam ac discordiam hosti facturus.

XLIX. Dum hac totius orbis mutatione fortuna imperii transit, Primus Antonius nequaquam pari innocentia post Cremonam agebat; satisfactum bello ratus et cetera ex facili, seu felicitas in tali ingenio avaritiam, superbiam, ceteraque occulta mala patefecit : ut captam, Italiam persultare; ut suas, legiones colere; omnibus dictis factisque viam sibi ad potentiam struere : utque licentia militem imbueret, interfectorum centurionum ordines legionibus offerebat : eo suffragio turbidissimus quisque delecti : nec miles in arbitrio ducum, sed duces militari violentia trahebantur : quae seditiosa, et corrumpendae disciplinae, mox in praedam vertebat, nihil

présens il avait déterminé à une alliance : et d'abord ce roi, cédant à ses supplications, voulut menacer et armer. Dès qu'on lui eut montré le prix d'une trahison ou la guerre, sa foi, comme celle de tous les Barbares, chancela : il vendit la tête d'Anicetus, et livra les transfuges. Ainsi se termina cette guerre suscitée par un esclave. Vespasien se réjouissait de cette victoire, lorsque, tout réussissant au delà de ses vœux ; la nouvelle du combat de Crémone lui parvint en Égypte. Il se hâta d'autant plus de gagner Alexandrie, afin qu'après avoir défait l'armée de Vitellius, il pût menacer de la famine Rome, qui tire sa subsistance de l'étranger ; car il se préparait aussi à envahir, par terre et par mer, la côte d'Afrique, pour en fermer tous les greniers à l'ennemi, et ne lui laisser que la disette et la discorde.

XLIX. Tandis que, par ce bouleversement du monde entier, la fortune de l'empire passe en d'autres mains, Antonius, depuis la prise de Crémone, n'avait pas une conduite irréprochable, soit qu'il fût persuadé qu'il avait assez fait pour la guerre, et que le reste serait facile, soit que la prospérité eût mis à découvert, dans un tel caractère, l'avarice, l'orgueil, et d'autres vices d'abord cachés. Il insulte à l'Italie comme à une conquête. Il s'attache les légions comme siennes ; toutes ses paroles, toutes ses actions, tendent à élever son pouvoir, et, pour que le soldat fût imbu de toutes dispositions à la licence, il offrait aux légions de remplacer à leur gré les centurions morts. Leurs suffrages portaient sur les plus turbulens, et déjà les soldats n'étaient plus sous la dépen-

adventantem Mucianum veritus; quod exitiosus erat, quam Vespasianum sprevisse.

L. Ceterum propinqua hieme, et humentibus Pado campis, expeditum agmen incedere. Signa aquilæque victricium legionum, milites vulneribus aut ætate graves, plerique etiam integri, Veronæ relicti : sufficere cohortes alæque, et e legionibus lecti, profligato jam bello, videbantur. Undecima legio sese adjunxerat, initio cunctata; sed, prosperis rebus, anxia quod defuisset. Sex millia Dalmatarum, recens delectus, comitabantur. Ducebat Poppæus Silvanus, consularis : vis consiliorum penes Annium Bassum, legionis legatum : is Silvanum, socordem bello, et dies rerum verbis terentem, specie obsequii regebat, ad omniaque, quæ agenda forent, quieta cum industria aderat. Ad has copias, e classicis Ravennatibus, legionariam militiam poscentibus, optimus quisque adsciti : classem Dalmatæ supplevere. Exercitus ducesque ad fanum Fortunæ iter sistunt, de summa rerum cunctantes, quod, motas ex urbe prætorias cohortes, audierant, et teneri præsidiis Apenninum rebantur : et ipsos, in regione bello adtrita, inopia et seditiosæ militum voces terrebant, clavarium, donativi

dance des chefs, mais les chefs étaient entraînés au gré de la violence des soldats, toutes manœuvres séditieuses qui corrompent la discipline, favorisaient ses déprédations : l'arrivée de Mucien ne l'intimidait nullement, ce qui était plus dangereux que s'il eût méprisé Vespasien lui-même.

L. Du reste, l'hiver approchait, et le Pô submergeait les campagnes, lorsque l'armée se mit en marche sans bagages. Les enseignes et les aigles des légions victorieuses, les soldats affaiblis par l'âge ou les blessures, beaucoup même, encore pleins de vigueur, furent laissés à Vérone. Les cohortes, la cavalerie et l'élite des légionnaires paraissaient devoir suffire pour une guerre déjà presque terminée. La onzième légion venait de s'y adjoindre : d'abord incertaine, mais, depuis le succès, inquiète de n'y avoir pas contribué. Six mille Dalmates, nouvelles recrues, l'accompagnaient. Le chef était Poppéus Silvanus, consulaire ; mais tout s'exécutait par le conseil d'Annius Bassus, lieutenant de la légion. Silvanus, sans activité dans la guerre, consumait en paroles les jours où il fallait agir. Bassus, sous l'apparence de la soumission, le gouvernait, et, dans toutes les circonstances où il était nécessaire, il faisait servir sans bruit son activité. On réunit à ces troupes un choix des soldats de la flotte de Ravenne, qui demandaient à servir comme légionnaires. Les Dalmates les remplacèrent sur la flotte. L'armée et ses chefs s'arrêtèrent dans un lieu nommé *fanum Fortunæ*. Indécis sur le parti à prendre, ayant ouï dire que les cohortes prétoriennes étaient parties de Rome, et croyant de plus que les Apennins étaient occupés, les

nomen est, flagitantium : nec pecuniam aut frumentum providerant : et festinatio atque aviditas præpediebant, dum, quæ accipi poterant, rapiuntur.

LI. Celeberrimos auctores habeo, tantam victoribus adversus fas nefasque irreverentiam fuisse, ut gregarius eques, occisum a se, proxima acie, fratrem professus, præmium a ducibus petierit. Nec illis aut honorare eam cædem jus hominum, aut ulcisci ratio belli permittebat. Distulerant, tamquam majora meritum, quam quæ statim exsolverentur : nec quidquam ultra traditur. Ceterum et prioribus civium bellis par scelus inciderat : nam prœlio, quo apud Janiculum adversus Cinnam pugnatum est, pompeianus miles fratrem suum, dein, cognito facinore, seipsum interfecit, ut Sisenna memorat : tanto acrior apud majores, sicut virtutibus gloria, ita flagitiis pœnitentia, fuit. Sed hæc aliaque, ex veteri memoria petita, quoties res locusque exempla recti, aut solatia mali, poscet, haud absurde memorabimus.

LII. Antonio, ducibusque partium, præmitti equites, omnemque Umbriam explorari placuit, si qua Apennini juga clementius adirentur : acciri aquilas signaque, et

généraux, dans ces contrées dévastées par la guerre, étaient épouvantés de la disette et des clameurs séditieuses des soldats, qui ne cessaient de demander le *clavarium*, espèce de gratification. Ils ne s'étaient pourvus ni d'argent ni de blé. La précipitation et l'avidité accroissaient les embarras, car ce qu'on aurait pu recevoir était pillé.

LI. J'ai appris de personnages très-distingués que, chez les vainqueurs, le mépris de tout droit humain fut tel, qu'un simple soldat, après avoir déclaré qu'il avait tué son frère de sa propre main au dernier combat, demanda aux généraux de l'en récompenser. Les lois humaines ne permettaient pas d'honorer cet attentat, l'intérêt de la guerre de le punir. La récompense fut différée sous le prétexte qu'il en méritait une trop forte pour être acquittée aussitôt. On ne dit point ce qui arriva depuis. Au reste, dans nos guerres civiles antérieures, semblable forfait fut commis. Au combat qui fut livré, au mont Janicule, contre Cinna, un soldat pompéien tua son frère; ensuite reconnaissant sa victime, il se tua lui-même, au rapport de Sisenna, tant étaient plus vifs, chez nos ancêtres, et l'enthousiasme des vertus et le repentir des crimes. Ces faits et de semblables, puisés dans le souvenir du passé, toutes les fois que la circonstance et l'évènement demanderont des exemples du bien et des consolations du mal, ne seront pas, je crois, hors de propos.

LII. Antonius et les chefs du parti convinrent d'envoyer en avant la cavalerie pour explorer toute l'Ombrie, et s'assurer s'il n'y avait pas dans les Apennins quelques

quidquid Veronæ militum foret : Padumque et mare commeatibus compleri. Erant inter duces, qui necterent moras : quippe nimius jam Antonius, et certiora ex Muciano sperabantur : namque Mucianus, tam celeri victoria anxius, et, ni præsens urbe potiretur, expertem se belli gloriæque ratus, ad Primum et Varum media scriptitabat, instandum cœptis, aut rursus cunctandi utilitates edisserens, atque ita compositus, ut ex eventu rerum adversa abnueret, vel prospera agnosceret. Plotium Griphum, nuper ab Vespasiano in senatorium ordinem additum, ac legioni præpositum, ceterosque sibi fidos, apertius monuit. Iique omnes, de festinatione Primi ac Vari sinistre, et Muciano volentia rescripsere. Quibus epistolis Vespasiano missis, effecerat, ut non pro spe Antonii consilia factaque ejus æstimarentur.

LIII. Ægre id pati Antonius, et culpam in Mucianum conferre, cujus criminationibus eviluissent pericula sua : nec sermonibus temperabat, immodicus lingua, et obsequii insolens : litteras ad Vespasianum composuit, jactantius quam ad principem, ne sine occulta in Mucianum insectatione : « Se pannonicas legiones in arma egisse;

collines que l'on pût aborder plus facilement; de faire venir les aigles, les enseignes, et tout ce qu'il y avait de soldats à Vérone; et de couvrir le Pô et la mer de convois. Il y avait des généraux qui machinaient des retards; car Antonius n'était déjà que trop élevé pour eux, et ils fondaient des espérances plus certaines sur Mucien. En effet, Mucien, jaloux d'une victoire si prompte, et sachant bien que, s'il n'était présent à la prise de Rome, il n'avait plus de part ni à la guerre ni à la gloire, écrivait sans cesse à Antonius et à Varus en termes équivoques, leur démontrant tour à tour l'utilité, tantôt de se hâter, tantôt de différer; et ses phrases étaient combinées de manière que, suivant les évènemens, il aurait ou prévu les revers ou conseillé les succès. Ses avis furent plus clairs pour Plotius Griphus, élevé nouvellement au rang de sénateur par Vespasien, et commandant une légion, et pour d'autres chefs qui lui étaient dévoués : aussi tous écrivaient que la précipitation d'Antonius et de Varus serait funeste : c'était là ce que voulait Mucien. Ces lettres, transmises à Vespasien, firent que les conseils et les services d'Antonius ne furent pas appréciés suivant ses espérances.

LIII. Antonius souffrit impatiemment cette injustice, et l'attribua à Mucien, dont les imputations tendaient à avilir ses exploits. Il parlait sans modération, sa langue ne connaissait aucune retenue, et son caractère aucune déférence; il adressa à Vespasien une lettre remplie d'une jactance inconvenante vis-à-vis du prince, et de déclamations indirectes contre Mucien. « C'était

suis stimulis excitos Moesiae duces : sua constantia perruptas Alpes, occupatam Italiam, intersepta Germanorum Rhaetorumque auxilia. Quod discordes dispersasque Vitellii legiones equestri procella, mox peditum vi, per diem noctemque, fudisset, id pulcherrimum et sui operis. Casum Cremonae bello imputandum : majore damno, plurium urbium excidiis, veteres civium discordias reipublicae stetisse. Non se nuntiis, neque epistolis, sed manu et armis imperatori suo militare : neque officere gloriae eorum, qui Asiam interim composuerint : illis Moesiae pacem, sibi salutem securitatemque Italiae, cordi fuisse. Suis exhortationibus Gallias Hispaniasque, validissimam terrarum partem, ad Vespasianum conversas. Sed cecidisse in irritum labores, si praemia periculorum soli adsequantur, qui periculis non adfuerint. » Nec fefellere ea Mucianum : inde graves simultates : quas Antonius simplicius, Mucianus callide, eoque implacabilius nutriebat.

LIV. At Vitellius, fractis apud Cremonam rebus, nuntios cladis occultans, stulta dissimulatione, remedia potius malorum, quam mala, differebat. Quippe confitenti consultantique supererant spes viresque : quum e

lui Antonius, qui avait fait courir aux armes les légions pannoniques; c'était par ses instances que les généraux de Mésie s'étaient déclarés; par sa fermeté que les Alpes avaient été franchies, l'Italie occupée, les auxiliaires de Germanie et de Rhétie interceptés : si les légions de Vitellius avaient été en proie à la discorde; si une attaque de cavalerie, semblable à la tempête, les avait dispersées; si l'infanterie les avait, durant un jour et une nuit, entièrement écrasées : c'étaient là de très-magnifiques exploits, et ils étaient son ouvrage. Le désastre de Crémone devait être imputé à la guerre. Les anciennes discordes des citoyens avaient coûté à la république plus de calamités, la ruine de plus de villes. Ce n'était pas, lui, avec des courriers et des missives qu'il servait son empereur, mais avec son bras et son épée. Il ne voulait point ternir la gloire de ceux qui, pendant ce temps, avaient maintenu l'ordre en Asie : leur seule pensée avait été la paix de la Mésie; la sienne, le salut et la sécurité de l'Italie. Sur ses exhortations, les Gaules et les Espagnes, qui forment la plus puissante partie du monde, s'étaient déclarées pour Vespasien. Mais que lui profiteraient tant de travaux, si les récompenses des périls n'étaient acquises qu'à ceux qui n'y avaient pris aucune part? » Ces plaintes n'échappèrent pas à Mucien. De là de graves inimitiés, plus franches chez Antonius, mieux déguisées chez Mucien, et ainsi d'autant plus implacables.

LIV. Cependant Vitellius, dont la puissance s'était brisée à Crémone, cachait les émissaires de cette défaite, et, par cette dissimulation stupide, différait plutôt le remède du mal que le mal même; car, dans

contrario læta omnia fingeret, falsis ingravescebat. Mirum apud ipsum de bello silentium : prohibiti per civitatem sermones : eoque plures, ac, si liceret, vere narraturi; quia vetabantur, atrociora vulgaverant. Nec duces hostium augendæ famæ deerant, captos Vitellii exploratores circumductosque, ut robora victoris exercitus noscerent, remittendo : quos omnes Vitellius, secreto percunctatus, interfici jussit. Notabili constantia centurio, Julius Agrestis, post multos sermones, quibus Vitellium ad virtutem frustra accendebat, perpulit, ut ad vires hostium spectandas, quæque apud Cremonam acta forent, ipse mitteretur. Nec exploratione occulta fallere Antonium tentavit, sed mandata imperatoris suumque animum professus, ut cuncta viseret, postulat. Missi, qui locum prœlii, Cremonæ vestigia, captas legiones ostenderent. Agrestis ad Vitellium remeavit, abnuentique, vera esse, quæ adferret, atque ultro corruptum arguenti : « Quandoquidem, inquit, magno documento opus est, nec alius jam tibi aut vitæ, aut mortis meæ usus, dabo, cui credas. » Atque ita digressus, voluntaria morte dicta firmavit. Quidam jussu Vitellii interfectum; de fide constantiaque eadem tradidere.

un aveu et dans des conseils il eût trouvé assez d'espérances et de forces ; mais, au contraire, en feignant que tout lui réussissait, il aggravait le mal par cette fausseté. Auprès de lui, un silence extraordinaire sur la guerre ; dans la ville, tout entretien à ce sujet était défendu, et par là même ils se multipliaient ; ceux qui n'eussent raconté que la vérité, si on l'eût permis, parce qu'on les en empêchait, exagéraient les calamités ; et les chefs ennemis ne manquaient pas d'accroître ces bruits en renvoyant à Rome les espions de Vitellius, qu'ils avaient pris et menés autour du camp, pour qu'ils reconnussent les forces de l'armée victorieuse. Vitellius les interrogea en secret, et les fit tous périr. Il faut noter ici le dévouement d'un centurion, Julius Agrestis : après bien des discours où il s'efforça vainement d'enflammer le courage de Vitellius, il le détermina à l'envoyer lui-même pour reconnaître les forces de l'ennemi et ce qui s'était passé à Crémone. Il n'essaya même pas d'abuser Antonius par un espionnage clandestin ; mais, lui avouant et les ordres de l'empereur et son dessein, il demande à tout voir. On lui fit montrer le lieu du combat, les ruines de Crémone et les légions prisonnières. Agrestis retourna vers Vitellius. L'empereur niait que son rapport fût véridique, et l'accusait de s'être laissé corrompre. « Puisque, lui dit Agrestis, il te faut une grande preuve, et que déjà ma vie ou ma mort ne peuvent plus t'être autrement profitables, je t'en donnerai une que tu croiras. » Il le quitte, et va, par un trépas volontaire, confirmer son récit. On a dit aussi qu'il fut tué par ordre de Vitellius ; mais on s'accorde sur sa fidélité et son dévouement.

LV. Vitellius, ut e somno excitus, Julium Priscum et Alphenum Varum cum xiv prætoriis cohortibus et omnibus equitum alis obsidere Apenninum jubet. Secuta e classicis legio. Tot millia armatorum, lecta equis virisque, si dux alius foret, inferendo quoque bello satis pollebant. Ceteræ cohortes ad tuendam urbem L. Vitellio fratri datæ. Ipse, nihil e solito luxu remittens, et diffidentia properus, festinare comitia, quibus consules in multos annos destinabat : fœdera sociis, Latium externis, dilargiri : his tributa dimittere, alios immunitatibus juvare : denique, nulla in posterum cura, lacerare imperium. Sed vulgus ad magnitudinem beneficiorum aderat : stultissimus quisque pecuniis mercabatur : apud sapientes cassa habebantur, quæ neque dari, neque accipi, salva republica, poterant. Tandem flagitante exercitu, qui Mevaniam insederat, magno senatorum agmine, quorum multos ambitione, plures formidine trahebat, in castra venit, incertus animi, et infidis consiliis obnoxius.

LVI. Concionanti, prodigiosum dictu, tantum fœdarum volucrum supervolitavit, ut nube atra diem obtenderent. Accessit dirum omen, profugus altaribus taurus, disjecto sacrificii adparatu, longe, nec, ubi feriri hostias mos est, confossus. Sed præcipuum ipse Vitellius ostentum erat, ignarus militiæ, improvidus consilii,

LV. Vitellius, comme sortant d'un profond sommeil, ordonne à Julius Priscus et à Alphenus Varus d'occuper l'Apennin avec quatorze cohortes prétoriennes et tous les corps de cavalerie. Une légion de soldats de marine les suivit. Tant de milliers de guerriers, élite de l'infanterie et de la cavalerie, eussent suffi, avec un tout autre chef, pour prendre même l'offensive. Le reste des cohortes fut remis à Lucius Vitellius son frère, pour défendre la ville. Quant à lui-même, ne se départant en rien de ses débauches accoutumées, se pressant par défiance de l'avenir, il assemble en hâte les comices, et y désigne les consuls pour beaucoup d'années; prodigue aux alliés le droit fédéral, aux étrangers les droits du Latium, remet à ceux-ci les tributs, à ceux-là accorde des immunités; enfin, sans nul souci des jours qui suivront, il met l'empire en lambeaux. Mais la foule accourt à de si grandes faveurs : les dupes les payent de leur argent; les sages regardent comme nul ce qu'on ne pouvait ni donner ni recevoir sans anéantir l'état; enfin, aux sollicitations de l'armée qui campait à Mevania, Vitellius, suivi d'un grand cortège de sénateurs, que l'adulation ou plutôt la frayeur entraîne après lui, arrive au camp, incertain sur ses propres desseins, et livré à tous les conseils de la perfidie.

LVI. Pendant sa harangue, prodige incroyable, un si grand nombre d'oiseaux de triste augure voltigèrent au dessus de sa tête, que le jour en fut obscurci comme d'une nuée épaisse. Un autre présage sinistre s'y joignit encore. S'échappant des autels, un taureau renverse l'appareil du sacrifice, et n'est égorgé qu'au loin, dans un lieu où il n'est pas d'usage de frapper les victimes. Mais

quis ordo agminis, quæ cura explorandi, quantus urgendo trahendove bello modus; alios rogitans, et ad omnes nuntios vultu quoque et incessu trepidus, dein temulentus. Postremo tædio castrorum, et, audita defectione misenensis classis, Romam revertit, recentissimum quodque vulnus pavens, summi discriminis incuriosus. Nam, quum transgredi Apenninum, integro exercitus sui robore, et fessos hieme atque inopia hostes adgredi, in aperto foret; dum dispergit vires, acerrimum militem, et usque in extrema obstinatum, trucidandum capiendumque tradidit, peritissimis centurionum dissentientibus, et, si consulerentur, vera dicturis. Arcuere eos intimi amicorum Vitellii, ita formatis principis auribus, ut aspera, quæ utilia, nec quidquam, nisi jucundum et læsurum, acciperet.

LVII. Sed classem misenensem, tantum civilibus discordiis etiam singulorum audacia valet, Claudius Faventinus, centurio, per ignominiam a Galba dimissus, ad defectionem traxit, fictis Vespasiani epistolis pretium proditionis ostentans. Præerat classi Claudius Apollinaris, neque fidei constans, neque strenuus in perfidia: et Apinius Tiro, prætura functus, ac tum forte Min

le présage le plus remarqnable était Vitellius lui-même, ignorant l'art de la guerre, imprévoyant en ses desseins; ne sachant en quel ordre doit marcher une armée, comment l'on observe l'ennemi, quelles mesures sont utiles pour hâter ou retarder les combats; questionnant sans cesse, à toutes nouvelles son visage pâlissait, ses genoux tremblaient, et il finissait par se plonger dans l'ivresse. Ennuyé du camp, et apprenant la défection de la flotte de Misènes, il retourne à Rome, de toutes ses blessures ne redoutant que la plus récente, et sans s'inquiéter du dernier danger qui l'attendait; car, alors qu'il était évident qu'il devait traverser les Apennins avec les forces intactes de son armée, et devenir l'agresseur d'un ennemi fatigué par l'hiver et la disette : en disséminant ses forces, il livra à la captivité et à la boucherie des soldats encore pleins d'énergie, et prêts à toutes extrémités, contre les avis des plus expérimentés des centurions, qui, s'il les eût consultés, lui eussent dit la vérité. Les familiers de Vitellius les éloignèrent; ils avaient ainsi façonné les oreilles du prince : les choses utiles les blessaient; elles n'acceptaient que ce qui pouvait le flatter et lui être nuisible.

LVII. Toutefois la flotte de Misènes, tant l'audace d'un seul a de force dans les discordes civiles, avait été entraînée à la défection par Claudius Faventinus : ce centurion, cassé par Galba d'une manière ignominieuse, avait supposé des lettres de Vespasien, qui mettaient à prix sa trahison. La flotte était commandée par Claudius Apollinaris, qui n'eut ni assez de fermeté pour rester fidèle, ni assez d'habileté pour être perfide.

turnis agens, ducem se defectoribus obtulit : a quibus municipia coloniæque impulsæ, præcipuo Puteolanorum in Vespasianum studio, contra Capua Vitellio fida, municipalem æmulationem bellis civilibus miscebant. Vitellius Claudium Julianum, is nuper classem misenensem molli imperio rexerat, permulcendis militum animis delegit : data in auxilium urbana cohors et gladiatores, quibus Julianus præerat. Ut collata utrimque castra, haud magna cunctatione Juliano in partes Vespasiani transgresso, Tarracinam occupavere mœnibus situque magis, quam ipsorum ingenio tutam.

LVIII. Quæ ubi Vitellio cognita, parte copiarum Narniæ cum præfectis prætorii relicta, L. Vitellium fratrem, cum sex cohortibus et quingentis equitibus, ingruenti per Campaniam bello opposuit. Ipse æger animi, studiis militum et clamoribus populi, arma poscentis, refovebatur : dum vulgus ignavum, et nihil ultra verba ausurum, falsa specie *exercitum* et *legiones* adpellat. Hortantibus libertis, nam amicorum ejus quanto quis clarior, minus fidus, vocari *tribus* jubet. Dantes nomina sacramento adigit : superfluente multitudine curam delectus in consules partitur. Servorum numerum et pondus argenti senatoribus indicit. Equites

Apinus Tiron, sorti de la préture, se trouvant alors par hasard à Minturnes, s'offrit aux révoltés pour chef; ils entraînent les municipes et les colonies. Pouzzoles se distingua par son zèle pour Vespasien; Capoue, au contraire, par sa fidélité pour Vitellius : ainsi les rivalités locales se mêlaient à la guerre civile. Claudius Julianus, qui avait dernièrement commandé la flotte de Misène avec douceur, fut choisi par Vitellius pour calmer les esprits des soldats. On lui donna pour l'appuyer une cohorte urbaine, et les gladiateurs, qui déjà étaient sous ses ordres. Dès que les deux camps furent en présence, sans beaucoup hésiter Julianus passa dans le parti de Vespasien; ils occupèrent Terracine, que défendirent plutôt ses remparts et sa situation que leurs dispositions militaires.

LVIII. Aussitôt que Vitellius l'apprit, laissant une partie de ses troupes à Narni avec les préfets du prétoire, il fit avancer L. Vitellius, son frère, avec six cohortes et cinq cents cavaliers, pour contenir l'ennemi qui allait envahir la Campanie. Son esprit était souffrant : le zèle des soldats et les clameurs du peuple, qui demandait des armes, le ranimèrent : dans son illusion, il nomme cette foule sans courage, qui n'a d'audace que dans ses paroles, une armée et des légions. Sur les exhortations de ses affranchis, car plus ses amis étaient distingués, moins il s'y fiait, il ordonne aux tribus de s'assembler. Il prend les noms et reçoit les sermens. Comme le nombre en était excessif, il partage entre les consuls le soin de faire un choix. Il fixe, pour les sénateurs, une contribution en esclaves et en argent. Les chevaliers romains

romani obtulere operam pecuniasque, etiam libertinis idem munus ultro flagitantibus. Ea simulatio officii, a metu profecta, verterat in favorem. Et plerique haud perinde Vitellium, quam casum locumque principatus, miserabantur: nec deerat ipse, vultu, voce, lacrymis, misericordiam elicere; largus promissis, et, quæ natura trepidantium est, immodicus. Quin et *Cæsarem* se dici voluit, adspernatus antea : sed tunc, superstitione nominis, et quia in metu, consilia prudentium et vulgi rumor juxta audiuntur. Ceterum, ut omnia inconsulti impetus cœpta, initiis valida, spatio languescunt, dilabi paullatim senatores equitesque, primo cunctanter, et, ubi ipse non aderat, mox contemptim et sine discrimine; donec Vitellius pudore irriti conatus, quæ non dabantur remisit.

LIX. Ut terrorem Italiæ possessa Mevania, ac velut renatum ex integro bellum, intulerat; ita haud dubium erga Flavianas partes studium tum pavidus Vitellii discessus addidit : erectus Samnis, Pelignusque, et Marsi æmulatione, quod Campania prævenisset, ut in novo obsequio, ad cuncta belli munia acres erant. Sed fœda hieme, per transitum Apennini conflictatus exercitus, et vix quieto agmine nives eluctantibus, patuit, quan-

offrirent leur épée et leur fortune; les affranchis sollicitèrent d'eux-mêmes un semblable honneur. Ce dévouement simulé, qui ne partait que de la crainte, s'était changé en enthousiasme, et sans doute la plupart ne s'apitoyaient pas tant sur Vitellius que sur le sort qui menaçait le rang et le pouvoir impérial; et lui, de ses regards, de ses paroles, de ses larmes, ne manquait pas de solliciter la compassion, faisant à tous des promesses, et, ce qui est le caractère de l'effroi, les prodiguant sans mesure. Bien plus, il voulut même être appelé César, ce qu'auparavant il avait dédaigné; mais alors ce fut par superstition pour ce nom, et parce que, dans la frayeur, on écoute également et les conseils des sages et les rumeurs du vulgaire. Au reste, comme tous les mouvemens d'un zèle irréfléchi, énergiques au début, sont bientôt languissans, peu à peu disparurent les sénateurs et les chevaliers, d'abord avec quelque hésitation et seulement pendant que le prince était absent, ensuite avec mépris et sans nul égard, jusqu'à ce qu'enfin Vitellius, honteux de ses vains efforts, dispensa de ce qu'on ne lui accordait plus.

LIX. Si l'occupation de Mevania, qui annonçait qu'une guerre toute nouvelle allait renaître, avait répandu l'effroi dans l'Italie, de même Vitellius, par ce départ que hâtait la terreur, donna au parti des Flaviens une faveur non équivoque. On vit se lever le Samnite, le Pélignien et le Marse, jaloux d'avoir été prévenus par la Campanie, et, comme en tout premier dévouement, se prêter avec ardeur aux diverses charges de la guerre. Mais une tourmente horrible vint assaillir l'armée au pas-

tum discriminis adeundum foret, ni Vitellium retro fortuna vertisset: quae Flavianis ducibus non minus saepe, quam ratio, adfuit. Obvium illic Petilium Cerialem habuere, agresti cultu et notitia locorum custodias Vitellii elapsum. Propinqua adfinitas Ceriali cum Vespasiano, nec ipse inglorius militiae: eoque inter duces adsumptus est. Flavio quoque Sabino, ac Domitiano patuisse effugium, multi tradidere. Et missi ab Antonio nuntii per varias fallendi artes penetrabant, locum ac praesidium monstrantes. Sabinus inhabilem labori et audaciae valetudinem caussabatur: Domitiano aderat animus; sed custodes a Vitellio additi, quanquam se socios fugae promitterent, tanquam insidiantes timebantur. Atque ipse Vitellius, respectu suarum necessitudinum, nihil in Domitianum atrox parabat.

LX. Duces partium ut Carsulas venere, paucos ad requiem dies sumunt, donec aquilae signaque legionum adsequerentur: et locus ipse castrorum placebat, late prospectans: tuto copiarum adgestu: florentissimis pone tergum municipiis: simul colloquia cum Vitellianis, decem millium spatio distantibus, et proditio sperabatur. Aegre id pati miles, et victoriam malle quam pacem: ne suas quidem legiones opperiebantur, ut praedae,

sage de l'Apennin, et dans cette marche, que n'inquiétait aucun ennemi, à peine put-elle sortir des neiges. On vit clairement combien de dangers on eût couru, si Vitellius n'eût été entraîné en arrière par la fortune, qui, non moins que la prudence, favorisait si bien les généraux Flaviens. Là, ils rencontrèrent Petilius Cerialis, qui, déguisé en paysan, et connaissant les lieux, avait échappé aux gardes de Vitellius. Cerialis était proche allié de Vespasien, et avait acquis quelque gloire à la guerre; il fut donc élevé au rang des généraux. On a dit que Flavius Sabinus et Domitien eurent alors occasion de s'enfuir; que des émissaires envoyés par Antonius, pénétrant auprès d'eux par diverses ruses et artifices, leur indiquèrent un lieu sûr où des soldats les protégeraient. Sabinus prétexta sa mauvaise santé, qui le rendait incapable de fatigue et d'audace. Domitien avait de la résolution, mais les gardiens placés par Vitellius, malgré leur promesse de l'accompagner dans sa fuite, lui firent redouter une embûche. D'ailleurs Vitellius par intérêt même pour les objets de son affection, n'avait sur lui aucun dessein cruel.

LX. Les chefs du parti, parvenus à Carsules, donnèrent quelque peu de jours au repos, jusqu'à ce que les aigles et les enseignes des légions fussent arrivées. La situation de leur camp même les charmait, une vue étendue, des provisions de vivres assurées; derrière eux, de riches municipes, en même temps de fréquentes conférences avec les Vitelliens, qui n'étaient éloignés que de dix milles, et l'espoir de les séduire. Mais le soldat en était mécontent : il préférait une victoire à la paix, et ne voulait

quam periculorum socias. Vocatos ad concionem Antonius docuit: esse adhuc Vitellio vires, ambiguas, si deliberarent; acres, si desperassent. Initia bellorum civilium fortunae permittenda; victoriam consiliis et ratione perfici. Jam Misenensem classem, et pulcherrimam Campaniae oram descivisse: nec plus e toto terrarum orbe reliquum Vitellio, quam quo inter Tarracinam Narniamque jaceat. Satis gloriae proelio Cremonensi partum, et exitio Cremonae nimium invidiae: ne concupiscerent Romam capere potius, quam servare: majora illis praemia, et multo maximum decus, si incolumitatem senatui populoque romano sine sanguine quaesissent.

LXI. His ac talibus mitigati animi. Nec multo post legiones venere. Et terrore famaque aucti exercitus Vitellianae cohortes nutabant, nullo in bellum adhortante, multis ad transitionem; qui suas centurias turmasque tradere, donum victori, et sibi in posterum gratiam, certabant. Per eos cognitum est, Interamnam proximis campis praesidio quadringentorum equitum teneri. Missus extemplo Varus, cum expedita manu, paucos repugnantium interfecit: plures, abjectis armis, veniam petivere: quidam in castra refugi, cuncta formidine implebant, augendo rumoribus virtutem copiasque hostium, quo amissi praesidii dedecus lenirent. Nec ulla

pas même attendre ses légions, qui allaient partager le butin aussi bien que les périls. Antonius les fait assembler, et leur représente : « qu'il restait encore à Vitellius des forces qui chancelleraient en leur donnant le temps de délibérer, mais que le désespoir rendrait redoutables. Les commencemens des guerres civiles doivent être livrés à la fortune, les conseils et la prudence assurent la victoire : déjà la flotte de Misène et les bords fortunés de la Campanie sont à nous, et il ne reste plus à Vitellius, de tout l'univers, que l'espace compris entre Terracine et Narni. Assez de gloire est résulté du combat de Crémone, et trop de haines de la ruine de cette ville; n'allez pas désirer prendre Rome plutôt que la préserver. Votre plus grande récompense, votre plus beau trophée sera d'assurer, sans répandre de sang, le salut du sénat et du peuple romain. »

LXI. A ces raisons et de semblables, les esprits se calmèrent, et bientôt après arrivèrent les légions. A la nouvelle de cet accroissement de l'armée, à la terreur qu'elle inspirait, les cohortes Vitelliennes chancelèrent; personne ne les exhortait à la guerre, beaucoup à la désertion. C'était à qui livrerait ses centuries et ses escadrons; dons offerts au vainqueur, et assurance de faveur pour l'avenir. Par ces désertions, on apprit qu'Interamna, située aux environs, n'avait qu'une garnison de quatre cents cavaliers. Aussitôt Varus y est envoyé avec une troupe légère, égorge le peu qui lui résiste : la plupart jettent leurs armes et demandent grâce; quelques-uns s'étant enfuis vers le camp, y remplirent tout d'épouvante, exagérant, par leurs récits, le courage et les

apud Vitellianos flagitii poena : et praemiis defectorum vera fides, ac reliquum perfidiae certamen : crebra transfugia tribunorum centurionumque : nam gregarius miles induruerat pro Vitellio : donec Priscus et Alphenus, desertis castris, ad Vitellium regressi, pudore proditionis cunctos exsolverent.

LXII. Iisdem diebus Fabius Valens Urbini in custodia interficitur. Caput ejus Vitellianis cohortibus ostentatum, ne quam ultra spem foverent : nam, pervasisse in Germanias Valentem, et veteres illic novosque exercitus ciere, credebant. Visa caede in desperationem versi : et Flavianus exercitus, immane quantum animo exitium Valentis, ut finem belli, accepit. Natus erat Valens Anagniae, equestri familia : procax moribus, neque absurdus ingenio, famam urbanitatis per lasciviam petere. Ludicro juvenalium sub Nerone, velut ex necessitate, mox sponte, mimos actitavit, scite magis quam probe. Legatus legionis, et fovit Virginium, et infamavit. Fonteium Capitonem corruptum, seu quia corrumpere nequiverat, interfecit. Galbae proditor; Vitellio fidus, et aliorum perfidia illustratus.

LXIII. Abrupta undique spe, Vitellianus miles, trans-

forces des ennemis, pour diminuer d'autant la honte d'avoir quitté leur poste. Chez les Vitelliens, il n'y avait plus de punition pour la lâcheté ; les transfuges avaient pleine foi aux récompenses, et déjà ce n'était plus qu'une lutte de perfidie. Les désertions des tribuns et des centurions étaient fréquentes, mais le simple soldat tint avec fermeté pour Vitellius, jusqu'à ce que Priscus et Alphenus, abandonnant le camp pour retourner vers Vitellius, épargnèrent à tous la honte de la trahison.

LXII. Ces mêmes jours, Fabius Valens est tué à Urbinum, dans sa prison. Sa tête est montrée aux cohortes Vitelliennes, pour qu'elles ne conservent désormais plus d'espérance; car elles croyaient que Valens avait pu passer en Germanie, et y formait une armée avec les anciennes troupes et de nouvelles. La vue de sa tête les jeta dans le désespoir, et l'armée Flavienne apprit, on ne saurait dire avec quelle joie, la mort de Valens comme fin de la guerre. Valens était né à Anagnia, d'une famille de chevaliers. Dissolu dans ses mœurs, d'un esprit assez distingué, l'amour des plaisirs lui fit une réputation d'urbanité. Aux fêtes Juvénales, sous Néron, contraint en apparence, et bientôt par goût, il joua les mimes avec plus d'habileté que de décence. Lieutenant de légion, il fut à la fois le courtisan et le diffamateur de Verginius. Fonteius Capiton, corrompu par lui, ou peut-être parce qu'il résista à sa corruption, fut sa victime. Traître à Galba, fidèle à Vitellius, la perfidie de ses collègues lui donna quelque éclat.

LXIII. Tout espoir était anéanti, les soldats de Vitel-

iturus in partes, id quoque non sine decore, sed sub signis vexillisque in subjectos Narniae campos descendere. Flavianus exercitus, ut ad proelium, intentus armatusque, densis circa viam ordinibus, adstiterat. Accepti in medium Vitelliani : et circumdatos Primus Antonius clementer adloquitur : pars Narniae, pars Interamnae subsistere jussi : relictae simul e victricibus legiones, neque quiescentibus graves, et adversus contumaciam validae. Non omisere per eos dies Primus ac Varus, crebris nuntiis salutem et pecuniam et secreta Campaniae offerre Vitellio, si, positis armis, seque ac liberos suos Vespasiano permisisset. In eundem modum et Mucianus composuit epistolas : quibus plerumque fidere Vitellius, ac de numero servorum, electione litorum, loqui. Tanta torpedo invaserat animum, ut, si principem eum fuisse ceteri non meminissent, ipse oblivisceretur.

LXIV. At primores civitatis Flavium Sabinum, praefectum urbis, secretis sermonibus incitabant, victoriae famaeque partem capesseret : esse illi proprium militem cohortium urbanarum : nec defuturas vigilum cohortes, servitia ipsorum, fortunam partium, et omnia prona victoribus : ne Antonio Varoque de gloria concederet. Paucas Vitellio cohortes, et moestis undique nuntiis trepidas : populi mobilem animum : et, si se ducem prae-

lius, avant de passer dans le parti, ne voulurent pas le faire sans honneur; mais ce fut sous leurs enseignes, sous leurs drapeaux, qu'ils descendirent dans la plaine qui s'étend au dessous de Narni. Les troupes Flaviennes, rangées et armées comme pour un combat, les rangs serrés, se placent aux deux côtés de la route; les Vitelliens, reçus au centre, y sont enfermés. Antonius leur parle avec clémence. Une partie a l'ordre de rester à Narni, une partie à Interamna. On laisse près d'eux quelques-unes des légions victorieuses, qui, sans les inquiéter, s'ils restaient paisibles, eussent résisté à un mouvement. Durant ces jours, Primus et Varus ne cessèrent, par de nombreux messages, d'offrir à Vitellius la vie, des richesses et une retraite en Campanie, si, déposant les armes, il se livrait lui et ses enfans à Vespasien. Mucien aussi lui fit, par lettres, les mêmes offres. Vitellius parut souvent s'y fier, et déjà il parlait du nombre de ses esclaves et des rives qu'il choisirait. Une telle torpeur avait saisi son âme, que, si les autres ne se fussent souvenus qu'il avait été souverain, lui-même l'eût oublié.

LXIV. Cependant les premiers de l'état, en des entretiens secrets, poussaient Sabinus, préfet de Rome, à prendre sa part de renommée et de victoire. Il avait à lui ses propres soldats, les cohortes de la ville : les cohortes de nuit, leurs esclaves, et la fortune du parti allaient aussi le seconder; tout s'aplanit devant les vainqueurs. Cédera-t-il en gloire à Antonius et à Varus? Peu de cohortes restent à Vitellius ; de toutes parts de tristes nouvelles les glacent d'épouvante. L'esprit du peuple est

buisset, easdem illas adulationes pro Vespasiano fore. Ipsum Vitellium ne prosperis quidem parem: adeo ruentibus debilitatum. Gratiam patrati belli penes eum, qui urbem occupasset. Id Sabino convenire, ut imperium fratri reservaret; id Vespasiano, ut ceteri post Sabinum haberentur.

LXV. Haudquaquam erecto animo eas voces accipiebat, invalidus senecta. Erant, qui occultis suspicionibus incesserent, tanquam invidia et aemulatione fortunam fratris moraretur. Namque Flavius Sabinus, aetate prior, privatis utriusque rebus, auctoritate pecuniaque Vespasianum anteibat. Et credebatur adfectam ejus fidem praejuvisse, domo agrisque pignori acceptis. Unde quanquam manente in speciem concordia, offensarum operta metuebantur. Melior interpretatio: mitem virum abhorrere a sanguine et caedibus: eoque crebris cum Vitellio sermonibus de pace, ponendisque per conditionem armis, agitare. Saepe domi congressi, postremo in aede Apollinis, ut fama fuit, pepigere. Verba vocesque duos testes habebant, Cluvium Rufum et Silium Italicum. Vultus procul visentibus notabantur: Vitellii projectus et degener; Sabinus non insultans et miseranti propior.

LXVI. Quod si tam facile suorum mentes flexisset Vitellius, quam ipse cesserat, incruentam urbem Ves-

mobile, et si Sabinus se présente pour chef, toutes ces mêmes adulations vont éclater pour Vespasien. Vitellius ne soutiendrait pas même des succès, tant les revers l'ont rendu débile. La gloire de terminer la guerre sera pour celui qui s'assurera de Rome. Il convenait à Sabinus de garder l'empire en dépôt pour son frère, à Vespasien que Sabinus ne fût éclipsé par aucun autre.

LXV. Tous ces discours n'élevèrent pas cette âme affaiblie par la vieillesse, et l'on alla jusqu'à le soupçonner en secret de retarder par envie et par rivalité la fortune de son frère. En effet Flavius Sabinus était l'aîné, et dans leurs conditions privées, par son crédit et par sa fortune, il était au dessus de Vespasien. On a cru même qu'il n'avait rétabli le crédit ébranlé de Vespasien, qu'en exigeant pour gage sa maison et ses terres. De là, malgré l'apparence d'une concorde bien établie, des ressentimens cachés étaient à craindre; une supposition plus favorable sera que ce personnage, de mœurs douces, avait horreur du sang et des meurtres, et, par ces motifs, eut de fréquentes conversations avec Vitellius sur la paix et les moyens de déposer les armes par un accommodement. Ils eurent chez eux plusieurs entrevues, et conclurent enfin un traité, comme le bruit en courut, dans le temple d'Apollon. Leurs paroles, leurs discours eurent deux témoins, Cluvius Rufus et Silius Italicus. L'expression de leur physionomie était étudiée de loin par les spectateurs. Vitellius était accablé et humble; Sabinus, sans insulter à son malheur, semblait plutôt y compâtir.

LXVI. Et si Vitellius eût pu fléchir les siens aussi facilement qu'il avait cédé lui-même, l'armée de Vespasien

pasiani exercitus intrasset. Ceterum, ut quisque Vitellio fidus, ita pacem et conditiones abnuebaut, discrimen ac dedecus ostentantes, et fidem in libidine victoris. Nec tantam Vespasiano superbiam, ut privatum Vitellium pateretur : ne victos quidem laturos. Ita periculum ex misericordia. Ipsum sane senem, et prosperis adversisque satiatum. Sed quod nomen, quem statum filio ejus, Germanico, fore? Nunc pecuniam et familiam et beatos Campaniæ sinus promitti : sed, ubi imperium Vespasianus invaserit, non ipsi, non amicis ejus, non denique exercitibus securitatem, nisi exstincto æmulatu, redituram. Fabium illis Valentem, captivum et casibus dubiis reservatum, prægravem fuisse : nedum Primus ac Fuscus et specimen partium Mucianus, ullam in Vitellium, nisi occidendi, licentiam habeant. Non a Cæsare Pompeium, non ab Augusto Antonium incolumes relictos : nisi forte Vespasianus altiores spiritus gerat, Vitellii cliens, quum Vitellius collega Claudio foret. Quin, ut censuram patris, ut tres consulatus, ut tot egregiæ domus honores deceret, desperatione saltem in audaciam accingeretur : perstare militem, superesse studia populi. Denique nihil atrocius eventurum, quam in quod sponte ruant : moriendum victis, moriendum deditis : id solum referre, novissimum spiritum per ludibrium et contumelias effundant, an per virtutem. »

serait entrée dans Rome sans qu'elle fût ensanglantée ; mais plus était ferme leur fidélité à Vitellius, plus ils se refusaient à la paix et à toutes conditions, lui démontrant et son péril et sa honte, et que toute garantie était au caprice du vainqueur. « L'orgueil de Vespasien souffrît-il Vitellius comme simple particulier, les vaincus eux-mêmes n'y consentiront pas. Ainsi le péril naîtra de leur compassion. Sans doute il était vieux et bien assez rassasié de prospérités et de revers ; mais quel nom, quel état restera-t-il à Germanicus, son fils ? Aujourd'hui des richesses, des esclaves, une retraite heureuse aux rives de la Campanie lui sont offerts ; mais, lorsque Vespasien aura envahi l'empire, ni lui, ni ses amis, ni ses armées enfin ne se croiront en sûreté que toute rivalité n'existe plus. Fabius Valens, captif, et qu'ils dûrent réserver pour les revers, leur fut à charge. Primus, Fuscus et Mucien, l'honneur du parti, n'ont reçu, quant à Vitellius, aucun autre pouvoir que celui de l'immoler. Pompée ne fut point laissé sain et sauf par César, ni Antoine par Auguste ; à moins que, peut-être, Vespasien n'eût des sentimens plus élevés, Vespasien, le client de Vitellius, alors que Vitellius était le collègue de Claude. Que, pour se montrer digne d'un père qui fut censeur, digne de trois consulats, digne de tant de gloire d'une illustre maison, il s'arme d'audace, du moins par désespoir. Le soldat est prêt et debout, l'affection du peuple lui reste : enfin que peut-il arriver de plus affreux que le malheur où ils se précipitent d'eux-mêmes ? La mort les attend vaincus, la mort les attend s'ils se livrent : la seule différence sera de rendre le

LXVII. Surdæ ad fortia consilia Vitellio aures. Obruebatur animus miseratione curaque, ne, pertinacibus armis, minus placabilem victorem relinqueret conjugi ac liberis. Erat illi et fessa ætate parens, quæ tamen, paucis ante diebus, opportuna morte excidium domus prævenit, nihil principatu filii adsecuta, nisi luctum et bonam famam. xv kalendarum januariarum audita defectione legionis cohortiumque, quæ se Narniæ dediderant, pullo amictu palatio degreditur, mœsta circum familia. Simul ferebatur lecticula parvulus filius, velut in funebrem pompam. Voces populi blandæ et intempestivæ: miles minaci silentio.

LXVIII. Nec quisquam adeo rerum humanarum immemor, quem non commoveret illa facies: romanum principem, et generis humani paullo ante dominum, relicta fortunæ suæ sede, per populum, per urbem, exire de imperio. Nihil tale viderant, nihil audierant: repentina vis dictatorem Cæsarem oppresserat; occultæ Caium insidiæ: nox et ignotum rus fugam Neronis absconderant: Piso et Galba tanquam in acie cecidere: in sua concione Vitellius, inter suos milites, prospectantibus etiam feminis, pauca et præsenti mœstitiæ congruentia

dernier soupir dans l'opprobre et les outrages, ou en combattant valeureusement. »

LXVII. Les oreilles de Vitellius étaient sourdes aux avis courageux. Son âme était accablée par la douleur et les soucis; il craignait qu'une résistance armée, trop opiniâtre, ne rendît le vainqueur plus implacable pour son épouse et ses enfans. Il avait aussi une mère chargée d'années, qui, toutefois, par une mort opportune, échappa, peu de jours avant, à la ruine de sa maison, n'ayant acquis, à la souveraineté de son fils, que des chagrins et l'estime générale. Le 15 des kalendes de janvier, à la nouvelle de la défection de la légion et des cohortes, qui, à Narni, s'étaient rendues aux Flaviens, il sort de son palais, vêtu de deuil, entouré de sa maison consternée; son fils, encore enfant, était porté près de lui dans une petite litière, comme en une pompe funèbre. Le peuple fit retentir des acclamations flatteuses et intempestives; le soldat resta dans un silence menaçant.

LXVIII. Et personne ne put assez oublier les vicissitudes humaines pour n'être pas ému à un tel spectacle : l'empereur des Romains, naguère le dominateur du genre humain, abandonnant le théâtre de sa grandeur, allait, au milieu de son peuple, dans sa capitale, descendre de l'empire. Rien de tel n'avait été vu, n'avait été entendu : un coup subit avait frappé le dictateur César; des embûches secrètes, Caligula; la nuit et une campagne isolée avaient couvert la fuite de Néron; Pison et Galba avaient succombé comme en un combat. Vitellius, dans une assemblée convoquée par lui, entouré de ses propres soldats, ayant des femmes même

locutus : cedere se pacis et reipublicae causa : retinerent tantum memoriam sui, fratremque et conjugem et innoxiam liberorum aetatem miserarentur : simul filium protendens, modo singulis, modo universis commendans, postremo fletu praepediente, adsistenti consuli, Caecilius Simplex erat, exsolutum a latere pugionem, velut jus necis vitaeque civium, reddcbat. Adspernante consule, reclamantibus, qui in concione adstiterant, ut in aede Concordiae positurus insignia imperii, domumque fratris petiturus, discessit. Major hic clamor obsistentium penatibus privatis, in palatium vocantium. Interclusum aliud iter, idque solum, quod in Sacram viam pergeret, patebat : tum consilii inops, in palatium rediit.

LXIX. Praevenerat rumor, ejurari ab eo imperium : scripseratque Flavius Sabinus cohortium tribunis, ut militem cohiberent. Igitur, tanquam omnis respublica in Vespasiani sinum cessisset, primores senatus et plerique equestris ordinis omnisque miles urbanus et vigiles domum Flavii Sabini complevere : illuc de studiis vulgi et minis germanicarum cohortium adfertur. Longius jam progressus erat, quam ut regredi posset : et suo quisque metu, ne disjectos, eoque minus validos, Vitelliani consectarentur, cunctantem in arma impellebant. Sed, quod

pour témoins, dit en peu de mots, convenables à sa triste position, « qu'il se retirait par amour de la paix et de l'état; qu'on lui conservât un souvenir; qu'on eût en pitié son frère, son épouse, et l'âge innocent de ses enfans. » Puis, élevant son fils dans ses bras, il le recommande, tantôt à chacun, tantôt à tous; enfin, les gémissemens étouffant sa voix, il remet au consul qui était près de lui, Cécilius Simplex, son épée, comme renonçant ainsi à ses droits de vie et de mort sur les citoyens. Le consul s'y refuse : ceux qui étaient dans l'assemblée se récriant, Vitellius se retire pour déposer dans le temple de la Concorde les marques du pouvoir impérial, et se dirige vers la demeure de son frère; alors on s'oppose, avec de plus grands cris, à ce qu'il se rende en la maison d'un simple particulier; on le rappelle au palais : tout autre chemin lui est fermé, et il ne lui reste ouvert que celui qui y mène par la voie Sacrée. Privé de tout conseil, il revint dans le palais.

LXIX. Déjà le bruit s'était répandu qu'il abdiquait l'empire, et Flavius Sabinus avait écrit aux tribuns des cohortes de contenir le soldat; aussitôt, comme si toute la république fût tombée aux mains de Vespasien, les principaux du sénat, la plupart des chevaliers et toute la troupe de la ville et du guet inondent la maison de Flavius Sabinus. Là est apportée la nouvelle de l'enthousiasme du peuple et des menaces des cohortes Germaniques. Sabinus était déjà trop avancé pour reculer; chacun, par crainte pour soi-même, et redoutant d'être affaibli par l'isolement et de se livrer ainsi aux fureurs des Vitelliens, le poussait, malgré son hésita-

in ejusmodi rebus accidit, consilium ab omnibus datum est, periculum pauci sumpsere. Circa lacum Fundani, descendentibus, qui Sabinum comitabantur, armatis occurrunt promptissimi Vitellianorum. Modicum ibi prœlium, improviso tumultu, sed prosperum Vitellianis fuit. Sabinus, re trepida, quod tutissimum e præsentibus, arcem Capitolii insedit milite et quibusdam senatorum equitumque : quorum nomina tradere haud promptum est, quoniam, victore Vespasiano, multi id meritum erga partes simulavere. Subierunt obsidium etiam feminæ; inter quas maxime insignis Verulana Gratilla, neque liberos, neque propinquos, sed bellum secuta. Vitellianus miles custodia socordi clausos circumdedit; eoque, concubia nocte, suos liberos Sabinus et Domitianum, fratris filium, in Capitolium accivit; misso per neglecta ad Flavianos duces nuntio, qui, circumsideri ipsos, et, ni subveniretur, arctas res nuntiaret. Noctem adeo quietam egit, ut degredi sine noxa potuerit : quippe miles Vitellii, adversus pericula ferox, laboribus et vigiliis parum intentus erat; et hibernus imber, repente fusus, oculos auresque impediebat.

LXX. Luce prima Sabinus, antequam invicem hostilia cœptarent, Cornelium Martialem, e primipilaribus, ad Vitellium misit, cum mandatis et questu, quod pacta turbarentur. «Simulationem prorsus et imaginem depo-

tion, à prendre les armes ; mais, comme il arrive en de telles circonstances, le conseil était donné par tous, bien peu prirent part au danger. Vers la pièce d'eau de Fundanus descendent, en armes, ceux qui accompagnaient Sabinus ; les plus résolus des Vitelliens accourent contre eux. Là eut lieu un léger combat, dans ce tumulte fortuit, mais à l'avantage des Vitelliens. Sabinus, en cette épouvante, fit ce qui était le plus sûr pour le présent : il monte à la citadelle du Capitole avec sa troupe et quelques sénateurs et chevaliers. Dire leurs noms ne serait pas facile, parce qu'après la victoire de Vespasien beaucoup se donnèrent faussement ce mérite auprès du parti. Il s'y renferma, pour soutenir le siège, même des femmes, parmi lesquelles on remarqua Verulana Gratilla : elle n'y suivait ni enfans ni proches, mais la guerre. Les soldats Vitelliens les cernèrent négligemment dans cette retraite ; aussi, vers le milieu de la nuit, Sabinus y fit entrer ses enfans avec Domitien, le fils de son frère, et passer, par un endroit mal gardé, un courrier aux chefs Flaviens, pour annoncer qu'il était assiégé, et son danger pressant, s'il n'était secouru. La nuit fut si paisible qu'il aurait pu sortir sans accident ; car les soldats de Vitellius, intrépides au milieu des dangers, s'occupaient peu du service et des veilles ; et une pluie froide, survenue tout à coup, empêchait de rien voir et de rien entendre.

LXX. A la première lueur du jour, Sabinus, avant que les hostilités commençassent de part et d'autre, envoya Cornelius Martialis, un des primipilaires, vers Vitellius, avec ordre de se plaindre des infractions à leurs traités. « L'abdication à l'empire n'était donc qu'une

nendi imperii fuisse, ad decipiendos tot illustres viros. Cur enim e rostris fratris domum, imminentem foro, et irritandis hominum oculis, quam Aventinum et penates uxoris petisset? Ita privato, et omnem principatus speciem vitanti, convenisse. Contra Vitellium in palatium, in ipsam imperii arcem regressum: inde armatum agmen emissum: stratam innocentium caedibus celeberrimam urbis partem: ne Capitolio quidem abstineri. Togatum nempe se, et unum e senatoribus, dum inter Vespasianum ac Vitellium proeliis legionum, captivitatibus urbium, deditionibus cohortium judicatur: jam Hispaniis, Germaniisque, et Britannia desciscentibus, fratrem Vespasiani mansisse in fide, donec ultro ad conditiones vocaretur. Pacem et concordiam victis utilia; victoribus tantum pulchra esse. Si conventionis poeniteat, non se, quem perfidia deceperit, ferro peteret, non filium Vespasiani, vix puberem: quantum, occisis uno sene et uno juvene, profici? iret obviam legionibus: et de summa rerum illic certaret: cetera secundum eventum proelii cessura.» Trepidus ad haec Vitellius pauca purgandi sui causa respondit, culpam in militem conferens, cujus nimio ardori imparem esse modestiam suam. Et monuit Martialem, ut per secretam aedium partem occulte abiret, ne a militibus internuntius invisae pacis interficere-

feinte et un jeu pour tromper tant de personnages illustres? Pourquoi, en effet, se rendre du forum à la maison de son frère qui domine sur le forum même, pour attirer sur lui tous les regards, plutôt que sur le mont Aventin, dans la demeure de son épouse? Ainsi devait agir un simple particulier, évitant toute apparence de souveraineté. Vitellius, au contraire, retourne au palais, citadelle même du pouvoir impérial; il en vomit des troupes armées. La partie la plus remarquable de Rome est jonchée des cadavres de victimes innocentes; le Capitole même est insulté! Quant à lui, Sabinus, il reste, vêtu de la toge, au rang des sénateurs, attendant que le débat entre Vespasien et Vitellius soit résolu par les combats des légions, les prises de villes, les soumissions des cohortes. Déjà, les Espagnes, les deux Germanies, la Bretagne ont abandonné Vitellius, et le frère de Vespasien lui est resté fidèle jusqu'à ce que, de lui-même, il l'ait engagé à traiter. La paix et la concorde sont utiles à des vaincus; pour les vainqueurs, elles ne sont qu'honorables. S'il se repent du traité, qu'il ne vienne pas, après l'avoir trompé par la perfidie, l'attaquer avec le fer, ni lui ni le fils de Vespasien, à peine adolescent; que lui reviendra-t-il du meurtre d'un vieillard et d'un enfant? Qu'il aille au devant des légions, et que là il combatte pour ce grand et dernier évènement, le reste suivra l'issue de la bataille. » Alarmé de ces reproches, Vitellius répondit quelques mots pour excuser sa conduite, reporta toute la faute sur les soldats, dont l'ardeur excessive avait résisté à sa modération. Puis il avertit Martialis de se retirer secrètement par une porte inconnue de la maison, de peur

tur : ipse neque jubendi neque vetandi potens, non jam imperator, sed tantum belli causa, erat.

LXXI. Vix dum regresso in Capitolium Martiale, furens miles aderat, nullo duce : sibi quisque auctor : cito agmine forum et imminentia foro templa praetervecti erigunt aciem per adversum collem, usque ad primas capitolinae arcis fores. Erant antiquitus porticus in latere clivi, dextrae subeuntibus : in quarum tectum egressi saxis tegulisque Vitellianos obruebant. Neque illis manus, nisi gladiis, armatae : et arcescere tormenta, aut missilia tela, longum videbatur : faces in prominentem porticum jecere : et sequebantur ignem; ambustasque Capitolii fores penetrassent, ni Sabinus revulsas undique statuas, decora majorum, in ipso aditu, vice muri, objecisset. Tum diversos Capitolii aditus invadunt, juxta lucum asyli et qua Tarpeia rupes centum gradibus aditur. Improvisa utraque vis ; propior atque acrior per asylum ingruebat : nec sisti poterant scandentes per conjuncta aedificia, quae, ut in multa pace, in altum edita, solum Capitolii aequabant. Hic ambigitur, ignem tectis oppugnatores injecerint, an obsessi, quae crebrior fama est, quo nitentes ac progressos depellerent. Inde lapsus ignis in porticus adpositas aedibus : mox sustinentes fastigium aquilae vetere ligno traxerunt flammam aluerunt-

que ses soldats ne l'immolassent, comme médiateur d'une paix odieuse. Pour lui, n'ayant le pouvoir ni d'ordonner ni d'empêcher, déjà il n'était plus empereur, mais seulement la cause de la guerre.

LXXI. A peine Martialis était rentré au Capitole, les soldats furieux s'y présentent sans aucun chef, chacun étant le sien ; leur troupe rapide passe devant le forum et les temples qui s'élèvent autour, gravit en bataille sur la colline opposée, et arrive à la première porte de la citadelle du Capitole. Il y avait d'anciens portiques sur le côté de la colline, à droite en montant. Les assiégés s'avancent sur les toits, et accablent les Vitelliens à coups de pierres et de tuiles. Ceux-ci n'avaient à la main, pour armes, que leurs épées, et il eût été trop long de faire venir des machines ou des traits. Ils lancèrent des torches sur le portique le plus avancé, et, suivant les progrès du feu, ils allaient embraser les portes du Capitole, et y pénétrer, si Sabinus, faisant arracher de tous côtés les statues, monumens de gloire de nos ancêtres, ne les eût réunies sur le seuil pour en former une espèce de mur. Alors les Vitelliens attaquent les diverses entrées du Capitole, et du côté du bois de l'Asile, et du côté des cent degrés qui montent à la roche Tarpéienne. Ces deux attaques se firent à l'improviste ; celle par le bois de l'Asile fut plus vive et plus pressante : rien ne pouvait arrêter les Vitelliens qui gravissaient sur les édifices contigus, élevés, durant une longue paix, à une hauteur qui égalait le terrain du Capitole. Ici l'on doute si le feu fut mis à ces édifices par les assiégeans, ou par les assiégés que le bruit le plus général désigne

que. Ut Capitolium, clausis foribus, indefensum et indireptum, conflagravit.

LXXII. Id facinus post conditam urbem luctuosissimum foedissimumque reipublicae populi romani accidit: nullo externo hoste, propitiis, si per mores nostros liceret, deis, sedem Jovis O. M. auspicato a majoribus, pignus imperii, conditam, quam non Porsenna dedita urbe, neque Galli capta, temerare potuissent, furore principum exscindi! Arserat et ante Capitolium civili bello, sed fraude privata; nunc palam obsessum, palam incensum: quibus armorum causis? quo tantae cladis pretio stetit? pro patria bellavimus? Voverat Tarquinius Priscus rex, bello Sabino, jeceratque fundamenta, spe magis futurae magnitudinis, quam quo modice adhuc populi romani res sufficerent: mox Servius Tullius, sociorum studio; deinde Tarquinius Superbus, capta Suessa Pometia, hostium spoliis exstruxere. Sed gloria operis libertati reservata: pulsis regibus, Horatius Pulvillus, iterum consul, dedicavit ea magnificentia, quam immensae postea populi romani opes ornarent potius quam augerent. Iisdem rursus vestigiis situm est, postquam,

comme ayant voulu par ce moyen chasser l'ennemi, lorsqu'il montait ou lorsqu'il avait pénétré. Bientôt le feu se communique aux portiques adossés au temple; les aigles, en vieux bois, et servant d'appui au faîte, attirèrent les flammes, qu'elles alimentèrent. Ainsi le Capitole, ses portes closes, sans être ni défendu ni livré au pillage, fut entièrement brûlé.

LXXII. Cet attentat a été le plus déplorable et le plus honteux qui fût arrivé depuis la fondation de Rome : sans ennemi étranger, et lorsque les dieux nous étaient propices autant que le permettaient nos mœurs, la demeure de Jupiter, le meilleur, le plus grand des dieux, consacrée, sous les auspices, par nos ancêtres, comme gage de l'empire, et que n'avaient pu profaner ni Porsenna quand Rome se rendit, ni les Gaulois quand elle avait été prise, fut anéantie par la fureur de nos princes! Le Capitole avait déjà été embrasé durant une guerre civile, mais ce fut le crime de quelques individus. Dans ce jour, il fut publiquement assiégé, publiquement incendié; et quelle cause nous armait? quel fut le prix d'un si grand désastre? combattions-nous pour la patrie? Le roi Tarquin l'Ancien avait voué ce temple lors de la guerre avec les Sabins; il en avait jeté les fondemens, plutôt dans la pensée de notre grandeur future, que dans la proportion de la condition encore humble du peuple romain. Ensuite Servius Tullius, avec le secours de nos alliés, et Tarquin le Superbe, avec des dépouilles de la prise de Suessa Pometia, élevèrent l'édifice; mais la gloire de l'achever était réservée à la liberté. A l'expulsion des rois, Horatius Pulvillus, pour la seconde fois consul, en fit la dédicace, et sa

interjecto ccccxxv annorum spatio, L. Scipione, C. Norbano coss. flagraverat. Curam victor Sulla suscepit, neque tamen dedicavit : hoc solum felicitati ejus negatum. Lutatii Catuli nomen, inter tanta Caesarum opera, usque ad Vitellium mansit. Ea tunc aedes cremabatur.

LXXIII. Sed plus pavoris obsessis quam obsessoribus intulit; quippe Vitellianus miles, neque astu, neque constantia, inter dubia indigebat. Ex diverso trepidi milites, dux segnis et veluti captus animi, non lingua, non auribus competere : neque alienis consiliis regi, neque sua expedire : huc illuc clamoribus hostium circumagi : quae jusserat, vetare; quae vetuerat, jubere. Mox, quod in perditis rebus accidit, omnes praecipere, nemo exsequi : postremo, abjectis armis, fugam et fallendi artes circumspectabant. Irrumpunt Vitelliani et cuncta sanguine, ferro, flammisque miscent. Pauci militarium virorum, inter quos maxime insignes, Cornelius Martialis, Æmilius Pacensis, Casperius Niger, Didius Scaeva, pugnam ausi, obtruncantur. Flavium Sabinum, inermem neque fugam coeptantem, circumsistunt, et Quinctium Atticum, consulem, umbra honoris et suamet va-

magnificence fut telle alors que, dans la suite, les immenses richesses du peuple romain servirent plutôt à l'orner qu'à l'augmenter. Il fut rebâti sur le même emplacement lorsque, après quatre cent vingt-cinq ans de durée, il eut été incendié sous le consulat de L. Scipion et de C. Norbanus. Sylla, vainqueur, s'en chargea, mais n'en fit pas la dédicace, seul honneur refusé à sa félicité, et réservé à Lutatius Catulus, dont le nom a survécu, au milieu de toutes ces grandes constructions des Césars, jusqu'à Vitellius. Tel était alors ce monument que dévoraient les flammes.

LXXIII. Toutefois, l'incendie causa plus de frayeur aux assiégés qu'aux assiégeans, car le soldat Vitellien, dans les périls, n'était dépourvu ni d'habileté ni de fermeté. De l'autre côté, les soldats étaient effrayés : le chef, sans énergie, et comme privé de jugement, ne savait ni parler, ni entendre, ni se laisser régir par les conseils d'autrui, ni énoncer les siens; il se portait çà et là, où l'appelaient les clameurs des ennemis, défendait ce qu'il avait ordonné, ordonnait ce qu'il avait défendu; bientôt, comme il arrive en des circonstances désespérées, tous veulent commander, personne obéir; enfin l'on jette les armes et l'on cherche autour de soi les moyens de tromper l'ennemi et de fuir. Les Vitelliens pénètrent et portent partout la flamme, le fer et le carnage; quelques braves osent résister, et sont massacrés ; les plus remarquables furent Cornelius Martialis, Émilius Pacensis, Casperius Niger, Didius Scéva; quant à Flavius Sabinus, sans armes et ne cherchant point à fuir, il est entouré ainsi que Quinctius

nitate monstratum, quod edicta in populum, pro Vespasiano magnifica, probrosa adversus Vitellium, jecerat. Ceteri per varios casus elapsi : quidam servili habitu, alii fide clientium contecti, et inter sarcinas abditi. Fuere, qui, excepto Vitellianorum signo quo inter se noscebantur, ultro rogitantes respondentesve, audaciam pro latebra haberent.

LXXIV. Domitianus, prima irruptione apud aedituum occultatus, sollertia liberti, lineo amictu turbae sacricolarum immixtus ignoratusque, apud Cornelium Primum, paternum clientem, juxta Velabrum, delituit : ac potiente rerum patre, disjecto aeditui contubernio, modicum sacellum JOVI CONSERVATORI, aramque posuit, casusque suos in marmore expressam. Mox, imperium adeptus, JOVI CUSTODI templum ingens, seque in sinu dei sacravit. Sabinus et Atticus, onerati catenis, et ad Vitellium ducti, nequaquam infesto sermone vultuque excipiuntur, frementibus, qui jus caedis, et praemia navatae operae, petebant. Clamore a proximis orto, sordida pars plebis supplicium Sabini exposcit, minas adulationesque miscet. Stantem pro gradibus palatii Vitellium, et preces parantem, pervicere, ut absisteret. Tum confossum collaceratumque, et capite truncum, corpus Sabini in Gemonias trahunt.

Atticus ; ce consul leur fut désigné, et par son fantôme de magistrature, et par sa propre vanité, ayant lancé parmi le peuple des édits adulateurs pour Vespasien, injurieux pour Vitellius. Le reste s'échappa par divers moyens, les uns en habits d'esclaves ; d'autres, recelés par des cliens fidèles, se cachèrent au milieu des bagages ; quelques-uns, ayant surpris le mot d'ordre par lequel les Vitelliens se reconnaissaient entre eux, l'exigeaient ou y répondaient ; et cette audace les dispensa de chercher une retraite.

LXXIV. Domitien, caché à la première attaque, chez le gardien d'un temple, fut, par l'adresse d'un affranchi, confondu, grâce à un déguisement de lin, dans une troupe de sacrificateurs ; et, sans être reconnu, se réfugia près du Vélabre, chez Cornelius Primus, client de son père : Vespasien devenu maître de l'état, Domitien fit abattre la maison du gardien, et y érigea une petite chapelle à JUPITER CONSERVATEUR, avec un autel où cet évènement était représenté sur le marbre. Plus tard, ayant succédé à l'empire, il consacra un grand temple à JUPITER GARDIEN, avec sa propre statue dans les bras du dieu. Sabinus et Atticus, chargés de chaînes, sont menés à Vitellius, dont l'air et le langage ne furent nullement menaçans ; ceux-là qui réclamaient le droit de les égorger et le prix de leur œuvre accomplie, frémissaient de rage ; on le presse, un cri s'élève, la plus vile portion de la populace exige le supplice de Sabinus, et mêle les menaces aux adulations. Debout sur les degrés du palais, Vitellius allait s'abaisser aux prières : leur opiniâtreté l'y fit renoncer. Sabinus tombe alors percé

LXXV. Hic exitus viri haud sane spernendi. Quinque et triginta stipendia in republica fecerat, domi militiaeque clarus: innocentiam justitiamque ejus non argueres: sermonis nimius erat: id unum septem annis, quibus Moesiam, duodecim, quibus praefecturam urbis obtinuit, calumniatus est rumor. In fine vitae alii segnem, multi moderatum et civium sanguinis parcum credidere. Quod inter omnes constiterit, ante principatum Vespasiani, decus domus penes Sabinum erat. Caedem ejus laetam fuisse Muciano accepimus. Ferebant plerique, etiam paci consultum, dirempta aemulatione inter duos, quorum alter se fratrem imperatoris, alter consortem imperii cogitaret. Sed Vitellius consulis supplicium poscenti populo restitit, placatus, ac velut vicem reddens, quod interrogantibus, quis Capitolium incendisset, se reum Atticus obtulerat: eaque confessione, sive aptum tempori mendacium fuit, invidiam crimenque agnovisse, et a partibus Vitellii amolitus, videbatur.

LXXVI. Iisdem diebus L. Vitellius, positis apud Feroniam castris, excidio Terracinae imminebat: clausis illic gladiatoribus remigibusque, qui non egredi moenia, neque periculum in aperto audebant. Praeerat, ut supra

de part en part ; il est mis en pièces, sa tête est coupée, et son corps mutilé est traîné aux Gémonies.

LXXV. Telle fut la fin d'un homme qui certes n'était pas sans mérite. Pendant trente-cinq années, il avait servi la république avec éclat, à l'armée et dans Rome. Son intégrité et sa justice furent hors de soupçon : il était trop prolixe dans ses discours, seul défaut qu'on lui reprocha pendant sept années qu'il gouverna la Mésie, douze qu'il fut préfet de Rome. Sur la fin de sa vie, les uns le trouvèrent pusillanime ; beaucoup d'autres, modéré et avare du sang des citoyens. Ce dont tout le monde convient, c'est qu'avant l'élévation de Vespasien l'honneur de cette maison résidait en Sabinus. On a dit que sa mort remplit de joie Mucien : la plupart y trouvèrent même un gage pour la paix, la rivalité étant éteinte entre deux hommes, dont toute la pensée fut, chez l'un, qu'il était frère de l'empereur ; chez l'autre, son collègue à l'empire. Toutefois Vitellius résista au peuple qui demandait le supplice du consul, soit qu'il fût apaisé, soit par reconnaissance de ce qu'Atticus, interrogé sur l'incendie du Capitole, s'était offert comme le seul coupable. Par cet aveu ou par ce mensonge, approprié à la circonstance, il comprit qu'Atticus prenait sur lui seul tout l'odieux de ce forfait, et en déchargeait le parti de Vitellius.

LXXVI. Ces mêmes jours, Lucius Vitellius, campé à Féronie, menaça de ruiner de fond en comble Terracine, où s'étaient renfermés des gladiateurs et des rameurs, qui n'osaient pas sortir des remparts, ni s'exposer aux périls en rase campagne. Les chefs, comme nous

memoravimus, Julianus gladiatoribus, Apollinaris remigibus : lascivia socordiaque gladiatorum magis, quam ducum similes. Non vigilias agere, non intuta mœnium firmare, noctu dieque fluxi et amœna litorum personantes, in ministerium luxus dispersis militibus, de bello tantum inter convivia loquebantur. Paucos ante dies discesserat Apinius Tiro, donisque ac pecuniis acerbe per municipia conquirendis, plus invidiæ quam virium partibus addebat.

LXXVII. Interim ad L. Vitellium servus Verginii Capitonis perfugit, pollicitusque, si præsidium acciperet, vacuam arcem tradi futurum, multa nocte cohortes expeditas, summis montium jugis, super caput hostium sistit : inde miles ad cædem magis, quam ad pugnam decurrit : sternunt inermes, aut arma capientes, et quosdam somno excitos, quum tenebris, pavore, sonitu tubarum, clamore hostili turbarentur. Pauci gladiatorum resistentes, neque inulti cecidere : ceteri ad naves ruebant, ubi cuncta pari formidine implicabantur, permixtis paganis, quos nullo discrimine Vitelliani trucidabant. Sex liburnicæ inter primum tumultum evasere, in quis præfectus classis Apollinaris; reliquæ in litore captæ; aut nimio ruentium onere pressas mare

l'avons dit plus haut, étaient Julianus pour les gladiateurs, Apollinaris pour les rameurs; tous deux, par leur dissolution et leur apathie, plus semblables à des gladiateurs qu'à des généraux. On négligeait les veilles, on ne fortifiait point les parties faibles des remparts, on restait couché mollement le jour et la nuit; les positions les plus délicieuses du rivage retentissaient du bruit des fêtes; les soldats étaient dispersés pour le service des plaisirs, et ce n'était qu'au milieu des festins qu'on parlait de guerre. Peu de jours avant, Apinius Tiron était sorti de la ville pour obtenir de l'argent et des présens des municipes voisins, mais sa conduite acerbe en avait retiré pour son parti plus de haine que de secours.

LXXVII. Cependant un esclave de Verginius Capiton s'enfuit auprès de Lucius Vitellius, et promit, s'il lui donnait main-forte, de lui livrer la citadelle sans défense. Par la plus grande obscurité de la nuit, il conduit des cohortes légères et s'arrête sur le sommet des montagnes, au dessus de la tête des ennemis. De là, les cohortes se précipitèrent plutôt à un massacre qu'à un combat. Elles les égorgèrent, les uns privés de leurs armes ou au moment de s'en saisir, les autres à peine éveillés, et tandis que les ténèbres, la frayeur, le son des trompettes, les cris menaçans, les jettent dans le trouble. Quelque peu de gladiateurs résistèrent et ne succombèrent pas sans vengeance. Le reste courait aux vaisseaux, où une terreur semblable mettait tout en confusion. Les habitans, fuyant pêle-mêle, étaient massacrés sans nulle distinction par les Vitelliens. Six galères s'échappèrent au milieu du premier tumulte avec le préfet

hausit. Julianus ad L. Vitellium perductus, et verberibus fœdatus, in ore ejus jugulatur. Fuere, qui uxorem L. Vitellii Triariam incesserent, tanquam gladio militari cincta, inter luctum cladesque expugnatæ Tarracinæ, superbe sæveque egisset. Ipse lauream gestæ prospere rei ad fratrem misit, percunctatus, statim regredi se, an perdomandæ Campaniæ insistere juberet. Quod salutare non modo partibus Vespasiani, sed reipublicæ fuit : nam, si recens victoria miles, et, super insitam pervicaciam, secundis ferox, Romam contendisset; haud parva mole certatum, nec sine exitio urbis, foret : quippe L. Vitellio, quamvis infami, inerat industria : nec virtutibus, ut boni, sed, quo modo pessimus quisque, vitiis valebat.

LXXVIII. Dum hæc in partibus Vitellii geruntur, digressus Narnia Vespasiani exercitus, festos Saturni dies Ocriculi per otium agitabat. Causa tam pravæ moræ, ut Mucianum opperirentur. Nec defuere, qui Antonium suspicionibus arguerent, tanquam dolo cunctantem, post secretas Vitellii epistolas, quibus consulatum et nobilem filiam et dotales opes, pretium proditionis, offerebat. Alii, ficta hæc et in gratiam Muciani compo-

de la flotte, Apollinaris. Le reste des vaisseaux fut saisi sur la rive même, ou fut submergé sous le poids de ceux qui s'y précipitaient. Julianus, conduit à L. Vitellius, fut indignement frappé de verges et tué sous ses yeux. On a accusé l'épouse de L. Vitellius, Triaria, de s'être montrée ceinte de l'épée de soldat, et d'avoir insulté, par son orgueil et par sa barbarie, au malheur et à la désolation de Terracine saccagée. Il envoya à son frère une branche de laurier, gage de son succès, et lui demanda s'il devait revenir aussitôt ou poursuivre la soumission de la Campanie. Cette hésitation fut le salut, non-seulement du parti de Vespasien, mais même de l'état; car si le soldat, fier de sa victoire récente, joignant à son opiniâtreté ordinaire l'enivrement de sa victoire, eût marché sur Rome, le choc eût été terrible, et Rome était perdue. En effet Lucius, quoique infâme, ne manquait pas d'habileté; et si sa force n'était pas, comme chez les gens de bien, dans les vertus, elle était, comme chez tous les pervers, dans les vices.

LXXVIII. Tandis que les évènemens marchent ainsi dans le parti de Vitellius, l'armée de Vespasien, venue de Narni, et livrée au repos, célébrait les fêtes de Saturne à Ocriculum. Le motif d'un délai si dangereux était d'attendre Mucien. On n'a pas manqué de jeter des soupçons sur Antonius, et de l'accuser d'avoir différé à dessein, depuis que des lettres secrètes de Vitellius lui eurent offert, pour prix d'une trahison, le consulat, sa fille en mariage, et de grandes richesses pour dot. D'autres ont dit que ces calomnies furent inventées en faveur de

sita. Quidam, omnium id ducum consilium fuisse, ostentare potius urbi bellum, quam inferre: quando validissimæ cohortes a Vitellio descivissent, et, abscisis omnibus præsidiis, cessurus imperio videbatur. Sed cuncta festinatione, deinde ignavia Sabini, corrupta: qui sumptis temere armis, munitissimam Capitolii arcem, et ne magnis quidem exercitibus expugnabilem, adversus tres cohortes tueri nequivisset. Haud facile quis uni adsignaverit culpam, quæ omnium fuit: nam et Mucianus ambiguis epistolis victores morabatur, et Antonius præpostero obsequio, vel, dum regerit invidiam, crimen meruit: ceterique duces, dum peractum bellum putant, finem ejus insignivere. Ne Petilius quidem Cerialis, cum mille equitibus præmissus, ut transversis itineribus per agrum Sabinum Salaria via urbem introiret, satis maturaverat: donec obsessi Capitolii fama cunctos simul exciret.

LXXIX. Antonius per Flaminiam ad saxa Rubra, multo jam noctis, serum auxilium venit. Illic interfectum Sabinum, conflagrasse Capitolium, tremere urbem, mœsta omnia accepit: plebem quoque et servitia pro Vitellio armari, nuntiabatur. Et Petilio Ceriali equestre prœlium adversum fuerat: namque incautum, et tanquam ad victos ruentem, Vitelliani, interjectus equiti

Mucien ; quelques-uns, que le plan de tous les chefs avait été de menacer Rome de la guerre, et non de la porter dans son sein, afin que les plus fortes cohortes abandonnassent Vitellius, qui, privé de toutes ressources, eût de lui-même renoncé à l'empire ; mais tout fut déconcerté par la précipitation et ensuite par la mollesse de Sabinus, qui, après avoir pris imprudemment les armes, n'avait pu défendre contre trois cohortes la citadelle du Capitole, très-bien fortifiée et inexpugnable, même à de grandes armées. Il ne serait point facile d'imputer à un seul une faute qui fut celle de tous ; car alors Mucien, par ses lettres ambiguës, retardait les vainqueurs, et Antonius, par une condescendance hors de saison, ou plutôt pour diriger le blâme contre Mucien, mérita d'être soupçonné. De plus, les autres chefs, pensant la guerre terminée, en rendirent la fin plus extraordinaire. Petilius Cerialis lui-même, envoyé en avant avec mille cavaliers pour suivre les routes de traverse du pays sabin, et pénétrer dans Rome par la voie Salaria, n'avait pas fait assez de diligence ; enfin la nouvelle du siége du Capitole réveilla tous ces chefs à la fois.

LXXIX. Antonius arrivé par la voie Flaminienne aux rochers Rouges, la nuit étant déjà fort avancée, n'apporta qu'un secours tardif. Là, il ne reçut que tristes nouvelles : Sabinus tué, le Capitole incendié, Rome en alarmes ; on lui annonce aussi que la populace et les esclaves s'arment pour Vitellius ; de plus, que l'engagement de cavalerie avait été contraire à Petilius Cerialis, qui s'était précipité imprudemment, comme sur des vaincus. L'in-

pedes, excepere : pugnatum haud procul urbe, inter aedificia hortosque et anfractus viarum, quae gnara Vitellianis, incomperta hostibus, metum fecerant : neque omnis eques concors, adjunctis quibusdam, qui nuper apud Narniam dediti, fortunam partium speculabantur : capitur praefectus alae, Tullius Flavianus : ceteri foeda fuga consternantur, non ultra Fidenas secutis victoribus.

LXXX. Eo successu studia populi aucta : vulgus urbanum arma cepit. Paucis scuta militaria, plures raptis quod cuique obvium telis, signum pugnae exposcunt. Agit grates Vitellius, et ad tuendam urbem prorumpere jubet. Mox, vocato senatu, deliguntur legati ad exercitus, ut praetextu reipublicae concordiam pacemque suaderent : varia legatorum sors fuit. Qui Petilio Ceriali occurrerant, extremum discrimen adiere, adspernante milite conditiones pacis : vulneratur praetor, Arulenus Rusticus : auxit invidiam, super violatum legati praetorisque nomen, propria dignatio viri : palantur comites : occiditur proximus lictor, dimovere turbam ausus : et, ni dato a duce praesidio defensi forent, sacrum etiam in exteras gentes legatorum jus, ante ipsa patriae moenia, civilis rabies usque in exitium temerasset. Aequioribus animis accepti sunt, qui ad Antonium ve-

fanterie des Vitelliens se jeta au milieu de cette cavalerie : on combattit non loin de Rome, entre des maisons et des jardins, et dans les enfoncemens des rues connus des Vitelliens, ignorés de leurs ennemis, ce qui les intimida : toute la cavalerie n'était point d'accord ; il s'y trouvait des soldats qui, depuis leur défection récente à Narni, observaient pour quel parti serait la fortune. On fit prisonnier le préfet de cavalerie Tullius Flavianus, les autres s'enfuirent honteusement et frappés de terreur : les vainqueurs ne les suivirent pas au delà de Fidènes.

LXXX. A ce succès, le zèle du peuple s'enflamme, la populace de Rome court aux armes : quelques-uns portaient des boucliers, la plupart s'étaient saisis des traits qu'ils avaient trouvés : ils demandent le signal du combat. Vitellius les en remercie, et ordonne de sortir pour défendre Rome ; ensuite le sénat est convoqué, on élit des députés pour aller au nom du bien public exhorter les troupes à la paix et à la concorde. Le sort de ces députés fut différent : ceux qui étaient allés vers Cerialis coururent un extrême péril ; ses soldats méprisaient toute proposition de paix. Un préteur, Arulenus Rusticus, fut blessé ; sa considération personnelle ajouta à l'odieux de l'insulte faite au titre de préteur et de député ; sa suite est dispersée : on égorge son premier licteur, qui avait tenté de repousser cette foule ; et si le général n'eût envoyé des secours pour les défendre, le caractère d'ambassadeur, sacré même chez les peuples ennemis, eût été profané et anéanti par les fureurs de nos concitoyens,

nerant, non quia modestior miles, sed duci plus auctoritas.

LXXXI. Miscuerat se legatis Musonius Rufus, equestris ordinis, studium philosophiæ et placita Stoicorum æmulatus: cœptabatque, permixtus manipulis, bona pacis ac belli discrimina disserens, armatos monere. Id plerisque ludibrio, pluribus tædio: nec deerant, qui propellerent proculcarentque, ni, admonitu modestissimi cujusque, et aliis minitantibus, omisisset intempestivam sapientiam. Obviæ fuere et virgines Vestales cum epistolis Vitellii, ad Antonium scriptis: eximi supremo certamini unum diem postulabat: si moram interjecissent, facilius omnia conventura. Virgines cum honore dimissæ: Vitellio rescriptum, Sabini cæde et incendio Capitolii dirempta belli commercia.

LXXXII. Tentavit tamen Antonius, vocatas ad concionem legiones mitigare, ut, castris juxta pontem Mulvium positis, postera die urbem ingrederentur. Ratio cunctandi, ne asperatus prœlio miles, non populo, non senatui, ne templis quidem ac delubris deorum consuleret. Sed omnem prolationem, ut inimicam victoriæ, suspectabant. Simul fulgentia per colles vexilla, quanquam imbellis populus sequeretur, speciem hostilis exer-

sous les murs même de la patrie. Des esprits plus pacifiques accueillirent ceux qui vinrent auprès d'Antonius, non que le soldat fût plus modéré, mais le chef avait plus d'autorité.

LXXXI. Aux députés s'était joint Musonius Rufus, chevalier romain, affectant le titre de philosophe et les préceptes des stoïciens : mêlé aux soldats, discourant sur les biens de la paix et sur les dangers de la guerre, il se fit l'orateur de cette multitude armée ; quelques-uns s'en divertirent, la plupart s'en ennuyèrent, et il y en avait qui se préparaient à le chasser et à le maltraiter, si, sur l'avis des plus modérés et les menaces des autres, il n'eût laissé là sa philosophie fort intempestive. Les vestales vinrent aussi au devant des vainqueurs avec une lettre de Vitellius adressée à Antonius : il y demandait qu'on différât d'un seul jour la bataille décisive : ce seul délai pourrait tout arranger plus facilement. Les vestales furent congédiées avec honneur ; il fut répondu à Vitellius que l'assassinat de Sabinus et l'incendie du Capitole rompaient toutes les négociations militaires.

LXXXII. Antonius, toutefois, tenta de modérer ses légions, qu'il fit assembler, et d'en obtenir qu'elles ne vinssent camper qu'au pont Milvius, et n'entrassent dans Rome que le lendemain. Le motif de ce retard fut la crainte que le soldat, irrité par un combat, n'épargnât ni le peuple, ni le sénat, ni même les temples et les sanctuaires des dieux ; mais ils suspectaient tout retard, comme fatal à leur victoire. D'ailleurs ces étendards qui brillaient le long des collines, quoique suivis d'une multitude peu guerrière, leur offraient l'as-

citus fecerant. Tripartito agmine, pars, ut adstiterat, Flaminia via, pars juxta ripam Tiberis incessit; tertium agmen per Salariam Collinae portae propinquabat. Plebs invectis equitibus fusa : miles Vitellianus trinis et ipse praesidiis occurrit. Proelia ante urbem multa et varia : sed Flavianis, consilio ducum praestantibus, saepius prospera. Ii tantum conflictati sunt, qui in partem sinistram urbis, ad Sallustianos hortos, per angusta et lubrica viarum flexerant. Superstantes maceriis hortorum Vitelliani, ad serum usque diem, saxis pilisque subeuntes arcebant : donec ab equitibus, qui porta Collina irruperant, circumvenirentur. Concurrere et in campo Martio infestae acies. Pro Flavianis fortuna et parta totiens victoria; Vitelliani desperatione sola ruebant : et, quanquam pulsi, rursus in urbe congregabantur.

LXXXIII. Aderat pugnantibus spectator populus, utque in ludicro certamine hos, rursus illos clamore et plausu fovebat. Quotiens pars altera inclinasset, abditos in tabernis, aut, si quam in domum perfugerant, erui jugularique expostulantes, parte majore praedae potiebantur : nam, milite ad sanguinem et caedes obverso, spolia in vulgus cedebant. Saeva ac deformis urbe tota

pect de troupes ennemies. L'armée s'avance divisée en trois parties ; l'une, comme elle était postée, par la voie Flaminienne ; l'autre, le long de la rive du Tibre ; la troisième s'approche, par la voie Salaria, de la porte Colline. A la première charge de cavalerie, la populace est dispersée. Les soldats vitelliens s'avancent aussi en trois corps. Il y eut devant la ville beaucoup d'engagemens avec des chances diverses ; mais les Flaviens, guidés par des chefs plus habiles, eurent plus souvent l'avantage. Il n'y eut de très-maltraités que ceux qui s'étaient jetés sur la partie gauche de la ville, vers les jardins de Salluste, et dans des chemins étroits et glissans. Montés sur les murs des jardins, les Vitelliens, jusqu'à la chute du jour, repoussèrent à coups de pierre et de javelot ceux qui s'introduisaient, jusqu'à ce qu'ils fussent enveloppés par la cavalerie, qui avait pénétré par la porte Colline. Des partis ennemis se heurtèrent aussi au milieu du Champ-de-Mars. Les Flaviens eurent pour eux la fortune et la victoire, qui leur furent tant de fois fidèles. Les Vitelliens, guidés par le seul désespoir, se ruaient contre l'ennemi, et, quoique repoussés, revenaient encore se rallier dans Rome.

LXXXIII. Les combattans avaient pour spectateur le peuple qui, comme aux jeux du Cirque, les encourageait tour à tour par ses cris et par ses applaudissemens. Si l'un des partis pliait, si des soldats se cachaient dans les boutiques ou se réfugiaient en quelque maison, la populace venait prier avec instance de les en arracher et de les égorger, et s'emparait de la plus grande partie de leurs dépouilles ; car, tandis que le soldat était

facies: alibi prœlia et vulnera; alibi balineæ popinæque: simul cruor et strues corporum: juxta scorta et scortis similes: quantum in luxurioso otio libidinum; quicquid in acerbissima captivitate scelerum: prorsus ut eamdem civitatem et furere crederes et lascivire. Conflixerant ante armati exercitus in urbe, bis L. Sulla, semel Cinna victoribus: nec tunc minus crudelitatis: nunc inhumana securitas, et ne minimo quidem temporis voluptates intermissæ: velut festis diebus id quoque gaudium accederet, exsultabant, fruebantur; nulla partium cura, malis publicis læti.

LXXXIV. Plurimum molis in oppugnatione castrorum fuit, quæ acerrimus quisque, ut novissimam spem, retinebant. Eo intentius victores, præcipuo veterum cohortium studio, cuncta validissimarum urbium excidiis reperta simul admovent, testudinem, tormenta, aggeres, facesque: quidquid tot prœliis laboris ac periculi hausissent, opere illo consummari, clamitantes: Urbem senatui ac populo romano, templa diis reddita: proprium esse militis decus in castris: illam patriam, illos penates: ni statim recipiantur, noctem in armis

tout occupé à massacrer et à verser le sang, le peuple enlevait le butin. Rome entière offrait un horrible et monstrueux spectacle : ici des combats et des blessures, là des cabarets et des bains, puis du sang et des monceaux de cadavres, et tout auprès des courtisanes et d'infâmes débauchés comme elles; tous les vices de l'oisiveté la plus dissolue, tous les forfaits des vainqueurs les plus implacables; et vous auriez cru cette même Rome à la fois livrée aux fureurs des crimes, aux délires des fêtes. Déjà des armées avaient combattu dans notre ville, deux fois quand Sylla, et une fois quand Cinna furent victorieux, et alors il n'y avait pas eu moins de cruauté; mais maintenant il y régnait la plus inhumaine insouciance : pas un seul instant les plaisirs ne furent interrompus : c'était comme des joies ajoutées à ces jours de fête; ils bondissaient, ils jouissaient, heureux des malheurs publics et sans nul souci des partis rivaux.

LXXXIV. Il fallut plus d'efforts pour enlever le camp, que les plus valeureux Vitelliens défendaient comme dernière espérance. Les vainqueurs s'y portent avec d'autant plus d'acharnement, et surtout les vieilles cohortes; tout ce que l'on a inventé pour la destruction des villes les plus fortes, tortues, machines, terrasses, torches, est employé à la fois : « Ce que nous avons souffert, s'écriaient-ils, et de peines et de périls en tant de combats, va se terminer par cet exploit. Rome est rendue au sénat et au peuple romain, les temples à leurs dieux : l'honneur du soldat réside dans son camp; là il trouve sa patrie, ses pénates : si nous n'y entrons sur-le-

agendam. Contra Vitelliani, quanquam numero fatoque dispares, inquietare victoriam, morari pacem, domos arasque cruore foedare, suprema victis solatia amplectebantur. Multi semianimes, super turres et propugnacula moenium exspiravere. Convulsis portis, reliquus globus obtulit se victoribus: et cecidere omnes contrariis vulneribus, versi in hostem: ea cura etiam morientibus decori exitus fuit.

LXXXV. Vitellius, capta urbe, per aversam palatii partem, Aventinum, in domum uxoris, sellula defertur; ut, si diem latebra vitavisset, Tarracinam ad cohortes fratremque perfugeret. Dein mobilitate ingenii, et quae natura pavoris est, quum omnia metuenti praesentia maxime displicerent, in palatium regreditur, vastum desertumque: dilapsis etiam infimis servitiorum, aut occursum ejus declinantibus. Terret solitudo et tacentes loci: tentat clausa: inhorrescit vacuis; fessusque misero errore, et pudenda latebra semet occultans, ab Julio Placido, tribuno cohortis, protrahitur. Vinctae pone tergum manus: laniata veste, foedum spectaculum, ducebatur, multis increpantibus, nullo illacrymante: deformitas exitus misericordiam abstulerat. Obvius e Germanicis militibus, Vitellium infesto ictu, per iram, vel quo maturius ludibriis eximeret, an tribunum appetierit, in

champ, faudra-t-il passer la nuit sous les armes ? » Les Vitelliens, quoique inférieurs en nombre et moins favorisés par le destin, voulurent encore troubler ce triomphe, retarder la paix, souiller de sang les maisons et les autels ; dernières consolations qu'embrassassent les vaincus. Beaucoup, tombés à demi-morts sur les tours et les remparts, y expirèrent. Quand les portes furent arrachées, le reste s'agglomèra et affronta les vainqueurs; les blessures furent réciproques, et tous succombèrent tournés vers l'ennemi ; même en mourant leur pensée fut de périr avec honneur.

LXXXV. Rome prise, Vitellius s'échappe par la partie du palais opposée au forum, et se fait transporter en litière au mont Aventin, dans la maison de son épouse ; espérant, s'il restait caché dans cette retraite le reste du jour, pouvoir se réfugier à Terracine, auprès des cohortes et de son frère. Ensuite, par la mobilité de son esprit, et par cette disposition naturelle de la peur, comme tout l'effrayait, et le présent surtout, il retourne dans son palais : il le trouve vide et abandonné; les derniers de ses esclaves avaient disparu ou fuyaient à sa rencontre. Ces lieux déserts et silencieux l'épouvantent; il ouvre quelques appartemens fermés, et leur solitude le glace d'effroi. Enfin, fatigué d'errer misérablement, il se cache en un réduit ignoble, d'où il est arraché par Julius Placidus, tribun de cohorte. Les mains liées derrière le dos, les vêtemens en lambeaux, il est traîné honteusement en spectacle; beaucoup l'outragent, pas un seul ne le pleure : l'ignominie de sa fin avait détruit toute compassion. Un soldat de Germanie s'élança

incerto fuit : aurem tribuni amputavit, ac statim confossus est. Vitellium, infestis mucronibus coactum, modo erigere os et offerre contumeliis, nunc cadentes statuas suas, plerumque rostra, aut Galbæ occisi locum contueri; postremo ad Gemonias, ubi corpus Flavii Sabini jacuerat, propulere. Vox una non degeneris animi excepta, quum tribuno insultanti, « se tamen imperatorem ejus fuisse, » respondit. Ac deinde ingestis vulneribus concidit : et vulgus eadem pravitate insectabatur interfectum, qua foverat viventem.

LXXXVI. Patria illi Luceria : septimum et quinquagesimum ætatis annum explebat. Consulatum, sacerdotia, nomen locumque inter primores, nulla sua industria, sed cuncta patris claritudine adeptus. Principatum ei detulere, qui ipsum non noverant. Studia exercitus, raro cuiquam, bonis artibus quæsita, perinde adfuere, quam huic per ignaviam. Inerat tamen simplicitas ac liberalitas : quæ, ni adsit modus, in exitium vertuntur. Amicitias, dum magnitudine munerum, non constantia morum, contineri putat, meruit magis, quam habuit. Reipublicæ haud dubie intererat, Vitellium vinci : sed imputare perfidiam non possunt, qui Vitellium Vespasiano prodidere, quum a Galba descivissent. Præcipiti

au devant de lui en frappant de son glaive ; fut-ce par colère ou pour le délivrer plus tôt de tant d'infamies, ou pour tuer le tribun ? On ne sait : le coup trancha l'oreille de ce dernier, et le soldat fut aussitôt massacré. Vitellius était forcé par les épées dont on le menaçait, tantôt de lever la tête et de s'offrir ainsi aux insultes, tantôt de considérer ses statues renversées, la tribune aux harangues, le lieu où fut tué Galba ; enfin on le traîna aux Gémonies, où le corps de Flavius Sabinus gisait peu auparavant. Une seule parole, qui annonça en lui quelque dignité d'âme, fut recueillie : il répondit au tribun qui l'insultait : « que, cependant, il avait été son empereur. » Ensuite, percé de coups, il tombe, et la populace l'outrage mort, avec la même lâcheté qu'elle l'avait honoré vivant.

LXXXVI. Il était né à Lucérie, et achevait sa cinquante-septième année : il avait obtenu le consulat, le sacerdoce, un nom et un rang parmi les premiers personnages, sans nul mérite propre, mais il devait tout à l'illustration de son père. Ceux qui lui déférèrent l'empire ne le connaissaient pas. L'affection d'une armée, acquise par voies honorables, a été rarement, pour qui que ce fût, aussi entière que pour cet homme dans toute sa lâcheté. Il y avait toutefois en lui simplicité et libéralité, qualités dont l'excès entraîne à la ruine. Quant aux amis, comme il crut les conserver par la grandeur de ses bienfaits, et non par l'égalité de son caractère, il en mérita plutôt qu'il n'en eut. Sans nul doute, il était de l'intérêt de la république que Vitellius fût vaincu ; mais peuvent-ils se faire un mérite de leur perfidie, ceux-là qui ont trahi Vitellius pour Vespasien, puisque

in occasum die, ob pavorem magistratuum senatorumque, qui dilapsi ex urbe, aut per domos clientium semet occultabant, vocari senatus non potuit. Domitianum, postquam nihil hostile metuebatur, ad duces partium progressum, et *Caesarem* consalutatum, miles frequens, utque erat in armis, in paternos penates deduxit.

déjà ils avaient abandonné Galba? Le jour étant sur son déclin, comme les magistrats et les sénateurs s'étaient, dans leur effroi, échappés de la ville ou se cachaient encore dans les maisons de leurs cliens, on ne put convoquer le sénat. Domitien, ne voyant plus rien d'hostile à redouter, se rendit auprès des chefs du parti, et fut salué César. Des soldats, nombreux et toujours en armes, le ramenèrent à la maison paternelle.

LIBER IV.

VESPASIANUS.

I. Interfecto Vitellio, bellum magis desierat, quam pax cœperat. Armati per urbem victores implacabili odio victos consectabantur : plenæ cædibus viæ, cruenta fora templaque, passim trucidatis, ut quemque fors obtulerat. Ac mox, augescente licentia, scrutari ac protrahere abditos : si quem procerum habitu et juventa conspexerant, obtruncare, nullo militum aut populi discrimine. Quæ sævitia, recentibus odiis, sanguine explebatur, dein verterat in avaritiam : nihil usquam secretum aut clausum sinebant, Vitellianos occultari, simulantes. Initium id perfringendarum domuum; vel, si resisteretur, causa cædis, nec deerat egentissimus quisque ex plebe : et pessimi servitiorum prodere ultro dites dominos : alii ab amicis monstrabantur. Ubique lamenta, conclamationes, et forma captæ urbis : adeo ut Othoniani Vitellianique militis invidiosa antea petulantia de-

LIVRE IV.

VESPASIEN.

I. Vitellius tué, la guerre avait cessé plutôt que la paix n'avait commencé. Les vainqueurs, en armes, poursuivaient, à travers la ville, les vaincus avec une haine implacable. Les rues étaient pleines de carnage : les places, les temples étaient ensanglantés ; çà et là gisaient égorgés ceux que le hasard avait livrés ; et bientôt, dans l'accroissement de leur rage, ils recherchent, ils entraînent ceux qui se tenaient cachés. Si un homme jeune et d'une taille élevée est aperçu, ils le massacrent sans distinction du soldat ou du citoyen. Cette barbarie, qui, dans les premiers transports de la haine, s'assouvit avec du sang, se changea ensuite en soif du pillage : dès lors aucun lieu ne dut être secret ni fermé, sous le prétexte que des Vitelliens s'y étaient cachés. Ils commencèrent donc à forcer les maisons ; puis, si on résistait, c'était l'occasion d'un massacre ; les plus misérables de la populace les secondaient : et les plus pervers des serviteurs, livraient, de leur propre mouvement, leurs maîtres opulens ; d'autres furent désignés

sideraretur. Duces partium, accendendo civili bello acres, temperandae victoriae impares : quippe in turbas et discordias pessimo cuique plurima vis; pax et quies bonis artibus indigent.

II. Nomen sedemque Caesaris Domitianus acceperat : nondum ad curas intentus, sed stupris et adulteriis filium principis agebat. Praefectura praetorii penes Arrium Varum : summa potentiae in Primo Antonio : is pecuniam familiamque e principis domo, quasi Cremonensem praedam, rapere : ceteri modestia, vel ignobilitate, ut in bello obscuri, ita praemiorum expertes. Civitas pavida et servitio parata, occupari redeuntem Tarracina L. Vitellium cum cohortibus, exstinguique reliqua belli, postulabat. Praemissi Ariciam equites : agmen legionum intra Bovillas stetit : nec cunctatus est Vitellius, seque et cohortes arbitrio victoris permittere : et miles infelicia arma, haud minus ira, quam metu abjecit. Longus deditorum ordo, septus armatis, per urbem incessit : nemo supplici vultu, sed tristes et truces, et adversum plausus ac lasciviam insultantis vulgi immobiles : paucos erumpere ausos, circumjecti pressere : ceteri in custodiam conditi. Nihil quisquam locutus indignum, et,

par leurs amis. Partout des lamentations, des cris de fureur, et tout l'aspect d'une ville prise d'assaut, au point que l'insolence, naguère si odieuse, des soldats d'Othon et de Vitellius, en fut regrettée. Les chefs du parti, si habiles pour allumer une guerre civile, étaient incapables de modérer la victoire; car, dans les troubles et les discordes, les plus méchans ont toujours le plus de force; la paix et le calme réclament des moyens honorables.

II. Domitien avait accepté le nom et le palais des Césars : encore inattentif aux affaires, c'était par des débauches et des adultères qu'il se montrait fils d'empereur. Le commandement des gardes prétoriennes fut livré à Arrius Varus : toute l'autorité était à Primus Antonius. Cet homme osa enlever du palais de l'empereur l'argent et les esclaves, comme un butin de Crémone. Les autres chefs qui, soit par modération, soit par incapacité, étaient restés obscurs dans cette guerre, n'eurent point de part aux récompenses. Rome, tremblante et toute prête à la servitude, demandait en grâce que l'on arrêtât L. Vitellius, qui arrivait de Terracine avec ses cohortes, et qu'on éteignît ces restes de guerre. De la cavalerie fut envoyée jusqu'à Aricie. Un corps des légions s'arrêta en deçà de Bovilles; et L. Vitellius n'hésita pas de se livrer, lui et ses cohortes, à la discrétion du vainqueur. Le soldat, non moins par rage que par crainte, jeta ses armes malheureuses. Une longue file de troupes rendues prisonnières, bordée de soldats armés, s'avança au milieu de Rome. Aucun n'avait le visage d'un suppliant; mais ils étaient tristes et sombres,

quanquam inter adversa, salva virtutis fama. Dein L. Vitellius interficitur, par vitiis fratris, in principatu ejus vigilantior; nec perinde prosperis socius, quam adversis abstractus.

III. Iisdem diebus, Lucilius Bassus, cum expedito equite, ad componendam Campaniam mittitur: discordibus municipiorum animis, magis inter semet, quam contumacia adversus principem. Viso milite quies: et minoribus coloniis impunitas. Capuae legio tertia hiemandi causa locatur, et domus illustres adflictae; quum contra Tarracinenses nulla ope juvarentur: tanto proclivius est injuriae, quam beneficio, vicem exsolvere: quia gratia oneri, ultio in quaestu, habetur. Solatio fuit servus Verginii Capitonis, quem proditorem Tarracinensium diximus, patibulo adfixus, in iisdem annulis, quos acceptos a Vitellio gestabat. At Romae senatus cuncta principibus solita Vespasiano decernit, laetus et spei certus: quippe sumpta per Gallias Hispaniasque civilia arma, motis ad bellum Germanis, mox Illyrico, postquam Aegyptum, Judaeam Syriamque et omnes provincias exercitusque lustraverant, velut expiato terrarum orbe, cepisse finem videbantur. Addidere alacrita-

et impassibles aux applaudissemens et aux railleries d'une populace insultante; quelques-uns osèrent rompre la haie : ils furent entourés et massacrés; le reste fut conduit dans les prisons. Pas un seul ne proféra une indigne parole, et quelle que fût leur adversité, leur renommée de courage fut intacte. Ensuite on immola L. Vitellius : semblable à son frère par ses vices, plus actif que lui pour son gouvernement, il partagea moins ses prospérités qu'il ne fut entraîné dans ses revers.

III. Ces mêmes jours, on envoie Lucilius Bassus, avec de la cavalerie légère, pour pacifier la Campanie, dont les municipes étaient animés d'un esprit de discorde, plutôt par haine entre eux que par opposition à Vespasien : la vue des soldats les calma. Les petites colonies obtinrent leur pardon; Capoue eut pour punition la présence de la troisième légion, qui y tint ses quartiers d'hiver, et ses plus illustres familles furent ruinées. D'un autre côté, on n'accorda aucune faveur à Terracine, tant on a plus de pente à punir l'injure qu'à récompenser le bienfait, parce que la reconnaissance paraît une charge, la vengeance un avantage. La consolation de Terracine fut de voir l'esclave de Verginius Capiton, ce traître qui l'avait livrée, attaché en croix, portant au doigt ce même anneau qu'il avait reçu de Vitellius. Cependant, à Rome, tous les honneurs usités pour les empereurs sont décernés à Vespasien par les sénateurs, joyeux et rassurés dans leur espoir; car ces guerres civiles, nées dans les Gaules et dans les Espagnes, qui avaient entraîné les Germanies et ensuite l'Illyrie aux combats, parcouru l'Égypte, la Judée et la Syrie, toutes les provinces et

tem Vespasiani litteræ, tanquam manente bello scriptæ : ea prima specie forma : ceterum ut princeps loquebatur, civilia de se, et reipublicæ egregia. Nec senatus obsequium deerat : ipsi consulatus cum Tito filio, prætura Domitiano et consulare imperium decernuntur.

IV. Miserat et Mucianus epistolas ad senatum, quæ materiam sermonibus præbuere : si privatus esset, cur publice loqueretur? potuisse eadem, paucos post dies, loco sententiæ dici : ipsa quoque insectatio in Vitellium sera, et sine libertate. Id vero erga rempublicam superbum, erga principem contumeliosum, quod in manu sua fuisse imperium donatumque Vespasiano jactabat. Ceterum invidia in occulto ; adulatio in aperto erant : multo cum honore verborum Muciano triumphalia de bello civili data : sed in Sarmatas expeditio fingebatur. Adduntur Primo Antonio consularia, Cornelio Fusco, et Arrio Varo, prætoria insignia. Mox deos respexere : restitui placuit Capitolium : eaque omnia Valerius Asiaticus, consul designatus, censuit : ceteri vultu manuque ; pauci, quibus conspicua dignitas, aut ingenium adulatione exercitum, compositis orationibus adsentiebantur. Ubi ad Helvidium Priscum, prætorem designatum, ventum, prompsit sententiam, ut honorificam in

toutes les armées, semblaient, après avoir comme purifié le monde entier, toucher à leur fin. La joie s'accrut par une lettre de Vespasien, qui écrivait comme si la guerre durait encore, et telle en était la forme au premier aperçu. Du reste il y parlait en prince, de lui-même avec simplicité, de la république en termes très-honorables. Le sénat ne fit pas attendre son obséquiosité, et décerna le consulat à Vespasien et à Titus, la préture et le pouvoir consulaire à Domitien.

IV. Mucien aussi avait adressé au sénat une lettre qui donna matière à beaucoup d'observations. « S'il n'était qu'homme privé, pourquoi écrire comme un homme public? Ne pouvait-il pas attendre quelques jours pour dire les mêmes choses en opinant à son tour. Son acharnement même contre Vitellius était tardif et peu courageux; et c'était se montrer trop superbe envers l'état, trop injurieux envers le prince, que de se vanter d'avoir tenu l'empire en sa main, et d'en avoir fait don à Vespasien. » Du reste, le reproche se dissimulait, l'adulation restait tout à découvert, et ce fut en termes pompeux et magnifiques qu'on décerna à Mucien des décorations triomphales, pour une guerre civile; mais l'expédition contre les Sarmates y servit de prétexte. On défère de plus à Primus Antonius les ornemens consulaires, à Cornelius Fuscus et à Arrius Varus les insignes de la préture; puis enfin l'on pensa aux dieux : l'on voulut bien convenir de rétablir le Capitole. Toutes ces propositions furent faites par Valerius Asiaticus, consul désigné : les autres l'appuyèrent du geste et du regard; un petit nombre, en vue par leur dignité, ou d'une souplesse d'esprit exercée à la flatterie, joignirent

bonum principem, ita falsa aberant; et studiis senatus adtollebatur : isque præcipuus illi dies, magnæ offensæ initium, et magnæ gloriæ fuit.

V. Res poscere videtur, quia iterum in mentionem incidimus viri, sæpius memorandi, ut vitam studiaque ejus, et quali fortuna sit usus, paucis repetam. Helvidius Priscus, Tarracinæ municipio, Cluvio patre, qui ordinem primipili duxisset, ingenium illustre altioribus studiis juvenis admodum dedit : non ut plerique, ut nomine magnifico segne otium velaret, sed quo firmior adversus fortuita rempublicam capesseret : doctores sapientiæ secutus est, qui sola bona, quæ honesta; mala tantum, quæ turpia; potentiam, nobilitatem, ceteraque extra animum, neque bonis, neque malis adnumerant. Quæstorius adhuc, a Pæto Thrasea gener delectus, e moribus soceri nihil æque ac libertatem hausit : civis, senator, maritus, gener, amicus, cunctis vitæ officiis æquabilis, opum contemptor, recti pervicax, constans adversus metus.

VI. Erant, quibus adpetentior famæ videretur, quando etiam sapientibus cupido gloriæ novissima exuitur.

leur assentiment en des discours étudiés. Dès qu'on en vint à Helvidius Priscus, désigné préteur, il développa son opinion, honorable pour un bon prince, autant qu'éloignée de toutes flatteries. Le sénat l'encouragea par ses félicitations, et ce jour, remarquable dans sa vie, fut pour lui l'origine d'une grande inimitié et d'une grande gloire.

V. Il semble à propos, puisque nous avons fait une seconde fois mention d'un personnage dont nous devons parler souvent encore, de dire en peu de mots quels furent sa vie, ses travaux et sa destinée. Helvidius Priscus naquit en Italie, au municipe de Terracine; son père Cluvius avait eu le rang de primipilaire : jeune encore, il dirigea son esprit distingué vers les études les plus élevées, non comme bien des gens, afin de voiler de titres pompeux une honteuse inaction, mais pour s'affermir contre les vicissitudes du sort et se consacrer à la république. Il suivit la doctrine des philosophes pour qui le seul bien est ce qui est honnête, le seul mal ce qui est honteux, et qui ne comptent la puissance, la noblesse et tout ce qui est hors de l'âme, ni parmi les biens ni parmi les maux. N'ayant encore été que questeur, il fut choisi pour gendre par Pétus Thraseas; et, dans toutes les vertus de son beau-père, il puisa surtout l'amour de la liberté : citoyen, sénateur, époux, gendre, ami, il accomplit également tous les devoirs de la vie, contempteur des richesses, toujours ardent pour le bien, inébranlable à la crainte.

VI. A quelques-uns, il paraissait trop avide de renommée : en effet, la passion de la gloire est la der-

Ruina soceri in exsilium pulsus, ut Galbæ principatu rediit, Marcellum Eprium, delatorem Thraseæ, accusare adgreditur. Ea ultio, incertum, major an justior, senatum in studia diduxerat: nam, si caderet Marcellus, agmen reorum sternebatur. Primo minax certamen, et egregiis utriusque orationibus testatum: mox, dubia voluntate Galbæ, multis senatorum deprecantibus, omisit Priscus; variis, ut sunt hominum ingenia, sermonibus moderationem laudantium, aut constantiam requirentium. Ceterum eo senatus die, quo de imperio Vespasiani censebant, placuerat mitti ad principem legatos. Hinc inter Helvidium et Eprium acre jurgium. Priscus, eligi nominatim a magistratibus juratis; Marcellus urnam postulabat: quæ consulis designati sententia fuerat.

VII. Sed Marcelli studium proprius rubor excitabat, ne, aliis electis, posthabitus crederetur; paullatimque per altercationem ad continuas et infestas orationes provecti sunt, quærente Helvidio, quid ita Marcellus judicium magistratuum pavesceret? esse illi pecuniam et eloquentiam, quis multos anteiret, ni memoria flagitiorum urgeretur: sorte et urna mores non discerni: suffragia et existimationem senatus reperta, ut in cujusque vitam famamque penetrarent: pertinere ad utilitatem

nière dont se dépouillent même les sages. La chute de son beau-père l'entraîna en exil; sitôt qu'il revint, sous le règne de Galba, il se présenta pour accuser Marcellus Eprius, délateur de Thraseas. Cette vengeance, non moins juste que grande, partagea les opinions du sénat; car si Marcellus succombait, il précipitait avec lui une masse de coupables. D'abord les débats furent menaçans comme le prouvèrent les discours très-remarquables des deux rivaux; puis l'incertitude sur la volonté de Galba, et les instances de beaucoup de sénateurs engagèrent Priscus à se désister; ce que, suivant le caractère humain, l'on jugea diversement : on loua sa modération, on regretta son énergie. Au reste, les sénateurs, le jour où ils reconnurent la souveraineté de Vespasien, décidèrent qu'il lui serait envoyé des députés. De là vif démêlé entre Helvidius et Marcellus. Helvidius voulait qu'ils fussent élus nominativement par les magistrats sous la religion du serment; Marcellus qu'on les tirât au sort, ce qui était l'opinion du consul désigné.

VII. Mais la crainte d'un affront stimulait plus particulièrement Marcellus, qui appréhendait que le choix d'autres personnes n'indiquât qu'on lui portait moins d'estime, et peu à peu, d'altercations en altercations, ils en vinrent à des harangues en forme et pleines d'animosité. Helvidius demandait : « Pourquoi Marcellus s'épouvante-t-il ainsi du choix des magistrats? Par ses richesses et son éloquence, il est au dessus des autres, à moins qu'il ne se sente lui-même abaissé par le remords de ses infamies. L'urne et ses hasards ne prononcent pas sur les mœurs; mais les suffrages et l'examen

reipublicæ, pertinere ad Vespasiani honorem, occurrere illi, quos innocentissimos senatus habeat, qui honestis sermonibus aures imperatoris imbuant : fuisse Vespasiano amicitiam cum Thrasea, Sorano, Sentio : quorum accusatores, etiamsi puniri non oporteat, ostentari non debere : hoc senatus judicio velut admoneri principem, quos probet, quos reformidet : nullum majus boni imperii instrumentum, quam bonos amicos. Esse satis Marcello, quod Neronem in exitium tot innocentium impulerit : frueretur præmiis et impunitate; Vespasianum melioribus relinqueret.

VIII. Marcellus, non suam sententiam impugnari, sed consulem designatum censuisse, dicebat, secundum vetera exempla, quæ sortem legationibus posuissent, ne ambitioni aut inimicitiis locus foret : nihil evenisse, cur antiquitus instituta exolescerent : aut principis honor in cujusquam contumeliam verteretur : sufficere omnes obsequio : id magis vitandum, ne pervicacia quorumdam irritaretur animus, novo principatu suspensus, et vultus quoque ac sermones omnium circumspectans. Se meminisse temporum, quibus natus sit, quam civitatis formam patres avique instituerint : ulteriora mirari, præsentia sequi : bonos imperatores voto expetere, quales-

du sénat, on y a recours pour pénétrer jusque dans la vie et dans la réputation de chacun. Il sera utile pour la république, il sera honorable pour Vespasien, que ceux-là seulement viennent à lui, qui, jugés les plus purs par le sénat, feront entendre à ses oreilles les accens de la vertu. Les liens de l'amitié unirent Vespasien à Thraseas, à Soranus, à Sentius, dont les accusateurs, s'il ne faut les punir, du moins ne doivent pas être présentés avec ostentation. Ce choix du sénat sera pour le prince comme l'indication de ceux qu'il doit estimer, de ceux qu'il doit redouter. Il n'est aucun appui plus sûr pour un souverain vertueux que des amis vertueux. Qu'il suffise à Marcellus d'avoir poussé Néron à la ruine de tant d'innocens : qu'il jouisse et de ses récompenses et de l'impunité ; qu'il laisse Vespasien à ceux qui valent mieux que lui. »

VIII. Marcellus répondit « que l'on s'attaquait, non pas à son opinion, mais à la proposition du consul désigné, qui avait suivi d'anciens antécédens, règles des députations par le sort, pour que la brigue et les inimitiés n'y prissent aucune part. Il n'est rien arrivé qui force à rejeter d'antiques institutions, ni à transformer un honneur pour le prince en un affront pour qui que ce soit : tous, ils conviennent pour porter un hommage ; et ce qu'il faut le plus éviter, c'est que certaines opiniâtretés n'irritent l'âme d'un prince encore indécis à son avènement à l'empire, et qui étudie autour de lui et tous les visages et tous les discours. Que, pour lui, il n'oubliait ni le siècle où il était né, ni la forme de gouvernement établie par ses pères et par ses aïeux ; qu'il admirait le passé, se conformait au présent ; qu'il appelait de tous ses

cumque tolerare. Non magis sua oratione Thraseam, quam judicio senatus, adflictum : saevitiam Neronis per hujusmodi imagines illusisse ; nec minus sibi anxiam talem amicitiam, quam aliis exsilium. Denique constantia, fortitudine, Catonibus et Brutis aequaretur Helvidius : se unum esse ex illo senatu, qui simul servierit : suadere etiam Prisco, ne supra principem scanderet : ne Vespasianum, senem triumphalem, juvenum liberorum patrem, praeceptis coerceret. Quomodo pessimis imperatoribus sine fine dominationem, ita quamvis egregiis modum libertatis placere. Haec, magnis utrimque contentionibus jactata, diversis studiis accipiebantur. Vicit pars, quae sortiri legatos malebat, etiam mediis patrum adnitentibus, retinere morem : et splendidissimus quisque eodem inclinabat, metu invidiae, si ipsi eligerentur.

IX. Secutum aliud certamen. Praetores aerarii, nam tum a praetoribus tractabatur aerarium, publicam paupertatem questi, modum impensis postulaverant. Eam curam consul designatus, ob magnitudinem oneris et remedii difficultatem, principi reservabat. Helvidius, arbitrio senatus agendum, censuit. Quum perrogarent sententias consules, Vulcatius Tertullinus, tribunus plebis, intercessit, ne quid super tanta re, principe absente,

vœux de bons empereurs, et les tolérait quels qu'ils fussent. Le jugement du sénat, tout autant que sa harangue, avait fait succomber Thraseas; la barbarie de Néron se jouait dans des apparences de cette nature, et la faveur d'un tel ami ne lui avait pas valu moins de tourmens qu'à d'autres un exil; qu'enfin, par sa fermeté, par son courage, Helvidius s'égalât aux Catons et aux Brutus; qu'il était un des membres de ce sénat qui avait subi la servitude avec lui; que même il conseillait à Helvidius de ne pas porter sa pensée au dessus du prince, et de ne pas asservir à ses préceptes Vespasien, père de fils déjà hommes, vieillard honoré du triomphe; si les plus méchans souverains veulent une domination sans bornes, les meilleurs veulent une certaine mesure dans la liberté. » Ces observations, jetées en ces grands débats, furent diversement approuvées : la portion du sénat, qui aimait mieux que les députés fussent tirés au sort, l'emporta. Les sénateurs d'une opinion neutre exigèrent que l'usage fût respecté, et les plus distingués inclinaient à cette opinion, redoutant l'envie, si eux-mêmes étaient élus.

IX. Un autre débat suivit : les préteurs de l'épargne, car alors le fisc était administré par des préteurs, se plaignirent de la misère publique, et demandèrent qu'on modérât les dépenses. Le consul désigné dit qu'un tel soin, à cause de la grandeur du fardeau et de la difficulté du remède, devait être réservé au prince. Helvidius opina pour que l'affaire fût remise au sénat. Comme les consuls recueillaient les avis, Vulcatius Tertullinus, tribun du peuple, intervint, pour qu'il ne fût rien statué sur une chose si

statueretur. Censuerat Helvidius, ut Capitolium publice restitueretur, adjuvaret Vespasianus. Eam sententiam modestissimus quisque silentio, deinde oblivio transmisit : fuere, qui et meminissent.

X. Tum invectus est Musonius Rufus in Publium Celerem, a quo Baream Soranum falso testimonio circumventum, arguebat. Ea cognitione renovari odia accusationum videbantur : sed vilis et nocens reus protegi non poterat. Quippe Sorani sancta memoria : Celer professus sapientiam, dein testis in Baream, proditor corruptorque amicitiæ, cujus se magistrum ferebat. Proximus dies causæ destinatur : nec tam Musonius aut Publius, quam Priscus et Marcellus ceterique, motis ad ultionem animis, exspectabantur.

XI. Tali rerum statu, quum discordia inter patres, ira apud victos, nulla in victoribus auctoritas, non leges, non princeps in civitate essent, Mucianus, urbem ingressus, cuncta simul in se traxit : fracta Primi Antonii Varique Arrii potentia, male dissimulata in eos Muciani iracundia, quamvis vultu tegeretur. Sed civitas, rimandis offensis sagax, verterat se transtuleratque. Ille unus ambiri, coli : nec deerat ipse : stipatus armatis, domos, hortosque permutans, apparatu, incessu, excubiis, vim principis amplecti, nomen remittere. Plurimum terroris intulit cædes Calpurnii Galeriani. Is fuit filius C. Piso-

importante en l'absence du souverain. Helvidius avait proposé que le Capitole fût rétabli aux frais publics, que Vespasien y aidât seulement. A cette proposition, les plus modérés gardèrent le silence; ensuite elle tomba dans l'oubli. Il s'en trouva cependant qui s'en souvinrent.

X. Alors Musonius Rufus attaqua Publius Celer, qu'il accusait d'avoir rendu Barea Soranus victime d'un faux témoignage. Cet examen semblait devoir renouveler les haines des délations; mais l'on ne pouvait protéger un accusé aussi vil et aussi coupable, car la mémoire de Soranus était vénérée. Celer avait enseigné la philosophie à Soranus; ensuite il avait été témoin contre lui, et avait trahi et profané l'amitié, dont il se vantait de donner des leçons. La cause fut renvoyée au jour le plus prochain; l'on n'attendait pas tant Musonius et Celer qu'Helvidius et Marcellus et d'autres encore, dont les esprits étaient animés par la vengeance.

XI. En cet état de choses, lorsque la discorde était au sénat, la rage chez les vaincus, nulle autorité chez les vainqueurs, Rome sans lois et sans prince, Mucien y fit son entrée, et aussitôt attira tout à lui. La puissance d'Antonius, celle de Varus, furent brisées dès qu'on reconnut la haine, mal dissimulée, de Mucien contre eux, et quoiqu'il n'en parût rien sur son visage. Déjà les Romains, par leur sagacité à prévoir les disgrâces, s'étaient retournés et reportés vers lui. Seul il eut leur cour et leurs hommages, et il s'y offrait de lui-même : les guerriers qui l'environnent, les palais, les jardins qu'il habite tour-à-tour, son appareil, sa démarche, la garde qui veille, disent qu'il réunit en lui

nis, nihil ausus : sed nomen insigne, et decora ipsi juventa, rumore vulgi celebrabantur : erantque in civitate adhuc turbida, et novis sermonibus læta, qui principatus inanem ei famam circumdarent. Jussu Muciani custodia militari cinctus, ne in ipsa urbe conspectior mors foret, ad quadragesimum ab urbe lapidem, via Appia, fuso per venas sanguine, exstinguitur. Julius Priscus, prætoriarum, sub Vitellio, cohortium præfectus, se ipse interfecit, pudore magis, quam necessitate. Alphenus Varus ignaviæ infamiæque suæ superfuit. Asiaticus enim, is libertus, malam potentiam servili supplicio expiavit.

XII. Iisdem diebus crebrescentem cladis germanicæ famam, nequaquam mœsta civitas excipiebat : cæsos exercitus, capta legionum hiberna, descivisse Gallias, non ut mala loquebantur. Id bellum quibus causis ortum, quanto externarum sociarumque gentium motu flagraverit, altius expediam. Batavi, donec trans Rhenum agebant, pars Cattorum : seditione domestica pulsi, extrema gallicæ oræ, vacua cultoribus, simulque insulam, inter vada sitam, occupavere, quam mare Oceanus a fronte, Rhenus amnis tergum ac latera circumluit : nec opibus romanis, societate validiorum, adtriti, viros tantum ar-

toute la puissance du prince, et fait grâce du nom. On fut frappé de la plus grande terreur au meurtre de Calpurnius Galerianus : c'était le fils de C. Pison ; il n'avait rien entrepris, mais son nom remarquable et les grâces de sa jeunesse étaient fréquemment vantés par le vulgaire. Dans une ville encore agitée et avide de tous les nouveaux bruits, il y eut des gens qui le flattèrent de la chimérique espérance de l'empire. Par ordre de Mucien, une garde militaire l'environna, et de peur que sa mort n'eût trop d'éclat dans Rome même, on le traîna à quarante milles, sur la voie Appienne, où il eut les veines ouvertes et expira. Julius Priscus, préfet des cohortes prétoriennes sous Vitellius, se tua de sa main, par honte plutôt que par nécessité. Alphenus Varus survécut à sa lâcheté et à son infamie. Quant à l'affranchi Asiaticus, il expia par le supplice des esclaves sa funeste puissance.

XII. Ces mêmes jours, le bruit toujours croissant de nos défaites en Germanie parvint à Rome, qui ne s'en affligea point. Nos soldats étaient égorgés, les quartiers de nos légions enlevés, les Gaules nous trahissaient, et l'on n'en parlait pas comme de calamités. Je reprendrai de plus haut les causes et l'origine de cette guerre ; je dirai quel vaste soulèvement de nations étrangères et alliées concourut à cet embrasement. Les Bataves, tant qu'ils habitèrent au delà du Rhin, avaient fait partie des Cattes : chassés par une sédition intestine, ils occupèrent l'extrémité, alors inhabitée, de la côte des Gaules, et une île située entre des bas-fonds, baignée en face par l'Océan, sur la partie opposée et les côtés par le Rhin.

maque imperio ministrant : diu germanicis bellis exerciti; mox aucta per Britanniam gloria, transmissis illuc cohortibus, quas vetere instituto nobilissimi popularium regebant. Erat et domi delectus eques, præcipuo nandi studio, arma equosque retinens, integris turmis Rhenum perrumpere.

XIII. Julius Paullus et Claudius Civilis, regia stirpe, multo ceteros anteibant. Paullum Fonteius Capito, falso rebellionis crimine, interfecit. Injectæ Civili catenæ, missusque ad Neronem et a Galba absolutus, sub Vitellio rursus discrimen adiit, flagitante supplicium ejus exercitu. Inde causæ irarum, spesque ex malis nostris. Sed Civilis, ultra quam barbaris solitum, ingenio sollers, et Sertorium se, aut Annibalem ferens, simili oris dehonestamento, ne ut hosti obviam iretur, si a populo romano palam descivisset, Vespasiani amicitiam studiumque partium prætendit : missis sane ad eum Primi Antonii litteris, quibus, avertere accita Vitellio auxilia, et, tumultus Germanici specie, retentare legiones, jubebatur. Eadem Hordeonius Flaccus præsens monuerat, inclinato in Vespasianum animo, et reipublicæ cura; cui

Unis aux forces des Romains, dans cette alliance ils n'ont pas été écrasés par notre supériorité; ils fournissent seulement à l'empire des guerriers et des armes : longtemps nos combats en Germanie les avaient aguerris; bientôt leur gloire s'accrut au milieu de la Bretagne où passèrent leurs cohortes que, suivant leurs anciens usages, commandaient les plus nobles de leur nation. Ils ont aussi chez eux des cavaliers d'élite qui excellent dans l'art de la natation, et qui savent traverser le Rhin sans quitter ni leurs chevaux ni leurs armes et sans rompre leurs rangs.

XIII. Julius Paullus et Claudius Civilis, de race royale, jouissaient d'une grande prééminence. Sur une fausse accusation de révolte, Paullus fut mis à mort par Fonteius Capiton. Civilis fut jeté dans les fers; envoyé à Néron, puis absous sous Galba, il fut exposé à de nouveaux périls sous Vitellius, dont l'armée sollicitait son supplice. De là ses motifs de haine et ses espérances, nées de nos désastres. Civilis, d'un esprit plus délié que ne sont d'ordinaire les barbares, se comparait à Sertorius, à Annibal, parce qu'il était défiguré comme eux par un même accident. Craignant, s'il se détachait ouvertement du peuple romain, qu'on ne s'avançât sur lui comme sur un ennemi, il prétexta de l'attachement pour Vespasien et du zèle pour son parti. Il est certain qu'Antonius Primus lui avait écrit de détourner les secours que demandait Vitellius, et, sous apparence d'un soulèvement en Germanie, d'y retenir les légions. Hordeonius Flaccus, qui était présent, lui avait donné les mêmes conseils, et par son inclination pour Vespasien, et par

excidium adventabat, si redintegratum bellum, et tot armatorum millia Italiam irrupissent.

XIV. Igitur Civilis, desciscendi certus, occultato interim altiore consilio, cetera ex eventu judicaturus, novare res hoc modo coepit. Jussu Vitellii, Batavorum juventus ad delectum vocabatur; quem, suapte natura gravem, onerabant ministri avaritia ac luxu, senes aut invalidos conquirendo, quos pretio dimitterent : rursus impubes, sed forma conspicui, et est plerisque procera pueritia, ad stuprum trahebantur. Hinc invidia : et compositae seditionis auctores perpulere, ut delectum abnuerent. Civilis primores gentis et promptissimos vulgi, specie epularum, sacrum in nemus vocatos, ubi nocte ac laetitia incaluisse videt, a laude gloriaque gentis orsus, injurias, et raptus, et cetera servitii mala enumerat. Neque enim societatem, ut olim, sed tanquam mancipia haberi. Quando legatum, gravi quidem comitatu et superbo cum imperio, venire? tradi se praefectis centurionibusque : quos ubi spoliis et sanguine expleverint, mutari, exquirique novos sinus et varia praedandi vocabula. Instare delectum, quo liberi a parentibus, fratres a fratribus, velut supremum dividantur. Nunquam magis adflictam rem romanam, nec aliud in hibernis, quam praedam et senes : adtollerent tantum oculos, et inania legionum nomina ne pavescerent : at sibi robur peditum

intérêt pour la république, dont la ruine était imminente si la guerre se fût renouvelée, et si tant de milliers de combattans se fussent précipités sur l'Italie.

XIV. Ainsi donc Civilis, déterminé à la révolte, renfermant toutefois ses projets plus élevés, et voulant juger les choses d'après l'évènement, prépara ses moyens de révolution de la manière suivante. Par un ordre de Vitellius, la jeunesse batave venait d'être appelée sous les enseignes. Cet ordre, déjà odieux par sa nature, était encore aggravé par l'avarice et la luxure de ses agens, qui choisissaient des vieillards et des infirmes pour les forcer à se racheter à haut prix, ou qui enlevaient, pour les prostituer, des jeunes gens impubères, mais d'une beauté remarquable, car chez eux la jeunesse croît avec rapidité. De là des plaintes ; et les chefs de la sédition, qui déjà se préparait, engagèrent à se refuser aux levées. Civilis, sous prétexte d'un festin, convoque dans un bois sacré les premiers du pays et les plus audacieux des habitans. Dès qu'il vit que la nuit et la joie avaient échauffé leur imagination, il débute par les louanges de la gloire nationale, puis il énumère, et les injustices, et les enlèvemens, et tous les autres maux de la servitude. « Nous ne sommes plus traités, disait-il, en alliés de Rome comme autrefois, mais en esclaves. Quand le gouverneur daigne-t-il venir, avec son cortège écrasant, son autorité outrageante? on nous livre aux préfets, aux centurions, et dès qu'ils se sont gorgés de dépouilles et de sang, on les change, et leurs successeurs nous fouillent encore pour arracher de nouvelles proies sous de nouvelles dénominations. Une levée nous menace :

equitumque : consanguineos Germanos : Gallias idem cupientes : ne Romanis quidem ingratum id bellum, cujus ambiguam fortunam Vespasiano imputaturos : victoriæ rationem non reddi.

XV. Magno cum assensu auditus, barbaro ritu et patriis exsecrationibus universos adigit. Missi ad Canninefates, qui consilia sociarent. Ea gens partem insulæ colit, origine, lingua, virtute, par Batavis; numero superantur. Mox occultis nuntiis perlexit Britannica auxilia, Batavorum cohortes, missas in Germaniam, ut supra retulimus, ac tum Magontiaci agentes. Erat in Canninefatibus, stolidæ audaciæ Brinno, claritate natalium insigni : pater ejus, multa hostilia ausus, Caianarum expeditionum ludibrium impune spreverat. Igitur ipso rebellis familiæ nomine placuit, impositusque scuto, more gentis, et sustinentium humeris vibratus, dux deligitur; statimque accitis Frisiis, transrhenana gens est, duarum cohortium hiberna, proxima occupatu, Oceano irrumpit. Nec præviderant impetum hostium milites :

elle va séparer, sans doute éternellement, les enfans de leurs parens, les frères de leurs frères. Jamais la puissance romaine ne fut plus en péril : dans les garnisons, il n'y a plus que des dépouilles et des vieillards ; levez seulement les yeux, et ne vous épouvantez plus de ces vains noms de légions sans guerriers ; ici nous avons beaucoup d'infanterie et de cavalerie ; les Germains sont nos frères, les Gaulois partagent nos vœux : des Romains même verront cette guerre sans déplaisir ; si la fortune est douteuse, Vespasien en sera responsable ; quant à la victoire, on n'en rendra compte à personne. »

XV. Civilis fut écouté avec un assentiment général, et les lia tous par leurs cérémonies barbares et par leurs imprécations usitées. Des députés allèrent chez les Canninefates pour les associer au complot. Ce peuple habite une portion de l'île : par son origine, son langage, sa valeur, il égale les Bataves, mais il est inférieur en population. Ensuite, par des émissaires secrets, Civilis chercha à gagner les auxiliaires de Bretagne, ces cohortes bataves qui, ainsi que nous l'avons rapporté précédemment, furent envoyées en Germanie, et campaient alors à Mayence. Il y avait parmi les Canninefates un guerrier d'une audace brutale, d'une naissance éclatante, Brinnon : son père nous avait bravés par beaucoup d'hostilités, et avait insulté, impunément, à l'expédition ridicule de Caligula. La dénomination même de famille rebelle le fit agréer ; il est exhaussé sur le bouclier, suivant l'usage national, balancé sur les épaules de ceux qui l'entourent, et choisi pour chef ; et aussitôt,

nec, si prævidissent, satis virium ad arcendum erat. Capta igitur et direpta castra : dein vagos, et pacis modo effusos, lixas negotiatoresque romanos invadunt. Simul excidiis castellorum imminebant; quæ a præfectis cohortium incensa sunt, quia defendi nequibant. Signa vexillaque, et quod militum, in superiorem insulæ partem congregantur, duce Aquillio, primipilari; nomen magis exercitus, quam robur. Quippe, viribus cohortium abductis, Vitellius, e proximis Nerviorum Germanorumque pagis, segnem numerum armis oneraverat.

XVI. Civilis, dolo grassandum ratus, incusavit ultro præfectos, quod castella deseruissent. Se cum cohorte, cui præerat, Canninefatem tumultum compressurum : illi sua quisque hiberna repeterent. Subesse fraudem consilio, et dispersas cohortes facilius opprimi, nec Brinnonem ducem ejus belli, sed Civilem esse, patuit : erumpentibus paullatim indiciis, quæ Germani, læta bello gens, non diu occultaverant. Ubi insidiæ parum cessere, ad vim transgressus, Canninefates, Frisios, Batavos propriis cuneis componit : directa ex diverso acies, haud

aidé des Frisons, peuple d'au-delà du Rhin, il vient par l'Océan se précipiter sur les quartiers d'hiver de deux de nos cohortes, que lui livrait leur proximité. Nos soldats n'avaient pu prévoir cette subite irruption des ennemis, et, quand ils l'eussent prévue, ils n'avaient pas assez de forces pour la repousser. Le camp fut donc emporté et pillé; ensuite ils se jettent sur les vivandiers et sur les marchands romains, épars et dispersés comme en pleine paix. Ils menaçaient aussi de détruire nos forts, qui furent incendiés par les préfets des cohortes, parce qu'ils ne pouvaient les défendre. Les enseignes, les étendards, et tout ce qu'il y avait de soldats furent réunis dans la partie supérieure de l'île, sous le commandement d'Aquillius, primipilaire. Cette réunion avait plutôt le nom d'une armée qu'elle n'en avait la force; car Vitellius avait retiré toute l'élite des cohortes, et, dans les bourgs voisins, ramassé des Nerviens et des Germains, troupe sans énergie, qu'il avait chargée d'armes.

XVI. Civilis, sachant bien qu'il n'avancerait que par la ruse, n'hésita pas d'accuser nos préfets d'avoir abandonné les forts. Seul, avec la cohorte qu'il commandait, il comprimerait, disait-il, le mouvement des Canninefates; chacun devait retourner en ses quartiers. Il était clair que ce conseil couvrait un piège; que la dispersion des cohortes rendrait leur destruction plus facile, et que le chef de cette guerre n'était pas Brinnon, mais Civilis. Il en éclata peu à peu des indices, que ne dissimulèrent pas long-temps les Germains, peuple qui se réjouit de la guerre. Comme ses ruses avaient peu d'effet, Civilis recourut à la force : il forme en coins trois

procul a flumine Rheno, et obversis in hostem navibus, quas, incensis castellis, illuc appulerant : nec diu certato, Tungrorum cohors signa ad Civilem transtulit : perculsique milites improvisa proditione a sociis hostibusque caedebantur. Eadem etiam navibus perfidia. Pars remigum e Batavis, tanquam imperitia, officia nautarum propugnatorumque impediebant : mox contra tendere, et puppes hostili ripae objicere : ad postremum gubernatores centurionesque, nisi eadem volentes, trucidant, donec universa quatuor et viginti navium classis transfugeret, aut caperetur.

XVII. Clara ea victoria in praesens, in posterum usui : armaque et naves, quibus indigebant, adepti, magna per Germanias Galliasque fama, *libertatis auctores* celebrabantur. Germaniae statim misere legatos, auxilia offerentes. Galliarum societatem Civilis arte donisque affectabat, captos cohortium praefectos suas in civitates remittendo : cohortibus, abire, an manere mallent, data potestate : manentibus honorata militia; digredientibus spolia Romanorum offerebantur. Simul secretis sermonibus admonebat malorum, quae tot annis perpessi, miseram servitutem falso pacem vocarent. Batavos, quan-

bataillons distincts de Canninefates, de Frisons et de Bataves. De notre côté on présenta la bataille, non loin du Rhin, en tournant contre l'ennemi les vaisseaux réunis en ce lieu, après l'incendie des forts. A peine le combat engagé, une cohorte de Tongres passa du côté de Civilis; par cette trahison imprévue, nos soldats, glacés d'effroi, sont massacrés par nos alliés et par nos ennemis. Une semblable perfidie a lieu même sur nos vaisseaux : une partie des rameurs étaient Bataves, et, feignant de l'inhabileté, ils entravent les dispositions des matelots et des combattans. Bientôt ils rament en sens contraire, et présentent les poupes à la rive ennemie; puis, égorgent les pilotes et les centurions qui s'opposent à leur action, et enfin la flotte entière, composée de vingt-quatre bâtimens, fut ou livrée ou prise.

XVII. Cette victoire, si éclatante pour le présent, eut, pour les ennemis, d'utiles résultats : elle leur donna des armes et des vaisseaux dont ils manquaient, une grande renommée dans les Germanies et dans les Gaules, qui les célébrèrent comme les auteurs de la liberté. Aussitôt les Germanies font partir des députés et offrent des secours. Civilis, par son habileté et par ses présens, travaillait à gagner l'alliance des Gaules; il renvoie dans leurs cités les préfets de cohortes prisonniers; il laisse aux cohortes la liberté de se retirer ou de rester, donne aux soldats qui restent des grades honorables, à ceux qui s'en vont des dépouilles des Romains. En même temps, par des entretiens confidentiels, Civilis rappelle les maux soufferts, depuis tant d'années, dans les misères d'une servitude

quam tributorum expertes, arma contra communes dominos cepisse : prima acie fusum victumque Romanum : quid, si Galliæ jugum exuant? quantum in Italia reliquum? provinciarum sanguine provincias vinci : ne Vindicis aciem cogitarent : batavo equite protritos Æduos Arvernosque : fuisse inter Verginii auxilia Belgas : vereque reputantibus, Galliam suismet viribus concidisse. Nunc easdem omnium partes, addito, si quid militaris disciplinæ in castris Romanorum viguerit : esse secum veteranas cohortes, quibus nuper Othonis legiones procubuerint. Servirent Syria, Asiaque, et suetus regibus Oriens : multos adhuc in Gallia vivere, ante tributa genitos. Nuper certe, cæso Quinctilio Varo, pulsam e Germania servitutem : nec Vitellium principem, sed Cæsarem Augustum bello provocatum. Libertatem natura, etiam mutis animalibus, datam : virtutem proprium hominum bonum. Deos fortioribus adesse. Proinde arriperent vacui occupatos, integri fessos : dum alii Vespasianum, alii Vitellium, foveant, patere locum adversus utrumque.

XVIII. Sic in Gallias Germaniasque intentus, si destinata provenissent, validissimarum ditissimarumque nationum regno imminebat. At Flaccus Hordeonius primos

faussement qualifiée du nom de paix. « Les Bataves, disait-il, quoique exempts de tributs, ont pris les armes contre nos tyrans communs. Au premier choc le Romain tomba et fut vaincu : que serait-ce, si les Gaules secouaient le joug? que reste-t-il à l'Italie? C'est avec le sang des provinces que les provinces sont vaincues. N'objectez pas la défaite de Vindex : le cavalier batave y écrasa l'Éduen et l'Arverne; parmi les auxiliaires de Verginius étaient des Belges ; et, pour qui recherche la vérité, la Gaule n'a succombé que sous ses propres forces. Aujourd'hui, tous, nous suivons un même parti, et nous avons de plus toute l'énergie de la discipline militaire des camps des Romains; j'ai avec moi ces vieilles cohortes qui, naguère, écrasèrent les légions d'Othon. Que la Syrie, l'Asie et l'Orient accoutumé aux rois, soient esclaves ! N'existe-t-il pas encore dans la Gaule bien des hommes nés avant qu'on lui imposât des tributs? Certes, et il y a peu de temps, par la défaite de Varus, la servitude fut bannie de la Germanie; ce ne fut pas un Vitellius, mais César-Auguste, que l'on provoqua par la guerre. La liberté est donnée par la nature même aux animaux privés de la parole : la valeur est l'attribut des humains; les dieux secondent les plus braves. Ainsi donc, profitez de votre repos et de vos forces tout entières pour vous précipiter sur un ennemi occupé et fatigué : tandis que les uns favorisent Vespasien, les autres Vitellius, la carrière est ouverte : élancez-vous contre tous deux. »

XVIII. Portant ainsi son ambition et sur les Gaules et sur les Germanies, Civilis fut sur le point, si ses plans eussent réussi, de se former un empire de ces

Civilis conatus per dissimulationem aluit. Ubi expugnata castra, deletas cohortes, pulsum Batavorum insula romanum nomen, trepidi nuntii afferebant, Mummium Lupercum, legatum, is duarum legionum hibernis praeerat, egredi adversus hostem jubet. Lupercus legionarios e praesentibus, Ubios e proximis, Treverorum equites, haud longe agentes, raptim transmisit, addita Batavorum ala, quae, jam pridem corrupta, fidem simulabat, ut, proditis in ipsa acie Romanis, majore pretio fugeret. Civilis, captarum cohortium signis circumdatus, ut suo militi recens gloria ante oculos, et hostes memoria cladis terrerentur; matrem suam sororesque, simul omnium conjuges parvosque liberos, consistere a tergo jubet; hortamenta victoriae, vel pulsis pudorem. Ut virorum cantu, feminarum ululatu, sonuit acies, nequaquam par a legionibus cohortibusque redditur clamor. Nudaverat sinistrum cornu Batavorum ala transfugiens, statimque in nos versa: sed legionarius miles, quanquam rebus trepidis, arma ordinesque retinebat. Ubiorum Treverorumque auxilia, foeda fuga dispersa, totis campis palantur. Illuc incubuere Germani. Et fuit interim effugium legionibus in castra, quibus *Veterum* nomen est. Praefectus alae Batavorum, Claudius Labeo, oppidano certamine aemulus

riches et puissantes nations, et Flaccus Hordeonius, en dissimulant le danger, seconda ses premiers efforts. Aussitôt que des courriers, saisis d'effroi, eurent appris à Flaccus que nos camps étaient enlevés, nos cohortes anéanties, le nom romain banni de l'île des Bataves, il ordonne à Mummius Lupercus, lieutenant qui commandait deux légions dans leurs quartiers, de s'avancer contre l'ennemi. Lupercus fait passer dans l'île, en toute hâte, les légionnaires qui étaient près de lui, des Ubiens tirés du voisinage, et la cavalerie de Trèves, campée non loin de là, et se renforce d'une division de Bataves, qui, déjà séduite, feignait d'être fidèle aux Romains, afin que, par sa trahison, dès le premier choc, sa désertion nous fut plus fatale. Civilis s'était entouré des enseignes de nos cohortes prisonnières, pour que son armée eût devant les yeux ses trophées récens, et l'ennemi le souvenir effrayant de sa défaite : il ordonne à sa mère, à ses sœurs, et en même temps aux épouses et aux jeunes enfans de ses soldats, de se placer derrière les rangs; exhortations à la victoire, honte en cas de défaite! Dès que les chants des guerriers, mêlés aux hurlemens des femmes, retentirent dans leurs lignes, nos légions et nos cohortes furent loin d'y répondre par un cri aussi énergique. Notre aile gauche était à découvert par la désertion de la cavalerie batave, qui avait tout à coup tourné contre nous. Toutefois le soldat légionnaire, en ces circonstances alarmantes, gardait ses armes et ses rangs. Les auxiliaires Ubiens et Trévires fuient, se dispersent honteusement, et se répandent çà et là dans la

Civili, ne interfectus invidiam apud populares, vel, si retineretur, semina discordiæ præberet, in Frisios avehitur.

XIX. Iisdem diebus, Batavorum et Canninefatium cohortes, quum jussu Vitellii in urbem pergerent, missus a Civile nuntius assequitur. Intumuere statim superbia ferociaque, et pretium itineris, donativum, duplex stipendium, augeri equitum numerum, promissa sane a Vitellio, postulabant, non, ut assequerentur, sed causam seditioni. Et Flaccus, multa concedendo, nihil aliud effecerat, quam ut acrius exposcerent, quæ sciebant negaturum. Spreto Flacco, inferiorem Germaniam petivere, ut Civili jungerentur. Hordeonius, adhibitis tribunis centurionibusque, consultavit, num obsequium abnuentes vi coerceret. Mox, insita ignavia et trepidis ministris, quos ambiguus auxiliorum animus et subito delectu suppletæ legiones angebant, statuit continere intra castra militem. Dein pœnitentia, et arguentibus ipsis, qui suaserant, tanquam secuturus, scripsit Herennio Gallo, legionis primæ legato, qui Bonnam obtinebat, ut arceret transitu Batavos : se cum exercitu tergis eo-

campagne. Les Germains s'y portèrent, et nos légions eurent le temps de se retirer dans le camp, nommé Vétéra. Le préfet de la cavalerie batave, Claudius Labeo, était en rivalité avec Civilis pour des discussions locales. Civilis, en le faisant périr, eût irrité ses compatriotes; en le retenant, il laissait naître des semences de discorde : il le déporta chez les Frisons.

XIX. Ces mêmes jours, les cohortes de Bataves et de Canninefates, qui, sur l'ordre de Vitellius, se rendaient à Rome, furent atteintes par un courrier qu'avait envoyé Civilis. Aussitôt, gonflées d'orgueil et d'audace, elles exigèrent, pour prix de leur route, la gratification, la double paie, l'augmentation du nombre de leurs cavaliers : promesses faites, il est vrai, par Vitellius, qu'alors elles réclamaient, non pour les obtenir, mais pour trouver une occasion de révolte; et Flaccus, par ses nombreuses concessions, n'avait fait qu'augmenter l'opiniâtreté des demandes qu'elles savaient bien devoir être refusées. Au mépris de ses ordres, elles se rendirent dans la Germanie inférieure, pour s'y joindre à Civilis. Hordeonius rassembla ses tribuns et ses centurions, et leur demanda s'il devait réprimer par la force ce refus d'obéissance; puis, par sa pusillanimité naturelle, et par la timidité de ses conseillers, qui s'épouvantaient des dispositions équivoques des auxiliaires et des légions complétées par des recrues toutes nouvelles, il prit la résolution de renfermer ses soldats dans le camp; ensuite il se repentit : blâmé de ceux même qui l'avaient conseillé, et, comme prêt à marcher, il écrivit à Herennius Gallus, lieutenant de la première légion, qui occupait

rum hæsurum. Et opprimi poterant, si hinc Hordeonius, inde Gallus, motis utrimque copiis, medios clausissent. Flaccus omisit inceptum, aliisque litteris Gallum monuit, ne terreret abeuntes. Unde suspicio, sponte legatorum excitari bellum : cunctaque, quæ acciderant, aut metuebantur, non inertia militis, neque hostium vi, sed fraude ducum evenire.

XX. Batavi, quum castris Bonnensibus propinquarent, præmisere, qui Herennio Gallo mandata cohortium exponerent : nullum sibi bellum adversus Romanos, pro quibus toties bellassent. Longa atque irrita militia fessis, patriæ atque otii cupidinem esse. Si nemo obsisteret, innoxium iter fore; sin arma occurrant, ferro viam inventuros. Cunctantem legatum milites perpulerant, fortunam prœlii experiretur. Tria millia legionariorum et tumultuariæ Belgarum cohortes, simul paganorum lixarumque ignava, sed procax ante periculum, manus, omnibus portis erumpunt, ut Batavos numero impares circumfundant. Illi, veteres militiæ, in cuneos congregantur, densi undique, et frontem tergaque ac latus tuti. Sic tenuem aciem nostrorum perfringunt. Cedentibus Belgis, pellitur legio, et vallum portasque trepidi

Bonn, de s'opposer au passage des Bataves, et qu'il allait se précipiter sur leurs derrières avec son armée. Ils auraient pu en effet écraser les Bataves, si Hordeonius et Gallus, amenant leurs troupes des deux côtés opposés, les eussent enfermés au milieu d'elles. Flaccus laissa là ce projet, et, par une autre lettre, avertit Gallus de ne pas les inquiéter dans leur retraite ; de là le soupçon que les lieutenans fomentaient eux-mêmes la guerre, et que tout ce qui arrivait ou qui était à craindre, avait lieu, non par la lâcheté du soldat ou par l'énergie de l'ennemi, mais par la perfidie des chefs.

XX. Les Bataves, dès qu'ils furent près du camp de Bonn, députèrent à Herennius Gallus, pour exposer les intentions de leurs cohortes. « Nous ne voulons, dirent-ils, nullement la guerre avec les Romains, pour lesquels nous avons tant de fois combattu. Fatigués d'un long et stérile service, nous désirons notre patrie et le repos ; qu'on ne s'y oppose point, notre marche sera inoffensive ; si on a recours aux armes contre nous, le fer nous ouvrira le chemin. » Le lieutenant hésitait ; les soldats le déterminèrent à tenter la fortune d'un combat : trois mille légionnaires, les cohortes de Belges levées à la hâte, et, en même temps, des paysans et des vivandiers, troupe lâche, mais pleine de jactance avant le péril, se précipitent à la fois par toutes les portes, espérant envelopper les Bataves, inférieurs en nombre. Ceux-ci, vieillis dans le service, se forment en coins, se serrent sur toutes les faces ; leur front, leurs derrières, leurs flancs sont sur la défensive ; ils rompent ainsi la ligne peu profonde des nôtres. Les Belges plient, notre légion

petebant. Ibi plurimum cladis : cumulatae corporibus fossae : nec caede tantum et vulneribus, sed ruina et suis plerique telis interiere. Victores, colonia Agrippinensium vitata, nihil cetero in itinere hostile ausi, Bonnense proelium excusabant, tanquam petita pace, postquam negabatur, sibimet ipsi consuluissent.

XXI. Civilis, adventu veteranarum cohortium, justi jam exercitus ductor, sed consilii ambiguus, et vim romanam reputans, cunctos, qui aderant, in verba Vespasiani adigit : mittitque legatos ad duas legiones, quae priore acie pulsae, in Vetera castra concesserant, ut idem sacramentum acciperent. Redditur responsum, neque proditoris, neque hostium se consiliis uti. Esse sibi Vitellium principem, pro quo fidem et arma usque ad supremum spiritum retenturos : proinde perfuga Batavus arbitrum rerum romanarum ne ageret, sed meritas sceleris poenas exspectaret. Quae ubi relata Civili, incensus ira, universam Batavorum gentem in arma rapit. Junguntur Bructeri Tencterique, et excita nuntiis Germania ad praedam famamque.

XXII. Adversus has belli concurrentis minas legati legionum, Mummius Lupercus, et Numisius Rufus,

recule, et nos soldats gagnent en désordre le retranchement et les portes du camp. Là eut lieu le plus grand carnage ; les fossés furent comblés de cadavres ; et non-seulement les nôtres périrent sous le fer et les coups des ennemis, mais par leur chute, et blessés de leurs propres traits. Les vainqueurs, évitant Cologne, n'osèrent commettre aucune hostilité sur le reste du chemin ; ils s'excusèrent du combat de Bonn, en disant qu'ils avaient demandé la paix, qu'on la leur avait refusée, et qu'ils avaient pourvu à leur propre sûreté.

XXI. Civilis, par l'arrivée de ces vieilles cohortes, se trouve déjà le chef d'une armée complète ; mais, encore irrésolu dans ses projets, et considérant toute la puissance romaine, il fait prêter le serment pour Vespasien aux troupes qui étaient présentes, et envoie des députés aux deux légions, défaites au premier engagement, et retirées dans le camp de Vétéra, pour en obtenir le même serment. Elles firent réponse « qu'elles ne recevaient conseil ni d'un traître ni d'un ennemi : que Vitellius était leur empereur ; que, pour lui seul, elles conserveraient jusqu'au dernier soupir et leur foi et leurs armes ; qu'ainsi donc un déserteur batave ne se fît pas l'arbitre de l'empire romain, mais qu'il attendît les châtimens dus à son crime. » A cette réponse, Civilis, enflammé de rage, fait courir aux armes toute la nation des Bataves ; les Bructères et les Tenctères se joignent à lui, et, par ses émissaires, il appelle la Germanie à partager la gloire et le butin.

XXII. Pour résister à ce concours de menaces hostiles, les lieutenans des légions, Mummius Lupercus et

vallum murosque firmabant. Subversa longae pacis opera, haud procul castris, in modum municipii exstructa, ne hostibus usui forent. Sed parum provisum, ut copiae in castra conveherentur: rapi permisere. Ita paucis diebus per licentiam absumpta sunt, quae adversus necessitates in longum suffecissent. Civilis, medium agmen cum robore Batavorum obtinens, utramque Rheni ripam, quo truculentior visu foret, Germanorum catervis complet, adsultante per campos equite. Simul naves in adversum amnem agebantur. Hinc veteranarum cohortium signa, inde depromptae silvis lucisve ferarum imagines, ut cuique genti inire proelium mos est, mixta belli civilis externique facie obstupefecerant obsessos: et spem oppugnantium augebat amplitudo valli, quod, duabus legionibus situm, vix quinque millia armatorum tuebantur. Sed lixarum multitudo, turbata pace illuc congregata, et bello ministra aderat.

XXIII. Pars castrorum, in collem leniter exsurgens; pars aequo adibatur: quippe, illis hibernis obsideri premique Germanias, Augustus crediderat: neque unquam id malorum, ut oppugnatum ultro legiones nostras venirent. Inde non loco, neque munimentis labor additus:

Numisius Rufus firent renforcer les retranchemens et les remparts. Des bâtimens, élevés durant une longue paix, formaient, non loin du camp, une espèce de ville; on les détruisit dans la crainte qu'ils ne servissent à l'ennemi; mais on négligea de transporter les vivres dans le camp : on les laissa au pillage. Ainsi, en peu de jours, la licence dissipa ce qui eût suffi pour long-temps aux besoins. Civilis occupait le centre de l'armée avec les forces bataves, et, pour présenter un aspect plus formidable, il avait couvert les deux rives du Rhin de troupes de Germanie, dont la cavalerie voltigeait à travers la plaine; au même moment, sa flotte s'avançait en remontant le fleuve. D'un côté brillent les enseignes de ces cohortes, nos anciens soldats; de l'autre ces images de bêtes féroces, que chacune de leurs nations a l'usage de tirer de leurs forêts et bois sacrés, pour marcher aux combats. Ce mélange, cet appareil de guerre, à la fois civile et étrangère, avait glacé d'effroi les assiégés : la trop grande étendue du camp ajoutait encore à la confiance des assaillans : tracé pour deux légions, à peine contenait-il cinq mille guerriers pour le défendre; pourtant une multitude de vivandiers s'y était rassemblée dès que la paix fut troublée, et rendait quelque service militaire.

XXIII. Une partie du camp s'élevait sur un coteau peu rapide, l'autre s'étendait dans la plaine; car Auguste avait cru que, par ce camp, la Germanie serait contenue et fermée; et que jamais on n'en viendrait à ce comble de maux que nos légions y fussent elles-mêmes assiégées. Aussi ne fit-on aucuns travaux, ni pour

vis et arma satis placebant. Batavi Transrhenanique, quo discreta virtus manifestius spectaretur, sibi quæque gens consistunt, eminus lacessentes. Post, ubi pleraque telorum turribus pinnisque mœnium irrita hærebant, et desuper saxis vulnerabantur; clamore atque impetu invasere vallum, appositis plerique scalis, alii per testudinem suorum : scandebantque jam quidam, quum, gladiis et armorum incussu præcipitati, sudibus et pilis obruuntur, præferoces initio, et rebus secundis nimii. Sed tum prædæ cupidine adversa quoque tolerabant. Machinas etiam, insolitum sibi, ausi : nec ulla ipsis solertia : perfugæ captivique docebant struere materias in modum pontis; mox subjectis rotis propellere : ut alii superstantes, tanquam ex aggere, prœliarentur; pars intus occulti muros subruerunt. Sed excussa balistis saxa stravere informe opus : et crates vineasque parantibus adactæ tormentis ardentes hastæ : ultroque ipsi oppugnatores ignibus petebantur; donec, desperata vi, verterent consilium ad moras, haud ignari paucorum dierum inesse alimenta, et multum imbellis turbæ. Simul ex inopia proditio, et fluxa servitiorum fides, ac fortuita belli sperabantur.

la localité, ni pour se fortifier : notre énergie et nos armes parurent suffire. Les Bataves et leurs alliés d'outre-Rhin, pour que la valeur de leurs corps séparés fût plus manifestement mise en évidence, se postent chacun par nation, et nous attaquent de loin. Mais, voyant que la plupart de leurs traits allaient vainement se fixer aux tours et aux créneaux, et qu'eux-mêmes étaient blessés par les pierres lancées sur eux, ils accourent, impétueusement et avec des cris, vers le rempart, en y apposant des échelles ou en formant la tortue, et déjà quelques-uns parvenaient au sommet, lorsqu'ils furent précipités par les coups d'épée ou par le choc des armes, et tombèrent percés par les javelots et les picux, punis de l'excès de leur orgueil à leur début, et de leur trop de confiance dans leurs succès. Mais alors l'avidité du butin leur fit supporter ce désastre, et ils osèrent même recourir aux machines, dont ils n'ont pas l'usage. Leur esprit n'est point inventif : des transfuges et des captifs leur apprenaient à construire des échafaudages en forme de pont, à les élever ensuite sur des roues, et à les pousser en avant ; afin que les uns, placés au dessus, combattissent comme du haut d'un rempart, tandis que les autres, placés au dessous et à couvert, sapaient les murailles ; mais des quartiers de roches, lancés par nos balistes, écrasèrent ces ouvrages informes ; et comme ils préparaient des claies et des mantelets, nos machines les accablèrent de javelines enflammées : ainsi les assaillans furent eux-mêmes menacés d'être incendiés. Enfin, désespérant de leurs efforts, ils changèrent de dispositions, et résolurent d'attendre, n'ignorant pas qu'il n'y avait au camp des vivres que pour peu de jours,

XXIV. Flaccus interim, cognito castrorum obsidio, et missis per Gallias, qui auxilia concirent, lectos e legionibus Dillio Voculae, duodevicesimae legionis legato, tradit, ut quam maximis per ripam itineribus celeraret. Ipse navibus, invalidus corpore, invisus militibus: neque enim ambigue fremebant, emissas a Magontiaco Batavorum cohortes, dissimulatos Civilis conatus, adsciri in societatem Germanos: non Primi Antonii, neque Muciani ope Vespasianum magis adolevisse: aperta odia armaque palam depelli: fraudem et dolum obscura, eoque inevitabilia. Civilem stare contra, struere aciem: Hordeonium e cubiculo et lectulo jubere, quidquid hosti conducat. Tot armatas fortissimorum virorum manus unius senis valetudine regi. Quin potius, interfecto traditore, fortunam virtutemque suam malo omine exsolverent. His inter se vocibus instinctos flammavere insuper allatae a Vespasiano litterae, quas Flaccus, quia occultari nequibant, pro concione recitavit: vinctosque, qui attulerant, ad Vitellium misit.

XXV. Sic mitigatis animis, Bonnam, hiberna primae

et une multitude de gens étrangers à la guerre. En même temps ils espéraient que, de la famine, naîtrait la trahison ; que la fidélité des esclaves serait peu durable ; ils comptaient aussi sur les hasards de la guerre.

XXIV. Hordeonius, dans l'intervalle, ayant appris que le camp était assiégé, envoie dans les Gaules rassembler des secours, et remet l'élite des légions à Dillius Vocula, lieutenant de la dix-huitième, pour s'avancer à marches forcées le long du Rhin ; quant à lui, faible de santé, odieux aux soldats, il s'embarque sur le fleuve. L'armée, sans nulle ambiguité, lui reprochait en frémissant « d'avoir laissé sortir de Mayence les cohortes de Bataves, dissimulé les entreprises de Civilis, sollicité des Germains comme alliés. Les efforts de Primus Antonius, ceux de Mucien n'avaient pas plus secondé l'élévation de Vespasien ; les haines franches et les armes peuvent être repoussées ouvertement, la fraude et la ruse agissent dans l'obscurité, et par là sont inévitables. Civilis, debout, en face d'eux, range lui-même son armée ; Hordeonius, couché et de sa chambre, ordonne tout ce qui peut favoriser l'ennemi. Tant de bras armés de guerriers valeureux seront-ils conduits par la débilité d'un seul vieillard ? Pourquoi, en frappant un traître, ne délivreraient-ils pas d'une sinistre influence et leur valeur et leur fortune ? » Déjà échauffés entre eux par ces discours, ils s'enflammèrent encore plus à l'arrivée d'une lettre de Vespasien, qu'Hordeonius ne put soustraire ; il la lut en pleine assemblée, et envoya à Vitellius, chargés de chaînes, ceux qui l'avaient apportée.

XXV. Ceci calma les esprits, et l'on parvint à Bonn,

legionis, ventum. Infensior illic miles, culpam cladis in Hordeonium vertebat : ejus jussu directam adversus Batavos aciem, tanquam a Magontiaco legiones sequerentur : ejusdem proditione caesos, nullis supervenientibus auxiliis. Ignota haec ceteris exercitibus, neque imperatori suo nuntiari, quum accursu tot provinciarum exstingui repens perfidia potuerit. Hordeonius exemplaria omnium litterarum, quibus per Gallias, Britanniamque, et Hispanias auxilia orabat, exercitui recitavit; instituitque pessimum facinus, ut epistolae aquiliferis legionum traderentur; a quis ante militi, quam ducibus, legebantur. Tum e seditiosis unum vinciri jubet, magis usurpandi juris, quam quia unius culpa foret. Motusque Bonna exercitus in coloniam Agrippinensem; affluentibus auxiliis Gallorum, qui primo rem romanam enixe juvabant : mox, valescentibus Germanis, pleraeque civitates adversum nos armatae; spe libertatis, et, si exuissent servitium, cupidine imperitandi. Gliscebat iracundia legionum, nec terrorem unius militis vincula indiderant : quin idem ille arguebat ultro conscientiam ducis, tanquam nuntius inter Civilem Flaccumque falso crimine testis veri opprimeretur. Conscendit tribunal Vocula mira constantia, prehensumque militem ac vociferantem duci ad supplicium jussit : et, dum mali pavent,

quartier de la première légion ; là, plus courroucé encore, le soldat rejetait la faute de sa défaite sur Hordeonius : « c'était par son ordre qu'ils s'étaient avancés en bataille contre les Bataves, croyant que les légions de Mayence poursuivaient l'ennemi. Par sa seule trahison, ils furent massacrés, puisque aucun secours ne survint. Voilà ce qu'ignoraient les autres armées, et ce que l'on n'annonçait pas à leur empereur, lorsque le concours de tant de provinces eût pu éteindre ces perfidies naissantes. » Hordeonius lut à l'armée les copies de toutes les lettres par lesquelles il sollicitait les Gaules, la Bretagne et l'Espagne de le secourir, et il permit le premier, condescendance des plus coupables, que les lettres fussent remises aux aquilifères des légions, qui les lisaient aux soldats avant les chefs. Alors, il ordonne de charger de fers un seul des séditieux, pour faire acte d'autorité, et non qu'il n'y eût qu'un coupable. L'armée se mit en marche de Bonn pour Cologne, où affluaient des renforts de la Gaule, qui, d'abord, montra du dévouement à soutenir la cause des Romains. Bientôt, quand les Germains se trouvèrent en force, la plupart des cités gauloises s'armèrent contre nous, par espoir de la liberté, et, si elles secouaient le joug, par le désir de dominer. Le mécontentement des légions faisait des progrès, et les fers dont on avait chargé un seul soldat ne leur avaient pas imprimé de terreur. Bien plus, ce soldat se défendait en accusant le général de complicité avec lui, prétendant qu'il était l'agent entre Civilis et Hordeonius, et que, sous une fausse accusation, on voulait étouffer le témoin de la

optimus quisque jussis paruere. Exin consensu ducem Voculam poscentibus, Flaccus summam rerum ei permisit.

XXVI. Sed discordes animos multa efferabant: inopia stipendii frumentique; et simul delectum tributaque Galliæ adspernantes; Rhenus incognita illi cœlo siccitate vix navium patiens; arcti commeatus: dispositæ per omnem ripam stationes, quæ Germanos vado arcerent, eademque de causa minus frugum, et plures qui consumerent. Apud imperitos prodigii loco accipiebatur ipsa aquarum penuria, tanquam nos amnes quoque et vetera imperii munimenta desererent: quod in pace *fors*, seu *natura*, tunc *fatum* et *ira dei*, vocabatur. Ingressis Novesium tertiadecima legio conjungitur. Additus Voculæ in partem curarum Herennius Gallus, legatus: nec ausi ad hostem pergere, loco, cui *Gelduba* nomen est, castra fecere. Ibi struenda acie, muniendo vallandoque, et ceteris belli meditamentis militem firmabant. Utque præda ad virtutem accenderetur, in proximos Gugernorum pagos, qui societatem Civilis acceperant, ductus a Vocula exercitus. Pars cum Herennio Gallo permansit.

vérité. Vocula, avec une admirable fermeté, monte sur le tribunal, fait saisir le soldat, et, malgré ses vociférations, ordonne qu'on le traîne au supplice. Tandis que les coupables sont saisis d'effroi, les plus fidèles se soumettent aux commandemens; ensuite, comme ils demandent unanimement Vocula pour chef, Hordeonius lui abandonne la direction générale de l'armée.

XXVI. Mais bien des causes exaspéraient ces esprits en proie aux discordes : la disette d'argent et de vivres, et en même temps le refus des Gaules de se soumettre aux levées et aux tributs; le Rhin, par une sécheresse inouïe en ces climats, à peine navigable; les approvisionnemens difficiles, des stations militaires disposées le long du fleuve pour fermer tout passage à gué aux Germains; et, par cette même cause, moins de vivres et plus de consommation. Chez les personnes ignorantes, la baisse même des eaux devenait un prodige qui annonçait que les fleuves, ces antiques remparts de l'empire romain, nous trahissaient aussi. Ce qui, en paix, eût été hasard ou effet naturel, fut alors appelé fatalité et courroux du ciel. En entrant à Novesium, ils trouvèrent la treizième légion. On associa à Vocula, pour partager le soin du commandement, le lieutenant Herennius Gallus. N'osant pas s'avancer contre l'ennemi, ils posèrent leur camp dans un lieu nommé Gelduba; là, ils exercèrent l'armée à se ranger en bataille, à faire des retranchemens, des palissades, et à tout ce qui fortifie l'esprit et le corps des soldats; et pour que l'attrait du butin enflammât leur courage, Vocula les conduisit dans les villages des Gugernes, nation limitrophe qui avait accepté

XXVII. Forte navem, haud procul castris, frumento gravem, quum per vada haesisset, Germani in suam ripam trahebant : non tulit Gallus, misitque subsidio cohortem. Auctus et Germanorum numerus; paullatimque aggregantibus se auxiliis, acie certatum. Germani multa cum strage nostrorum navem abripiunt. Victi, quod tum in morem verterat, non suam ignaviam, sed perfidiam legati culpabant. Protractum e tentorio, scissa veste, verberato corpore, quo pretio, quibus consciis, prodidisset exercitum, dicere jubent. Redit in Hordeonium invidia. Illum auctorem sceleris, hunc ministrum vocant; donec, exitium minitantibus exterritus, proditionem et ipse Hordeonio objecit : vinctusque adventu demum Voculae exsolvitur. Is postera die auctores seditionis morte afficit : tanta illi exercitui diversitas inerat licentiae patientiaeque. Haud dubie gregarius miles Vitellio fidus; splendidissimus quisque in Vespasianum proni : inde scelerum ac suppliciorum vices, et mixtus obsequio furor; ut contineri non possent, qui puniri poterant.

XXVIII. At Civilem immensis auctibus universa Germania extollebat, societate nobilissimis obsidum firmata. Ille, ut cuique proximum, vastari Ubios Treverosque,

l'alliance de Civilis. Une partie demeura avec Herennius Gallus.

XXVII. Un navire chargé de blé s'était par hasard engravé dans un bas-fond, non loin du camp; les Germains cherchaient à le tirer sur leur rive. Gallus s'en indigne, et envoie une cohorte pour le défendre; le nombre des Germains augmente, et peu à peu, par la succession des renforts, une bataille s'engage. Les Germains font un grand massacre des nôtres, et enlèvent le bâtiment. Les vaincus, c'était alors devenu l'usage, en accusent, non leur lâcheté, mais la perfidie du lieutenant. Ils l'arrachent de sa tente, déchirent ses vêtemens, le frappent, en lui ordonnant de déclarer avec quels complices, à quel prix il a trahi l'armée. La haine contre Hordeonius renaît. Le forfait, il en est l'auteur, et Gallus l'instrument : ils menacent celui-ci de l'égorger, et l'épouvantent au point que lui-même accuse Hordeonius de trahison. Chargé de fers, il est enfin délivré par l'arrivée de Vocula, et celui-ci, dès le lendemain, punit de mort les auteurs de la sédition : tel était le contraste remarquable de licence et de soumission qu'offrait cette armée. Sans nul doute, le simple soldat était fidèle à Vitellius; les officiers les plus en vue penchaient pour Vespasien. De là ces scènes où l'on passait des crimes aux supplices; de là cette fureur mêlée et suivie d'obéissance : on ne pouvait calmer ceux que l'on pouvait punir.

XXVIII. Cependant Civilis prenait d'immenses accroissemens, en élevant sa puissance sur la Germanie tout entière, dont la confédération était assurée par les

et aliam manum Mosam amnem transire jubet, ut Menapios, et Morinos, et extrema Galliarum quateret. Actae utrobique praedae; infestius in Ubiis, quod gens germanicae originis, ejurata patria, Romanorum nomen, *Agrippinenses* vocarentur. Caesae cohortes eorum, in vico Marcoduro, incuriosius agentes, quia procul ripa aberant. Nec quievere Ubii, quominus praedas e Germania peterent : primo impune, dein circumventi sunt; per omne id bellum meliore usi fide, quam fortuna. Contusis Ubiis, gravior et successu rerum ferocior Civilis, obsidium legionum urgebat; intentis custodiis, ne quis occultus nuntius venientis auxilii penetraret : machinas molemque operum Batavis delegat : Transrhenanos, proelium poscentes, ad scindendum vallum ire, detrusosque redintegrare certamen, jubet; superante multitudine et facili damno : nec finem labori nox attulit.

XXIX. Congestis circum lignis accensisque, simul epulantes, ut quisque vino incaluerat, ad pugnam temeritate inani ferebantur. Quippe ipsorum tela per tenebras vana : Romani conspicuam barbarorum aciem, et, si quis audacia aut insignibus effulgens, ad ictum desti-

plus nobles otages. Il ordonne, suivant leur proximité, à ses troupes, d'aller dévaster les Ubiens et les Trévires, à d'autres de traverser la Meuse, pour frapper à la fois les Ménapiens, les Morins et les confins des Gaules. Partout on enleva du butin, mais avec plus d'animosité chez les Ubiens, parce que, d'origine germanique, ils avaient, abjurant leur patrie, adopté un nom romain, et s'appelaient les Agrippiniens. Leurs cohortes furent taillées en pièces dans le village de Marcodurum, où elles résidaient sans inquiétude, parce qu'elles étaient loin du Rhin. Toutefois les Ubiens ne s'arrêtèrent pas qu'ils n'eussent été piller la Germanie; d'abord ce fut impunément, ensuite ils furent enveloppés, ayant été, durant toute cette guerre, moins heureux que fidèles. Les Ubiens terrassés, Civilis, devenu plus puissant et plus fier par le succès de ses armes, pressait nos légions assiégées. Ses gardes veillaient attentivement à ce qu'aucun envoyé secret ne pénétrât pour annoncer des renforts. Il charge les Bataves des machines et des travaux du siège; il ordonne aux guerriers d'outre-Rhin, qui demandent le combat, d'aller enlever nos retranchemens : ils sont repoussés ; il leur fait reprendre l'offensive : leur multitude était surabondante, les sacrifices faciles. La nuit même ne mit pas fin à l'attaque.

XXIX. Ils forment autour d'eux des amas de bois, les enflamment; en même temps, ils se livrent aux festins, et, dès qu'ils sont échauffés par le vin, ils courent au combat, emportés par une vaine témérité; car leurs traits s'égaraient à travers les ténèbres. Les Romains, pour qui les barbares étaient visibles, dès que l'un d'eux

nabant. Intellectum id Civili: et, restincto igne, misceri cuncta tenebris et armis jubet. Tum vero strepitus dissoni, casus incerti, neque feriendi, neque declinandi providentia. Unde clamor acciderat, circumagere corpora, tendere arcus: nihil prodesse virtus, fors cuncta turbare, et ignavorum sæpe telis fortissimi cadere. Apud Germanos inconsulta ira: romanus miles, periculorum gnarus, ferratas sudes, gravia saxa, non forte jaciebat. Ubi sonus molientium, aut appositæ scalæ hostem in manus dederant, propellere umbone, pilo sequi: multos, in mœnia egressos, pugionibus fodere. Sic exhausta nocte, novam aciem dies aperuit.

XXX. Eduxerant Batavi turrim, duplici tabulato, quam, prætoriæ portæ, is æquissimus locus, propinquantem, promoti contra validi asseres et incussæ trabes perfregere, multa superstantium pernicie: pugnatumque in perculsos subita et prospera eruptione. Simul a legionariis, peritia et arte præstantibus, plura struebantur. Præcipuum pavorem intulit suspensum et nutans machinamentum, quo repente demisso, præter suorum ora singuli pluresve hostium sublime rapti, verso pondere, intra castra effundebantur. Civilis, omissa oppu-

se faisait remarquer par son audace ou par l'éclat de ses décorations, le prenaient pour but de leurs coups. Civilis s'en aperçoit, fait éteindre les feux, et ordonne que partout les ténèbres enveloppent les combattans. Alors des cris discordans, tous les effets du hasard : la prudence ne dirige plus, n'évite plus : d'où part un cri, on s'y tourne, les arcs y sont tendus ; le courage ne sert de rien, le hasard confond tout, et souvent les plus braves tombent sous les traits des plus lâches. Une rage aveugle emporte les Germains. Le soldat romain, connaissant tous ses dangers, armé de pieux ferrés, de pierres pesantes, ne les lançait pas au hasard. Dès que le bruit de ceux qui sapent les murs, ou les échelles appliquées, l'avertissent que l'ennemi est sous sa main, il le pousse du bouclier, le suit du javelot, égorge du poignard ceux qui sont parvenus sur le rempart. Ainsi se passa cette nuit : le jour éclaira de nouveaux combats.

XXX. Les Bataves avaient élevé une tour à double étage, qu'ils approchèrent de la porte prétorienne, endroit très-accessible ; de forts pieux, mus contre cette tour, et des poutres battantes la brisèrent : grand désastre de ceux qui se tenaient dessus ; une sortie brusque et heureuse compléta leur désordre. En même temps nos légionnaires, secondés par bien plus d'art et d'habileté, dressent un grand nombre de machines. Ce qui frappait le plus de terreur les barbares, c'était une bascule suspendue qui, se balançant et s'abaissant tout à coup, enlevait dans les airs, sous les yeux de leurs camarades, un ou plusieurs ennemis, et, tournant sur elle-même, déversait sa proie au milieu du camp. Civilis, renonçant

gnandi spe, rursus per otium adsidebat, nuntiis et promissis fidem legionum convellens.

XXXI. Hæc in Germania ante Cremonense prœlium gesta, cujus eventum litteræ Primi Antonii docuere, addito Cæcinæ edicto : et præfectus cohortis e victis, Alpinus Montanus, fortunam partium præsens fatebatur. Diversi hinc motus animorum. Auxilia e Gallia, quis nec amor, nec odium in partes, militia sine affectu, hortantibus præfectis, statim a Vitellio desciscunt : vetus miles cunctabatur. Sed adigente Hordeonio Flacco, instantibus tribunis, dixit sacramentum, non vultu, neque animo, satis affirmans; et, quum cetera jurisjurandi verba conciperent, *Vespasiani* nomen hæsitantes, aut levi murmure, et plerumque silentio transmittebant.

XXXII. Lectæ deinde pro concione epistolæ Antonii ad Civilem, suspiciones militum irritavere tanquam ad socium partium scriptæ, et de Germanico exercitu hostiliter. Mox adlatis Geldubam in castra nuntiis, eadem dicta factaque; et missus cum mandatis Montanus ad Civilem, ut absisteret bello; neve externa armis falsis velaret. Si Vespasianum juvare adgressus foret, satisfactum cœptis. Ad ea Civilis primo callide; post, ubi videt Montanum præferocem ingenio, paratumque in res novas,

à l'espoir de le forcer, recourut aux lenteurs d'un siège sans action, et chercha par des émissaires et par des promesses à ébranler la fidélité des légions.

XXXI. Ces évènemens eurent lieu en Germanie avant la bataille de Crémone, dont une lettre de Primus Antonius apprit le succès; un édit de Cécina y était annexé, et le préfet d'une des cohortes vaincues, Alpinus Montanus, vint, par sa présence, confirmer l'heureuse fortune de Vespasien. Les esprits en furent émus de diverses manières : les auxiliaires gaulois, sans amour, sans haine pour aucun parti, et servant sans affection, sur les exhortations de leurs chefs, se détachèrent aussitôt de Vitellius; les vieux soldats hésitaient. Mais Hordeonius Flaccus ordonna, les tribuns pressèrent, et le serment fut prononcé; les physionomies et les cœurs le démentaient assez; et lorsqu'ils proféraient les autres termes de la formule, ils hésitèrent au nom de Vespasien, ou le murmurèrent à peine, et beaucoup le passèrent sous silence.

XXXII. On lut ensuite devant l'armée des lettres d'Antonius à Civilis; elles irritèrent les soupçons des soldats : Antonius y semblait écrire à un allié du parti, et y parlait de l'armée germanique comme d'ennemis. Bientôt cette nouvelle fut portée au camp de Gelduba : mêmes plaintes, mêmes résultats. On dépêcha Montanus à Civilis, avec ordre de lui dire : « de cesser la guerre, de ne plus voiler sous de fausses couleurs des projets hostiles; que, s'il n'était agresseur que pour seconder Vespasien, son plan était accompli. » A ces discours, Civilis répondit d'abord astucieusement; puis, voyant Montanus d'un

orsus a questu periculisque, quæ per quinque et viginti annos in castris romanis exhausisset: Egregium, inquit, pretium laboris recepi, necem fratris, et vincula mea, et sævissimas hujus exercitus voces, quibus ad supplicium petitus, jure gentium pœnas reposco: vos autem, Treveri, ceteræque servientium animæ, quod præmium effusi toties sanguinis exspectatis, nisi ingratam militiam, immortalia tributa, virgas, secures et dominorum ingenia? En ego præfectus unius cohortis, et Canninefates Batavique, exigua Galliarum portio, vana illa castrorum spatia excidimus, vel septa ferro fameque premimus: denique ausos aut libertas sequetur, aut victi iidem erimus. Sic accensum, sed molliora referre jussum, dimittit. Ille, ut irritus legationis, rediit, cetera dissimulans, quæ mox erupere.

XXXIII. Civilis, parte copiarum retenta, veteranas cohortes, et quod e Germanis maxime promptum, adversus Voculam exercitumque ejus mittit; Julio Maximo et Claudio Victore, sororis suæ filio, ducibus. Rapiunt in transitu hiberna alæ, Asciburgii sita; adeoque improvisi castra involavere, ut non adloqui, non pandere aciem Vocula potuerit. Id solum, ut in tumultu, monuit,

caractère audacieux et prêt à favoriser une révolution, il commença par des plaintes, rappelant les périls éprouvés sans relâche pendant vingt-cinq années dans les camps romains : « Quelle brillante récompense, dit-il, ai-je reçue de tant de peines ? la mort pour mon frère, des fers pour moi, et les cris féroces de cette armée qui demanda mon supplice, et dont le droit des nations veut que je demande vengeance. Quant à vous, Trévirs, et vous tous, âmes ployées à la servitude, quel prix attendez-vous du sang tant de fois répandu, si ce n'est un service ingrat, des tributs sans fin, les verges, les haches, et tous les caprices de la tyrannie ? Et voilà que moi, préfet d'une seule cohorte, et ces Canninefates et ces Bataves, portion si exiguë des Gaules, nous avons balayé toutes ces vastes étendues de camps, ou bien nous les y tenons assiégés et pressés par le fer et la famine. Osons donc enfin : vainqueurs nous serons libres, vaincus nous resterons ce que nous sommes. » Il l'enflamme ainsi, mais lui prescrit d'adoucir son rapport et le congédie. Montanus revint comme si sa députation eût été sans effet, et dissimula tout le reste, qui bientôt éclata.

XXXIII. Civilis, ne gardant qu'une partie de ses troupes, détache contre Vocula et son armée ses vieilles cohortes et ce qu'il avait de plus énergique parmi ses Germains, et met à leur tête Julius Maximus et Claudius Victor, le fils de sa sœur. Ils enlevèrent, dans leur passage, les quartiers d'une division établie à Ausbourg, et se précipitèrent tellement à l'improviste sur le camp de Vocula, qu'il n'eut le temps ni de haranguer ses lignes ni de les déployer ; mais, dans un tel tumulte,

subsignano milite media firmare : auxilia passim circumfusa sunt. Eques prorupit, exceptusque compositis hostium ordinibus, terga in suos vertit : caedes inde, non proelium. Et Nerviorum cohortes, metu seu perfidia, latera nostrorum nudavere. Sic ad legiones perventum; quae, amissis signis, intra vallum sternebantur; quum repente novo auxilio fortuna pugnae mutatur. Vasconum lectae a Galba cohortes, ac tum accitae, dum castris propinquant, audito proeliantium clamore, intentos hostes a tergo invadunt, latioremque, quam pro numero, terrorem faciunt; aliis a Novesio, aliis a Magontiaco, universas copias advenisse credentibus. Is error Romanis addit animos; et, dum alienis viribus confidunt, suas recepere. Fortissimus quisque e Batavis, quantum peditum erat, funduntur; eques evasit cum signis captivisque, quos prima acie corripuerant. Caesorum eo die, in partibus nostris, major numerus et imbellior; et Germanis ipsa robora.

XXXIV. Dux uterque, pari culpa meritus adversa, prosperis defuere. Nam Civilis, si majoribus copiis instruxisset aciem, circumiri a tam paucis cohortibus nequisset, castraque perrupta exscidisset. Vocula nec

il put seulement ordonner aux légionnaires de soutenir le centre; les auxiliaires se répandirent confusément sur les côtés. La cavalerie chargea : reçue par les rangs serrés de l'ennemi, elle tourna le dos, et se rejeta sur notre armée; il en résulta un carnage, non un combat. De plus, les cohortes des Nerviens, soit frayeur, soit perfidie, découvrirent nos flancs. Ainsi l'ennemi parvint jusqu'à nos légions, qui perdirent leurs enseignes; elles étaient culbutées dans le retranchement, lorsque, tout à coup, un secours inattendu changea la fortune du combat. C'étaient des cohortes de Gascons, levées par Galba, et mandées par nos généraux : en approchant du camp, elles entendent les cris des combattans, et tombent avec vigueur sur les derrières de l'ennemi, occupé à combattre, et le frappent de plus de terreur que n'en devait causer leur faible nombre; les uns crurent que c'étaient les troupes de Novesium, les autres, celles de Mayence qui arrivaient tout entières. Cette méprise rend courage aux Romains, qui, se confiant en ces forces nouvelles, recouvrent les leurs : tout ce qu'il y avait parmi les Bataves de plus valeureux en infanterie fut écrasé. La cavalerie s'échappa avec les enseignes et les captifs dont elle s'était saisie à la première attaque. Nous perdîmes en ce jour des soldats en plus grand nombre, et non de nos plus braves; les Germains, leurs forces principales.

XXXIV. Les deux chefs méritèrent leurs revers; par une même faute ils ne profitèrent pas de leurs succès; car Civilis, s'il eût formé ses lignes d'un plus grand nombre de troupes, n'eût pas été enveloppé par si peu

adventum hostium exploravit, eoque simul egressus victusque; dein victoriae parum confisus, tritis frustra diebus, castra in hostem movit; quem si statim impellere, cursumque rerum sequi maturasset, solvere obsidium legionum eodem impetu potuit. Tentaverat interim Civilis obsessorum animos, tanquam perditae apud Romanos res, et suis victoria provenisset: circumferebantur signa vexillaque; ostentati etiam captivi : ex quibus unus, egregium facinus ausus, clara voce gesta patefecit, confossus illico a Germanis : unde major indici fides. Simul vastatione incendiisque flagrantium villarum, venire victorem exercitum, intelligebatur. In conspectu castrorum constitui signa, fossamque et vallum circumdari, Vocula jubet; depositis impedimentis sarcinisque, expediti certarent. Hinc in ducem clamor pugnam poscentium : et minari adsueverant. Ne tempore quidem ad ordinandam aciem capto, incompositi fessique proelium sumpsere : nam Civilis aderat, non minus vitiis hostium, quam virtute suorum, fretus. Varia apud Romanos fortuna, et seditiosissimus quisque ignavus : quidam, recentis victoriae memores, retinere locum, ferire hostem, seque et proximos hortari; et, redintegrata acie, manus ad obsessos tendere, ne tempori deessent. Illi, cuncta e muris cernentes, omnibus portis prorumpunt.

de cohortes, et eût détruit le camp déjà forcé. Quant à Vocula, il n'envoya pas d'éclaireurs pour s'informer de l'arrivée des ennemis; aussi il sortit et fut vaincu au même moment. Ensuite, se confiant trop peu à son succès, il consuma vainement plusieurs jours avant de marcher à l'ennemi; s'il se fût hâté de le presser et de suivre le cours des évènemens, il eût pu, du même choc, délivrer les légions assiégées. Civilis, dans l'intervalle, avait tenté d'ébranler les esprits des nôtres en répandant que, chez les Romains, tout était perdu, et que la victoire avait couronné ses efforts. On portait autour du camp nos étendards et nos enseignes, ou montrait même des prisonniers romains; l'un d'eux fit une action héroïque, il osa proclamer d'une voix retentissante ce qui s'était passé, et fut, sur le lieu même, percé de coups par les Germains : ce qui donna plus de foi à son témoignage. En même temps, les dévastations et les flammes qui dévoraient des villages annonçaient l'approche d'une armée victorieuse. C'est en face du camp que Vocula ordonne de planter les étendards, et de s'entourer d'un fossé et d'un retranchement pour y déposer tous les bagages et combattre sans obstacle. Aussitôt un cri s'élève contre le général; ses soldats, habitués à menacer, exigent le combat; et, sans prendre le temps de former les lignes, en désordre et fatigués, ils commencent l'attaque; car Civilis était en présence, ne comptant pas moins sur les fautes des ennemis que sur la valeur des siens. La fortune, chez les Romains, fut diverse, et les plus lâches furent ceux qui avaient été les plus séditieux; quelques-uns, pleins du souvenir de leur

Ac forte Civilis lapsu equi prostratus, credita per utrumque exercitum fama, vulneratum aut interfectum, immane quantum suis pavoris, et hostibus alacritatis, indidit.

XXXV. Sed Vocula, omissis fugientium tergis, vallum turresque castrorum augebat, tanquam rursus obsidium immineret; corrupta totiens victoria, non falso suspectus bellum malle. Nihil æque exercitus nostros, quam egestas copiarum, fatigabat. Impedimenta legionum cum imbelli turba Novesium missa, ut inde, terrestri itinere, frumentum adveherent; nam flumine hostes potiebantur. Primum agmen securum incessit, nondum satis firmo Civile; qui, ubi rursus missos Novesium frumentatores, datasque in præsidium cohortes, velut multa pace ingredi accepit, rarum apud signa militem, arma in vehiculis, cunctos licentia vagos, compositus invadit; præmissis, qui pontes et viarum angusta insiderent; pugnatum longo agmine, et incerto Marte, donec prœlium nox dirimeret. Cohortes Geldubam perrexere, manentibus, ut fuerant, castris, quæ relictorum

récente victoire, conservent leur position, frappent l'ennemi, s'encouragent eux et leurs camarades. Les lignes se forment : ils tendent les mains vers les assiégés pour qu'ils ne manquent pas l'occasion. Ceux-ci, qui considéraient tout des remparts, se précipitent par toutes les portes; et, par hasard, Civilis ayant été renversé d'une chute de cheval, le bruit s'accrédita dans les deux armées qu'il était blessé ou tué. Il est prodigieux combien il en résulta d'effroi chez les siens et d'ardeur chez les nôtres.

XXXV. Mais Vocula, au lieu de s'attacher aux pas d'un ennemi en fuite, augmente les retranchemens et les fortifications du camp, comme si un nouveau siège le menaçait. La victoire, tant de fois négligée, fit, avec raison, soupçonner qu'il désirait la guerre. Rien ne fatiguait autant nos armées que le manque de vivres. Les équipages des légions furent, avec une foule inhabile aux combats, envoyés à Novesium, pour en ramener des blés par le chemin de terre; car les ennemis étaient maîtres du fleuve. Le premier convoi passa paisiblement, Civilis n'étant pas encore parfaitement rétabli. Dès qu'il apprend qu'un second convoi est envoyé à Novesium, et que les cohortes qui l'escortent s'avancent comme en pleine paix, qu'il y a peu de soldats autour des drapeaux, que les armes sont dans les chariots, que tous errent à l'aventure, il les assaille en bon ordre, après avoir fait occuper d'abord les ponts et les défilés. On se battit sur une longue colonne; la fortune du combat resta incertaine, jusqu'à ce qu'enfin la nuit le fit cesser. Les cohortes gagnèrent Gelduba,

illic militum praesidio tenebantur. Non erat dubium, quantum in regressis discriminis adeundum foret, frumentatoribus onustis perculsisque. Addit exercitui suo Vocula mille delectos e quinta et quintadecima legionibus, apud Vetera obsessis, indomitum militem et ducibus infensum. Plures, quam jussum erat, profecti, palam in agmine fremebant, non se ultra famem, insidias legatorum, toleraturos. At, qui remanserant, desertos se, abducta parte legionum, querebantur. Duplex hinc seditio; aliis revocantibus Voculam, aliis redire in castra abnuentibus.

XXXVI. Interim Civilis Vetera circumsedit. Vocula Geldubam, atque inde Novesium concessit. Civilis capit Geldubam. Mox, haud procul Novesio, equestri proelio prospere certavit. Sed miles secundis adversisque perinde in exitium ducum accendebatur. Et adventu quintanorum quintadecimanorumque auctae legiones, *donativum* exposcunt, comperto, pecuniam a Vitellio missam. Nec diu cunctatus Hordeonius nomine Vespasiani dedit; idque praecipuum fuit seditionis alimentum. Effusi in luxum et epulas, et nocturnos coetus, veterem in Hordeonium iram renovant; nec ullo legatorum tribunorumve obsistere auso, quippe omnem pudorem nox ademerat, protrac-

dont les retranchemens subsistaient tels qu'ils avaient été construits, et que gardaient une troupe de soldats qu'on y avait laissés. Il n'était point douteux combien le retour offrirait de dangers, lorsque les pourvoyeurs, déjà effrayés, seraient chargés de provisions. Vocula ajoute à son armée mille hommes d'élite, tirés des cinquième et quinzième légions, éprouvées au siège de Vetera, soldats indomptés, exaspérés contre leurs chefs. Il en partit plus qu'il n'avait ordonné, et, durant la marche, ils criaient en frémissant qu'ils n'endureraient plus désormais ni la famine ni la perfidie de leurs généraux. Cependant ceux qui restaient se plaignaient qu'on les abandonnait en enlevant une partie des légionnaires. De là une double sédition : les uns rappelaient Vocula, les autres refusaient de rentrer au camp.

XXXVI. Dans l'intervalle, Civilis vient assiéger Vetera; Vocula se retire à Gelduba, et de là à Novesium. Civilis prend Gelduba, et peu après, non loin de Novesium, obtient l'avantage dans une attaque de cavalerie. Mais le soldat romain, en ses revers comme en ses succès, ne respirait que la perte de ses généraux. Aussi les légions, renforcées par l'arrivée de l'élite des cinquième et quinzième, exigent la gratification, sachant bien que Vitellius avait envoyé de l'argent; et, sans trop hésiter, Hordeonius la distribua au nom de Vespasien. Ce fut un nouvel aliment pour la sédition. Ils se livrent aux débauches, aux festins, forment des assemblées nocturnes, et rappellent leurs anciennes haines contre Hordeonius; et comme aucun lieutenant ni tribun, car la nuit avait détruit toute honte, n'ose

tum e cubili interficiunt. Eadem in Voculam parabantur, nisi servili habitu, per tenebras, ignoratus evasisset. Ubi, sedato impetu, metus rediit; centuriones cum epistolis ad civitates Galliarum misere, auxilia ac stipendia oraturos.

XXXVII. Ipsi, ut est vulgus sine rectore praeceps, pavidum, socors, adventante Civile, raptis temere armis ac statim omissis, in fugam vertuntur. Res adversae discordiam peperere, iis, qui e superiore exercitu erant, causam suam dissociantibus. Vitellii tamen imagines, in castris, et per proximas Belgarum civitates, repositae, quum jam Vitellius occidisset. Dein mutati in poenitentiam primani quartanique et duodevicesimani, Voculam sequuntur; apud quem resumpto Vespasiani sacramento, ad liberandum Magontiaci obsidium ducebantur. Discesserant obsessores, mixtus ex Cattis, Usipiis, Mattiacis exercitus, satietate praedae, nec incruenti. In via dispersos et nescios miles noster invaserat. Quin et loricam vallumque per fines suos Treveri struxere, magnisque invicem cladibus cum Germanis certabant, donec egregia erga populum romanum merita mox rebelles foedarent.

XXXVIII. Interea Vespasianus iterum ac Titus con-

les contenir, ils l'arrachent de son lit et l'égorgent. Un même sort était préparé à Vocula si, sous des habits d'esclave, il ne se fût échappé, dans les ténèbres, sans être reconnu. Cette première fureur calmée, la crainte succéda; ils envoyèrent des centurions avec des lettres aux cités gauloises, pour en implorer des renforts et de l'argent.

XXXVII. Pour eux, comme toute multitude sans chefs, tour-à-tour téméraire, craintive, irrésolue, à l'approche de Civilis, ils courent aux armes en tumulte, puis les jettent aussitôt et se mettent à fuir. Leur position critique fit naître la discorde : les soldats qui appartenaient à l'armée du Rhin supérieur firent cause à part. Cependant les images de Vitellius furent replacées dans les camps et dans les cités belgiques les plus prochaines, lorsque déjà Vitellius n'était plus. Puis, venant au repentir, la première, la quatrième et la dix-huitième légion suivent Vocula, qui leur fait renouveler le serment à Vespasien, et les conduit à Mayence, pour la délivrer des ennemis qui l'assiégeaient. C'était un mélange de Cattes, d'Usipiens, de Mattiaques, qui déjà s'étaient retirés rassasiés de butin, mais non sans qu'il leur en coûtât du sang; ils allaient dispersés sur la route; nos soldats les surprirent et les entourèrent. De plus les Trévirs construisirent des redoutes et des retranchemens sur leurs frontières; ils luttèrent contre les Germains avec des pertes considérables des deux parts, jusqu'à ce que, devenus rebelles, ils souillèrent ainsi ces beaux titres à la reconnaissance du peuple romain.

XXXVIII. Pendant ce temps, le second consulat de

sulatum absentes inierunt; moesta et multiplici metu suspensa civitate, quae, super instantia mala, falsos pavores induerat; descivisse Africam, res novas moliente L. Pisone. Is praeerat provinciae, nequaquam turbidus ingenio; sed, quia naves saevitia hiemis prohibebantur, vulgus, alimenta in dies mercari solitum, cui una ex republica annonae cura, clausum litus, retineri commeatus, dum timet, credebat; augentibus famam Vitellianis, qui studium partium nondum posuerant; ne victoribus quidem ingrato rumore, quorum cupiditates externis quoque bellis inexplebiles, nulla unquam civilis victoria satiavit.

XXXIX. Kalendis Januariis in senatu, quem Julius Frontinus, praetor urbanus, vocaverat, legatis exercitibusque ac regibus, laudes gratesque decretae; et Tertio Juliano praetura, tanquam transgredientem in partes Vespasiani legionem deseruisset, ablata, ut in Plotium Griphum transferretur. Hormo dignitas equestris data. Et mox, ejurante Frontino, Caesar Domitianus praeturam cepit. Ejus nomen epistolis edictisque praeponebatur, vis penes Mucianum erat; nisi quod pleraque Domitianus, instigantibus amicis, aut propria libidine audebat. Sed

Vespasien et celui de Titus s'ouvrirent, en leur absence, au milieu de l'affliction de Rome qui, partagée par une multiplicité d'inquiétudes, et, ajoutant aux maux présens des terreurs chimériques, croyait que l'Afrique se séparait de l'empire, qu'une révolution y était soulevée par L. Pison. C'était lui qui gouvernait cette province ; son génie n'était nullement turbulent ; mais, parce que la navigation était retardée par les rigueurs de l'hiver, la multitude, accoutumée à acheter au jour le jour ses alimens, et dont l'unique souci dans les affaires publiques était la sûreté de l'approvisionnement, craignit que les ports ne fussent fermés, qu'on ne retînt les convois, et, parce qu'elle le craignit, elle le crut. Ces bruits étaient augmentés par les Vitelliens, qui n'avaient pas encore abjuré le zèle pour leur cause ; et ces rumeurs ne déplaisaient pas même aux vainqueurs, dont la cupidité, insatiable même dans les guerres étrangères, ne se trouva jamais rassasiée par leur victoire contre leurs concitoyens.

XXXIX. Aux kalendes de janvier, dans le sénat que Julius Frontinus, préteur de la ville, avait convoqué, on vota des éloges et des remercîmens aux lieutenans, aux armées et aux rois. La préture fut ôtée à Tertius Julianus, accusé d'avoir abandonné sa légion lorsqu'elle passa dans le parti de Vespasien. Plotius Griphus le remplaça. La dignité de chevalier fut donnée à Hormus ; et, peu après, Frontinus ayant abdiqué, Domitien reçut la préture. Son nom était en tête des lettres et des édits, l'autorité était à Mucien ; non pas que souvent Domitien, à l'instigation de ses amis ou de son propre caprice, n'osât ordonner ; mais la

præcipuus Muciano metus e Primo Antonio Varoque Arrio; quos recentes, clarosque rerum fama ac militum studiis, etiam populus fovebat, quia in neminem ultra aciem sævierant. Et ferebatur Antonius Scribonianum Crassum, egregiis majoribus et fraterna imagine fulgentem, ad capessendam rempublicam hortatus; haud defutura consciorum manu, ni Scribonianus abnuisset, ne paratis quidem corrumpi facilis, adeo metuens incerta. Igitur Mucianus, quia propalam opprimi Antonius nequibat, multis in senatu laudibus cumulatum, secretis promissis onerat, citeriorem Hispaniam ostentans, discessu Cluvii Rufi vacuam; simul amicis ejus tribunatus præfecturasque largitur. Dein, postquam inanem animum spe et cupidine impleverat, vires abolet; dimissa in hiberna legione septima, cujus flagrantissimus in Antonium amor: et tertia legio, familiaris Varo Arrio miles, in Syriam remissa: pars exercitus in Germanias ducebatur. Sic, egesto quidquid turbidum, redit urbi sua forma, legesque, et munia magistratuum.

XL. Quo die senatum ingressus est Domitianus, de absentia patris fratrisque, ac juventa sua pauca et modica disseruit, decorus habitu; et, ignotis adhuc moribus, crebra oris confusio pro modestia accipiebatur.

principale terreur de Mucien lui venait d'Antonius et de Varus. Leur renommée était récente, leurs exploits brillans; ils avaient l'affection du soldat, le peuple même les chérissait, parce qu'ils n'avaient été cruels envers personne hors du champ de bataille. On rapportait même qu'Antonius avait exhorté Scribonianus Crassus, sur qui d'illustres aïeux et sa fraternité avec Pison jetaient un grand éclat, à saisir le gouvernement de la république. On n'eût pas manqué d'appui ni de partisans, sans le refus de Scribonianus, qu'une conspiration toute prête n'aurait pas facilement entraîné, tant il redoutait les incertitudes. Ainsi Mucien, ne pouvant perdre Antonius ouvertement, le comble, en plein sénat, d'une profusion de louanges, de promesses confidentielles, et lui indique avec ostentation l'Espagne citérieure vacante par la retraite de Cluvius Rufus. En même temps il prodigue aux amis d'Antonius des préfectures et des tribunats; puis, après avoir rempli cette âme vaine d'espoir et de désirs, il mine ses forces en renvoyant à ses quartiers la septième légion, dont l'affection pour Antonius était extrêmement vive. De plus, la troisième légion, dont chaque soldat était très-dévoué à Varus, est expédiée en Syrie. Une partie de l'armée est conduite en Germanie. Ainsi séparée de tout élément de trouble, Rome retrouva sa forme, ses lois, et la protection de ses magistrats.

XL. Le jour où Domitien entra au sénat, il parla en peu de mots de l'absence de son père et de son frère et de sa propre jeunesse. Son langage était modeste, son extérieur plein de charmes; et, comme son caractère n'était

Referente Caesare, de restituendis Galbae honoribus, censuit Curtius Montanus, ut Pisonis quoque memoria celebraretur. Patres utrumque jussere; de Pisone irritum fuit. Tum sorte ducti, per quos redderentur bello rapta, quique aera legum, vetustate delapsa noscerent figerentque, et fastos, adulatione temporum foedatos, exonerarent, modumque publicis impensis facerent. Redditur Tertio Juliano praetura postquam cognitus est ad Vespasianum confugisse; Gripho honor mansit. Repeti inde cognitionem inter Musonium Rufum et P. Celerem placuit, damnatusque Publius et Sorani manibus satisfactum. Insignis publica severitate dies, ne privatim quidem laude caruit : justum judicium explesse Musonius videbatur; diversa fama Demetrio, cynicam sectam professo; quod manifestum reum ambitiosius, quam honestius, defendisset. Ipsi Publio neque animus in periculis, neque oratio suppeditavit. Signo ultionis in accusatores dato, petit a Caesare Junius Mauricus, ut commentariorum principalium potestatem senatui faceret, per quos nosceret quem quisque accusandum poposcisset. Consulendum tali super re principem, respondit.

XLI. Senatus, inchoantibus primoribus, jusjurandum

pas encore connu, la rougeur qui sans cesse couvrait son visage passait pour modestie. Le jeune César proposa de rétablir les honneurs de Galba ; Curtius Montanus opina pour qu'on honorât aussi la mémoire de Pison. Les sénateurs rendirent ces deux décrets, celui relatif à Pison fut sans effet. Ensuite, on tira au sort ceux qui seraient chargés de faire restituer ce qui avait été pillé dans la guerre, de reconnaître et de replacer les tables des lois gravées sur l'airain, tombant de vétusté ; de purger les fastes souillés par l'adulation des temps, et de modérer les dépenses publiques. On réinstalle dans sa préture Tertius Julianus, dès qu'il est reconnu qu'il s'était réfugié auprès de Vespasien ; Griphus en conserva les honneurs. Ensuite on crut utile de reprendre le procès entre Musonius Rufus et P. Celer. Celer fut condamné, et les mânes de Soranus vengés. Ce jour, signalé par la sévérité publique, fut aussi honorable pour un simple particulier, pour Musonius, qui parut avoir accompli un acte de parfaite justice. On désapprouva au contraire Demetrius, philosophe de la secte cynique, d'avoir défendu un coupable avéré, plutôt par ambition que par honneur. Quant à Celer, il n'eut ni courage dans son danger ni voix pour se défendre. Au signal de vengeance donné contre les délateurs, Junius Mauricus demanda à César qu'il donnât pouvoir au sénat de consulter les registres du palais impérial, pour y reconnaître quelles accusations chacun avait sollicitées. Domitien répondit que, sur une telle chose, il fallait en référer à l'empereur.

XLI. Le sénat, sur l'invitation de ses principaux

concepit, quo certatim omnes magistratus, ceteri ut sententiam rogabantur, deos testes advocabant, nihil ope sua factum, quo cujusquam salus laederetur, neque se praemium, aut honorem, ex calamitate civium cepisse; trepidis, et verba jurisjurandi per varias artes mutantibus, quis flagitii conscientia inerat. Probabant religionem patres, perjurium arguebant : eaque velut censura in Sariolenum Voculam, et Nonium Actianum, et Cestium Severum acerrime incubuit, crebris apud Neronem delationibus famosos. Sariolenum et recens crimen urgebat, quod apud Vitellium molitus eadem foret : nec destitit senatus manus intentare Voculae, donec curia excederet. Ad Pactium Africanum transgressi, eum quoque proturbant; tanquam Neroni Scribonios fratres, concordia opibusque insignes, ad exitium monstravisset. Africanus neque fateri audebat, neque abnuere poterat; in Vibium Crispum, cujus interrogationibus fatigabatur, ultro conversus, miscendo quae defendere nequibat, societate culpae invidiam declinavit.

XLII. Magnam, eo die pietatis eloquentiaeque famam Vipstanus Messala adeptus est, nondum senatoria aetate, ausus pro fratre, Aquilio Regulo, deprecari. Regulum subversa Crassorum et Orphiti domus in summum odium extulerat. Sponte ex senatusconsulto accusationem sub-

membres, rédigea un serment par lequel tous les magistrats, à l'envi, et les autres sénateurs, à leur tour d'opiner, prenaient les dieux à témoin que jamais il n'avait rien été fait qui, par leur volonté, pût blesser la sûreté de qui que ce fût, et qu'ils n'avaient recueilli aucun prix, aucun honneur de l'infortune d'un citoyen. On vit trembler, et, par divers artifices, éluder les termes du serment, ceux qui avaient la conscience intime de leurs méfaits. Les sénateurs d'applaudir à la sincérité, de protester contre le parjure. Cette espèce de censure s'appesantit avec une extrême rigueur sur Sariolenus Vocula, sur Nonius Actianus, et sur Cestius Severus, décriés par leurs nombreuses délations sous Néron. Sariolenus était de plus sous le poids d'un forfait récent : il avait, sous Vitellius, tenté les mêmes machinations. Les sénateurs ne cessèrent de le menacer du geste, jusqu'à ce qu'il sortît de l'assemblée. On passe ensuite à Pactius Africanus; on l'attaque de même, on l'accuse d'avoir désigné pour victimes à Néron les deux frères Scribonius, célèbres par leur union et par leurs richesses. Africanus, n'osant avouer et ne pouvant nier, se tourne vers Vibius Crispus, qui le fatiguait d'interpellations, et l'enlace dans son accusation, dont il ne peut se défendre, l'associe à ses fautes, et se soustrait ainsi à l'indignation.

XLII. Une grande réputation d'amour fraternel et d'éloquence fut acquise ce même jour à Vipstanus Messala, qui, n'étant pas encore parvenu à l'âge sénatorial, osa intercéder pour son frère Aquilius Regulus. Regulus avait causé la ruine des maisons des Crassus et d'Orphitus; la haine contre lui était au comble : il avait, de son plein

iisse juvenis admodum, nec depellendi periculi, sed in spem potentiæ videbatur : et Sulpicia Prætextata, Crassi uxor, quatuorque liberi, si cognosceret senatus, ultores aderant. Igitur Messala non causam, neque reum tueri, sed periculis fratris semet opponens, flexerat quosdam. Occurrit truci oratione Curtius Montanus, eo usque progressus, ut, post cædem Galbæ, datam interfectori Pisonis pecuniam a Regulo, appetitumque morsu Pisonis caput, objectaret. Hoc certe, inquit, Nero non coegit, nec dignitatem, aut salutem, illa sævitia redemisti. Sane toleremus istorum defensiones, qui perdere alios, quam periclitari ipsi, maluerunt. Te securum reliquerat exsul pater, et divisa inter creditores bona, nondum honorum capax ætas; nihil quod ex te concupisceret Nero, nihil quod timeret; libidine sanguinis et hiatu præmiorum ignotum adhuc ingenium, et nullis defensionibus expertum, cæde nobili imbuisti; quum ex funere reipublicæ, raptis consularibus spoliis, septuagies sestertio saginatus, et sacerdotio fulgens, innoxios pueros, illustres senes, conspicuas feminas eadem ruina prosterneres; quum segnitiam Neronis incusares, quod per singulas domos, seque, et delatores fatigaret; posse universum senatum una voce subverti. Retinete, patres conscripti, et reservate hominem tam expediti consilii, ut omnis ætas instructa

gré, sollicité, par un sénatus-consulte, le rôle de délateur, étant très-jeune encore, et il ne parut pas que ce fût pour se soustraire à un danger, mais pour parvenir au pouvoir; Sulpicia Prétextata, veuve de Crassus, et ses quatre enfans, étaient tout prêts à la vengeance si le sénat instruisait l'affaire. Déjà Messala, sans s'occuper de défendre la cause ni de l'accusé, mais se substituant lui-même à son frère et à ses périls, avait fléchi quelques sénateurs. Il fut arrêté par les paroles foudroyantes de Curtius Montanus, qui alla jusqu'à reprocher à Regulus d'avoir, après l'assassinat de Galba, donné de l'argent au meurtrier de Pison, et déchiré de ses dents la tête de Pison. « A cela, certainement, dit-il, Néron ne te força point : ni ton rang, ni ta vie n'étaient à racheter par cette barbarie. Tolérons, il le faut, la défense de ceux-là qui préférèrent la perte de leurs concitoyens à leurs propres périls ; ta sécurité était assurée par l'exil de ton père, par le partage de ses biens entre ses créanciers, par ta jeunesse, encore inhabile aux honneurs; Néron n'avait rien à désirer de toi, rien à craindre de toi : ce furent l'amour du crime et une ambition insatiable de récompenses qui poussèrent ton génie, jusqu'alors ignoré, et que le malheur, se défendant, n'avait pas encore signalé, à s'assouvir d'un noble sang; lorsque tu ravissais, dans ces funérailles de l'état, les dépouilles consulaires, tu t'engraissais de sept millions de sesterces, et brillant des ornemens du sacerdoce, tu enveloppais dans une même ruine des enfans innocens, des vieillards illustres, des femmes honorées; lorsque tu accusais Néron de lenteur, parce qu'il se fatiguait, lui et ses délateurs, à frapper isolément, tandis que, d'une seule

sit, et quomodo senes nostri Marcellum, Crispum, juvenes Regulum, imitentur. Invenit etiam æmulos infelix nequitia; quid si floreat vigeatque? Et quem adhuc quæstorium offendere non audemus, prætorium, et consularem visuri sumus? An Neronem extremum dominorum putatis? Idem crediderant, qui Tiberio, qui Caio, superstites fuerunt; quum interim intestabilior et sævior exortus est. Non timemus Vespasianum; ea principis ætas, ea moderatio. Sed diutius durant exempla quam mores. Elanguimus, patres conscripti, nec jam ille senatus sumus, qui, occiso Nerone, delatores et ministros more majorum puniendos flagitabat. Optimus est, post malum principem, dies primus.

XLIII. Tanto cum assensu senatus auditus est Montanus, ut spem caperet Helvidius, posse etiam Marcellum prosterni. Igitur a laude Cluvii Rufi orsus, qui, perinde dives et eloquentia clarus, nulli unquam sub Nerone periculum facessisset, crimine simul exemploque Eprium urgebat; ardentibus patrum animis: quod ubi sensit Marcellus, velut excedens curia: Imus, inquit, Prisce, et relinquimus tibi senatum tuum; regna, præsente Cæsare. Sequebatur Vibius Crispus; ambo in-

parole, il pouvait anéantir le sénat tout entier. Gardez, pères conscrits, conservez un homme de conseils si expéditifs, afin que chaque âge ait son modèle, et que, comme nos vieillards imitent Marcellus et Crispus, nos jeunes gens imitent Aquilius Regulus. La perversité trouve des imitateurs, même lorsqu'elle succombe : que sera-ce, si elle est encouragée, applaudie ? Et celui-là, que nous n'osons pas attaquer, quand il n'a encore été que questeur, le verrons-nous préteur et consul ? Croyez-vous Néron le dernier des tyrans ? ils avaient cru la même chose ceux qui survécurent à Tibère, à Caligula, et cependant il s'en est élevé un plus implacable et plus atroce. Nous ne craignons pas Vespasien : son âge, sa modération nous rassurent. Mais les exemples durent plus long-temps que les caractères. Nous languissons, pères conscrits, et déjà nous ne sommes plus ce sénat qui, à la mort de Néron, exigeait que les délateurs et les ministres des tyrans fussent punis comme l'avaient prescrit nos ancêtres. Le jour le plus précieux, après un méchant prince, c'est le premier. »

XLIII. Montanus fut entendu dans le sénat avec tant d'approbation, qu'Helvidius conçut l'espérance de pouvoir faire succomber aussi Marcellus. Commençant donc par l'éloge de Cluvius Rufus, qui, quoique fort riche et distingué par son éloquence, n'avait jamais, sous Néron, causé la ruine de personne, il l'accablait à la fois, et de cet exemple, et de ses propres crimes. Les esprits des sénateurs étaient enflammés. Marcellus s'en aperçut, et, comme s'il allait sortir de l'assemblée, il dit : « Nous partons, Helvidius, et te laissons, à toi, ton sénat : règnes-y en présence de César. » Il fut suivi de Vibius Crispus : tous

fensi, vultu diverso: Marcellus minacibus oculis, Crispus renidens; donec accursu amicorum retraherentur. Quum glisceret certamen, hinc multi bonique, inde pauci et validi, pertinacibus odiis tenderent, consumptus per discordiam dies.

XLIV. Proximo senatu, inchoante Caesare, de abolendo dolore iraque, et priorum temporum necessitatibus, censuit Mucianus prolixe pro accusatoribus; simul eos, qui coeptam, dein omissam, actionem repeterent, monuit sermone molli, et tanquam rogaret. Patres coeptatam libertatem, postquam obviam itum, omisere. Mucianus, ne sperni senatus judicium, et cunctis sub Nerone admissis data impunitas videretur, Octavium Sagittam et Antistium Sosianum, senatorii ordinis, egressos exsilium, in easdem insulas redegit. Octavius Pontiam Postumiam, stupro cognitam, et nuptias suas abnuentem, impotens amoris interfecerat; Sosianus pravitate morum multis exitiosus. Ambo gravi senatusconsulto damnati pulsique, quamvis concesso aliis reditu, in eadem poena retenti sunt. Nec ideo lenita erga Mucianum invidia: quippe Sosianus ac Sagitta viles, etiam si reverterentur; accusatorum ingenia, et opes, et exercita malis artibus potentia timebantur.

deux irrités, mais avec une physionomie différente, Marcellus, la menace dans les yeux, Crispus souriant ; enfin ils furent ramenés par leurs amis qui accoururent. Un débat violent s'ensuivit : d'un côté étaient les gens de bien, en plus grand nombre ; de l'autre, moins nombreux, les plus puissans ; les haines se manifestèrent avec opiniâtreté ; ce jour se consuma en discordes.

XLIV. A l'assemblée suivante, Domitien commença par recommander l'oubli des chagrins, des animosités et des malheurs des temps précédens. Mucien parla prolixement en faveur des accusateurs ; en même temps il donna des conseils à ceux qui, ayant entrepris, puis interrompu une accusation, y revenaient encore ; son discours était caressant, et semblait une prière. Le sénat avait essayé de la liberté ; à cette première opposition, il y renonça. Mucien, de peur que l'autorité des sénateurs ne tombât dans le mépris, et que l'impunité ne fût accordée à tous les crimes commis sous Néron, ordonna à Octavius Sagitta et Antistius Sosianus, de l'ordre sénatorial, et revenus de l'exil, de retourner dans les mêmes îles. Octavius, après avoir séduit Pontia Postumia, l'avait tuée dans un transport d'amour, parce qu'elle refusait de l'épouser ; Sosianus, par la perversité de son caractère, avait été fatal à bien des gens. Tous deux, condamnés et chassés par un sénatus-consulte infamant, furent retenus dans le même exil, quoiqu'on eût accordé à d'autres leur grâce. Toutefois, la haine contre Mucien n'en fut pas diminuée ; car Sosianus et Sagitta n'étaient que des gens vils, que leur retour n'eût pas réhabilités. Ce qu'on redoutait, c'étaient les talens des déla-

XLV. Reconciliavit paullisper studia patrum habita in senatu cognitio secundum veterem morem. Manlius Patruitus, senator, pulsatum se in colonia Senensi, cœtu multitudinis, et jussu magistratuum, querebatur; nec finem injuriæ hic stetisse; planctum, et lamenta, et supremorum imaginem, præsenti sibi circumdata, cum contumeliis et probris, quæ in senatum universum jacerentur. Vocati, qui arguebantur : et, cognita causa, in convictos vindicatum : additumque senatusconsultum quo Senensium plebes modestiæ admoneretur. Iisdem diebus Antonius Flamma Cyrenensibus damnatur lege repetundarum, et exsilio ob sævitiam.

XLVI. Inter quæ militaris seditio prope exarsit. Prætorianam militiam repetebant a Vitellio dimissi, pro Vespasiano congregati; et illectus in eandem spem, e legionibus miles promissa stipendia flagitabat; ne Vitelliani quidem sine multa cæde pelli poterant. Ingressus castra Mucianus, quo rectius stipendia singulorum spectaret, suis cum insignibus armisque victores constituit, modicis inter se spatiis discretos. Tum Vitelliani, quos apud Bovillas in deditionem acceptos memoravimus, ceterique, per urbem et urbi vicina, conquisiti, producuntur prope intecto corpore. Eos Mu-

teurs, leur crédit et leur puissance qui s'employait à mal faire.

XLV. Les opinions divisées des sénateurs furent un peu conciliées par un procès instruit devant eux suivant les anciennes formalités. Manlius Patruitus, sénateur, se plaignait d'avoir été frappé, dans la colonie de Sienne, au milieu d'un attroupement de peuple, et par l'ordre des magistrats; l'insulte ne s'était point arrêtée là : il s'était vu entouré, vivant, de deuil, de lamentations, et de tout le simulacre de sa pompe funèbre, accompagné d'invectives et d'outrages, qui attaquaient le sénat tout entier. On appela les accusés : l'affaire fut jugée, et les coupables punis. On rendit de plus un sénatus-consulte, par lequel le peuple de Sienne fut averti d'avoir plus de respect. Ces mêmes jours, Antonius Flamma est condamné à restitution sur la requête des Cyrénéens, et de plus exilé, pour ses cruautés.

XLVI. Sur ces entrefaites une sédition fut près de s'enflammer parmi les troupes. Le service prétorien était redemandé par les soldats licenciés sous Vitellius, reformés pour Vespasien; et ceux choisis et pris dans les légions avec le même espoir, réclamaient vivement les avantages promis. L'on n'aurait pu se débarrasser des Vitelliens sans verser beaucoup de sang. Mucien se rend au camp, fait ranger les vainqueurs avec leurs armes et avec leurs décorations, en les séparant par de faibles espaces, afin de reconnaître plus facilement les titres de chacun. Alors les Vitelliens qui, comme je l'ai rapporté, s'étaient rendus à discrétion à Bovilles, et tous ceux que l'on put trouver à Rome et aux environs, furent amenés; ils

cianus diduci, et Germanicum Britannicumque militem, ac si qui aliorum exercituum, separatim adsistere, jubet. Illos primus statim adspectus obstupefecerat; quum ex diverso velut aciem, telis et armis trucem, semet clausos nudosque, et illuvie deformes, adspicerent. Ut vero huc illuc distrahi coepere, metus per omnes, et praecipua Germanici militis formido, tanquam ea separatione ad caedem destinarentur; prensare commanipularium pectora, cervicibus innecti, suprema oscula petere, ne desererentur soli, neu, in pari causa, disparem fortunam paterentur; modo Mucianum, modo absentem principem, postremum coelum ac deos obtestari; donec Mucianus, cunctos ejusdem sacramenti, ejusdem imperatoris milites appellans, falso timori obviam iret. Namque et victor exercitus clamore lacrymas eorum juvabat: isque finis illa die. Paucis post diebus, adloquentem Domitianum firmati jam excepere: spernunt oblatos agros; militiam et stipendia orant: preces erant, sed quibus contradici non posset; igitur in praetorium accepti. Dein, quibus aetas et justa stipendia, dimissi cum honore, alii ob culpam; sed carptim ac singuli; quo tutissimo remedio consensus multitudinis extenuatur.

XLVII. Ceterum, verane pauperie, an uti videre-

étaient presque sans vêtemens. Mucien ordonne de diviser et de placer séparément les soldats de Germanie, de Bretagne, et ceux des autres armées. A ce premier aspect, ils furent aussitôt consternés : en face d'eux comme des lignes d'ennemis, couverts d'armes, hérissés de javelots, et eux-mêmes, enfermés, nus, et dans une misère hideuse. Mais, dès qu'on vint pour les entraîner, l'un d'un côté, l'autre d'un autre, ils furent tous saisis de crainte, et la terreur s'empara principalement des soldats de Germanie, persuadés que cette séparation avait pour but un massacre général. Ils se serrent au sein de leurs camarades, s'enlacent à leur cou, leur demandent un dernier embrassement, les supplient de ne pas les abandonner seuls, de ne pas souffrir que, leur cause étant commune, leur destinée fût différente. Tantôt ils invoquent Mucien, tantôt le prince absent, puis le ciel et les dieux, jusqu'à ce qu'enfin Mucien, en leur disant qu'ils étaient tous soldats engagés par le même serment, pour un même empereur, vint dissiper leur fausse alarme; d'ailleurs l'armée victorieuse appuyait leurs larmes de ses cris. Ainsi finit cette journée. Peu de jours après, déjà rassurés, ils reçoivent autrement Domitien et son allocution; ils dédaignent les champs qu'on leur offre, demandent du service et la paye. C'étaient des prières, mais telles qu'on ne pouvait les rejeter. Ils sont donc admis comme prétoriens. Ensuite ceux qui avaient passé l'âge ou le temps précis furent renvoyés avec honneur, d'autres le furent pour des fautes, mais séparément et isolément, moyen le plus sûr d'affaiblir l'accord de la multitude.

XLVII. Au reste, soit véritable pénurie, soit qu'elle

tur, actum in senatu, ut sexcenties sestertium a privatis mutuum acciperetur: præpositusque ei curæ Poppæus Silvanus; nec multo post necessitas abiit, sive omissa simulatio. Abrogati inde, legem ferente Domitiano, consulatus, quos Vitellius dederat: funusque censorium Flavio Sabino ductum; magna documenta instabilis fortunæ, summaque et ima miscentis.

XLVIII. Sub idem tempus, L. Piso proconsul interficitur. Ea de cæde quam verissime expediam, si pauca supra repetiero, ab initio causisque talium facinorum non absurda. Legio in Africa, auxiliaque tutandis imperii finibus, sub D. Augusto Tiberioque principibus, proconsuli parebant. Mox C. Cæsar, turbidus animi, ac M. Silanum, obtinentem Africam, metuens, ablatam proconsuli legionem, misso in eam rem legato tradidit; æquatus inter duos beneficiorum numerus, et, mixtis utriusque mandatis, discordia quæsita, auctaque pravo certamine. Legatorum vis adolevit diuturnitate officii, vel quia minoribus major æmulandi cura; proconsulum splendidissimus quisque securitati magis, quam potentiæ consulebant.

XLIX. Sed tum legionem in Africa regebat Valerius

fût supposée, on vota dans le sénat un emprunt de soixante millions de sesterces à lever sur les particuliers ; l'on préposa à cette perception Poppéus Silvanus ; mais, peu après, cette détresse n'exista plus, ou l'on renonça à la feindre. On abrogea ensuite, par une loi que proposa Domitien, les consulats que Vitellius avait donnés, et l'on fit à Flavius Sabinus des funérailles censoriales, exemple mémorable de l'instabilité de la fortune, qui mêle et les grandeurs et les abaissemens.

XLVIII. Vers le même temps, le proconsul L. Pison fut assassiné. Quant à ce meurtre, je donnerai les détails les plus exacts en reprenant d'un peu plus haut quelques faits qui semblent se lier à l'origine et aux causes de ces attentats. Une légion et des auxiliaires, chargés de protéger en Afrique les frontières de l'empire, obéissaient à un proconsul sous le règne du divin Auguste et de Tibère. Plus tard Caligula, qui aimait le trouble, redoutant M. Silanus, alors gouverneur en Afrique, ôta à ce proconsul le commandement de la légion, et le donna à un lieutenant envoyé à cet effet. Il accorda à tous les deux un nombre égal de nominations militaires, et, en confondant leurs mandats, il fit naître entre eux la discorde, qui s'accrut encore par de honteux débats. Le pouvoir des lieutenans grandit, ou par la prolongation de leur service, ou parce que, chez les inférieurs, l'émulation a toujours plus d'activité dans ses moyens. Les proconsuls, surtout les plus marquans, veillaient à leur sécurité bien plus qu'à leur autorité.

XLIX. Alors donc la légion d'Afrique était comman-

Festus, sumptuosae adolescentiae, neque modica cupiens, et affinitate Vitellii anxius. Is crebris sermonibus tentaveritne Pisonem ad res novas, an tentandi restiterit, incertum; quoniam secreto eorum nemo adfuit, et, occiso Pisone, plerique ad gratiam interfectoris inclinavere. Nec ambigitur, provinciam et militem alienato erga Vespasianum animo fuisse; e quidam et Vitellianis, urbe profugi, ostentabant Pisoni nutantes Gallias, paratam Germaniam, pericula ipsius, et in pace suspecta tutius bellum. Inter quae, Claudius Sagitta, praefectus alae Petrinae, prospera navigatione praevenit Papirium, centurionem, a Muciano missum, adseveravitque mandata interficiendi Pisonis centurioni data: cecidisse Galerianum, consobrinum ejus generumque: unam in audacia spem salutis: sed duo itinera audendi; seu mallet statim arma, seu, petita navibus Gallia, ducem se Vitellianis exercitibus ostenderet. Nihil ad ea moto Pisone, centurio a Muciano missus, ut portum Carthaginis adtigit, magna voce laeta Pisoni omina, tanquam principi, continuare; obvios, et subitae rei miraculo adtonitos, ut eadem adstreperent, hortari; vulgus credulum, ruere in forum: praesentiam Pisonis exposcere. Gaudio clamoribusque cuncta miscebant, indiligentia veri, et adulandi libidine. Piso, indicio Sagittae, vel insita modestia, non in publicum egressus est, neque se

dée par Valerius Festus, jeune fastueux, sans modération dans ses désirs, et que sa parenté avec Vitellius inquiétait. Festus, en de fréquens entretiens, sollicita-t-il Pison à la révolte, ou fut-il vainement sollicité par lui? on ne sait : puisque personne ne fut dans leur confidence, et que, Pison mort, on inclina généralement en faveur de son meurtrier. Il n'est pas douteux que l'esprit de la province et du soldat était peu porté pour Vespasien. De plus, quelques Vitelliens, échappés de Rome, montraient à Pison les Gaules chancelantes, la Germanie prête, des périls pour lui-même, et la guerre offrant plus de sécurité qu'une paix suspecte. Sur ces entrefaites arrive Claudius Sagitta, préfet de la cavalerie Petrina ; il avait devancé, par une navigation heureuse, Papirius, centurion dépêché par Mucien, et il assura que l'ordre avait été donné à ce centurion d'égorger Pison ; que déjà Galerianus, son cousin et son gendre, avait péri. Le seul espoir de salut est dans l'audace ; mais deux voies sont ouvertes pour oser : courir aux armes aussitôt s'il le préfère, ou gagner la Gaule par mer, et se présenter comme chef aux armées Vitelliennes ; Pison n'en fut nullement ébranlé. Le centurion qu'envoyait Mucien, dès qu'il touche au port de Carthage, répète, d'une voix élevée, en faveur de Pison, les vœux et les félicitations usités pour un empereur ; il exhorte ceux qu'il rencontre, stupéfaits du merveilleux d'un évènement aussi subit, à joindre leurs acclamations aux siennes ; la multitude crédule se précipite vers la place publique, demande que Pison se montre. Dans leur joie, dans leurs cris, ils confondent tout : ils ne recher-

studiis vulgi permisit; centurionemque percunctatus, postquam, quaesitum sibi crimen caedemque, comperit, animadverti in eum jussit, haud perinde spe vitae, quam ira in percussorem, quod idem ex interfectoribus Clodii Macri, cruentas legati sanguine manus ad caedem proconsulis retulisset. Anxio deinde edicto Carthaginiensibus increpitis, ne solita quidem munia usurpabat, clausus intra domum, ne qua motus novi causa, vel forte oriretur.

L. Sed, ubi Festo consternatio vulgi, centurionis supplicium, veraque et falsa more famae, in majus innotuere, equites in necem Pisonis mittit. Illi raptim vecti, obscuro adhuc coeptae lucis, domum proconsulis irrumpunt, destrictis gladiis; et magna pars Pisonis ignari, quod Poenos auxiliares Maurosque in eam caedem delegerat; haud procul cubiculo, obvium forte servum, quisnam, et ubi esset Piso? interrogavere. Servus egregio mendacio, se Pisonem esse, respondit; ac statim obtruncatur: nec multo post Piso interficitur: namque aderat, qui nosceret, Bebius Massa, e procuratoribus Africae, jam tunc optimo cuique exitiosus, et in causas malorum, quae mox tulimus, saepius reditu-

chent point la vérité, la flatterie seule les excite. Pison, sur l'avis de Sagitta ou par sa modération naturelle, ne sort point en public, ne se livre pas aux transports de la multitude. Il interroge le centurion, et assuré qu'il a eu pour but de lui susciter un crime et de le tuer, il ordonne qu'il périsse, moins par espoir pour sa vie, que par indignation contre un assassin qui avait été l'un des meurtriers de Clodius Macer, et dont les mains, teintes du sang d'un lieutenant, allaient égorger un proconsul. Ensuite, ayant réprimandé les Carthaginois par un édit où se peignaient ses inquiétudes, il ne remplit pas ses fonctions accoutumées, et se renferma dans sa maison, de peur de devenir, même par hasard, la cause d'un nouveau mouvement.

L. Mais dès que cette effervescence de la multitude, le supplice du centurion, et d'autres détails vrais ou faux, exagérés par la renommée, eurent été rapportés à Festus, il envoie des cavaliers pour tuer Pison. Ils se transportent en hâte, et dans cette obscurité qui tient encore au jour naissant, forcent la maison du proconsul, l'épée à la main. Une grande partie ne connaissait point Pison : c'étaient des auxiliaires maures et carthaginois choisis pour cet attentat. Non loin de la chambre à coucher, ils rencontrent par hasard un esclave, et lui demandent qui est Pison, et où il est; l'esclave, par un mensonge héroïque, répondit qu'il était Pison, et fut aussitôt massacré. Peu après Pison fut tué; car il y avait là un homme qui le connaissait; Bebius Massa, un des procurateurs d'Afrique, déjà alors fatal à tout homme de bien, et qui reparaîtra trop souvent comme une des

rus. Festus Adrumeto, ubi speculabundus substiterat, ad legionem contendit, præfectumque castrorum, Cetronium Pisanum, vinciri jussit, proprias ob simultates; sed Pisonis satellitem vocabat, militesque et centuriones quosdam puniit, alios præmiis affecit; neutrum ex merito, sed ut oppressisse bellum crederetur. Mox OEensium, Leptitanorumque discordias componit, quæ, raptu frugum et pecorum inter agrestes, modicis principiis, jam per arma atque acies exercebantur. Nam populus OEensis, multitudine inferior, Garamantas exciverat, gentem indomitam, et inter accolas latrociniis fecundam. Unde arctæ Leptitanis res, lateque vastatis agris intra mœnia trepidabant; donec, interventu cohortium alarumque, fusi Garamantes, et recepta omnis præda, nisi quam vagi per inaccessa mapalium ulterioribus vendiderant.

LI. At Vespasiano, post Cremonensem pugnam, et prosperos undique nuntios, cecidisse Vitellium, multi cujusque ordinis, pari audacia fortunaque hibernum mare aggressi, nuntiavere. Aderant legati regis Vologesi, quadraginta Parthorum equitum millia offerentes. Magnificum lætumque, tantis sociorum auxiliis ambiri,

causes des maux qu'ensuite nous avons soufferts. Festus quitta Adrumète, où il s'était posté en observation, se rendit auprès de la légion, et fit charger de chaînes le préfet du camp, Cetronius Pisanus : c'était par ressentiment personnel; mais il l'appelait le satellite de Pison; il punit aussi quelques centurions et soldats, en récompensa quelques autres; le tout injustement, il voulait paraître avoir étouffé une guerre civile. Ensuite il apaisa dans les villes d'OEa et de Leptis, des inimitiés qui, n'ayant eu pour faibles commencemens que des vols de denrées et de bestiaux entre paysans, déjà se manifestaient à main armée et par des combats. En effet, le peuple d'OEa, d'une population moindre, avait appelé les Garamantes, nation indomptée et féconde en brigands qui désolaient leurs voisinages. De là les inquiétudes des habitans de Leptis, qui voyaient leurs campagnes partout dévastées, et tremblaient dans leurs murs, jusqu'à ce qu'enfin survinrent nos cohortes et notre cavalerie. Les Garamantes sont mis en fuite, et tout le butin est recouvré, excepté ce que ces peuples errans avaient vendu à l'intérieur dans leurs retraites inaccessibles.

LI. Cependant Vespasien, déjà informé de la bataille de Crémone, et recevant d'heureuses nouvelles de toutes parts, apprit que Vitellius avait succombé : une foule de personnes de tout rang, avec autant d'audace que de bonheur, bravèrent les tempêtes de l'hiver pour l'en instruire. Près de lui étaient les ambassadeurs du roi Vologèse, lui offrant quarante mille cavaliers parthes. Quelle gloire, quel bonheur de voir des alliés demander comme

neque indigere. Gratiæ Vologeso actæ, mandatumque, ut legatos ad senatum mitteret, et pacem esse sciret. Vespasianus, in Italiam resque urbis intentus, adversam de Domitiano famam accipit; tanquam terminos ætatis et concessa filio egrederetur. Igitur validissimam exercitus partem Tito tradit, ad reliqua Judaici belli perpetranda.

LII. Titum, antequam digrederetur, multo apud patrem sermone orasse dicebatur, ne criminantium nuntiis temere accenderetur; integrumque se ac placabilem filio præstaret. Non legiones, non classes, perinde firma imperii munimenta, quam numerum liberorum. Nam amicos, tempore, fortuna, cupidinibus aliquando, aut erroribus, imminui, transferri, desinere; suum cuique sanguinem indiscretum, sed maxime principibus; quorum prosperis et alii fruantur, adversa ad junctissimos pertineant; ne fratribus quidem mansuram concordiam, ni parens exemplum præbuisset. Vespasianus, haud æque Domitiano mitigatus, quam Titi pietate gaudens, bono esse animo jubet, belloque et armis rempublicam attollere; sibi pacem domumque curæ fore. Tum celerrimas navium, frumento onustas, sævo adhuc mari committit. Quippe tanto discrimine urbs nutabat, ut decem haud amplius dierum frumentum in horreis fuerit, quum a Vespasiano commeatus subvenere.

faveur de nous offrir de si grands secours, et de n'en avoir pas besoin ! On rendit grâces à Vologèse, on lui dit d'envoyer des ambassadeurs vers le sénat, et qu'il devait savoir que tout était en paix. Vespasien, attentif à l'Italie et au sort de Rome, apprit des bruits fâcheux sur Domitien ; on l'accusait d'avoir dépassé les bornes prescrites à son âge et l'indulgence qu'on peut accorder à un fils. Vespasien confie donc à Titus la plus forte partie de l'armée pour conduire à sa fin la guerre de Judée.

LII. Titus, avant de s'éloigner, eut, dit-on, un long entretien avec son père, et le conjura de ne pas s'enflammer sur des accusations hasardées : « Restez pour votre fils sans préventions et indulgent, lui dit-il. Ni des légions, ni des flottes ne sont pour un empire des appuis aussi fermes que de nombreux enfans ; car, pour les amis, le temps, la fortune, les passions quelquefois, ou leurs erreurs, en diminuent le nombre, les éloignent, les font disparaître ; le sang forme pour chaque homme un lien indissoluble, et surtout pour les princes : leurs prospérités, d'autres souvent en jouissent ; leurs adversités retombent sur les plus proches parens. La concorde restera-t-elle entre des frères, si le père n'en offre l'exemple ? » Vespasien, moins adouci en faveur de Domitien, que touché de la tendresse fraternelle de Titus, lui dit d'avoir bon courage, de contribuer à la grandeur de la république, par la guerre et par les armes ; que, pour lui, il saurait veiller à la paix et à sa famille. Ensuite, il confia à la mer, encore courroucée, ses plus légers vaisseaux, chargés de blés ; car Rome allait être en proie à la plus grande crise, puisqu'il n'y avait pas, dans

LIII. Curam restituendi Capitolii in L. Vestinum confert, equestris ordinis virum, sed auctoritate famaque inter proceres. Ab eo contracti haruspices monuere, ut reliquiæ prioris delubri in paludes aveherentur; templum iisdem vestigiis sisteretur : nolle deos mutari veterem formam. Undecimo kalendas Julias, serena luce spatium omne, quod templo dicabatur, evinctum vittis coronisque. Ingressi milites, quis fausta nomina, felicibus ramis : dein virgines Vestales, cum pueris puellisque patrimis matrimisque, aqua, vivis e fontibus amnibusque hausta, perluere. Tum Helvidius Priscus, prætor, præeunte Plautio Æliano pontifice, lustrata suovetaurilibus area, et super cespitem redditis extis, Jovem, Junonem, Minervam, præsidesque imperii deos precatus, uti cœpta prosperarent, sedesque suas, pietate hominum inchoatas, divina ope adtollerent; vittas, quis ligatus lapis, innexique funes erant, contigit. Simul ceteri magistratus, et sacerdotes, et senatus, et eques, et magna pars populi, studio lætitiaque connixi, saxum ingens traxere : passimque injectæ fundamentis argenti aurique stipes et metallorum primitiæ, nullis fornacibus victæ, sed ut gignuntur. Præ-

les greniers, pour plus de dix jours de vivres, lorsque survinrent les convois envoyés par Vespasien.

LIII. Le soin de rétablir le Capitole fut confié par Vespasien à L. Vestinus, de l'ordre équestre, mais que son crédit et sa réputation plaçaient parmi les premiers de Rome. Les aruspices, qu'il convoqua, dirent « de transporter les décombres de l'ancien édifice dans des marais, de rebâtir le temple sur le même emplacement; que les dieux ne voulaient pas que l'ancienne forme fût changée. » Le onze des kalendes de juillet, par un jour serein, tout l'espace, consacré au temple, fut entouré de bandelettes et de couronnes. Des soldats qui portaient des noms heureux y entrèrent avec des rameaux de favorable augure; ensuite les Vestales, avec de jeunes garçons et de jeunes filles, dont les pères et mères vivaient encore, firent des aspersions d'eau puisée dans les rivières ou les fontaines vives. Alors le préteur, Helvidius Priscus, précédé du pontife Plautius Ælianus, purifia le terrain par le sacrifice d'un porc, d'une brebis et d'un taureau, déposa les entrailles sur l'autel de gazon, et supplia Jupiter, Junon, Minerve et les dieux protecteurs de l'empire de favoriser l'entreprise, et d'accorder leur divin secours pour achever ce monument commencé par la piété des mortels. Il toucha les bandelettes attachées à la première pierre et qui s'entrelaçaient aux cordes; aussitôt les autres magistrats, et les pontifes, et les sénateurs, et les chevaliers, et une grande partie du peuple, rivalisant de zèle et d'allégresse, traînèrent l'énorme pierre. On jeta çà et là, dans les fondemens, des pièces d'or et d'argent, et les prémices de métaux, que

dixere aruspices, ne temeraretur opus saxo aurove in aliud destinato. Altitudo aedibus adjecta: id solum religio adnuere; et prioris templi magnificentiae defuisse creditum, quo tanta vis hominum retinenda erat.

LIV. Audita interim per Gallias Germaniasque mors Vitellii duplicaverat bellum. Nam Civilis, omissa dissimulatione, in populum romanum ruere. Vitellianae legiones vel externum servitium, quam imperatorem Vespasianum, malle. Galli sustulerant animos, eandem ubique exercituum nostrorum fortunam rati; vulgato rumore, a Sarmatis Dacisque Moesica ac Pannonica hiberna circumsideri: paria de Britannia fingebantur. Sed nihil aeque, quam incendium Capitolii, ut finem imperio adesse crederent, impulerat. Captam olim a Gallis urbem; sed, integra Jovis sede, mansisse imperium. Fatali nunc igne signum coelestis irae datum, et possessionem rerum humanarum Transalpinis gentibus portendi, superstitione vana Druidae canebant. Incesseratque fama, primores Galliarum, ab Othone adversus Vitellium missos, antequam digrederentur, pepigisse, ne deessent libertati, si populum romanum continua bellorum civilium series, et interna mala fregissent.

nul fourneau n'avait élaborés, mais tels qu'ils se produisent. Les aruspices avaient recommandé de ne point profaner l'édifice en y plaçant de l'or ni aucune pierre, destinés d'abord à d'autres usages. La hauteur du monument fut augmentée, seule addition permise par les pontifes, et qui sembla avoir manqué à la magnificence du premier temple destiné à contenir une très-grande multitude de personnes.

LIV. Cependant la mort de Vitellius, publiée dans les Gaules et dans la Germanie, avait ajouté une nouvelle guerre à la première. En effet Civilis, quittant toute dissimulation, se précipite sur le peuple romain. Les légions Vitelliennes préférèrent des barbares pour maîtres à Vespasien pour empereur. Les Gaulois avaient relevé leur courage, persuadés que partout la fortune de nos armées était la même, sur le bruit répandu que les Sarmates et les Daces tenaient assiégés nos quartiers en Mésie et en Pannonie. Mêmes mensonges se débitaient sur la Bretagne. Mais rien, autant que l'incendie du Capitole, ne les avait déterminés à croire que notre empire touchait à sa fin. « Jadis, disaient-ils, Rome fut prise par les Gaulois, mais le temple de Jupiter, respecté, conserva l'empire; aujourd'hui, cet incendie est le signe donné par les destins de la colère céleste, et indique que le gouvernement des choses humaines va passer aux nations d'au-delà des Alpes. » Telles étaient les vaines prédictions des Druides, et la renommée avait divulgué que les chefs des Gaules envoyés par Othon contre Vitellius, avaient juré, avant leur départ, de travailler à la liberté commune, quand une longue continuité de

LV. Ante Flacci Hordeonii cædem, nihil prorupit quo conjuratio intelligeretur. Interfecto Hordeonio, commeavere nuntii inter Civilem Classicumque, præfectum alæ Treverorum. Classicus nobilitate opibusque ante alios: regium illi genus, et pace belloque clara origo: ipse e majoribus suis hostis populi romani quam socius, jactabat. Miscuere sese Julius Tutor, et Julius Sabinus: hic Trevir, hic Lingon. Tutor ripæ Rheni a Vitellio præfectus: Sabinus, super insitam vanitatem, falsæ stirpis gloria incendebatur; proaviam suam D. Julio, per Gallias bellanti, corpore atque adulterio placuisse. Hi secretis sermonibus animos ceterorum scrutari: ubi, quos idoneos rebantur, conscientia obstrinxere, in colonia Agrippinensi in domum privatam conveniunt: nam publice civitas talibus inceptis abhorrebat: attamen interfuere quidam Ubiorum Tungrorumque: sed plurima vis penes Treveros ac Lingonas: nec tulere moras consultandi: certatim proclamant: furere discordiis populum romanum, cæsas legiones, vastatam Italiam, capi quum maxime urbem, omnes exercitus suis quemque bellis detineri; si Alpes præsidiis firmentur, coalita libertate, dispecturas Gallias, quem virium suarum terminum velint.

guerres civiles et de désastres intérieurs aurait affaibli le peuple romain.

LV. Avant le meurtre d'Hordeonius Flaccus, il n'éclata rien qui pût décéler une conjuration. Hordeonius mort, des rapports s'établirent, par des émissaires, entre Civilis et Classicus, préfet de la cavalerie trévire. Classicus, par sa noblesse et ses richesses, l'emportait sur tous ses compatriotes : il était de la race royale, et ses aïeux avaient brillé dans la paix et dans la guerre. Lui-même se vantait d'être, comme ses ancêtres, plutôt l'ennemi que l'allié du peuple romain. Julius Tutor et Julius Sabinus se mêlèrent à la conspiration. L'un était de Trèves, l'autre de Langres. Tutor avait été chargé par Vitellius de garder la rive du Rhin. Sabinus, outre sa vanité naturelle, s'enorgueillissait de l'éclat d'une origine chimérique. Sa bisaïeule avait séduit César, durant ses guerres dans les Gaules, par ses charmes et par ses faveurs adultères. Ces chefs scrutent les diverses intentions par des entretiens secrets ; dès qu'ils ont lié, par la complicité, ceux qu'ils croient propres au complot, ils se réunissent à Cologne dans une maison particulière; car publiquement cette ville se refusait à de tels projets. Toutefois, là se trouvèrent quelques Ubiens et quelques Tongres; mais ceux de Langres et de Trèves y étaient en plus grand nombre. Ils ne se prêtèrent pas aux lenteurs d'une délibération : tous s'écrient à l'envi : « La discorde a répandu ses fureurs sur le peuple romain; ses légions sont massacrées, l'Italie est dévastée; on peut s'emparer de Rome, surtout aujourd'hui que toutes ses armées sont, chacune, occupées d'une guerre particulière. Si

LVI. Hæc dicta pariter probataque : de reliquiis Vitelliani exercitus dubitavere. Plerique interficiendos censebant, turbidos, infidos, sanguine ducum pollutos. Vicit ratio parcendi; ne, sublata spe veniæ, pertinaciam accenderent : adliciendos potius in societatem. Legatis tantum legionum interfectis, ceterum vulgus, conscientia scelerum et spe impunitatis, facile accessurum. Ea primi consilii forma : missique per Gallias concitores belli. Simulatum ipsis obsequium, quo incautiorem Voculam opprimerent. Nec defuere, qui Voculæ nuntiarent; sed vires ad coercendum deerant, infrequentibus infidisque legionibus. Inter ambiguos milites, et occultos hostes, optimum e præsentibus ratus, mutua dissimulatione, et iisdem, quibus petebatur, artibus grassari; in coloniam Agrippinensem descendit. Illuc Claudius Labeo, quem captum, et extra conventum amandatum in Frisios, diximus, corruptis custodibus perfugit : pollicitusque, si præsidium daretur, iturum in Batavos, et potiorem civitatis partem ad societatem romanam retracturum; accepta peditum equitumque

nous fermons les Alpes par de fortes garnisons, notre liberté est à jamais affermie, et les Gaules n'auront plus qu'à considérer quelles limites elles veulent à leur puissance. »

LVI. Ces projets furent approuvés aussitôt que proposés. On hésita sur le sort des restes de l'armée Vitellienne. La plupart voulaient qu'on égorgeât ces turbulens, ces perfides, souillés du sang de leurs chefs. Le conseil de les épargner prévalut. On craignit, en leur ôtant tout espoir de pardon, d'exaspérer leur opiniâtreté. Il fallait plutôt les attirer dans la ligue et seulement massacrer les lieutenans des légions ; le reste accourrait promptement par le sentiment même de sa complicité, et par l'espoir de l'impunité. Telle fut l'issue de la première délibération, et des émissaires partirent pour attiser la guerre dans les Gaules. Les conjurés feignirent de la soumission pour tromper la prudence de Vocula et l'écraser : toutefois bien des avertissemens parvinrent à Vocula ; mais les moyens de répression lui manquaient, avec des légions incomplètes et prêtes à trahir. Entouré de soldats suspects et d'ennemis cachés, il crut que le mieux, pour le présent, était d'user d'une semblable dissimulation et des artifices dirigés contre lui : il descendit à Cologne. Là s'était enfui, après avoir corrompu ses gardes, Claudius Labéon, dont nous avons raconté la captivité et la déportation chez les Frisons contre tous les droits. Il promettait, si on lui donnait main-forte, d'aller chez les Bataves, et de ramener la majeure partie de ce peuple à l'alliance des Romains. On lui confia un faible détachement de fantassins et de cavaliers ; il n'osa

modica manu, nihil apud Batavos ausus, quosdam Nerviorum Betasiorumque in arma traxit; et furtim magis, quam bello, Canninefates Marsacosque incursabat. Vocula, Gallorum fraude, inlectus, ad hostem contendit.

LVII. Nec procul Veteribus aberat, quum Classicus ac Tutor, per speciem explorandi prægressi, cum ducibus Germanorum pacta firmavere. Tumque primum discreti a legionibus proprio vallo castra sua circumdant, obtestante Vocula, non adeo turbatam civilibus armis rem romanam, ut Treveris etiam Lingonibusque despectui sit. Superesse fidas provincias, victores exercitus, fortunam imperii, et ultores deos. Sic olim Sacrovirum et Æduos, nuper Vindicem Galliasque, singulis prœliis concidisse. Eadem rursus numina, eadem fata, ruptores fœderum exspectarent. Melius D. Julio divoque Augusto notos eorum animos. Galbam, et infracta tributa, hostiles spiritus induisse. Nunc hostes, quia molle servitium; quum spoliati exutique fuerint, amicos fore. Hæc ferociter locutus, postquam perstare in perfidia Classicum Tutoremque videt, verso itinere, Novesium concedit. Galli duum millium spatio distantibus campis consedere. Illuc commeantium centurionum militumque emebantur animi: ut, flagitium incognitum, romanus exercitus in externa verba jurarent, pignusque tanti sceleris nece aut vinculis legatorum daretur. Vo-

rien chez les Bataves, et fit courir aux armes quelques Nerviens et Bétasiens. Ses incursions furtives chez les Canninefates et les Marsaques ne furent pas des combats. Vocula, abusé par la ruse des Gaulois, s'avança vers l'ennemi.

LVII. Il n'était pas loin de Vetera, lorsque Classicus et Tutor, s'étant portés en avant, sous prétexte d'explorer le pays, conclurent l'alliance avec les chefs des Germains. Dès lors, séparés des légions, ils se renfermèrent dans un camp particulier. Vocula protestait « que l'empire romain n'était pas bouleversé par les guerres civiles, au point d'être méprisé même par des Trévirs et des Langrois; il lui restait des provinces fidèles, des armées victorieuses, la fortune de Rome et des dieux vengeurs. Ainsi jadis Sacrovir et ses Éduens, naguère Vindex et ses Gaulois, furent anéantis par un seul combat. Les mêmes dieux, les mêmes destins sont prêts encore à frapper les infracteurs des traités. Le divin César et le divin Auguste avaient mieux connu les caractères des barbares. Galba, en détruisant les impôts, leur inspira cet esprit de révolte : ils sont maintenant nos ennemis, parce que notre joug fut trop doux : dès qu'ils auront été ruinés et dépouillés, ils seront nos amis. » Après ces paroles énergiques, voyant que Classicus et Tutor persistent dans leur rébellion, il revient sur ses pas, et se retire à Novesium. Les Gaulois s'établirent dans une plaine à deux milles de nos camps. Là se rendaient sans cesse des centurions et des soldats dont la fidélité était achetée, et, forfait inouï! une armée romaine portait ses sermens à des

cula, quanquam plerique fugam suadebant, audendum ratus, vocata concione, in hunc modum disseruit.

LVIII. « Nunquam apud vos verba feci, aut pro vobis sollicitior, aut pro me securior. Nam mihi exitium parari, libens audio; mortemque in tot malis honestam, ut finem miseriarum, exspecto. Vestri me pudet miseretque, adversus quos non proelium et acies parantur; id enim fas armorum et jus hostium : bellum cum populo romano vestris se manibus gesturum, Classicus sperat; imperiumque et sacramentum Galliarum ostentat. Adeo nos, si fortuna in praesens virtusque deseruit, etiam vetera exempla deficiunt; quoties romanae legiones perire praeoptaverint, ne loco pellerentur : socii saepe nostri, exscindi urbes suas, seque cum conjugibus ac liberis cremari pertulerunt; neque aliud pretium exitus, quam fides famaque. Tolerant quum maxime inopiam obsidiumque apud Vetera legiones, nec terrore aut promissis demoventur. Nobis, super arma, et viros, et egregia castrorum munimenta, frumentum et commeatus, quamvis longo bello pares. Pecunia nuper etiam donativo suffecit; quod sive a Vespasiano, sive a Vitellio, datum interpretari mavultis, ab imperatore certe

étrangers, et le gage d'un si grand crime était l'assassinat ou l'esclavage de nos lieutenans. Vocula, quoiqu'on lui conseille la fuite, persuadé qu'il faut user d'audace, convoque ses soldats, et leur parle en ces termes :

LVIII. « Jamais je ne suis venu vous parler avec plus d'inquiétude pour vous, plus de tranquillité pour moi; car j'apprends, et j'apprends volontiers, que l'on trame ici ma perte, et au milieu de tant de maux, j'attends la mort comme la fin honorable de mes souffrances. C'est pour vous que j'ai honte et compassion, vous, contre qui l'on ne prépare pas des armes et des combats : ce serait le droit militaire et de tout ennemi; mais une guerre dont Classicus menace le peuple romain, une guerre que vos propres mains vont lui porter : tel est l'espoir de ce chef, qui se vante de commander aux Gaulois et d'avoir leurs sermens. Quoi! si la fortune, si le courage nous ont abandonnés en ce moment, les exemples de nos aïeux nous manquent-ils? Combien de fois les légions romaines n'ont-elles pas préféré mourir à céder d'un pas! Souvent nos alliés ont laissé anéantir leurs villes, dévorer par les flammes, eux, leurs femmes et leurs enfans; et quel autre prix y eut-il pour une telle mort, que celui de la fidélité et de la renommée? Les légions de Vetera supportent, avec le plus admirable courage, un siège et une disette; ni la terreur, ni les promesses ne les peuvent ébranler : et nous, outre des armes, des guerriers, des remparts excellens, nous avons du blé et des vivres pour la plus longue guerre. Dernièrement, l'argent a suffi, même à la gratification, que vous interpréterez venant ou de Ves-

romano accepistis. Tot bellorum victores, apud Geldubam, apud Vetera, fuso toties hoste, si pavetis aciem, indignum id quidem : sed est vallum, murique, et trahendi artes, donec e proximis provinciis auxilia exercitusque concurrant. Sane ego displiceam : sunt alii legati, tribuni, centurio denique, aut miles. Ne hoc prodigium toto terrarum orbe vulgetur, vobis satellitibus, Civilem et Classicum Italiam invasuros. An, si ad moenia urbis Germani Gallique duxerint, arma patriæ inferetis? Horret animus tanti flagitii imagine. Tutori Trevero agentur excubiæ? signum belli Batavus dabit? Germanorum catervas supplebitis? Quis deinde sceleris exitus? quum romanæ legiones contra direxerint; transfugæ et transfugis, et proditores e proditoribus, inter recens et vetus sacramentum invisi deis errabitis? Te, Jupiter optime maxime, quem, per octingentos viginti annos, tot triumphis coluimus; te, Quirine, romanæ parens urbis, precor venerorque, ut, si vobis non fuit cordi, me duce, hæc castra incorrupta et intemerata servari, at certe pollui fœdarique a Tutore et Classico ne sinatis. Militibus romanis aut innocentiam detis, aut maturam et sine noxa pœnitentiam. »

pasien ou de Vitellius ; certes vous l'avez reçue d'un empereur romain. Vainqueurs en tant de combats, après avoir, à Gelduba, à Vetera, tant de fois dispersé l'ennemi, redouter une bataille rangée serait indigne sans doute : mais vous avez des retranchemens, des murailles, les moyens de traîner la guerre jusqu'à ce que les provinces voisines vous envoient des secours et des soldats. Je vous déplais, peut-être? Vous avez d'autres lieutenans, des tribuns : prenez un centurion, un soldat même enfin! Que du moins on ne dise pas dans toute la terre, qu'avec vous pour satellites, Civilis et Classicus ont envahi l'Italie. Si des Germains et des Gaulois vous conduisaient aux murs de Rome, porteriez-vous vos armes contre la patrie? mon âme frémit d'horreur à l'idée d'un si grand attentat. Des gardes romaines veilleront pour le Trévir Tutor! un Batave vous donnera le signal du combat! vous servirez de recrues à des hordes de Germains! Quelle sera l'issue d'un tel crime? Lorsque des légions romaines s'avanceront contre vous, de transfuges, devenus transfuges encore, et de traîtres, devenus traîtres encore, hésitant entre votre nouveau et votre ancien serment, vous errerez en proie au courroux du ciel! O Jupiter, le plus grand, le plus excellent des dieux, toi, qui, durant huit cent vingt années, eus pour hommages tant de triomphes ; et toi, Romulus, père de Rome, je vous invoque et vous supplie : si votre bonté n'a pas voulu que, sous mon commandement, ce camp se conservât pur et irréprochable, du moins ne souffrez pas qu'il soit avili et souillé par Tutor

LIX. Varie excepta oratio, inter spem metumque ac pudorem. Digressum Voculam, et de supremis agitantem, liberti servique prohibuere, fœdissimam mortem sponte prævenire. Et Classicus, misso Æmilio Longino, desertore primæ legionis, cædem ejus maturavit. Herennium et Numisium, legatos, vinciri satis visum. Dein, sumptis romani imperii insignibus, in castra venit. Nec illi, quanquam ad omne facinus durato, verba ultra suppeditavere, quam ut sacramentum recitaret. Juravere, qui aderant, pro imperio Galliarum. Interfectorem Voculæ altis ordinibus, ceteros, ut quisque flagitium navaverat, præmiis adtollit. Divisæ inde inter Tutorem et Classicum curæ. Tutor valida manu circumdatos Agrippinenses, quantumque militum apud superiorem Rheni ripam, in eadem verba adigit, occisis Magontiaci tribunis, pulso castrorum præfecto, qui detrectaverant. Classicus corruptissimum quemque e deditis pergere ad obsessos jubet, veniam ostentantes, si præsentia sequerentur : aliter nihil spei, famem, ferrumque, et extrema passuros. Adjecere, qui missi erant, exemplum suum.

LX. Obsessos hinc fides, inde egestas, inter decus ac flagitium distrahebant. Cunctantibus solita insolitaque alimenta deerant; absumptis jumentis, equisque, et ce-

et par Classicus : accordez aux soldats romains ou l'innocence, ou un prompt repentir sans funestes résultats. »

LIX. Ce discours fut diversement reçu, par l'espoir, par la crainte et par la honte. Vocula, retiré, se préparait à mourir. Ses affranchis et ses esclaves l'empêchèrent de prévenir ainsi le plus infâme assassinat. En effet, ce fut un déserteur de la première légion, Æmilius Longinus, envoyé par Classicus, qui vint l'égorger. Les lieutenans Herennius et Numisius furent chargés de fers, ce qui parut suffisant à Classicus : puis, prenant les insignes des généraux romains, il vint au camp, et, quoique endurci à tous les forfaits, il ne trouva de paroles que pour dicter le serment. Tous ceux qui étaient présens jurèrent obéissance à l'empire des Gaules. Le meurtrier de Vocula fut élevé aux plus hautes dignités, les autres eurent des récompenses suivant leur ardeur pour le crime. Tutor et Classicus se partagèrent ensuite les soins de la guerre. Tutor, avec une forte troupe, vint investir Cologne, et lia par le même serment tout ce qu'il y avait de soldats sur le haut Rhin. A Mayence, les tribuns furent massacrés et le préfet de camp chassé, pour leur opposition. Classicus ordonne à quelques transfuges des plus déhontés d'aller trouver les assiégés à Vetera, de leur offrir le pardon s'ils suivent les vainqueurs. Autrement plus d'espoir : la famine, le fer, les dernières extrémités leur sont réservées. A ces menaces, ceux qui étaient envoyés joignirent leur propre exemple.

LX. D'un côté le devoir, de l'autre la faim, partageaient les assiégés entre l'honneur et l'infamie. Pendant qu'ils hésitent, les alimens ordinaires et ceux même

teris animalibus, quæ profana fœdaque in usum necessitas vertit. Virgulta postremo, et stirpes, et internatas saxis herbas vellentes, miseriarum patientiæque documentum fuere : donec egregiam laudem fine turpi macularent, missis ad Civilem legatis, vitam orantes. Neque ante preces admissæ, quam in verba Galliarum jurarent. Tum, pactus prædam castrorum, dat custodes, qui pecuniam, calones, sarcinas retentarent, ac qui ipsos leves abeuntes prosequerentur. Ad quintum fere lapidem coorti Germani incautum agmen adgrediuntur. Pugnacissimus quisque in vestigio, multi palantes, occubuere : ceteri retro in castra profugiunt ; querente sane Civile et increpante Germanos, tanquam fidem per scelus abrumperent. Simulata ea fuerint, an retinere sævientes nequiverit, parum affirmatur. Direptis castris, faces injiciunt; cunctosque, qui prœlio superfuerant, incendium hausit.

LXI. Civilis, barbaro voto, post cœpta adversus Romanos arma, propexum rutilatumque crinem, patrata demum cæde legionum, deposuit. Et ferebatur, parvulo filio quosdam captivorum, sagittis jaculisque puerilibus figendos, obtulisse. Ceterum neque se, neque quem-

les plus étrangers à l'homme leur manquèrent ; ils avaient dévoré les bêtes de somme, les chevaux et tous les animaux immondes et dégoûtans, dont la nécessité contraint de faire usage; enfin ils se nourrirent de branches, de racines et d'herbes arrachées d'entre les pierres, et furent ainsi un exemple de misère et de patience, jusqu'à ce que, ternissant une si belle gloire par une fin honteuse, ils envoyèrent à Civilis des députés pour le supplier de leur laisser la vie. L'on n'admit leurs prières que lorsqu'ils eurent juré obéissance à l'empire des Gaules. Ensuite Civilis s'assure, par un pacte, que le camp sera sa proie, place des gardes, les uns pour se conserver l'argent, les valets, les bagages; les autres pour escorter nos soldats, sortant dépouillés de tout. A cinq milles environ, des Germains, paraissant tout à coup, se précipitent sur cette troupe surprise. Les plus déterminés tombèrent sur la place; beaucoup d'autres périrent dispersés çà et là. Le reste retourne et s'enfuit au camp. On entendit Civilis se plaindre et reprocher à ses Germains d'avoir, par cet attentat, violé la foi jurée. Était-ce feinte ou impuissance de contenir ces furieux? on ne peut l'affirmer. Le camp pillé, on y jeta des torches, et tous ceux qui avaient survécu à l'attaque furent dévorés par l'incendie.

LXI. Civilis, suivant un usage barbare, depuis qu'il avait pris les armes contre les Romains, laissait croître sa blonde chevelure; il la coupa dès que le massacre de nos légions eut accompli son vœu. On disait aussi qu'il avait donné pour but à son fils, encore enfant, quelques captifs, qu'il perçait de ses flèches et de ses petites

quam Batavum, in verba Galliarum adegit : fisus Germanorum opibus; et, si certandum adversus Gallos de possessione rerum foret, inclitus fama et potior. Mummius Lupercus, legatus legionis, inter dona missus Veledæ. Ea virgo nationis Bructeræ late imperitabat; vetere apud Germanos more, quo plerasque feminarum fatidicas, et, augescente superstitione, arbitrantur deas. Tuncque Veledæ auctoritas adolevit : nam prosperas Germanis res et excidium legionum prædixerat. Sed Lupercus in itinere interfectus. Pauci centurionum tribunorumque, in Gallia geniti, reservantur, pignus societatis. Cohortium, alarum, legionum hiberna subversa cremataque : iis tantum relictis, quæ Magontiaci ac Vindonissæ sita sunt.

LXII. Legio sextadecima cum auxiliis simul deditis a Novesio in coloniam Treverorum transgredi jubetur, præfinita die, intra quam castris excederet. Medium omne tempus per varias curas egere; ignavissimus quisque, cæsorum apud Vetera exemplo, paventes; melior pars rubore et infamia : quale illud iter? quis dux viæ? et omnia in arbitrio eorum, quos vitæ necisque dominos fecissent. Alii, nulla dedecoris cura, pecuniam, aut carissima sibimetipsi circumdare. Quidam expedire arma, telisque tanquam in aciem accingi. Hæc

javelines. Du reste, il ne lia au serment pour les Gaules ni lui ni aucun de ses Bataves. Il se fiait aux forces de la Germanie, et, s'il lui fallait combattre contre les Gaulois pour la souveraineté, il avait et plus de renommée et plus de puissance. Mummius Lupercus, lieutenant de légion, fut livré, avec d'autres présens, à Veleda. Cette fille, de la nation bructère, étendait au loin son autorité, suivant l'usage antique des Germains, qui regardent la plupart de leurs femmes comme prophétesses, et, par les progrès de la superstition, comme des divinités. Le crédit de Veleda s'agrandit beaucoup alors; car elle avait prédit les succès des Germains et la ruine de nos légions. Lupercus fut assassiné en route. Quelque peu de centurions et de tribuns, nés dans les Gaules, furent gardés pour servir de gage à l'alliance. Les quartiers d'hiver des cohortes, de la cavalerie et des légions furent détruits et incendiés. Ils laissèrent subsister seulement ceux de Mayence et de Vindonissa.

LXII. La seizième légion avec ses auxiliaires, qui s'étaient soumis au même moment, reçut ordre de passer de Novesium dans la colonie de Trèves. Le jour où elle devait quitter le camp fut fixé. Pendant tout ce temps, elle fut en proie à diverses inquiétudes. Les plus craintifs tremblaient au souvenir des massacres de Vetera ; les plus braves, rougissant de tant d'infamie, disaient : « Quelle sera donc cette route ? quel chef commandera la marche ? Tout est donc à la merci de ceux que nous avons faits les arbitres de notre vie, de notre mort ? » D'autres, sans nul souci de leur déshonneur, cachaient autour de leur corps leur argent et les objets les

meditantibus, advenit proficiscendi hora, expectatione tristior. Quippe intra vallum deformitas haud perinde notabilis: detexit ignominiam campus et dies. Revulsæ imperatorum imagines, inhonora signa, fulgentibus hinc inde Gallorum vexillis; silens agmen, et velut longæ exsequiæ; dux Claudius Sanctus, effosso oculo, dirus ore, ingenio debilior. Duplicatur flagitium, postquam, desertis Bonnensibus castris, altera se legio miscuerat: et, vulgata captarum legionum fama, cuncti, qui paullo ante Romanorum nomen horrebant, procurrentes ex agris tectisque, et undique effusi, insolito spectaculo nimium fruebantur. Non tulit ala Picentina gaudium insultantis vulgi; spretisque Sancti promissis aut minis, Magontiacum abeunt; ac forte obvio interfectore Voculæ, Longino, conjectis in eum telis, initium exsolvendæ in posterum culpæ fecere. Legiones, nihil mutato itinere, ante mœnia Treverorum considunt.

LXIII. Civilis et Classicus, rebus secundis sublati, an coloniam Agrippinensem diripiendam exercitibus suis

plus précieux. Quelques-uns préparaient leurs armes et prenaient leurs traits comme pour aller combattre. Au milieu de ces pensées, vint l'heure du départ, que l'attente avait rendue encore plus cruelle. Car, dans l'intérieur du camp, leur humiliation n'était pas autant apparente : dans la plaine, au grand jour, leur ignominie se dévoila tout entière ; les images des empereurs arrachées des enseignes, nos étendards dépouillés, tandis que, de toutes parts, brillaient les drapeaux des Gaulois. Ils s'avançaient en silence et semblaient une longue pompe funèbre. A leur tête était un certain Claudius Sanctus, privé d'un œil, d'une figure repoussante, d'un esprit encore plus ignoble. Leur honte s'accrut encore, lorsqu'une autre légion, désertant le camp de Bonn, vint se mêler à eux ; et quand la renommée eut divulgué que nos légions étaient prisonnières, tous les barbares, qui, peu auparavant, frémissaient au seul nom des Romains, accouraient, quittant leurs champs et leurs maisons, et se répandant de toutes parts, jouissaient trop de ce spectacle inaccoutumé. Les cavaliers picentins ne purent tolérer la joie de cette foule insultante, et, au mépris des promesses et des menaces de Sanctus, se retirèrent à Mayence. Le hasard leur présenta l'assassin de Vocula, Longinus ; ils le percèrent de leurs traits : ce fut le commencement de l'expiation future de leur faute. Les légions, sans avoir changé de route, posent leur camp devant les remparts de Trèves.

LXIII. Civilis et Classicus, dans l'exaltation de leurs succès, hésitèrent s'ils ne permettraient pas à leurs ar-

permitterent, dubitavere. Sævitia ingenii et cupidine prædæ ad excidium civitatis trahebantur; obstabat ratio belli, et novum imperium inchoantibus utilis clementiæ fama. Civilem etiam beneficii memoria flexit, quod filium ejus, primo rerum motu, in colonia Agrippinensi deprehensum, honorate custodierant. Sed Transrhenanis gentibus invisa civitas, opulentia auctuque: neque alium finem belli rebantur, quam si promiscua ea sedes omnibus Germanis foret, aut, disjecta, Ubios quoque dispersisset.

LXIV. Igitur Tencteri, Rheno discreta gens, missis legatis, mandata apud concilium Agrippinensium edi jubent; quæ ferocissimus e legatis in hunc modum protulit: « redisse vos in corpus nomenque Germaniæ, communibus deis, et præcipuo deorum, Marti, grates agimus; vobisque gratulamur, quod tandem liberi inter liberos critis. Nam ad hunc diem flumina, ac terras, et cœlum quodammodo ipsum clauserant Romani, ut colloquia congressusque nostros arcerent; vel, quod contumeliosius est viris ad arma natis, inermes ac prope nudi, sub custode et pretio coiremus. Sed, ut amicitia societasque nostra in æternum rata sit, postulamus a vobis, muros coloniæ, munimenta servitii, detrahatis (etiam fera animalia, si clausa teneas, virtutis oblivis-

mées le pillage de Cologne. La férocité de leur caractère et leur soif du butin les portaient à la ruine de cette cité. L'intérêt de la guerre, la nouveauté de leur règne à son origine, l'utilité d'une réputation de clémence s'y opposèrent. Civilis fut de plus fléchi par un sentiment de reconnaissance : son fils, aux premiers mouvemens, avait été surpris à Cologne, et sa captivité fut des plus honorables. Mais les nations d'au delà du Rhin détestaient cette cité, à cause de son opulence et de son accroissement, et prétendaient que la guerre n'aurait point de fin que cette résidence ne fût commune à tous leurs peuples, ou que, par sa destruction, les Ubiens ne fussent errans comme tous les Germains.

LXIV. Ainsi donc les Tenctères, nation séparée de Cologne par le Rhin, y envoyèrent des députés avec ordre de faire connaître au conseil de la colonie leurs volontés, que le plus fougueux orateur de la députation exposa en ces termes : « Vous voici de nouveau incorporés parmi les Germains, vous en reprenez le nom : nous en rendons grâces à nos divinités communes et à Mars, le plus grand de nos dieux, et nous vous félicitons de ce qu'enfin, redevenus libres, vous allez vivre au milieu d'hommes libres; car, jusqu'à ce jour, les Romains avaient mis des barrières à vos fleuves, à vos territoires, et, pour ainsi dire, à votre ciel même, afin d'interdire tout rapport, tout entretien avec nous, ou, ce qui est plus ignominieux pour des hommes nés pour combattre, afin que nous ne pussions approcher de vous que sans armes, presque nus, sous escorte et à prix d'argent. Mais pour que notre amitié et notre alliance soient

cuntur) : Romanos omnes in finibus vestris trucidetis; haud facile libertas et domini miscentur, bona interfectorum in medium cedant, ne quis occulere quidquam aut segregare causam suam possit. Liceat nobis vobisque utramque ripam colere, ut olim majoribus nostris : quomodo lucem diemque omnibus hominibus ; ita omnes terras fortibus viris natura aperuit. Instituta cultumque patrium resumite, abruptis voluptatibus, quibus Romani plus adversus subjectos, quam armis, valent ; sincerus, et integer, et servitutis oblitus populus, aut ex æquo agetis, aut aliis imperitabitis. »

LXV. Agrippinenses, sumpto consultandi spatio, quando neque subire conditiones metus futuri, neque palam adspernari conditio præsens, sinebat, in hunc modum respondent : « Quæ prima libertatis facultas data est, avidius quam cautius, sumpsimus, ut vobis ceterisque Germanis, consanguineis nostris, jungeremur. Muros civitatis, congregantibus se quum maxime Romanorum exercitibus, augere nobis, quam diruere, tutius est. Si qui ex Italia, aut provinciis, alienigenæ in finibus nostris fuerant, eos bellum absumpsit, vel in suas quisque sedes refugere. Deductis olim, et nobiscum

assurées à jamais, nous vous demandons que vous-mêmes vous renversiez vos murailles, fortifications où l'esclavage vous enferme; les animaux féroces même, retenus prisonniers, oublient leur courage. Que tout Romain, sur votre territoire, soit massacré : la liberté et des maîtres ne résident pas facilement ensemble; que leurs biens soient mis en commun, pour que personne n'en puisse rien cacher, et que personne ne sépare ici sa cause. Qu'il soit permis, et à nous et à vous, comme jadis à nos ancêtres, d'habiter l'une et l'autre rive ; ainsi que la lumière et le jour appartiennent à tous les hommes, de même la nature laisse toutes les contrées ouvertes aux braves. Reprenez les usages et les mœurs de vos pères; rompez avec les voluptés, qui, pour asservir, secondent mieux les Romains que leurs armes. Soyez un peuple sans mélange, pur; et alors, oubliant votre servitude, vous n'aurez plus que des égaux, ou vous commanderez aux autres. »

LXV. Les Agrippiniens, ayant pris du temps pour se consulter, car la crainte de l'avenir ne leur permettait pas de subir ces conditions, ni leur position présente de les rejeter ouvertement, répondirent en ces termes : « Le premier espoir de liberté qui nous fut offert, nous l'avons saisi avec plus d'empressement que de circonspection, par le désir de nous réunir à vous et à tous les Germains, nos frères. Détruire les remparts de notre cité au moment où tant d'armées romaines se rassemblent ne serait pas prudent : il le sera plus pour nous de les accroître. Si quelques étrangers venus de l'Italie ou des provinces se sont trouvés sur notre territoire, la guerre les a moissonnés, ou ils se sont

per connubium sociatis, quique mox provenere, hæc patria est : nec vos adeo iniquos existimamus, ut interfici a nobis parentes, fratres, liberos nostros velitis. Vectigal et onera commerciorum resolvimus. Sint transitus incustoditi; sed diurni et inermes; donec nova et recentia jura in vetustatem consuetudine vertantur. Arbitrum habebimus Civilem et Veledam, apud quos pacta sancientur. » Sic lenitis Tencteris, legati ad Civilem et Veledam missi cum donis, cuncta ex voluntate Agrippinensium perpetravere. Sed coram adire adloquique Veledam negatum : arcebantur adspectu, quo venerationis plus inesset. Ipsa edita in turre ; delectus e propinquis consulta responsaque, ut internuntius numinis, portabat.

LXVI. Civilis, societate Agrippinensium auctus, proximas civitates affectare, aut adversantibus bellum inferre, statuit : occupatisque Sunicis, et juventute eorum per cohortes composita, quo minus ultra pergeret, Claudius Labeo, Betasiorum, Tungrorumque, et Nerviorum tumultuaria manu restitit; fretus loco, quia pontem Mosæ fluminis anteceperat : pugnabaturque in angustiis ambigue, donec Germani transnatantes terga Labeonis invasere. Simul Civilis, ausus, an ex compo-

retirés chacun en son pays natal. Quant aux personnes dès long-temps établies et unies avec nous par des liens de mariage, et quant à ceux qui en sont provenus, ici est leur patrie, et nous ne vous croyons pas assez iniques pour vouloir que, par nous, soient égorgés nos pères, nos frères, nos enfans. Les impôts et charges du commerce, nous les supprimons. Les passages seront libres, mais de jour et sans armes, jusqu'à ce que ces concessions nouvelles et récentes soient consacrées par le temps et l'usage. Nous prendrons pour arbitres Civilis et Veleda : que par eux nos conventions soient ratifiées. » Ainsi furent calmés les Tenctères; des députés furent envoyés avec des présens à Civilis et Veleda, et tout fut conclu selon les désirs des Agrippiniens; mais on leur refusa d'être admis devant Veleda et de l'entretenir : elle évitait leurs regards, afin de les pénétrer de plus de vénération. Elle résidait dans une tour élevée; l'un de ses parens, comme intermédiaire de la divinité, portait les demandes et les réponses.

LXVI. Civilis, fort de son alliance avec les Agrippiniens, résolut de s'assurer des cités voisines, ou, si elles résistaient, de leur porter la guerre. Il avait occupé le pays des Suniques, et formé leur jeunesse en cohortes; il eût été bien plus avant, si Claudius Labéon, avec une troupe de Bétasiens, de Tongres et de Nerviens levés en grande hâte, ne l'eût arrêté, favorisé par la position qu'il avait prise, en s'emparant le premier du pont sur la Meuse. On combattit dans les défilés avec des succès partagés, jusqu'à ce que les Germains, traversant le fleuve à la nage, se jetèrent sur les der-

sito, intulit se agmini Tungrorum, et clara voce : « Non ideo, inquit, bellum sumpsimus, ut Batavi et Treveri gentibus imperent. Procul hæc a nobis arrogantia : accipite societatem : transgredior ad vos, seu me ducem, seu militem, mavultis. » Movebatur vulgus, condebantque gladios; quum Campanus ac Juvenalis ex primoribus Tungrorum universam ei gentem dedidere. Labeo, antequam circumveniretur, profugit. Civilis Betasios quoque ac Nervios, in fidem acceptos, copiis suis adjunxit; ingens rerum, perculsis civitatum animis, vel sponte inclinantibus.

LXVII. Interea Julius Sabinus, projectis fœderis romani monumentis, *Cæsarem* se salutari jubet; magnamque et inconditam popularium turbam in Sequanos rapit, conterminam civitatem et nobis fidam : nec Sequani detrectavere certamen. Fortuna melioribus adfuit : fusi Lingones. Sabinus festinatum temere prœlium pari formidine deseruit; utque famam exitii sui faceret, villam, in quam perfugerat, cremavit; illic voluntaria morte interiisse creditus. Sed, quibus artibus latebrisque vitam per novem mox annos traduxerit, simul amicorum ejus constantiam, et insigne Epponinæ uxoris exemplum, suo loco reddemus. Sequanorum prospera acie belli impetus stetit. Resipiscere paullatim civitates, fasque et fœdera respicere, principibus Remis; qui per

rières de Labéon. Au même moment Civilis, soit audace, soit artifice convenu, se porte en tête des Tongres, et, d'une voix haute, s'écrie : « Certes, nous n'avons pas pris les armes pour que les Bataves et les Trévirs imposent un joug aux autres peuples. Loin de nous une telle arrogance : acceptez notre alliance ; je viens à vous comme chef ou comme soldat, à votre gré. » La multitude s'émeut, les armes s'abaissent ; alors Campanus et Juvenalis, des premiers de la cité des Tongres, lui livrèrent toute leur nation. Labéon, avant d'être enveloppé, s'enfuit. Les Bétasiens et les Nerviens engagèrent leur foi à Civilis, qui les réunit à ses troupes. Sa puissance grandissait, soit par la terreur des cités, soit par leur propre inclination.

LXVII. Pendant ce temps, Julius Sabinus, ayant renversé tous les monumens de l'alliance avec Rome, se fait proclamer César, et se précipite avec une grande masse de ses compatriotes, sans discipline, sur les Séquanais, nation voisine et fidèle aux Romains. Les Séquanais ne refusèrent pas le combat. La fortune fut pour le parti honorable : les Lingons furent dispersés ; Sabinus s'enfuit avec autant de terreur qu'il avait mis de témérité et de précipitation dans son attaque. Pour faire naître le bruit de sa mort, il incendia la maison de campagne où il s'était réfugié, et l'on crut qu'il y avait péri d'une mort volontaire. Mais il vécut encore neuf années, dans des retraites, par divers stratagèmes, grâce à l'affection constante de ses amis et au dévouement remarquable de son épouse Epponine. J'en parlerai en son lieu. L'heureux combat des Séquanais arrêta cette guerre dans toute

Gallias edixere, ut missis legatis in commune consultarent, libertas an pax placeret.

LXVIII. At Romae cuncta in deterius audita Mucianum angebant, ne, quamquam egregii duces, jam enim Gallum Annium et Petilium Cerialem delegerat, summam belli parum tolerarent. Nec relinquenda urbs sine rectore. Et Domitiani indomitae libidines timebantur; suspectis, uti diximus, Primo Antonio, Varoque Arrio. Varus, praetorianis praepositus, vim atque arma retinebat. Eum Mucianus pulsum loco, ne sine solatio ageret, annonae praefecit. Utque Domitiani animum, Varo haud alienum, deliniret, Arretinum Clementem, domui Vespasiani per adfinitatem innexum, et gratissimum Domitiano, praetorianis praeposuit, patrem ejus, sub Caio Caesare, egregie functum ea cura, dictitans; laetum militibus idem nomen, atque ipsum, quamquam senatorii ordinis, ad utraque munia sufficere. Assumuntur e civitate clarissimus quisque, et alii per ambitionem. Simul Domitianus Mucianusque accingebantur, dispari animo; ille spe ac juventa prosperus, hic moras nectens, quis flagrantem retineret, ne ferocia aetatis et

son impétuosité. Peu à peu les cités revinrent de leur égarement, et furent plus attentives à leurs traités et aux lois de l'honneur. Les Rémois donnèrent l'exemple : ils publièrent dans toutes les Gaules que l'on eût à envoyer des députés pour délibérer en commun si l'on voulait la paix ou la liberté.

LXVIII. Cependant à Rome, tous ces rapports, rendus encore plus sinistres, inquiétaient Mucien, qui craignait que nos généraux, quoique très-habiles, car déjà il avait choisi Annius Gallus et Petilius Cerialis, fussent peu capables de supporter le poids de la guerre : il ne voulait pas non plus laisser Rome sans chef; les passions indomptées de Domitien l'effrayaient; Primus Antonius et Arrius Varus lui étaient suspects, comme nous l'avons dit. Varus, à la tête des prétoriens, avait en sa main la force et des armes. Mucien l'ôta de ce poste, et, pour le dédommager, il lui confia l'intendance des vivres : de plus, afin de calmer Domitien, auquel Varus n'était pas indifférent, il donna pour chef aux prétoriens Arretinus Clemens, allié à la famille de Vespasien, et très-aimé de Domitien : son père, disait-il, avait rempli, sous le règne de Caligula, cette place très-honorablement; ce même nom plairait aux soldats, et, quoiqu'il fût de l'ordre sénatorial, il suffirait à ces deux fonctions. Ce qu'il y avait de plus illustre dans Rome fut choisi; d'autres le furent par brigues. En même temps Domitien et Mucien se préparèrent au départ dans des dispositions bien différentes : l'un, plein d'espoir et de jeunesse, voulait tout hâter; l'autre faisait naître des retards pour calmer cette ardeur, dans la crainte que Do-

pravis impulsoribus, si exercitum invasisset, paci belloque male consuleret. Legiones victrices, sexta et octava, Vitellianarum unaetvicesima, e recens conscriptis secunda, Penninis Cottianisque Alpibus, pars monte Graio, traducuntur; xiv legio e Britannia, sexta ac decima ex Hispania accitæ. Igitur venientis exercitus fama, et suopte ingenio ad mitiora inclinantes Galliarum civitates, in Remos convenere. Treverorum legatio illic opperiebatur, acerrimo instinctore belli Tullio Valentino. Is, meditata oratione, cuncta, magnis imperiis objectari solita, contumeliasque et invidiam in populum romanum effudit; turbidus miscendis seditionibus, et plerisque gratus vecordi facundia.

LXIX. At Julius Auspex, e primoribus Remorum, vim romanam pacisque bona dissertans, et sumi bellum etiam ab ignavis, strenuissimi cujusque periculo geri, jamque super caput legiones, sapientissimum quemque reverentia fideque, juniores periculo ac metu, continuit : et Valentini animum laudabant, consilium Auspicis sequebantur. Constat, obstitisse Treveris Lingonibusque apud Gallias, quod, Vindicis motu, cum Verginio steterant. Deterruit plerosque provinciarum æmulatio; quod bello caput? unde jus auspiciumque

mitien, cédant à la fougue de l'âge, et poussé par des conseillers dangereux, s'il s'emparait de l'esprit de l'armée, ne nuisît autant à la paix qu'à la guerre. Les légions victorieuses, sixième et huitième, la vingt et unième vitellienne, et la seconde, formée de nouvelles recrues, furent dirigées, une partie par les Alpes Pennines et Cottiennes, une partie par le mont Graïus. La quatorzième fut mandée de Bretagne, les sixième et dixième d'Espagne. Aussi, sur la nouvelle de la marche de cette armée, et par leur caractère inclinant à la modération, les cités des Gaules s'assemblèrent chez les Rémois. La députation des Trévirs les y attendait avec Tullius Valentinus, le plus ardent instigateur de la guerre. Tullius, dans une harangue préparée, et pleine des reproches adressés d'ordinaire aux grands empires, se déborda en invectives et en injures contre le peuple romain ; cet esprit turbulent, habile à former des séditions, plaisait à la multitude par son éloquence furibonde.

LXIX. Toutefois Julius Auspex, l'un des principaux Rémois, représenta quelles étaient les forces des Romains, les avantages de la paix : « Sans doute les lâches peuvent commencer la guerre ; mais elle se poursuit au péril des plus valeureux, et déjà les légions sont sur nos têtes. » Il contint les plus sages par fidélité et par honneur, les plus jeunes par les dangers et la crainte. On loua l'énergie de Valentinus ; on suivit le conseil d'Auspex. Il est certain que les Trévirs et les Lingons trouvèrent une opposition dans les Gaules, parce que, lors du soulèvement de Vindex, ils avaient tenu pour Verginius. Beaucoup furent détournés par des rivalités de provinces. « Quel chef

peteretur? quam, si cuncta provenissent, sedem imperio legerent? Nondum victoria, jam discordia erat : aliis fœdera, quibusdam opes viresque, aut vetustatem originis, per jurgia jactantibus. Tædio futurorum præsentia placuere. Scribuntur ad Treveros epistolæ, nomine Galliarum, ut abstinerent armis, impetrabili venia et paratis deprecatoribus, si pœniteret. Restitit idem Valentinus, obstruxitque civitatis suæ aures, haud perinde instruendo bello intentus, quam frequens concionibus.

LXX. Igitur non Treveri, neque Lingones; ceteræve rebellium civitates, pro magnitudine suscepti discriminis agere. Ne duces quidem in unum consulere. Sed Civilis avia Belgarum circumibat; dum Claudium Labeonem capere, aut exturbare nititur. Classicus, segne plerumque otium trahens, velut parto imperio fruebatur. Ne Tutor quidem maturavit superiorem Germaniæ ripam, et ardua Alpium præsidiis claudere. Atque interim unaetvicesima legio Vindonissa, Sextilius Felix cum auxiliariis cohortibus, per Rhætiam irrupere. Accessit ala singularium, excita olim a Vitellio, deinde in partes Vespasiani trangressa. Præerat Julius Briganticus, sorore Civilis genitus, ut ferme acerrima proximorum

aurait cette guerre? sous quels auspices, sous quels ordres agirait-on? en cas d'un plein succès, quel siège aurait cet empire?» Ainsi pas encore de victoire, et déjà la discorde : à travers ces débats, les uns jetaient en avant leurs traités; quelques autres leurs richesses, leurs forces ou l'ancienneté de leur origine. L'inquiétude de l'avenir fit préférer le présent. Dans une lettre adressée aux Trévirs, au nom des Gaules, on leur dit : « Abstenez-vous de toute attaque, le pardon s'obtiendra, des intercesseurs sont prêts, si l'on se repent.» Ce même Valentinus resta inébranlable, et rendit ses concitoyens sourds à toutes propositions; toutefois son activité s'employait moins à préparer la guerre qu'à multiplier des harangues.

LXX. Aussi, ni les Trévirs, ni les Lingons, ni le reste des cités rebelles n'agirent en proportion de la grandeur de leur entreprise hasardeuse; les chefs même ne se concertaient pas dans un seul but : mais Civilis battait les routes perdues de la Belgique, pour parvenir à saisir ou à chasser Claudius Labéon, Classicus, se traînant presque sans cesse dans la paresse et l'inactivité, jouissait de son empire comme s'il l'eût conquis, et Tutor même ne se hâtait pas de fermer la rive du Haut-Rhin et les défilés des Alpes. Ce fut alors qu'accoururent la vingt et unième légion par Vindonissa, et Sextilius Felix avec ses cohortes auxiliaires par la Rhétie. Il arriva de plus un corps de singulaires, que Vitellius avait mandé précédemment, et qui ensuite passa dans le parti de Vespasien. Son chef était Julius Briganticus, fils d'une sœur de Civilis; et, comme les inimitiés entre proches sont presque

odia sunt, invisus avunculo infensusque. Tutor, Treverorum copias, recenti Vangionum, Caracatium, Tribocorum delectu auctas, veterano pedite atque equite firmavit, corruptis spe, aut metu subactis legionariis; qui primo cohortem, præmissam a Sextilio Felice, interficiunt; mox ubi duces exercitusque romanus propinquabant, honesto transfugio rediere; secutis Tribocis, Vangionibusque, et Caracatibus. Tutor, Treveris comitantibus, vitato Magontiaco, Bingium concessit, fidens loco, quia pontem Navæ fluminis abruperat; sed incursu cohortium, quas Sextilius ducebat, et reperto vado, proditus fususque. Ea clade perculsi Treveri, et plebes, omissis armis, per agros palatur: quidam principum, ut primi posuisse bellum viderentur, in civitates, quæ societatem romanam non exuerant, perfugerunt. Legiones a Novesio Bonnaque in Treveros, ut supra memoravimus, traductæ, se ipsæ in verba Vespasiani adigunt. Hæc Valentino absente gesta: qui, ubi adventabat furens, cunctaque rursus in turbas et exitium conversurus, legiones in Mediomatricos, sociam civitatem, abscessere. Valentinus ac Tutor in arma Treveros retrahunt; occisis Herennio ac Numisio, legatis, quo minore spe veniæ cresceret vinculum sceleris.

toujours les plus violentes, il haïssait son oncle et en était détesté. Tutor augmenta ses Trévirs de nouvelles recrues de Vangions, de Caracates et de Triboques, et les renforça de vétérans, infanterie et cavalerie : c'étaient de nos légionnaires séduits par l'espérance ou forcés par la crainte : d'abord ils massacrèrent une cohorte que Sextilius Felix avait envoyée en avant ; bientôt, dès que des chefs et une armée de Romains les approchèrent, transfuges honorables ils revinrent à nous, et furent suivis des Triboques, des Vangions et des Caracates. Tutor, suivi de ses Trévirs, évita Mayence, et se retira à Bingium. Il se fiait en ce poste, parce qu'il avait fait rompre le pont sur la Nava; mais les cohortes que menait Sextilius accoururent, découvrirent un gué, et Tutor fut trahi et défait. Cet échec frappe de terreur les Trévirs, et toute la population, laissant là ses armes, se disperse dans les campagnes ; quelques chefs, pour paraître avoir les premiers renoncé à la guerre, se réfugièrent chez les cités qui n'avaient pas rompu l'alliance avec les Romains. Les légions, transportées de Bonn et de Novesium chez les Trévirs, comme nous l'avons dit plus haut, vinrent d'elles-mêmes prêter serment pour Vespasien. Ceci se passait en l'absence de Valentinus. Comme il venait furieux et de nouveau prêt à tout renverser et détruire, les légions se retirèrent chez les Médiomatriques, peuples alliés. Valentinus et Tutor ramènent les Trévirs aux combats et massacrent les lieutenans Herennius et Numisius, afin d'anéantir tout espoir de pardon, et de donner ainsi plus de force aux liens de leur criminelle tentative.

LXXI. Hic belli status erat, quum Petilius Cerialis Magontiacum venit: ejus adventu erectæ spes. Ipse, pugnæ avidus, et contemnendis, quam cavendis, hostibus melior, ferocia verborum militem incendebat; ubi primum congredi licuisset, nullam prœlio moram facturus: delectus per Galliam habitos in civitates remittit, ac nuntiare jubet, sufficere imperio legiones: socii ad munia pacis redirent, securi, velut confecto bello, quod romanæ manus excepissent. Auxit ea res Gallorum obsequium: nam, recepta juventute, facilius tributa toleravere, proniores ad officia, quod spernebantur. At Civilis et Classicus, ubi pulsum Tutorem, cæsos Treveros, cuncta hostibus prospera accepere, trepidi ac properantes, dum dispersas suorum copias conducunt, crebris interim nuntiis Valentinum monuere, ne summæ rei periculum faceret. Eo rapidius Cerialis, missis in Mediomatricos, qui breviore itinere legiones in hostem verterent; contracto, quod erat militum Magontiaci, quantumque secum transvexerat, tertiis castris Rigodulum venit; quem locum magna Treverorum manu Valentinus insederat, montibus aut Mosella amne septum: et addiderat fossas obicesque saxorum: nec deterruere ea munimenta romanum ducem, quo minus peditem perrumpere juberet, equitum aciem in collem

LXXI. Tel était l'état des choses, quand Petilius Cerialis vint à Mayence. A son arrivée, les espérances se relevèrent. Lui-même, avide de combats, plus habile à braver l'ennemi qu'à s'en préserver, enflammait le soldat par ses discours présomptueux, déclarant qu'aussitôt qu'il pourrait attaquer il ne retarderait pas d'un moment la bataille. Il renvoie dans leurs cités les levées faites dans la Gaule, et leur ordonne d'annoncer « que l'empire avait assez de ses légions; que les alliés retournassent aux travaux pacifiques; qu'ils fussent paisibles comme si la guerre était finie, puisque des mains romaines s'en chargeaient. » Cet acte favorisa l'adhésion des Gaulois; car le retour de leurs jeunes guerriers les porta à supporter les tributs plus facilement, et ils étaient plus disposés à nous servir, parce qu'on dédaignait leurs services. Cependant Civilis et Classicus, dès qu'ils apprennent que Tutor est en fuite, les Trévirs massacrés, que tout réussit à l'ennemi, se hâtent, dans leur inquiétude, de rassembler leurs troupes éparses, et, par de fréquens courriers, conjurent Valentinus de ne pas s'exposer au danger d'une action décisive. Cerialis presse sa marche avec d'autant plus de rapidité, envoie chez les Médiomatriques des chefs pour diriger les légions sur l'ennemi par le chemin le plus court, réunit ce qu'il y avait de soldats à Mayence, et tous ceux qu'il avait amenés avec lui, et, en trois journées, arrive à Rigodulum. Cette position était occupée par Valentinus avec une forte troupe de Trévirs; des montagnes et la Moselle la fermaient, et on l'avait fortifiée de plus par des fossés et des amas de pierres. Sans s'effrayer de tous ces moyens de dé-

erigeret, spreto hoste; quem, temere collectum, haud ita loco juvari, ut non plus suis in virtute foret. Paullum moræ in ascensu, dum missilia hostium prævehuntur; ut ventum in manus, deturbati ruinæ modo præcipitantur. Et pars equitum, æquioribus jugis circumvecta, nobilissimos Belgarum, in quis ducem Valentinum, cepit.

LXXII. Cerialis postero die coloniam Treverorum ingressus est, avido milite eruendæ civitatis: hanc esse Classici, hanc Tutoris, patriam; horum scelere clausas cæsasque legiones. Quid tantum Cremonam meruisse; quam e gremio Italiæ raptam, quia unius noctis moram victoribus adtulerit? Stare in confinio Germaniæ integram sedem, spoliis exercituum et ducum cædibus ovantem. Redigeretur præda in fiscum; ipsis sufficere ignes, et rebellis coloniæ ruinas, quibus tot castrorum excidia pensarentur. Cerialis, a metu infamiæ, si licentia sævitiaque imbuere militem crederetur, pressit iras: et paruere, posito civium bello, ad externa modestiores. Convertit inde animos accitarum e Mediomatricis legionum miserabilis adspectus. Stabant conscientia flagitii mœstæ, fixis in terram oculis. Nulla inter coeuntes

fense, le général romain ordonne à l'infanterie de tout franchir, à la cavalerie de gravir en bataille sur la colline ; il méprisait un ennemi rassemblé au hasard, qui ne devait pas trouver dans sa position une supériorité telle qu'il n'y en eût plus encore chez les nôtres dans leur seule valeur. Quelque retard eut lieu à la montée, tant qu'on fut en butte aux traits des ennemis ; dès qu'on en vint aux mains, ils furent mis en désordre, et en un moment renversés et anéantis. Une partie de notre cavalerie, ayant tourné par les collines moins escarpées, fit prisonniers les principaux Belges, et entre eux leur chef Valentinus.

LXXII. Cerialis, le jour suivant, entra dans Trèves avec ses soldats, avides de détruire cette colonie : « C'est la patrie de Classicus, c'est la patrie de Tutor ; à leurs forfaits est dû l'investissement, le massacre de nos légions. Qu'avait fait d'aussi coupable Crémone, qui disparut du sein de l'Italie pour avoir, une seule nuit, retardé les vainqueurs ? Laisserons-nous debout et intacte, sur les confins de la Germanie, une ville se glorifiant des dépouilles de nos armées et du meurtre de nos généraux ? Que le butin soit versé au fisc ; quant à nous, il nous suffit que cette colonie rebelle périsse au milieu des flammes, pour expier la destruction de tant de camps romains. » Cerialis, craignant d'être déshonoré si l'on venait à croire qu'il eût fait naître en ses soldats cette soif de licence et de cruauté, contint leur fureur, et ils obéirent, devenus plus modérés dans les guerres étrangères par la fin même de la guerre civile. Ensuite l'aspect misérable des légions arrivant de chez les Médiomatriques occupa tous les esprits ; elles se tenaient immobiles, confuses

exercitus consalutatio : neque solantibus hortantibusve responsa dabant, abditi per tentoria, et lucem ipsam vitantes : nec perinde periculum aut metus, quam pudor ac dedecus, obstupefecerat; attonitis etiam victoribus, quis vocem precesque adhibere non ausi, lacrymis ac silentio veniam poscebant; donec Cerialis mulceret animos, fato acta dictitans, quæ militum ducumque discordia, vel fraude hostium, evenissent. Primum illum stipendiorum et sacramenti diem haberent; priorum facinorum neque imperatorem, neque se meminisse. Tunc recepti in eadem castra, et edictum per manipulos, ne quis, in certamine jurgiove, seditionem aut cladem commilitoni objectaret.

LXXIII. Mox Treveros ac Lingones, ad concionem vocatos, ita alloquitur : « Neque ego unquam facundiam exercui; et populi romani virtutem armis affirmavi. Sed, quia apud vos verba plurimum valent, bonaque ac mala non sua natura, sed vocibus seditiosorum, æstimantur; statui pauca disserere, quæ, profligato bello, utilius sit vobis audisse, quam nobis dixisse. Terram vestram, ceterorumque Gallorum, ingressi sunt duces imperatoresque romani, nulla cupidine, sed ma-

du sentiment de leur forfait, les yeux attachés à la terre. Aucun salut entre les troupes à leur réunion ; aucune réponse aux consolations, aux encouragemens. Cachées sous leurs tentes, elles évitaient la lumière même. La honte et le déshonneur, bien plus que le péril et la crainte, les avaient frappées de stupeur. Ainsi les vainqueurs même, saisis d'étonnement, n'osant employer la voix et les prières, imploraient la grâce de leurs compagnons par des larmes et par leur silence, jusqu'à ce qu'enfin Cerialis calma les esprits en attribuant à la fatalité les maux produits par la discorde entre les chefs et les soldats, ou par la perfidie des ennemis. « Cette journée, dit-il, sera comptée comme la première de votre engagement et de votre serment. Votre faute précédente est à jamais oubliée par l'empereur et par moi. » Alors on les accueille dans le même camp, et défense est faite aux compagnies de jamais, dans les rixes ou disputes, reprocher à un camarade sa désertion ou sa défaite.

LXXIII. Ensuite Cerialis convoque en assemblée les Trévirs et les Lingons, et leur parle ainsi : « Jamais je ne me suis exercé à l'éloquence, et ce n'est que par mes armes que j'ai prouvé le pouvoir du peuple romain ; mais puisque, auprès de vous, les paroles ont plus d'empire, et puisque vous appréciez le bien ou le mal, non d'après leur nature même, mais sur les discours de séditieux, j'ai résolu de vous adresser quelque peu de réflexions, qu'il sera pour vous, la guerre étant achevée, plus utile d'entendre, que pour moi de vous les dire. Des généraux et des empereurs romains sont

joribus vestris invocantibus, quos discordiæ usque ad exitium fatigabant : et acciti auxilio Germani sociis pariteratque hostibus servitutem imposuerant. Quot prœliis adversus Cimbros Teutonosque, quantis exercituum nostrorum laboribus, quove eventu Germanica bella tractaverimus, satis clarum. Nec ideo Rhenum insedimus, ut Italiam tueremur; sed ne quis alius Ariovistus regno Galliarum potiretur. An vos cariores Civili Batavisque et Transrhenanis gentibus creditis, quam majoribus eorum patres avique vestri fuerunt? Eadem semper causa Germanis transcendendi in Gallias, libido atque avaritia, et mutandæ sedis amor, ut, relictis paludibus et solitudinibus suis, fecundissimum hoc solum vosque ipsos possiderent. Ceterum libertas et speciosa nomina prætexuntur : nec quisquam alienum servitium et dominationem sibi concupivit, ut non eadem ista vocabula usurparet.

LXXIV. Regna bellaque per Gallias semper fuere, donec in nostrum jus concederetis. Nos, quanquam toties lacessiti, jure victoriæ id solum vobis addidimus, quo pacem tueremur. Nam neque quies gentium sine armis, neque arma sine stipendiis, neque stipendia sine tributis haberi queunt. Cetera in communi sita sunt.

entrés sur votre territoire, et sur celui d'autres peuples des Gaules, non par aucune ambition, mais invoqués par vos aïeux, que les discordes fatiguaient et poussaient à leur ruine; ils avaient appelé, pour les secourir, les Germains, qui imposèrent une égale servitude aux ennemis et aux alliés. Combien de combats contre les Cimbres et les Teutons! que de périls n'ont pas éprouvés nos armées en ces guerres germaniques! quelle fut leur issue? l'univers le sait; et certes ce n'est pas pour protéger l'Italie que nous restons placés sur le Rhin, mais de peur qu'un nouvel Arioviste ne vienne s'emparer des Gaules. Croyez-vous être plus chers à Civilis, à des Bataves et à des nations d'outre-Rhin, que ne le furent vos pères et vos aïeux à leurs ancêtres? Toujours une même cause porta les Germains à passer dans les Gaules, la cupidité, l'avarice, et ce désir de changer de demeures, de quitter des marais et des solitudes pour s'emparer et de vous et de votre sol fécond. Du reste, ils prétextent et la liberté et d'autres noms spécieux : quiconque a voulu la domination pour soi, la servitude pour autrui, a toujours mis en avant ces mêmes dénominations. »

LXXIV. « La Gaule eut toujours des tyrans et des guerres, jusqu'à ce qu'elle se réfugiât sous nos lois; et nous, quoique tant de fois insultés, nous ne vous avons, par droit de victoire, imposé qu'une seule charge, celle indispensable au maintien de la paix; car le repos des nations ne peut se conserver sans armées, les armées sans solde, et la solde sans tributs. Tout le reste vous est commun avec nous : vous commandez

Ipsi plerumque legionibus nostris praesidetis; ipsi has aliasque provincias regitis: nihil separatum, clausumve. Et laudatorum principum usus ex aequo, quamvis procul agentibus; saevi proximis ingruunt: quomodo sterilitatem, aut nimios imbres, et cetera naturae mala, ita luxum, vel avaritiam dominantium tolerate. Vitia erunt, donec homines; sed neque haec continua, et meliorum interventu pensantur: nisi forte, Tutore et Classico regnantibus, moderatius imperium speratis; aut minoribus, quam nunc, tributis parabuntur exercitus, quibus Germani Britannique arceantur. Nam pulsis, quod dii prohibeant! Romanis, quid aliud, quam bella omnium inter se gentium exsistent? Octingentorum annorum fortuna disciplinaque compages haec coaluit, quae convelli, sine exitio convellentium, non potest. Sed vobis maximum discrimen, penes quos aurum et opes, praecipuae bellorum causae. Proinde pacem, et urbem, quam victi victoresque eodem jure obtinemus, amate, colite. Moneant vos utriusque fortunae documenta, ne contumaciam cum pernicie, quam obsequium cum securitate, malitis. Tali oratione graviora metuentes composuit, erexitque.

LXXV. Tenebantur victore exercitu Treveri, quum Civilis et Classicus misere epistolas ad Cerialem, qua-

vous-mêmes le plus souvent nos légions; vous-mêmes vous gouvernez ces provinces et d'autres : rien de distinct, rien d'exclusif; de plus, vous profitez également de nos bons princes, quoique vivant loin d'eux : les princes cruels frappent plutôt qui les approche. Supportez le luxe et l'avarice des souverains comme la stérilité, les pluies excessives et les autres maux de la nature. Les vices existeront tout autant que les humains; mais ces vices ne sont pas continuels, des époques meilleures interviennent et en sont la compensation; à moins que, par hasard, vous n'espériez, sous le joug de Tutor et de Classicus, un gouvernement plus modéré; ou qu'avec moins de tributs qu'aujourd'hui ils formeront des armées pour vous défendre des Germains et des Bretons; car, les Romains chassés, ce dont vous gardent les dieux! il n'y aura plus autre chose que des guerres de toutes les nations entre elles. Huit cents années, la fortune et l'ordre ont consolidé ce vaste assemblage, qui ne peut être détruit qu'en écrasant ceux qui viendront le détruire; mais le plus grand danger sera pour vous, vous qui avez de l'or et des richesses, causes premières des guerres. Ainsi donc aimez, chérissez la paix, et cette ville où, vainqueurs et vaincus, nous trouvons les mêmes droits. Recevez ces leçons de l'une et de l'autre fortune; ne préférez pas une opiniâtreté qui vous perd à une soumission qui vous sauve. » Ils craignaient de plus graves résultats : un tel discours les calma et les ranima.

LXXV. Trèves était au pouvoir de l'armée victorieuse, quand Civilis et Classicus envoyèrent à Cerialis

rum hæc sententia fuit : Vespasianum, quanquam nuntios occultarent, excessisse vita. Urbem atque Italiam interno bello consumptam. Muciani ac Domitiani vana et sine viribus nomina. Si Cerialis imperium Galliarum velit, ipsos finibus civitatum suarum contentos; si prœlium malit, ne id quidem abnuere. Ad ea Cerialis Civili et Classico nihil; eum, qui adtulerat ipsas epistolas, ad Domitianum misit. Hostes, divisis copiis, advenere undique. Plerique culpabant Cerialem, passum jungi, quos discretos intercipere licuisset. Romanus exercitus castra fossa valloque circumdedit, quis temere antea intutis consederat. Apud Germanos diversis sententiis certabatur.

LXXVI. Civilis, opperiendas Transrhenanorum gentes, quarum terrore fractæ populi romani vires obtererentur. Gallos quid aliud, quam prædam victoribus? et tamen, quod roboris sit, Belgas, secum palam, aut voto stare. Tutor, cunctatione crescere rem Romanam, affirmabat, coeuntibus undique exercitibus. Transvectam e Britannia legionem; accitas ex Hispania; adventare ex Italia; nec subitum militem, sed veterem expertumque belli. Nam Germanos, qui ab ipsis sperentur, non juberi, non regi, sed cuncta ex libidine agere; pecuniamque, ac dona, quis solis corrumpantur, majora apud Romanos, et neminem adeo in arma pronum, ut

une lettre dont le sens était : « Vespasien, quoique l'on en cache la nouvelle, a perdu la vie : Rome et l'Italie sont en proie à la guerre intestine. Mucien et Domitien ne sont plus que des noms vains et sans force. Si Cerialis veut l'empire des Gaules, pour eux il leur suffira des limites de leurs cités ; s'il préfère la guerre, ils ne la refusent pas. » A cette lettre, Cerialis ne répondit rien, ni à Civilis, ni à Classicus, et envoya à Domitien la lettre même et celui qui l'avait apportée. Les ennemis, dont les corps étaient séparés, arrivaient de toutes parts. On blâmait Cerialis d'avoir laissé se réunir des troupes qu'il pouvait intercepter séparément. L'armée romaine entoura d'un fossé et d'un retranchement le camp où elle s'était d'abord placée sans ces précautions. Chez les Germains, il y avait une lutte d'opinions contraires.

LXXVI. Civilis voulait qu'on attendît les nations transrhénanes, qui frapperaient de terreur les Romains et anéantiraient toute leur énergie. Les Gaulois, qu'étaient-ils ? une proie pour les vainqueurs ; et ce que les Belges avaient de forces réelles était ouvertement pour lui, ou bien leurs vœux l'appelaient. Tutor soutenait que tout retard accroissait la puissance des Romains, que leurs armées se réunissaient de toutes parts : une légion a passé de Bretagne, on en mande d'Espagne, il en vient d'Italie. Ce ne sont pas des soldats formés subitement, mais de vieilles troupes, éprouvées aux combats ; car, pour les Germains dont on espère, on ne pourra ni les commander ni les gouverner : ils agiront en tout au gré de leur caprice. Quant à l'argent et aux présens, seuls moyens de les corrompre, les Romains en ont le plus,

non idem pretium quietis, quam periculi, malit : quod si statim congrediantur, nullas esse Ceriali, nisi ex reliquiis Germanici exercitus, legiones, foederibus Galliarum obstrictas : idque ipsum, quod inconditam nuper Valentini manum contra spem suam fuderint, alimentum illis ducique temeritatis. Ausuros rursus venturosque in manus, non imperiti adolescentuli, verba et conciones, quam ferrum et arma, meditantis, sed Civilis et Classici; quos ubi adspexerint, rediturum in animos formidinem, fugam, famemque, ac totiens captis precariam vitam; neque Treveros, aut Lingonas benevolentia contineri; resumpturos arma, ubi metus abscesserit. Diremit consiliorum diversitatem, adprobata Tutoris sententia, Classicus; statimque exsequuntur.

LXXVII. Media acies Ubiis Lingonibusque data : dextro cornu cohortes Batavorum; sinistro Bructeri Tencterique : pars montibus, alii, viam inter Mosellamque flumen, tam improvisi adsiluere, ut in cubiculo ac lectulo Cerialis, neque enim noctem in castris egerat, pugnari simul, vincique suos audierit increpans pavorem nuntiantium, donec universa clades in oculis fuit. Perrupta legionum castra, fusi equites : medius Mosellae pons, qui ulteriora coloniae adnectit, ab hosti-

et personne n'a une telle vocation pour les armes, qu'il ne préfère, à même prix, le repos au péril; que si l'on attaquait aussitôt, Cerialis n'avait aucune autre légion que des restes de l'armée germanique, liés aux Gaules par des traités : et le succès obtenu, contre tout espoir, sur la poignée de soldats sans ordre, conduits par Valentinus, va nourrir leur témérité et celle de leur chef : ils oseront encore s'avancer, et viendront tomber dans les mains, non pas d'un jeune adolescent inexpérimenté, sachant mieux manier la parole et les harangues que le fer et les armes, mais dans celles de Civilis et de Classicus. Dès que les Romains les auront aperçus, il se représentera à leurs esprits la terreur, la fuite, la famine, et leur destinée si souvent précaire en leur captivité; ni les Trévirs ni les Lingons ne leur resteront par affection; ils reprendront les armes dès que leur crainte sera dissipée. La diversité des opinions cessa par l'approbation que Classicus donna à l'avis de Tutor, et aussitôt on se prépare.

LXXVII. Le centre de bataille est confié aux Ubiens et aux Lingons; à l'aile droite sont les cohortes bataves, à la gauche les Bructères et les Tenctères : une partie par les montagnes, et le reste entre la route et la Moselle, se précipitèrent tellement à l'improviste, que ce fut dans sa chambre, dans son lit, que Cerialis, qui avait passé la nuit hors du camp, apprit que son armée était à la fois et attaquée et vaincue; il s'emporta contre la frayeur des messagers, jusqu'à ce qu'il eut sous ses propres yeux la défaite entière, le camp des légions forcé, la cavalerie dispersée, l'ennemi posté au milieu

bus insessus. Cerialis, turbidis rebus intrepidus, et fugientes manu retrahens, intecto corpore promptus inter tela, felici temeritate, et fortissimi cujusque adcursu, reciperatum pontem electa manu firmavit. Mox in castra reversus, palantes captarum apud Novesium Bonnamque legionum manipulos, et rarum apud signa militem, ac prope circumventas aquilas videt. Incensus ira, non Flaccum, inquit, non Voculam deseritis. Nulla hic proditio; neque aliud excusandum habeo, quam quod vos, Gallici foederis oblitos, redisse in memoriam romani sacramenti, temere credidi. Annumerabor Numisiis et Herenniis; ut omnes legati vestri, aut militum manibus, aut hostium, ceciderint. Ite, nuntiate Vespasiano, vel, quod propius est, Civili et Classico, relictum a vobis in acie ducem : venient legiones, quæ neque me inultum, neque vos impunitos, patiantur.

LXXVIII. Vera erant, et a tribunis præfectisque eadem ingerebantur. Consistunt per cohortes et manipulos; neque enim poterat patescere acies, effuso hoste, et impedientibus tentoriis sarcinisque, quum intra vallum pugnaretur. Tutor, et Classicus, et Civilis, suis quisque locis, pugnam ciebant; Gallos pro libertate,

du pont qui réunit les deux parties de la colonie que sépare la Moselle. Cerialis, intrépide en ces dangers, de sa main arrête les fuyards ; il se jette presque nu au milieu des traits, et, par une heureuse témérité, que seconde le retour des plus braves, il reprend le pont, et le confie à une troupe d'élite ; puis, revenant au camp, il voit errantes çà et là les compagnies des légions prises à Novesium et à Bonn, peu de soldats autour des enseignes, et nos aigles presque enveloppées. Bouillant de colère : « Ce n'est pas Flaccus, s'écrie-t-il, ce n'est pas Vocula que vous abandonnez. Ici nulle trahison ; mon seul tort fut de croire imprudemment qu'oubliant à jamais vos traités avec les Gaulois, vous aviez rappelé à votre mémoire vos sermens avec les Romains. On me comptera parmi les Numisius et les Herennius, afin que tous vos lieutenans aient péri ou de la main de leurs soldats ou de celle de l'ennemi. Allez donc, annoncez à Vespasien ou à Civilis et à Classicus, ils sont plus près de vous, que vous avez abandonné votre général au champ de bataille ; il viendra des légions qui ne souffriront pas que ma mort reste sans vengeance, ni votre crime impuni. »

LXXVIII. Ces accens étaient ceux de la vérité, les tribuns et les préfets les répétaient. Ils se forment par cohortes, par compagnies ; car la ligne ne pouvait se déployer entière, débordée par l'ennemi, et empêchée par les bagages et les tentes, puisque l'on se battait dans l'enceinte du camp. Tutor, Classicus et Civilis, chacun à son poste, animaient le combat, présentant aux Gaulois la liberté, aux Bataves la gloire, aux Germains le butin : tout

Batavos pro gloria, Germanos ad praedam instigantes. Et cuncta pro hostibus erant; donec legio unaetvicesima, patentiore, quam ceterae, spatio conglobata, sustinuit ruentes; mox impulit. Nec sine ope divina, mutatis repente animis, terga victores vertere. Ipsi, territos se cohortium adspectu, ferebant, quae primo impetu disjectae, summis rursus jugis congregabantur, ac speciem novi auxilii fecerant. Sed obstitit vincentibus pravum inter ipsos certamen, hoste omisso, spolia consectandi. Cerialis, ut incuria prope rem afflixit, ita constantia restituit; secutusque fortunam, castra hostium eodem die capit, exscinditque.

LXXIX. Nec in longum quies militi data. Orabant auxilium Agrippinenses; offerebantque uxorem ac sororem Civilis, et filiam Classici, relicta sibi pignora' societatis. Atque interim dispersos in domibus Germanos trucidaverant. Unde metus et justae preces invocantium, antequam hostes, reparatis viribus, ad spem, vel ad ultionem accingerentur. Namque et Civilis illuc intenderat, non invalidus, flagrantissima cohortium suarum integra; quae ex Chaucis Frisiisque composita, Tolbiaci, in finibus Agrippinensium, agebat. Sed tristis nuntius avertit, deletam cohortem dolo Agrippinensium; qui largis epulis vinoque sopitos Germanos, clausis foribus, igne injecto, cremavere. Simul Cerialis propero agmine

réussit aux ennemis, jusqu'à ce que la vingt et unième légion, se reformant dans un espace plus étendu que les autres, soutint leur choc, puis les repoussa : et ce ne fut pas sans une faveur céleste que, par une perturbation subite, les vainqueurs tournèrent le dos : eux-mêmes ont déclaré qu'ils furent saisis de frayeur à l'aspect des cohortes, qui, dispersées au premier engagement, s'étaient ralliées aux sommités des collines, et leur avaient semblé des secours qui survenaient. Mais ce qui nuisit à leur victoire, ce furent de honteux débats élevés entre eux; laissant là l'ennemi, ils se disputaient ses dépouilles. Cerialis avait presque tout perdu par sa négligence, il rétablit tout par sa fermeté. Poursuivant sa fortune, le même jour il prit et rasa le camp ennemi.

LXXIX. Il ne laissa point au soldat un long repos. Les Agrippiniens imploraient des secours, et nous offraient l'épouse et la sœur de Civilis et la fille de Classicus, laissées chez eux pour gages d'alliance; dans l'intervalle ils avaient massacré les Germains dispersés dans leurs maisons : de là leur terreur et leurs prières bien fondées. Ils nous invoquaient avant que l'ennemi, réparant ses forces, n'en vînt à espérer ou à se venger; car déjà Civilis marchait sur eux. Il était en forces : la plus ardente de ses cohortes, intacte encore, composée de Chauques et de Frisons, campait à Tolbiac, sur les confins des Agrippiniens. Mais une triste nouvelle l'arrêta : la cohorte avait péri par la perfidie des Agrippiniens : au moyen de festins abondans et de l'ivresse, ils plongèrent ses soldats dans le sommeil, fermèrent les portes, mirent le feu et les brûlèrent. En même temps Cerialis,

subvenit. Circumsteterat Civilem et alius metus, ne quartadecima legio, adjuncta Britannica classe, afflictaret Batavos, qua Oceano ambiuntur. Sed legionem terrestri itinere Fabius Priscus, legatus, in Nervios Tungrosque duxit: eaeque civitates in deditionem acceptae: classem ultro Canninefates aggressi sunt; majorque pars navium depressa, aut capta: et Nerviorum multitudinem, sponte commotam, ut pro Romanis bellum capesseret, iidem Canninefates fudere. Classicus quoque adversus equites, Novesium a Ceriale praemissos, secundum proelium fecit: quae modica, sed crebra damna, famam victoriae nuper partae lacerabant.

LXXX. Iisdem diebus, Mucianus Vitellii filium interfici jubet; mansuram discordiam obtendens, ni semina belli restinxisset: neque Antonium Primum adsciri inter comites a Domitiano passus est; favore militum anxius, et superbia viri, aequalium quoque, adeo superiorum, intolerantis. Profectus ad Vespasianum Antonius, ut non pro spe sua excipitur, ita neque averso imperatoris animo. Trahebatur in diversa; hinc meritis Antonii, cujus ductu confectum haud dubie bellum erat; inde Muciani epistolis; simul ceteri, ut infestum tumidumque insectabantur, adjunctis prioris vitae criminibus: neque ipse deerat, arrogantia vocare offensas,

hâtant sa marche, arrivait. Une autre crainte assiégeait encore Civilis : la quatorzième légion, secondée de la flotte de Bretagne, pouvait attaquer les Bataves par leurs côtes que baigne l'Océan. Mais cette légion prit la route de terre, et fut menée contre les Nerviens et les Tongres par Fabius Priscus, son lieutenant, qui reçut la soumission de ces peuples. Quant à la flotte, elle fut subitement attaquée par les Canninefates, et la plus grande partie des navires fut coulée ou prise. De plus, une multitude de Nerviens, levés de leur propre mouvement pour combattre en faveur des Romains, fut taillée en pièces par ces mêmes Canninefates. Classicus remporta aussi un avantage sur nos cavaliers envoyés en avant par Cerialis à Novesium. Ces pertes, peu considérables, mais répétées, affaiblissaient la renommée de la victoire nouvellement obtenue.

LXXX. Ces mêmes jours, Mucien ordonne que le fils de Vitellius périsse, prétendant que la discorde ne s'éteindrait qu'en étouffant toute semence de guerre. Il ne souffrit pas qu'Antonius Primus fût appelé par Domitien pour l'accompagner à l'armée. La faveur des soldats pour lui l'inquiétait, et cette fierté, qui ne tolérait pas un égal, eût-elle souffert un supérieur? Antonius, étant venu joindre Vespasien, n'en fut pas reçu suivant ses espérances, mais pourtant n'eut pas un accueil sévère. L'esprit du prince était diversement impressionné, d'un côté par les services d'Antonius, qui avait, sans nul doute, conduit et terminé la guerre, et d'un autre par les lettres de Mucien. En même temps quelques personnes l'avaient dépeint comme un esprit difficile et gonflé d'orgueil, sans oublier les égaremens de sa vie première; et lui-même ne

nimius commemorandis, quæ meruisset. Alios, ut imbelles, Cæcinam, ut captivum ac dedititium, increpat. Unde paullatim levior viliorque haberi, manente tamen in speciem amicitia.

LXXXI. Per eos menses, quibus Vespasianus Alexandriæ statos æstivis flatibus dies, et certa maris opperiebatur, multa miracula evenere, quis cæli favor, et quædam in Vespasianum inclinatio Numinum ostenderetur. Ex plebe Alexandrina quidam, oculorum tabe notus, genua ejus advolvitur, remedium cæcitatis exposcens gemitu; monitu Serapidis Dei, quem dedita superstitionibus gens ante alios colit; precabaturque principem, ut genas et oculorum orbes dignaretur respergere oris excremento. Alius manum æger, eodem deo auctore, ut pede ac vestigio Cæsaris calcaretur, orabat. Vespasianus primo irridere, adspernari; atque, illis instantibus, modo famam vanitatis metuere, obsecratione ipsorum et vocibus adulantium in spem induci: postremo existimari a medicis jubet, an talis cæcitas ac debilitas ope humana superabiles forent. Medici varie disserere; huic non exesam vim luminis, et redituram, si pellerentur obstantia; illi elapsos in pravum artus, si salubris vis adhibeatur, posse integrari. Id fortasse

manquait pas de provoquer la haine par l'arrogance et par l'exagération avec lesquelles il se vantait de ses services. Tous, selon lui, n'étaient que des lâches, et Cécina n'avait su que se livrer et se rendre. C'est ainsi qu'Antonius vit peu à peu son crédit et ses titres s'affaiblir, en conservant toutefois l'apparence de l'affection.

LXXXI. Pendant que Vespasien attendait, dans Alexandrie, les jours où les vents d'été soufflent régulièrement et assurent la route de mer, bien des prodiges éclatèrent, qui prouvèrent la faveur du ciel et comme une certaine prédilection des dieux pour lui. Un homme du peuple, d'Alexandrie, connu pour être privé de la vue, vint se précipiter à ses genoux, et le supplia, avec des gémissemens, de le guérir de sa cécité; il obéissait aux avertissemens du dieu Serapis, que ce peuple, fort adonné aux superstitions, vénère plus qu'aucune autre divinité, et il priait l'empereur de daigner humecter de sa salive ses joues et les orbites de ses yeux. Un autre, sur l'avis du même dieu, le conjurait de fouler du pied la main dont il était perclus, et d'y marquer le pas de César. Vespasien d'abord se prend à rire, à se moquer; leurs instances redoublent : tantôt il redoute qu'on le taxe de présomption, tantôt leurs obsessions et les paroles des flatteurs le portent à quelque espoir; enfin il ordonne aux médecins d'examiner si la guérison d'une telle cécité, d'une telle paralysie, n'est pas au dessus de l'art humain. Les médecins en jugèrent diversement : « Chez l'un, dirent-ils, la faculté de voir n'est pas éteinte, et elle reviendra si l'obstacle est levé; chez l'au-

cordi deis, et divino ministerio principem electum : denique patrati remedii gloriam penes Caesarem, irriti ludibrium penes miseros, fore. Igitur Vespasianus, cuncta fortunae suae patere ratus, nec quidquam ultra incredibile, laeto ipse vultu, erecta, quae adstabat, multitudine, jussa exsequitur : statim conversâ ad usum manus, ac caeco reluxit dies. Utrumque, qui interfuere, nunc quoque memorant, postquam nullum mendacio pretium.

LXXXII. Altior inde Vespasiano cupido adeundi sacram sedem, ut super rebus imperii consuleret. Arceri templo cunctos jubet : atque ingressus intentusque Numini, respexit pone tergum e primoribus Aegyptiorum nomine *Basiliden;* quem procul Alexandria plurium dierum itinere, et aegro corpore detineri haud ignorabat. Percunctatur sacerdotes, num illo die Basilides templum inisset? Percunctatur obvios, num in urbe visus sit? Denique, missis equitibus, explorat, illo temporis momento octoginta millibus passuum abfuisse. Tunc divinam speciem, et vim responsi ex nomine *Basilidis* interpretatus est.

LXXXIII. Origo dei nondum nostris auctoribus celebrata; Aegyptiorum antistites sic memorant : Ptole-

tre, le membre, sorti de son articulation, pourrait être remis par une salutaire pression. Peut-être les dieux veulent-ils ce prodige? et ils choisissent le prince pour ce divin ministère. Enfin la guérison opérée sera toute à la gloire de César, le ridicule du non succès à ces misérables. » Ainsi donc Vespasien, persuadé que toutes les voies de succès sont ouvertes à sa fortune, et que désormais il doit tout croire, d'un air heureux, au milieu de la multitude attentive qui l'entoure, exécute ce qu'on lui demande. Aussitôt la main recouvre son usage, et le jour brille pour l'aveugle. Des personnes qui furent présentes racontent ces deux faits, aujourd'hui même encore que le mensonge serait sans nul prix.

LXXXII. Vespasien en conçut un désir d'autant plus profond de visiter la demeure sacrée de cette divinité, pour la consulter sur les intérêts de l'empire. Il ordonne que tous se retirent du temple; il y entre, sa pensée tout entière au dieu; il voit derrière lui l'un des premiers personnages de l'Égypte, nommé Basilidès, qu'il savait éloigné d'Alexandrie de plusieurs journées de distance, et, de plus, retenu par une maladie. Il s'informe auprès des prêtres si, en ce jour, Basilidès est venu dans le temple. Il demande à ceux qu'il rencontre s'il a été vu dans la ville; enfin il dépêche des cavaliers, et s'assure qu'à ce moment précis Basilidès était à quatre-vingts milles de distance. Alors il interpréta cette vision divine et la signification de l'oracle d'après le nom de Basilidès (*qui signifie fils de roi*).

LXXXIII. L'origine de ce dieu n'a pas encore été rapportée par nos auteurs. Les prêtres de l'Égypte en par-

mæo regi, qui Macedonum primus Ægypti opes firmavit, quum Alexandriæ recens conditæ mœnia, templaque, et religiones adderet, oblatum per quietem, decore eximio, et majore quam humana specie juvenem, qui moneret, ut, fidissimis amicorum in Pontum missis, effigiem suam acciret; lætum id regno, magnamque, et inclytam sedem fore, quæ excepisset: simul visum eumdem juvenem in cœlum igne plurimo adtolli. Ptolemæus, omine et miraculo excitus, sacerdotibus Ægyptiorum, quibus mos talia intelligere nocturnos visus aperit. Atque illis, Ponti et externorum parum gnaris, Timotheum, Atheniensem, e gente Eumolpidarum, quem, ut antistitem cærimoniarum, Eleusine exciverat, quænam illa superstitio, quod Numen? interrogat. Timotheus, quæsitis, qui in Pontum meassent, cognoscit, urbem illic Sinopen, nec procul templum, vetere inter accolas fama, Jovis Ditis; namque et muliebrem effigiem adsistere, quam plerique Proserpinam vocent. Sed Ptolemæus, ut sunt ingenia regum, pronus ad formidinem, ubi securitas rediit, voluptatum quam religionum adpetens, negligere paullatim aliasque ad curas animum vertere; donec eadem species, terribilior jam et instantior, exitium ipsi regnoque denuntiaret, ne jussa patrarentur. Tum legatos et dona Scydrothemidi, regi, is tunc Sinopensibus imperitabat,

lent ainsi. Lorsque Ptolémée, le premier roi macédonien qui affermit la puissance de l'Égypte, donnait à la ville d'Alexandrie, nouvellement construite, des remparts, des temples et des cérémonies religieuses, il lui apparut pendant son sommeil un jeune homme d'une ravissante beauté et d'une taille plus qu'humaine, qui lui dit d'envoyer ses plus fidèles amis dans le Pont, pour en rapporter sa statue ; que la prospérité de son empire en dépendait, et que l'état qui la recevrait, deviendrait grand et illustre. En même temps, ce jeune homme s'éleva vers le ciel environné de flammes. Ptolémée, frappé du présage et du prodige, expose sa vision nocturne aux pontifes égyptiens, qui ont l'habitude d'expliquer de tels mystères. Comme ils connaissaient peu le Pont et les contrées étrangères, Ptolémée interroge Timothée l'Athénien, de la famille des Eumolpides, qu'il avait fait venir d'Éleusis pour présider aux cérémonies sacrées, et lui demande quel est ce culte, quelle est cette divinité. Timothée s'informe auprès de ceux qui ont voyagé dans le Pont, apprend qu'il y avait là une ville nommée Sinope, tout auprès un temple, depuis long-temps renommé parmi les habitans, et consacré à Jupiter-Pluton. En effet, il se trouvait auprès du dieu une statue de femme, que la plupart nommaient Proserpine. Mais Ptolémée, comme c'est le propre des rois, aussi facile à s'alarmer d'abord qu'à reprendre bientôt sa sécurité, s'occupa plus de ses plaisirs que de religion, négligea peu à peu l'oracle, et porta son esprit vers d'autres pensées ; jusqu'à ce que cette même vision, mais plus terrible et plus pressante, annonça que lui et son royaume allaient périr si ses ordres n'étaient pas

expediri jubet; præcipitque navigaturis, ut Pythium Apollinem adeant. Illis mare secundum; sors oraculi haud ambigua; irent, simulacrumque patris sui reveherent, sororis relinquerent.

LXXXIV. Ut Sinopen venere, munera, preces, mandata regis sui Scydrothemidi adlegant; qui versus animi, modo Numen pavescere, modo minis adversantis populi terreri; sæpe donis promissisque legatorum flectebatur. Atque interim triennio exacto, Ptolemæus non studium, non preces, omittere. Dignitatem legatorum, numerum navium, auri pondus augebat. Tum minax facies Scydrothemidi offertur, ne destinata deo ultra moraretur. Cunctantem varia pernicies, morbique, et manifesta cælestium ira graviorque in dies fatigabat. Advocata concione, jussa Numinis, suos Ptolemæique visus, ingruentia mala exponit. Vulgus adversari regem, invidere Ægypto, sibi metuere templumque circumsidere. Major hinc fama tradidit, deum ipsum appulsas litori naves sponte conscendisse. Mirum inde dictu, tertio die, tantum maris emensi, Alexandriam appelluntur. Templum pro magnitudine urbis extructum loco, cui nomen Rhacotis: fuerat illic sacellum, Serapidi atque Isidi antiquitus sacratum. Hæc de ori-

exécutés. Aussitôt il envoie des députés avec des présens au roi Scydrothemis, alors souverain de Sinope, et leur prescrit d'aller, avant de s'embarquer, consulter Apollon Pythien. La mer les seconda. L'oracle, sans nulle ambiguité, leur dit « de rapporter la statue de son père, de laisser celle de sa sœur. »

LXXXIV. Arrivés à Sinope, ils présentent à Scydrothemis les cadeaux, les prières, les instructions du roi : ce prince, long-temps indécis, tantôt craint le dieu, tantôt redoute les menaces d'un peuple irrité. Souvent les dons et les promesses des ambassadeurs le fléchissent : et trois années s'écoulèrent ainsi, durant lesquelles Ptolémée n'omit ni instances ni supplications. L'importance de l'ambassade, le nombre des vaisseaux, le poids de l'or, étaient sans cesse augmentés. Alors un spectre menaçant s'offre à Scydrothemis, et lui enjoint de ne pas retarder davantage la destination du dieu. Son hésitation est punie par divers désastres, par des maladies et par la colère manifeste du ciel, qui, chaque jour, le fatiguent et l'accablent davantage. Il convoque une assemblée, expose les ordres du dieu, sa vision et celles de Ptolémée, les maux qui fondent de toutes parts. Le peuple s'oppose à la volonté du roi ; jaloux de l'Égypte, et craignant pour soi-même, il entoure le temple. De là le bruit s'accrédita que la statue s'était transportée d'elle-même sur les vaisseaux qui étaient au rivage. Par un autre miracle, en trois jours seulement, cet immense espace de mer fut parcouru, et l'on aborda à Alexandrie. Un temple digne de la grandeur de la ville fut érigé dans le lieu nommé Rhacotis. Là avait existé une cha-

gine et advectu dei celeberrima. Nec sum ignarus, esse quosdam, qui Seleucia, urbe Syriae, accitum, regnante Ptolemaeo, quem tertia aetas tulit; alii auctorem eundem Ptolemaeum, sedem, ex qua transierit, Memphim perhibent, inclytam olim et veteris Aegypti columen. Deum ipsum multi Aesculapium, quod medeatur aegris corporibus; quidam Osirin, antiquissimum illis gentibus Numen; plerique Jovem, ut rerum omnium potentem; plurimi Ditem patrem, insignibus, quae in ipso manifesta, aut per ambages conjectant.

LXXXV. At Domitianus Mucianusque, antequam Alpibus propinquarent, prosperos rerum in Treveris gestarum nuntios accepere. Praecipua victoriae fides, dux hostium Valentinus, nequaquam abjecto animo, quos spiritus gessisset, vultu ferebat. Auditus ideo tantum, ut nosceretur ingenium ejus, damnatusque, inter ipsum supplicium, exprobranti cuidam patriam ejus captam, accipere se solatium mortis, respondit. Sed Mucianus, quod diu occultaverat, ut recens expromsit: quoniam benignitate deum fractae vires hostium forent, parum decore Domitianum, confecto prope bello, alienae gloriae interventurum. Si status imperii, aut salus Galliarum in discrimine verteretur, debuisse Caesa-

pelle consacrée anciennement à Serapis et à Isis. Ces faits sur l'origine et le transport du dieu sont les plus accrédités ; mais je n'ignore point que des auteurs prétendent que cette statue fût apportée de Séleucie, ville de Syrie, sous le règne de Ptolémée, troisième du nom ; d'autres que ce même Ptolémée la fit venir de Memphis, ville célèbre jadis et l'honneur de l'antique Égypte. Quant au dieu même, beaucoup conjecturent que c'est Esculape, parce qu'il guérit les maladies du corps ; quelques-uns Osiris, très-ancienne divinité de ces nations ; la plupart Jupiter, qui est souverain maître de toutes choses ; et un plus grand nombre croient que c'est Pluton, aux attributs qui se manifestent en lui, ou d'après leurs propres doutes.

LXXXV. Cependant Domitien et Mucien, avant d'être parvenus aux Alpes, reçurent les heureuses nouvelles des évènemens de Trèves. La preuve principale de la victoire, c'était le chef captif des ennemis, Valentinus, qui, sans montrer aucun abattement, portait encore sur son front les sentimens qui l'avaient inspiré. On le questionna, seulement pour qu'il manifestât tout son caractère ; il fut condamné, et, au milieu même de son supplice, quelqu'un lui ayant reproché la captivité de sa patrie, il répondit : « Elle est la consolation de ma mort. » Cependant Mucien mit à découvert, comme toute nouvelle, la pensée qu'il tenait depuis long-temps cachée. « Puisque, dit-il, par la bonté des dieux, les forces de l'ennemi sont anéanties, il serait peu honorable pour Domitien, la guerre étant presque terminée, d'intervenir dans la gloire d'autrui. Si le maintien de l'em-

rem in acie stare; Canninefates, Batavosque minoribus ducibus delegandos. Ipse Lugduni vim fortunamque principatus e proximo ostentaret, nec parvis periculis immixtus, et majoribus non defuturus.

LXXXVI. Intelligebantur artes; sed pars obsequii in eo, ne deprehenderentur: ita Lugdunum ventum. Unde creditur Domitianus, occultis ad Cerialem nuntiis, fidem ejus tentavisse, an præsenti sibi exercitum imperiumque traditurus foret: qua cogitatione bellum adversus patrem agitaverit, an opes viresque adversus fratrem, in incerto fuit: nam Cerialis salubri temperamento elusit, ut vana pueriliter cupientem. Domitianus, sperni a senioribus juventam suam cernens, modica quoque et usurpata antea munia imperii omittebat; simplicitatis ac modestiæ imagine, in altitudinem conditus, studiumque litterarum, et amorem carminum simulans, quo velaret animum, et fratris æmulationi subduceretur, cujus disparem mitioremque naturam contra interpretabatur.

pire, si le salut des Gaules offrait quelque péril, César serait venu se placer à la tête des armées : des Canninefates et des Bataves doivent être abandonnés à des chefs moins importans. Domitien, à Lyon, montrera d'assez près la puissance et l'éclat du souverain de Rome, sans se commettre à de faibles dangers, et sans renoncer à de plus grands. »

LXXXVI. On pénétrait l'artifice, mais la déférence pour Mucien consistait en partie à paraître ne le comprendre pas. On alla donc à Lyon, d'où l'on croit que Domitien dépêcha des envoyés secrets à Cerialis pour tenter sa fidélité, ou pour savoir s'il lui livrerait, au cas où il se présenterait, l'armée et l'empire. Cette pensée avait-elle pour but de faire la guerre contre son père, ou de s'assurer des ressources et des forces contre son frère? on n'a à cet égard aucune certitude; car Cerialis, par de sages tempéramens, le joua comme un enfant tourmenté de vains désirs. Domitien, s'apercevant que les vieillards respectaient peu sa jeunesse, renonça même aux moindres des fonctions de gouvernement dont il s'était emparé d'abord; par une haute dissimulation, se couvrant des voiles de la modestie et de la simplicité, il feignit l'amour des lettres et la passion de la poésie, afin de cacher son génie et de se dérober à toute rivalité avec un frère dont il interprétait mal le naturel doux et si différent du sien.

LIBER V.

VESPASIANUS.

I. EJUSDEM anni principio, Cæsar Titus, perdomandæ Judææ delectus a patre, et privatis utriusque rebus militia clarus, majore tum vi famaque agebat, certantibus provinciarum et exercituum studiis : atque ipse, ut super fortunam crederetur, decorum se promptumque in armis ostendebat, comitate et alloquiis officia provocans; ac plerumque in opere, in agmine, gregario militi mixtus, incorrupto ducis honore. Tres eum in Judæa legiones, quinta, et decima, et quintadecima, vetus Vespasiani miles, excepere : addidit e Syria duodecimam, et adductos Alexandria duoetvicesimanos tertianosque : comitabantur viginti sociæ cohortes, octo equitum alæ; simul Agrippa Sohemusque, reges, et auxilia regis Antiochi, validaque, et, solito inter accolas odio, infensa Judæis Arabum manus ; multi, quos urbe atque Italia sua quemque spes acciverat occupandi principem

LIVRE V.

VESPASIEN.

I. Au commencement de cette même année, Titus fut choisi par son père pour soumettre la Judée : déjà, durant leur condition privée, il s'était illustré à la guerre; mais alors son influence et sa renommée s'accroissaient du zèle dont rivalisaient les provinces et les armées ; et, quant à lui, pour se montrer supérieur à sa fortune, toujours plein de grâces, toujours le plus prompt aux combats, par son affabilité, par ses entretiens, il attirait toutes les affections, se mêlant souvent au simple soldat, dans les travaux, dans les marches, sans compromettre la dignité du général. Trois légions le reçurent en Judée, la cinquième, la dixième et la quinzième, anciens soldats de Vespasien. Il y joignit la douzième venue de Syrie, et des soldats de la vingt-deuxième et de la troisième amenés d'Alexandrie. Il était suivi de vingt cohortes alliées, de huit divisions de cavalerie, et de plus des rois Agrippa et Sohemus, des auxiliaires du roi Antiochus, et d'une troupe considérable d'Arabes, ennemis des Juifs, par cette haine ordinaire entre peuples voi-

adhuc vacuum. His cum copiis fines hostium ingressus, composito agmine, cuncta explorans, paratusque decernere, haud procul Hierosolymis castra facit.

II. Sed, quia famosae urbis supremum diem tradituri sumus, congruens videtur, primordia ejus aperire. « Judaeos, Creta insula profugos, novissima Libyae insedisse, memorant, qua tempestate Saturnus, vi Jovis pulsus, cesserit regnis; argumentum e nomine petitur; inclytum in Creta Idam montem, accolas Idaeos; aucto in barbarum cognomento, Judaeos vocitari; quidam, regnante Iside, exundantem per Ægyptum multitudinem, ducibus Hierosolymo ac Juda, proximas in terras exoneratam; plerique, Æthiopum prolem, quos, rege Cepheo, metus atque odium mutare sedes perpulerit. Sunt, qui tradant, Assyrios convenas, indigum agrorum populum, parte Ægypti potitos, mox proprias urbes, Hebraeasque terras, et propiora Syriae coluisse rura. Alii, Judaeorum initia, Solymos, carminibus Homeri celebratam gentem, conditam urbem Hierosolyma nomine suo fecisse.

III. Plurimi auctores consentiunt, orta per Ægyptum tabe, quae corpora foedaret, regem Bocchorim adito Ammonis oraculo, remedium potentem, purgare

sins, et de beaucoup de personnes attirées de Rome et de l'Italie, par l'espérance de s'emparer d'un prince encore sans favoris : ce fut avec ces troupes que Titus entra sur le territoire ennemi. Marchant en ordre, observant tout, et prêt à combattre, il assit son camp non loin de Jérusalem.

II. Mais puisque je dois retracer les derniers momens de cette ville fameuse, il me paraît convenable d'en faire connaître l'origine. Les Juifs, fuyant, dit-on, de l'île de Crète, vinrent s'établir à l'extrémité de la Libye, au temps où Saturne, vaincu et chassé par Jupiter, abandonna son empire. De leur nom on tire la conjecture que, par une addition barbare, celui des Juifs, *Judæi*, vient de celui des *Idæi*, habitant le Mont Ida, célèbre dans la Crète. Quelques-uns prétendent que, sous le règne d'Isis, une population surabondante en Égypte, vint, conduite par Hierosolymus et Juda, se déposer dans ces contrées voisines; généralement on les dit une race éthiopienne, que la haine et la crainte forcèrent, sous le roi Céphée, à changer de demeures; d'autres rapportent qu'un assemblage d'Assyriens, manquant de territoire, s'empara d'une portion de l'Égypte, puis, se rapprochant de la Syrie, éleva des villes, et cultiva les terres des Hébreux; d'autres donnent aux Juifs une origine illustre : les Solymes, nation célébrée dans les poëmes d'Homère, auraient de leur nom appelé Hierosolyma la ville qu'ils bâtirent.

III. La plupart des auteurs s'accordent à dire : « Il s'était répandu en Égypte une maladie qui souillait tout le corps; le roi Bocchoris visita l'oracle d'Hammon,

regnum, et id genus hominum, ut invisum deis, alias in terras avehere, jussum. Sic conquisitum collectumque vulgus, postquam vastis locis relictum sit, ceteris per lacrymas torpentibus, Mosen, unum exsulum, monuisse, ne quam deorum hominumve opem exspectarent, utrinque deserti, sed sibi, ut duci cœlesti, crederent, primo cujus auxilio præsentes miserias pepulissent. Adsensere, atque, omnium ignari, fortuitum iter incipiunt. Sed nihil æque, quam inopia aquæ fatigabat: jamque haud procul exitio, totis campis procubuerant; quum grex asinorum agrestium, e pastu, in rupem nemore opacam concessit. Secutus Moses, conjectura herbidi soli, largas aquarum venas aperit: id levamen; et continuum sex dierum iter emensi, septimo, pulsis cultoribus, obtinuere terras, in quis urbs et templum dicata.

IV. Moses, quo sibi in posterum gentem firmaret, novos ritus contrariosque ceteris mortalibus indidit. Profana illic omnia, quæ apud nos sacra; rursum concessa apud illos, quæ nobis incesta. Effigiem animalis, quo monstrante, errorem sitimque depulerant, penetrali sacravere; cæso ariete, velut in contumeliam Hammonis. Bos quoque immolatur, quem Ægyptii Apin colunt. Sue abstinent, memoria cladis, qua ipsos sca-

demanda les moyens de guérison, et reçut l'ordre de purger son royaume, et de transporter sur d'autres terres cette race d'hommes détestée des dieux. On en fit donc la recherche, on les assembla, et on les déporta dans de vastes déserts. Fondant en larmes, ils gisaient désespérés, lorsque Moïse, l'un des exilés, leur dit de ne plus attendre aucun secours ni des dieux ni des hommes, qui les abandonnaient également, mais de se confier à lui comme à un guide divin, à lui qui, le premier, venait les secourir en leurs misères présentes. Ils y consentent, et, ignorant leur destinée, prennent un chemin au hasard : mais rien ne leur était aussi pénible que la privation d'eau, et déjà, près de leur fin, ils restaient étendus dans les plaines, lorsqu'une troupe d'ânes sauvages, venant de paître, gravit un rocher ombragé d'arbres. Moïse les suit, et le sol, fécond en herbes, lui indique des sources abondantes : cela les sauva ; et, après une marche continue de six jours, le septième ils s'emparèrent d'un terrain cultivé dont ils chassèrent les habitans, et y élevèrent leur ville et leur temple.

IV. Moïse, pour maintenir et gouverner ce peuple, lui donna des rites nouveaux et opposés à ceux des autres mortels. Chez eux est profane ce qui, chez nous, est sacré, et par conséquent permis ce qui, chez nous, est criminel. L'effigie de l'animal qui leur servit de guide pour calmer leur soif et sortir du désert est consacrée dans un sanctuaire. Ils égorgent le bélier comme pour insulter à Hammon. Ils immolent aussi le bœuf que les Égyptiens adorent sous le nom d'Apis; ils s'abstiennent du porc en mémoire de la persécution

bies quondam turpaverat, cui id animal obnoxium. Longam olim famem crebris adhuc jejuniis fatentur; et raptarum frugum argumentum panis Judaicus, nullo fermento, retinet. Septimo die otium placuisse, ferunt; quia is finem laborum tulerit; dein, blandiente inertia, septimum quoque annum ignaviæ datum. Alii, honorem eum Saturno haberi; seu principia religionis tradentibus Idæis, quos cum Saturno pulsos, et conditores gentis accepimus, seu quod e septem sideribus, quis mortales reguntur, altissimo orbe et præcipua potentia, stella Saturni feratur; ac pleraque cœlestium vim suam et cursum septimos per numeros conficiant.

V. Hi ritus, quoquo modo inducti, antiquitate defenduntur : cetera instituta sinistra, fœda, pravitate valuere : nam pessimus quisque, spretis religionibus patriis, tributa et stipes illuc gerebant. Unde auctæ Judæorum res : et, qui apud ipsos fides obstinata, misericordia in promptu, sed adversus omnes alios hostile odium. Separati epulis, discreti cubilibus, projectissima ad libidinem gens, alienarum concubitu abstinent; inter se nihil illicitum; circumcidere genitalia instituere, ut diversitate noscantur. Transgressi in morem eorum idem usurpant; nec quidquam prius imbuuntur, quam contemnere deos, exuere patriam, parentes, liberos, fratres, vilia habere : augendæ tamen multitudini con-

qu'avait jadis attirée sur eux la lèpre à laquelle cet animal est sujet. Des jeûnes fréquens rappellent la longue famine éprouvée autrefois, et leur pain, sans levain, le blé qu'ils pillèrent. Le septième jour est dû au repos, disent-ils, parce que ce jour termina leurs peines; plus tard, cédant aux charmes de la paresse, ils ont aussi consacré la septième année à l'oisiveté. Suivant d'autres, c'est en honneur de Saturne, soit que les principes de leur religion viennent des Idéens qui furent chassés avec Saturne et fondèrent leur nation, soit parce que, des sept planètes qui fixent les destins des mortels, la plus élevée dans le ciel et la plus puissante est celle de Saturne, et parce que la plupart des corps célestes exercent leur action et achèvent leur cours par nombres septénaires.

V. Ces rites, de quelque manière qu'ils se soient introduits, ont pour appui leur antiquité; leurs autres institutions, sinistres, dégoûtantes, ont été fondées par leur dépravation; car tout ce qu'il y avait de plus infâme venait, au mépris du culte de ses pères, entasser chez les Juifs ses offrandes et ses dons : de là l'accroissement de leur puissance. Ajoutez qu'entre eux la fidélité est inébranlable, la compassion active; mais, pour tout autre, ils n'ont que haine et inimitié. Ils mangent seuls, couchent seuls, et, quoique très-adonnés au libertinage, s'abstiennent de tout rapprochement avec des femmes étrangères : entre eux rien d'illicite. Ils ont institué la circoncision pour se reconnaître à cette particularité. Ceux qui adoptent leur religion s'y soumettent de même. Les principes dont ils sont imbus tout d'abord sont de

sulitur. Nam et necare quemquam ex adnatis, nefas; animasque prœlio aut suppliciis peremptorum æternas putant. Hinc generandi amor, et moriendi contemptus. Corpora condere, quam cremare, e more Ægyptio; eademque cura et de infernis persuasio: cœlestium contra. Ægyptii pleraque animalia, effigiesque compositas venerantur; Judæi mente sola, unumque Numen intelligunt. Profanos, qui deum imagines mortalibus materiis, in species hominum effingant; summum illud et æternum, neque mutabile, neque interiturum. Igitur nulla simulacra urbibus suis, nedum templis, sinunt. Non regibus hæc adulatio, non Cæsaribus honor. Sed, quia sacerdotes eorum tibia tympanisque concinebant, hedera vinciebantur, vitisque aurea templo reperta, Liberum patrem coli, domitorem Orientis, quidam arbitrati sunt, nequaquam congruentibus institutis: quippe Liber festos lætosque ritus posuit; Judæorum mos absurdus sordidusque.

VI. Terra finesque, qua ad Orientem vergunt, Arabia terminantur; a meridie Ægyptus objacet; ab occasu Phœnices et mare; septemtrionem a latere Syriæ longe prospectant. Corpora hominum salubria, et feren-

mépriser les dieux, de renoncer à la patrie, de ne compter pour rien pères, mères, enfans, frères. Toutefois ils s'occupent d'augmenter leur population ; car, chez eux, il est défendu de faire mourir un nouveau-né, et ils croient que les âmes de ceux qui ont péri dans les combats ou les supplices sont immortelles. De là leur désir de se reproduire et leur mépris de la mort. L'usage d'enterrer les corps au lieu de les brûler leur vient des Égyptiens ; ils ont, comme eux, l'inquiétude et la persuasion d'un enfer ; quant aux choses célestes, ils diffèrent. Les Égyptiens adorent la plupart des animaux et les effigies qu'ils ont fabriquées. Les Juifs ne reconnaissent qu'un dieu, et par la pensée seulement. Ils disent que ceux-là sont profanes qui, avec des matières périssables, forment des divinités à l'image de l'homme, que leur dieu est le dieu suprême, éternel, immuable, impérissable. Aussi ne souffrent-ils aucun simulacre dans leurs villes et bien moins dans leurs temples ; ils refusent cette adulation à leurs rois, cet honneur aux Césars. Mais comme leurs prêtres chantaient au son de la flûte et des timballes, étaient couronnés de lierre, et qu'on trouva une vigne d'or dans leur temple, on a pensé qu'ils adoraient Bacchus, vainqueur de l'Orient. Ces rites n'ont aucun rapport ; car Bacchus institua des cérémonies brillantes et joyeuses : le culte des Juifs est ignoble et absurde.

VI. Leur territoire, du côté de l'orient, a pour confins l'Arabie ; au midi, l'Égypte le borne ; au couchant, la Phénicie et la mer ; au septentrion, il s'étend au loin du côté de la Syrie. Les hommes sont sains et supportent les fatigues ; les pluies sont rares, et le sol fécond ; les

tia laborum : rari imbres, uber solum; exuberant fruges nostrum ad morem; præterque eas balsamum et palmæ. Palmetis proceritas et decor. Balsamum modica arbor : ut quisque ramus intumuit, si vim ferri adhibeas, pavent venæ; fragmine lapidis, aut testa aperiuntur; humor in usu medentium est. Præcipuum montium Libanum erigit, mirum dictu, tantos inter ardores opacum fidumque nivibus : idem amnem Jordanem alit funditque : nec Jordanes pelago accipitur; sed unum atque alterum lacum integer perfluit, tertio retinetur. Lacus immenso ambitu, specie maris, sapore corruptior, gravitate odoris accolis pestifer, neque vento impellitur, neque pisces, aut suetas aquis volucres patitur : incertæ undæ superjacta, ut solido, ferunt; periti imperitique nandi perinde adtolluntur : certo anni bitumen egerit; cujus legendi usum, ut ceteras artes, experientia docuit : ater suapte natura liquor, et sparso aceto concretus, innatat : hunc manu captum, quibus ea cura, in summa navis trahunt : inde, nullo juvante, influit, oneratque, donec abscindas : nec abscindere ære ferrove possis; fugit cruorem vestemque infectam sanguine, quo feminæ per menses exsolvuntur : sic veteres auctores. Sed gnari locorum tradunt, undantes bitumine moles pelli, manuque trahi ad litus; mox, ubi

productions semblables aux nôtres y abondent, et ils ont de plus le baumier et le palmier. Le palmier est élevé et majestueux. Le baumier est un arbuste; dès que ses rameaux regorgent de sève, si vous les blessez avec le fer, les veines se ferment comme par effroi; il faut les ouvrir avec un fragment de caillou ou de poterie; son suc est d'usage en médecine. La principale de leurs montagnes, le Liban, élève, comme par prodige, son sommet toujours couvert de forêts et de neige au milieu de chaleurs ardentes; il produit et alimente le Jourdain; ce fleuve n'est point reçu par la mer, mais il coule sans mélange à travers deux lacs, et s'arrête dans un troisième. Ce lac, d'un circuit immense, semblable à une mer, est d'une saveur plus âcre; son odeur malfaisante est pestilentielle, même pour les habitans du voisinage. Il n'est point agité par les vents, et n'admet ni poissons ni oiseaux aquatiques. Ses eaux, d'une nature inconnue, supportent, comme un corps solide, tout ce qu'on y jette : ceux qui ne savent pas nager se soutiennent à sa surface aussi bien que les nageurs. A une époque de l'année, il rejette du bitume : la manière de le recueillir s'est apprise comme toute autre industrie, par l'expérience. C'est une liqueur noire de sa nature, qui surnage et s'épaissit en y versant du vinaigre. On le prend à la main, et ceux chargés de ce soin le tirent à bord; ensuite, sans nul aide, il flue et charge le bateau jusqu'à ce qu'on le coupe. Il serait impossible de le trancher ni avec l'airain ni avec le fer; il fuit le sang et les étoffes imprégnées de celui dont les femmes se délivrent chaque mois : ainsi en ont parlé d'anciens auteurs. Mais ceux qui ont visité les lieux disent que des masses de

vapore terrae, vi solis, inaruerint, securibus cuneisque, ut trabes aut saxa, discindi.

VII. Haud procul inde campi, quos ferunt olim uberes, magnisque urbibus habitatos, fulminum jactu arsisse; et manere vestigia; terramque ipsam, specie torridam, vim frugiferam perdidisse. Nam cuncta sponte edita, aut manu sata, sive herbae tenues, aut flores, ut solitam in speciem adolevere, atra et inania velut in cinerem vanescunt. Ego, sicut inclytas quondam urbes igne coelesti flagrasse concesserim, ita halitu lacus infici terram, corrumpi superfusum spiritum, eoque foetus segetum et autumni putrescere reor, solo coeloque juxta gravi. Et Belus amnis Judaico mari illabitur; circa cujus os collectae arenae, admixto nitro, in vitrum excoquuntur, modicum id litus et egerentibus inexhaustum.

VIII. Magna pars Judaeae vicis dispergitur : habent et oppida. Hierosolyma genti caput : illic immensae opulentiae templum, et primis munimentis urbs, dein regia : templum intimis clausum : ad fores tantum Judaeo aditus; limine, praeter sacerdotes, arcebantur. Dum Assyrios penes, Medosque, et Persas Oriens fuit, despectissima pars servientium; postquam Macedones prae-

bitume surnagent, sont poussées vers le rivage, et qu'on les attire à la main; qu'ensuite, dès que la chaleur de la terre et la force du soleil l'ont desséché, on le fend avec des coins et des haches comme le bois ou la pierre.

VII. Non loin de là sont des plaines, jadis fertiles, dit-on, et couvertes de grandes villes; la foudre les a frappées et incendiées. Il en reste même des traces, et la terre, dont la surface est torréfiée, a perdu sa force productrice; car toutes les plantes qui croissent d'elles-mêmes, ou que la main sème, soit fleurs, soit petites herbes, dès qu'elles sont parvenues à leur accroissement ordinaire, deviennent noires, se creusent, et tombent comme en cendre. Quant à moi, j'accorde que des villes autrefois célèbres aient pu être embrasées par le feu céleste, mais je suis aussi convaincu que les exhalaisons du lac infectent le terrain, corrompent l'atmosphère, et qu'ainsi, sous un ciel, sur un sol également pernicieux, les produits de l'été et ceux de l'automne tombent en putréfaction. Un autre fleuve, le Belus, va se jeter dans la mer de Judée; les sables amoncelés à son embouchure, mêlés avec le nitre, forment du verre par la cuisson. Cette plage, de peu d'étendue, en fournit sans qu'on l'épuise.

VIII. Une grande partie des Juifs vit dispersée dans des bourgades. Ils ont aussi des villes : Jérusalem est leur capitale; là était un temple d'une immense richesse. Une première enceinte renfermait la ville, une seconde le palais, une autre, plus intérieure, le temple. Les Juifs pouvaient approcher seulement des portes; personne, excepté les prêtres, n'en passait le seuil. Tant que les Assyriens, les Mèdes et les Perses restèrent maî-

potuere, rex Antiochus, demere superstitionem, et mores Graecorum dare adnixus, quo minus teterrimam gentem in melius mutaret, Parthorum bello prohibitus est : nam ea tempestate Arsaces desciverat. Tum Judaei, Macedonibus invalidis, Parthis nondum adultis, et Romani procul erant, sibi ipsi reges imposuere; qui mobilitate vulgi expulsi, resumpta per arma dominatione, fugas civium, urbium eversiones, fratrum, conjugum, parentum neces, aliaque solita regibus ausi, superstitionem fovebant; quia honor sacerdotii, firmamentum potentiae, adsumebatur.

IX. Romanorum primus Cn. Pompeius Judaeos domuit; templumque jure victoriae ingressus est. Inde vulgatum, nulla intus deum effigie vacuam sedem, et inania arcana. Muri Hierosolymorum diruti; delubrum mansit. Mox, civili inter nos bello, postquam in ditionem M. Antonii provinciae cesserant, rex Parthorum Pacorus Judaea potitus, interfectusque a P. Ventidio, et Parthi trans Euphraten redacti; Judaeos C. Sosius subegit. Regnum, ab Antonio Herodi datum, victor Augustus auxit. Post mortem Herodis, nihil exspectato Caesare, Simo quidam regium nomen invaserat. Is a Quinctilio Varo, obtinente Syriam, punitus; et gentem

tres de l'Orient, les Juifs furent la portion la plus méprisée de leurs sujets. Lorsque les Macédoniens établirent leur suprématie, le roi Antiochus fit des efforts pour les arracher à leurs superstitions, et leur donner les mœurs des Grecs ; il allait améliorer cette nation abominable, lorsqu'il en fut empêché par la guerre des Parthes ; car, en ce moment même, Arsace s'était révolté. Alors les Juifs, profitant de ce que les Macédoniens étaient affaiblis, les Parthes, à l'origine de leur puissance, les Romains éloignés, se donnèrent eux-mêmes des rois. Chassés par l'inconstance populaire, ressaisissant leur autorité par les armes, ces rois exilèrent les citoyens, renversèrent les villes, massacrèrent frères, épouses, pères, et osèrent tous les excès du despotisme, en favorisant les superstitions ; car ils s'étaient arrogé les honneurs du sacerdoce pour affermir leur puissance.

IX. Le premier des Romains qui dompta les Juifs fut le grand Pompée, et, par droit de victoire, il entra dans le temple. Alors l'on apprit que l'intérieur ne renfermait aucune effigie de divinité, que l'enceinte était vide et les mystères nuls. Les murs de Jérusalem furent détruits, le temple resta. La guerre civile ayant éclaté entre nous, d'abord les provinces se livrèrent à Marc-Antoine ; puis le roi des Parthes, Pacorus, s'en empara ; il fut tué par P. Ventidius, et les Parthes furent rejetés au delà de l'Euphrate. C. Sosius subjugua la Judée. Antoine donna ce royaume à Hérode ; Auguste, vainqueur, l'agrandit. Après la mort d'Hérode, sans attendre les volontés de César, un certain Simon usurpa le titre de roi. Cet homme fut puni par Quintilius Varus, qui com-

coercitam liberi Herodis tripartito rexere. Sub Tiberio quies : dein jussi a C. Caesare, effigiem ejus in templo locare, arma potius sumpsere; quem motum Caesaris mors diremit. Claudius, defunctis regibus, aut ad modicum redactis, Judaeam provinciam equitibus romanis aut libertis permisit; e quibus Antonius Felix, per omnem saevitiam ac libidinem, jus regium servili ingenio exercuit, Drusilla, Cleopatrae et Antonii nepte, in matrimonium accepta; ut ejusdem Antonii Felix progener, Claudius nepos esset.

X. Duravit tamen patientia Judaeis usque ad Gessium Florum, procuratorem. Sub eo bellum ortum : et comprimere coeptantem Cestium Gallum, Syriae legatum, varia proelia ac saepius adversa excepere. Qui ubi fato, aut taedio occidit, missu Neronis Vespasianus fortuna famaque, et egregiis ministris, intra duas aestates, cuncta camporum, omnesque, praeter Hierosolyma, urbes, victore exercitu tenebat. Proximus annus civili bello intentus, quantum ad Judaeos, per otium transiit. Pace per Italiam parta, et externae curae rediere. Augebat iras, quod soli Judaei non cessissent. Simul manere apud exercitus Titum, ad omnes principatus novi eventus casusve utilius videbatur. Igitur castris, uti diximus,

mandait en Syrie; et cette nation, enfin réprimée, fut partagée entre les trois fils d'Hérode et gouvernée par eux. Sous Tibère, elle fut tranquille; ensuite Caligula ayant ordonné de placer sa statue dans le temple, les Juifs préférèrent courir aux armes. La mort de l'empereur arrêta le soulèvement. Claude, les rois de la Judée étant morts ou réduits à de petits territoires, la confia à des chevaliers romains ou à des affranchis. Un de ces derniers, Antonius Felix, se livrant à toute espèce de barbaries et de débauches, exerça avec une âme d'esclave un pouvoir tyrannique; il avait eu en mariage Drusilla, petite-fille de Cléopâtre et d'Antoine; de sorte que Felix était gendre au second degré de ce même Antoine, dont Claude était petit-fils.

X. Toutefois la patience des Juifs ne se démentit pas jusqu'à l'arrivée du procurateur Gessius Florus. Sous lui, la guerre éclata. Cestius Gallus, gouverneur de Syrie, entreprit de les contenir, livra divers combats, et le plus souvent avec perte. Dès que les destins ou les ennuis eurent terminé la vie de Gallus, Néron y envoya Vespasien. Secondé par sa renommée, par sa fortune, par d'excellens officiers, il réduisit, en deux étés, sous ses armes victorieuses, toute la campagne et toutes les villes, excepté Jérusalem. L'année suivante, employée à la guerre civile, laissa les Juifs paisibles; la paix rendue à l'Italie, les expéditions du dehors furent reprises. L'irritation s'augmentait de ce que les Juifs étaient les seuls qui n'eussent pas cédé. En même temps, il paraissait plus utile de conserver Titus auprès de l'armée, au milieu de tous les évènemens et hasards d'un

ante moenia Hierosolymorum positis, instructas legiones ostentavit.

XI. Judæi sub ipsos muros struxere aciem, rebus secundis longius ausuri, et, si pellerentur, parato perfugio. Missus in eos eques cum expeditis cohortibus ambigue certavit. Mox cessere hostes, et sequentibus diebus crebra pro portis proelia serebant; donec assiduis damnis intra moenia pellerentur. Romani ad oppugnandum versi : neque enim dignum videbatur, famem hostium opperiri; poscebantque pericula, pars virtute, multi ferocia, et cupidine præmiorum. Ipsi Tito Roma, et opes, voluptatesque ante oculos; ac, ni statim Hierosolyma conciderent, morari videbantur. Sed urbem, arduam situ, opera molesque firmaverant, quis vel plana satis munirentur. Nam duos colles, immensum editos, claudebant muri, per artem obliqui, aut introrsus sinuati; ut latera oppugnantium ad ictus patescerent. Extrema rupis abrupta; et turres, ubi mons juvisset, in sexaginta pedes, inter devexa, in centenos vicenosque adtollebantur; mira specie, ac procul intuentibus pares. Alia intus moenia, regiæ circumjecta : conspicuoque fastigio turris *Antonia*, in honorem M. Antonii ab Herode appellata.

nouveau règne. Ainsi donc il plaça, comme nous l'avons dit, son camp devant les remparts de Jérusalem, et déploya ses légions en bataille.

XI. Les Juifs formèrent leurs rangs sous les murs mêmes; en cas de succès, ils eussent osé s'avancer; en cas de défaite, un refuge était prêt. Notre cavalerie, envoyée contre eux avec des cohortes légères, combattit sans avantage positif. Bientôt les ennemis se retirèrent, et, les jours suivans, ils eurent de fréquens engagemens au devant de leurs portes, jusqu'à ce qu'enfin, après des échecs continuels, ils furent repoussés sous leurs remparts. Les Romains se déterminèrent à donner l'assaut; car il ne parut pas honorable d'attendre que la famine réduisît l'ennemi. De plus, nos soldats demandaient des périls, les uns par courage, beaucoup par orgueil et par désir des récompenses. Pour Titus même, Rome, sa pompe et ses plaisirs étaient sans cesse présens à ses yeux, et c'était en retarder la jouissance que de ne pas faire tomber aussitôt les murs de Jérusalem. Mais la ville, sur un site élevé, avait été fortifiée par des ouvrages et de vastes constructions qui eussent suffi à la garantir, même en plaine. En effet, deux collines, d'une hauteur immense, étaient fermées de murailles où l'art avait formé des saillies obliques et des sinuosités rentrantes, afin que les flancs des assiégeans fussent exposés à tous les coups. Le sommet du rocher était à pic, et des tours hautes de soixante pieds où la montagne s'élevait, et de cent vingt pieds dans les fonds, formaient un coup d'œil admirable, et paraissaient égales à les voir de loin. Intérieurement d'autres fortifications entouraient le

XII. Templum in modum arcis, propriique muri, labore et opere ante alios : ipsæ porticus, quis templum ambiebatur, egregium propugnaculum. Fons perennis aquæ, cavati sub terra montes; et piscinæ cisternæque servandis imbribus : præviderant conditores, ex diversitate morum, crebra bella : inde cuncta quamvis adversus longum obsidium; et a Pompeio expugnatis metus atque usus pleraque monstravere. Atque, per avaritiam Claudianorum temporum empto jure muniendi, struxere muros in pace, tanquam ad bellum; magna colluvie et ceterarum urbium clade aucti : nam pervicacissimus quisque illuc perfugerat, eoque seditiosius agebant. Tres duces, totidem exercitus. Extrema et latissima mœnium Simo, mediam urbem Joannes, quem et Bargioram vocabant, templum Eleazarus, firmaverat. Multitudine et armis Joannes ac Simo, Eleazarus loco, pollebat. Sed prœlia, dolus, incendia inter ipsos, et magna vis frumenti ambusta. Mox Joannes, missis per speciem sacrificandi, qui Eleazarum manumque ejus obtruncarent, templo potitur.: ita in duas factiones civitas discessit, donec, propinquantibus Romanis, bellum externum concordiam pareret.

palais; à son élévation remarquable, on distinguait la tour appelée Antonia par Hérode en l'honneur de Marc-Antoine.

XII. Le temple, espèce de citadelle, avait ses remparts particuliers, d'un travail et d'une construction encore supérieurs; les portiques mêmes qui l'entouraient étaient d'excellentes défenses. Il y avait une fontaine intarissable, des souterrains creusés sous la montagne, des réservoirs et citernes pour conserver l'eau des pluies. Les fondateurs avaient redouté, d'après la diversité des mœurs, des guerres fréquentes. Aussi tout était disposé contre le plus long siège; mille précautions résultèrent encore de la crainte et de l'expérience, après que Pompée eut pris la ville d'assaut. De plus, les Juifs, profitant de l'avarice qui signala les temps de Claude, achetèrent le droit de se fortifier, et élevèrent des remparts, en pleine paix, comme pour soutenir une guerre. Une masse de misérables et la ruine d'autres villes accrurent la population; car les hommes les plus turbulens s'y réfugiaient et se montraient chaque jour plus séditieux. Il y avait trois chefs, autant d'armées. Les premiers retranchemens, les plus étendus, étaient occupés par Simon; le milieu de la ville par Jean, qu'ils appelaient aussi Bargioras; Éléazar s'était fortifié dans le temple. Jean et Simon étaient plus forts par la multitude de leurs soldats, Éléazar par sa position. Mais, entre eux, ce n'était que combats, ruses, incendies; une grande quantité de blé fut aussi consumée par le feu. Bientôt Jean, ayant envoyé des assassins, qui, sous prétexte d'offrir un sacrifice, massacrèrent Éléazar et sa troupe, s'empara du temple. Ainsi la ville se partagea en deux factions, jusqu'à ce que, à l'approche des

XIII. Evenerant prodigia, quæ neque hostiis, neque votis piare fas habet gens superstitioni obnoxia, religionibus adversa. Visæ per coelum concurrere acies, rutilantia arma, et subito nubium igne collucere templum. Expassæ repente delubri fores, et audita major humana vox, excedere deos; simul ingens motus excedentium. Quæ pauci in metum trahebant; pluribus persuasio inerat, antiquis sacerdotum litteris contineri, eo ipso tempore fore, ut valesceret Oriens, profectique Judæa rerum potirentur : quæ ambages Vespasianum ac Titum prædixerat. Sed vulgus, more humanæ cupidinis, sibi tantam fatorum magnitudinem interpretati, ne adversis quidem ad vera mutabantur. Multitudinem obsessorum omnis ætatis, virile ac muliebre secus, sexcenta millia fuisse accepimus. Arma cunctis, qui ferre possent; et plures, quam pro numero, audebant. Obstinatio viris feminisque par; ac, si transferre sedes cogerentur, major vitæ metus, quam mortis. Hanc adversus urbem gentemque Cæsar Titus, quando impetus et subita belli locus abnueret, aggeribus vineisque certare statuit. Dividuntur legionibus munia, et quies proeliorum fuit; donec cuncta expugnandis urbibus reperta apud veteres, aut novis ingeniis, struerentur.

Romains, les dangers d'une guerre étrangère rétablirent la concorde.

XIII. Il avait apparu des prodiges, que ce peuple, livré à la superstition, et ennemi des usages religieux, croirait un crime de conjurer par des vœux ou par des sacrifices. On vit dans le ciel se heurter des armées, étinceler des armes, et le temple resplendir tout à coup de feux sortis des nues. Les portes du sanctuaire s'ouvrirent subitement, et une voix plus qu'humaine annonça que les dieux s'éloignaient; en même temps, on entendit le grand mouvement d'un départ. Peu de Juifs s'en alarmèrent, persuadés, presque tous, par les oracles renfermés dans les anciens livres de leurs prêtres, qu'en ce temps même il arriverait que l'Orient serait tout-puissant, et que de la Judée sortiraient ceux qui gouverneraient le monde. Ces oracles obscurs annonçaient Vespasien et Titus. Mais le vulgaire, suivant les désirs humains, interprétait pour lui la grandeur d'une si haute destinée, et ses malheurs même ne le ramenaient pas à la vérité. Le nombre des assiégés de tout âge, hommes et femmes, était de six cent mille, assure-t-on. On donna des armes à tous ceux qui purent en porter, et l'audace en fit présenter plus que le nombre des habitans n'en devait promettre. Hommes et femmes avaient un égal acharnement, et, forcés à changer de demeures, ils redoutaient plus la vie que la mort. En présence de cette ville et de ce peuple, Titus vit que les localités s'opposaient à un assaut et à une surprise; il résolut de former un siège en règle; les légions se partagèrent les travaux, et les combats cessèrent jusqu'à ce que l'on eût disposé

XIV. At Civilis, post malam in Treveris pugnam, reparato per Germaniam exercitu, apud Vetera castra consedit; tutus loco, et ut memoria prosperarum illic rerum augescerent barbarorum animi. Secutus est eodem Cerialis, duplicatis copiis, adventu ii et vi et xiv legionum. Cohortesque et alae, jampridem accitae, post victoriam properaverant. Neuter ducum cunctator. Sed arcebat latitudo camporum, suopte ingenio humentium. Addiderat Civilis obliquam in Rhenum molem, cujus objectu revolutus amnis adjacentibus superfunderetur. Ea loci forma, incertis vadis subdola, et nobis adversa: quippe miles romanus armis gravis, et nandi pavidus; Germanos, fluminibus suetos, levitas armorum, et proceritas corporum adtollit.

XV. Igitur, lacessentibus Batavis, ferocissimo cuique nostrorum coeptum certamen: deinde orta trepidatio, quum praealtis paludibus arma, equi, haurirentur. Germani notis vadis persultabant, omissa plerumque fronte, latera ac terga circumvenientes: neque, ut in pedestri acie, cominus certabatur; sed, tanquam navali pugna, vagi inter undas, aut, si quid stabile occurrebat, totis illic corporibus nitentes, vulnerati cum integris, periti nandi cum ignaris, in mutuam perniciem implicaban-

tout ce que le génie des anciens ou des modernes a inventé pour forcer les villes.

XIV. Cependant Civilis, après le combat fatal de Trèves, ayant recruté son armée en Germanie, vint établir son camp à Vetera : position sûre qu'il choisit pour que le souvenir des succès qu'il y avait obtenus augmentât le courage des barbares. Cerialis l'y suivit avec des forces doublées par l'arrivée de la seconde, de la sixième et de la quatorzième légion. Les cohortes et la cavalerie, déjà mandées, s'étaient encore plus hâtées depuis sa victoire : ni l'un ni l'autre chef ne voulait temporiser, mais une étendue de plaines, naturellement humides, les arrêtait. Civilis avait posé sur le Rhin une digue transversale, qui en détournait les eaux et les déversait sur les lieux adjacens. Cette localité, ces gués incertains et trompeurs, nous étaient très-contraires ; car le soldat romain, qu'appesantit son armure, craint de se jeter à la nage ; le Germain, accoutumé aux fleuves, y est favorisé par la légèreté de ses armes et par l'élévation de sa taille.

XV. Ainsi donc, harcelés par les Bataves, les plus déterminés des nôtres engagèrent le combat. Mais bientôt la terreur les saisit lorsque des gouffres très-profonds engloutirent et guerriers et chevaux. Les Germains, connaissant les gués, sautaient de l'un à l'autre, n'attaquant presque jamais notre front, mais se jetant sur nos flancs et sur nos derrières ; et l'on ne se battait point de près ainsi que dans un combat sur terre, mais, comme en un combat naval, on allait errant au milieu des eaux, ou, si l'on rencontrait quelque endroit solide, on s'y portait avec effort

tur : minor tamen, quam pro tumultu, cædes; quia, non ausi egredi paludem Germani, in castra rediere. Ejus prœlii eventus utrumque ducem, diversis animi motibus, ad maturandum summæ rei discrimen erexit. Civilis instare fortunæ; Cerialis abolere ignominiam. Germani prosperis feroces; Romanos pudor excitaverat : nox apud barbaros cantu aut clamore, nostris per iram et minas, acta.

XVI. Postera luce, Cerialis equite et auxiliariis cohortibus frontem explet; in secunda acie legiones locatæ; dux sibi delectos retinuerat ad improvisa. Civilis haud porrecto agmine, sed cuneis, adstitit. Batavi Gugernique in dextro; læva ac propiora fluminis Transrhenani tenuere. Exhortatio ducum, non more concionis apud universos, sed ut quosque suorum advehebantur. Cerialis veterem romani nominis gloriam, antiquas recentesque victorias; ut perfidum, ignavum, victum hostem, in æternum exciderent : ultione magis, quam prœlio, opus esse. Pauciores nuper cum pluribus certasse; attamen fusos Germanos, quod roboris fuerit. Superesse, qui fugam animis, qui vulnera tergo, ferant. Proprios inde stimulos legionibus admovebat, domitores Britanniæ quartadecimanos appellans : princi-

en groupes serrés, et tous, blessés ou non blessés, habiles à nager ou inhabiles, y étaient entraînés dans une perte commune. Toutefois le carnage ne fut pas proportionné à une telle confusion, parce que les Germains, n'osant dépasser le marais, rentrèrent dans leur camp. L'issue de ce combat détermina les deux chefs, par des motifs différens, à se hâter pour terminer d'une manière décisive. Civilis voulait presser et saisir la fortune, Cerialis se laver d'un affront. Le succès enorgueillissait les Germains, la honte aiguillonnait les Romains. La nuit se passa chez les barbares en chants et en clameurs, chez les nôtres en rage et en menaces.

XVI. Le lendemain, dès le jour, Cerialis forme son front de bataille avec la cavalerie et les cohortes auxiliaires, place les légions en seconde ligne, et réserve pour des cas imprévus un corps d'élite qu'il commande. Civilis ne déploie pas son armée, mais se présente par coins; les Bataves et les Gugernes à droite, à gauche et plus près du fleuve les troupes d'au delà du Rhin. Les exhortations des chefs ne furent pas de ces harangues d'assemblée générale, mais ils s'adressaient à chaque corps à mesure qu'ils en approchaient. Cerialis rappelait l'antique gloire du nom romain, nos victoires anciennes et récentes : « C'est un ennemi perfide, lâche, vaincu qu'il faut anéantir à jamais; vous avez à vous venger bien plus qu'à combattre; naguère moins de Romains se sont battus contre plus de barbares; et l'élite de leurs forces, les Germains, fut détruite. Il ne reste que ceux qui ont encore la fuite dans le cœur, les blessures au dos. » Puis il stimulait particulièrement chaque lé-

pem Galbam sextæ legionis auctoritate factum; illa primum acie secundanos nova signa, novamque aquilam dicaturos. Hinc, prævectus ad Germanicum exercitum, manus tendebat, ut suam ripam, sua castra, sanguine hostium reciperarent. Alacrior omnium clamor, quis vel e longa pace prœlii cupido, vel fessis bello pacis amor, præmiaque et quies in posterum sperabantur.

XVII. Nec Civilis silenter struxit aciem, locum pugnæ testem virtutis ciens : stare Germanos Batavosque super vestigia gloriæ, cineres ossaque legionum calcantes : quocunque oculos Romanus intenderet, captivitatem, clademque, et dira omnia obversari. Ne terrerentur vario Treverici prœlii eventu; suam illic victoriam Germanis obstitisse, dum, omissis telis, præda manus impediunt : sed cuncta mox prospera et hosti contraria evenisse. Quæ provideri astu ducis oportuerit, provisa : campos madentes et ipsis gnaros; paludes hostibus noxias. Rhenum et Germaniæ deos in adspectu : quorum numine capesserent pugnam, conjugum, parentum, patriæ memores : illum diem aut gloriosissimum inter majores, aut ignominiosum apud posteros fore. Ubi sono armorum tripudiisque, ita illis mos, approbata sunt dicta, saxis, glandibusque, et ceteris

gion, appelant la quatorzième conquérante de la Bretagne; disant à la sixième, que, de son autorité, elle fit Galba empereur; à la seconde, qu'elle allait par ce combat consacrer à jamais ses nouveaux étendards et son aigle nouvelle. » Ensuite, se portant vers nos alliés Germains, il étend la main vers leurs frontières et leur camp, et dit : « Le sang ennemi vous les rendra. » Un cri de joie général lui répond : les uns, après une longue paix, désiraient les combats; les autres, fatigués de la guerre, espéraient pour leur avenir la paix, les récompenses et le repos.

XVII. Civilis ne rangeait pas non plus silencieusement ses troupes sur ce champ de bataille témoin de leur valeur : « Ici, Germains, ici, Bataves, disait-il, vous foulez, sur les vestiges de votre gloire, des cendres et des ossemens de légions. De quelque côté que le Romain porte ses regards, il ne voit que captivité, défaite, objets sinistres. Ne vous épouvantez pas de l'issue contraire du combat de Trèves. Là vous eûtes pour obstacle votre propre victoire, parce que, quittant vos armes, vous avez embarrassé vos mains de dépouilles; mais, depuis, tout vous fut prospère, tout fatal à l'ennemi. Ce que doit prévoir la prudence d'un général est prévu; ces plaines inondées sont connues à vous seuls; ces marais vont engloutir vos ennemis; devant vous sont le Rhin et les dieux de la Germanie; c'est sous leurs auspices que vous combattrez, vous souvenant de vos épouses, de vos pères, de votre patrie : ou vos ancêtres n'auront pas compté un jour plus glorieux, ou vos descendans un jour plus infâme. » Ils applau-

missilibus prœlium incipitur : neque nostro milite paludem ingrediente, et Germanis, ut elicerent, lacessentibus.

XVIII. Absumptis, quæ jaciuntur, et ardescente pugna, procursum ab hoste infestius : immensis corporibus, et prælongis hastis, fluitantem labantemque militem eminus fodiebant : simul e mole, quam eductam in Rhenum retulimus, Bructerorum cuneus tranatavit : turbata ibi res : et pellebatur sociarum cohortium acies, quum legiones pugnam excipiunt, suppressaque hostium ferocia, prœlium æquatur. Inter quæ perfuga Batavus adiit Cerialem, terga hostium promittens, si extremo paludis eques mitteretur : solidum illa, et Gugernos, quibus custodia obvenisset, parum intentos. Duæ alæ, cum perfuga missæ, incauto hosti circumfunduntur : quod ubi clamore cognitum, legiones a fronte incubuere, pulsique Germani Rhenum fuga petebant. Debellatum eo die foret, si romana classis sequi maturasset. Ne eques quidem institit, repente fusis imbribus et propinqua nocte.

XIX. Postera die, quartadecima legio in superiorem provinciam Gallo Annio missa : Cerialis exercitum de-

dissent à ces paroles, suivant leur usage, en frappant leurs armes et par des trépignemens; et aussitôt avec des pierres, des balles et toutes sortes de traits, ils commencent le combat, tandis que nos soldats restaient au bord du marais, et que les Germains les défiaient pour les y attirer.

XVIII. Les traits épuisés et le combat s'animant, les ennemis s'approchèrent avec plus d'acharnement : secondés par leur stature gigantesque et leurs lances très-longues, ils transperçaient de loin nos soldats, qui glissaient et tombaient. En même temps, de la digue qui s'avançait au milieu du Rhin, une troupe de Bructères s'élance à la nage; là tout devint confusion : les lignes de nos alliés fléchissaient; alors nos légions reçoivent l'attaque, répriment l'orgueil de l'ennemi, et rendent le combat égal. Sur ces entrefaites, un transfuge batave s'approche de Cerialis, et lui promet qu'on peut tourner l'ennemi en envoyant de la cavalerie à l'extrémité du marais, qu'il s'y trouvait un terrain solide, que les Gugernes chargés de le garder le faisaient négligemment. Deux ailes de cavalerie envoyées avec ce transfuge enveloppent l'ennemi surpris. Dès qu'un cri eut annoncé ce succès, les légions chargèrent de front; les Germains, repoussés, prirent la fuite et gagnèrent le Rhin. La guerre était finie en ce jour, si la flotte romaine se fût hâtée de les poursuivre; notre cavalerie même ne les pressa point, arrêtée par la pluie à verse qui tomba tout à coup, et par l'approche de la nuit.

XIX. Le jour suivant, la quatorzième légion fut envoyée à Gallus Annius dans la Germanie supérieure.

cima ex Hispania legio supplevit. Civili Chaucorum auxilia venere: non tamen ausus oppida Batavorum armis tueri, raptis, quæ ferri poterant, ceteris injecto igni, in insulam concessit: gnarus, deesse naves efficiendo ponti, neque exercitum romanum aliter transmissurum: quin et diruit molem, a Druso Germanico factam, Rhenumque, prono alveo in Galliam ruentem, disjectis, quæ morabantur, effudit. Sic velut abacto amne, tenuis alveus, insulam inter Germanosque continentium terrarum speciem fecerat. Transiere Rhenum Tutor quoque, et Classicus, et centum tredecim Treverorum senatores: in quis fuit Alpinus Montanus, quem a Primo Antonio missum in Gallias superius memoravimus: comitabatur cum frater D. Alpinus: simul ceteri miseratione ac donis auxilia concibant, inter gentes periculorum avidas.

XX. Tantumque belli superfuit, ut præsidia cohortium, alarum, legionum, uno die Civilis quadripartito invaserit: decimam legionem Arenaci, secundam Batavoduri, et Grinnes Vadamque, cohortium alarumque castra; ita divisis copiis, ut ipse et Verax, sorore ejus genitus, Classicusque, ac Tutor suam quisque manum traherent: nec omnia patrandi fiducia; sed multa ausis aliqua in parte fortunam adfore. Simul Cerialem neque

Cerialis la remplaça dans son armée par la dixième, qui arrivait d'Espagne. Il vint à Civilis des renforts de Chauques. Toutefois, n'osant pas défendre par les armes les villes bataves, il enleva tout ce qui pouvait être transporté, livra le reste aux flammes, et se retira dans l'île; il savait que nous manquions de bateaux pour faire un pont, et que l'armée romaine ne passerait pas autrement. Il rompit aussi la digue élevée par Drusus le Germanique, et détruisit tous les obstacles opposés au cours du Rhin, qui, suivant sa pente naturelle, s'écoula vers la Gaule : alors, comme si le fleuve eût été enlevé, il ne resta plus qu'un faible ruisseau entre l'île et la Germanie, et les deux terres semblèrent contiguës. Tutor, Classicus et cent treize sénateurs trévirs passèrent aussi le Rhin. Parmi eux était Alpinus Montanus, qui, comme nous l'avons dit, fut envoyé dans la Gaule par Antonius Primus; il était accompagné de son frère Decimus Alpinus. Tous en même temps, et par la commisération et par les présens, s'assuraient des secours chez ces nations avides de dangers.

XX. Il restait donc à Civilis assez de moyens de guerre, pour qu'en un seul jour il attaquât sur quatre points différens nos légions, notre cavalerie et nos auxiliaires dans leurs cantonnemens, la dixième légion dans Arenacum, la seconde à Batavodurum, les cohortes et la cavalerie dans leurs camps à Grinnes et à Vada. Les troupes étaient ainsi divisées : lui, Verax, fils de sa sœur, Classicus et Tutor conduisaient chacun un corps séparément. Ils n'avaient pas l'espoir de réussir sur tous les points; mais, en multipliant les attaques, la fortune

satis cautum, et pluribus nuntiis huc illuc cursantem, posse medio intercipi. Quibus obvenerant castra decumanorum, oppugnationem legionis arduam rati, egressum militem, et caedendis materiis operatum, turbavere, occiso praefecto castrorum, et quinque primoribus centurionum, paucisque militibus. Ceteri se munimentis defendere. Et interim Germanorum manus Batavoduri rumpere inchoatum pontem nitebantur. Ambiguum proelium nox diremit.

XXI. Plus discriminis apud Grinnes Vadamque : Vadam Civilis, Grinnes Classicus, oppugnabant : nec sisti poterant, interfecto fortissimo quoque : in quis Briganticus, praefectus alae, ceciderat; quem fidum Romanis, et Civili avunculo infensum diximus. Sed, ubi Cerialis cum delecta equitum manu subvenit, versa fortuna, praecipites Germani in amnem aguntur. Civilis, dum fugientes retentat, agnitus petitusque telis, relicto equo, tranatavit : idem Veracis effugium. Tutorem Classicumque appulsae lintres vexere. Ne tum quidem romana classis pugnae adfuit, ut jussum erat : sed obstitit formido, et remiges per alia militiae munia dispersi. Sane Cerialis parum temporis ad exsequenda imperia dabat; subitus consiliis, sed eventu clarus. Aderat fortuna, etiam ubi artes defuissent : hinc ipsi exerci-

pouvait les seconder en quelque partie; d'ailleurs Cerialis n'était pas assez prudent : accablé de messages, il courait çà et là, et pouvait être enlevé au milieu du chemin. Ceux qui devaient attaquer le camp de la dixième, jugeant qu'il serait difficile de forcer toute une légion, se jetèrent sur des soldats qui étaient sortis et s'occupaient à couper du bois; ils tuèrent le préfet du camp, cinq centurions de premier rang et quelques soldats. Le reste se défendit derrière les retranchemens; et, dans l'intervalle, une troupe de Germains s'efforçait de rompre le pont commencé à Batavodurum. Ce combat fut sans résultat, la nuit le fit cesser.

XXI. L'action fut plus sérieuse à Grinnes et à Vada; Vada était assiégé par Civilis, Grinnes par Classicus. Déjà on ne pouvait plus les arrêter; nos plus braves avaient péri, entre autres Briganticus, préfet de cavalerie, fidèle aux Romains, comme nous l'avons dit, et ennemi déclaré de son oncle Civilis. Mais sitôt que Cerialis survient avec une troupe de cavalerie d'élite, la fortune change : les Germains fuient et sont précipités dans le fleuve. Civilis, qui arrêtait les fuyards, est reconnu, les traits se dirigent vers lui; il abandonne son cheval et traverse à la nage. Verax échappe de même; des barques qu'on approcha transportèrent Classicus et Tutor. Mais alors encore la flotte romaine ne seconda pas cette attaque, comme elle en avait reçu l'ordre; la crainte l'arrêta, et ses rameurs, occupés à d'autres services, étaient dispersés. Sans doute Cerialis donnait peu de temps pour exécuter ses ordres; ses plans étaient subits, leur issue brillante; la fortune le secondait là même

tuique minor cura disciplinæ. Et paucos post dies, quanquam periculum captivitatis evasisset, infamiam non vitavit.

XXII. Profectus Novesium Bonnamque ad visenda castra, quæ hiematuris legionibus erigebantur, navibus remeabat. Disjecto agmine, incuriosis vigiliis; animadversum id Germanis; et insidias composuere : electa nox atra nubibus, et prono amne rapti, nullo prohibente, vallum incunt. Prima cædes astu adjuta : incisis tabernaculorum funibus, suismet tentoriis coopertos trucidabant. Aliud agmen turbare classem; injicere vincla; trahere puppes. Utque at fallendum silentio, ita, cœpta cæde, quo plus terroris adderent, cuncta clamoribus miscebant. Romani, vulneribus exciti, quærunt arma, ruunt per vias, pauci ornatu militari, plerique circum brachia torta veste, et strictis mucronibus. Dux semisomnus, ac prope intectus, errore hostium servatur. Namque prætoriam navem vexillo insignem, illic ducem rati, abripiunt. Cerialis alibi noctem egerat, ut plerique credidere, ob stuprum Claudiæ Sacratæ, mulieris Ubiæ : vigiles flagitium suum ducis dedecore excusabant, tanquam jussi silere, ne quietem ejus turbarent : ita, intermisso signo et vocibus, se quoque in somnum lap-

où les moyens manquaient. Aussi lui et son armée portaient peu d'attention à la discipline, et, quelques jours après, s'il échappa au danger d'être pris, il n'en évita pas le blâme.

XXII. Il avait été visiter, à Bonn et à Novesium, les camps que l'on y construisait pour faire hiverner nos légions, et revenait par eau. Les soldats étaient épars, les sentinelles inattentives; les Germains s'en aperçurent et dressèrent une embûche : ils choisissent une nuit obscure et nébuleuse, se laissent entraîner au courant du fleuve, et, ne trouvant nul obstacle, pénètrent dans nos retranchemens. La ruse leur livra leurs premières victimes : ils coupent les cordes qui soutiennent les tentes, et massacrent nos soldats enveloppés sous leurs propres pavillons; une autre troupe met le désordre dans la flotte : ils enlacent les poupes avec des liens et les attirent. Si, d'abord, pour surprendre, ils avaient été silencieux, dès que le carnage eut commencé, pour frapper de plus de terreur, ils poussent partout des clameurs confuses. Les Romains, que les blessures éveillent, cherchent leurs armes, se précipitent dans les rues du camp, bien peu en costume de soldat, la plupart leurs vêtemens roulés autour du bras et l'épée à la main. Le général, à moitié endormi, et presque nu, échappe, grâce à l'erreur des ennemis. En effet, se persuadant que la galère prétorienne, que distinguait son étendard, renfermait le général, ils l'entraînèrent. Cerialis avait passé la nuit ailleurs, et, comme on l'a cru généralement, dans les bras d'une femme Ubienne nommée Claudia Sacrata. Les sentinelles excusaient leur faute par le déshonneur

sos. Multa luce revecti hostes, captivis navibus, prætoriam triremem flumine Luppia donum Veledæ traxere.

XXIII. Civilem cupido incessit navalem aciem ostentandi. Complet, quod biremium, quæque simplici ordine agebantur. Adjecta ingens lintrium vis, tricenos quadragenosque ferentium; armamenta liburnicis solita : et simul aptæ lintres sagulis versicoloribus haud indecore pro velis juvabantur. Spatium velut æquoris electum, quo Mosæ fluminis os amnem Rhenum Oceano adfundit. Causa instruendæ classis, super insitam genti vanitatem, ut eo terrore commeatus Gallia adventantes interciperent. Cerialis miraculo magis, quam metu, direxit classem, numero imparem, usu remigum, gubernatorum arte, navium magnitudine potiorem. His flumen secundum; illi vento agebantur. Sic prævecti, tentato telorum jactu, dirimuntur. Civilis, nihil ultra ausus, trans Rhenum concessit. Cerialis, insulam Batavorum hostiliter populatus, agros villasque Civilis intactos, nota arte ducum, sinebat : quum interim, flexu autumni et crebris pluvialibus imbribus, superfusus amnis palustrem humilemque insulam in faciem

même de leur chef, prétextant qu'il leur avait ordonné le silence, pour que son repos ne fût pas troublé. Ainsi, par l'interruption des signaux et des appels, elles étaient tombées elles-mêmes dans le sommeil. Au grand jour, les ennemis s'en retournèrent avec les vaisseaux pris; ils tirèrent dans la Lippe la galère prétorienne, pour en faire don à Veleda.

XXIII. Civilis en conçut l'ambition de déployer une armée navale. Il remplit de soldats tout ce qu'il avait de navires à deux ou à un rang de rames. Il y joignit une immense quantité de barques, contenant trente ou quarante hommes, suivant le mode d'armement des liburniques. Ces barques, auxquelles des étoffes de couleurs variées servaient de voiles, offraient un spectacle qui n'était pas sans pompe. Il choisit l'espace où, semblable à une mer, l'embouchure de la Meuse reçoit le Rhin et le verse dans l'Océan. Le but de cet armement de navires, outre la vanité naturelle à cette nation, était d'intercepter, en les frappant de terreur, les convois qui viendraient de la Gaule. Cerialis en éprouva plus d'étonnement que de crainte, et dirigea sa flotte, qui, moindre en nombre, était supérieure par l'expérience des rameurs, le talent des pilotes, la grandeur des bâtimens. Le courant nous favorisait, l'ennemi était poussé par le vent. On s'aborda ainsi, on se lança quelques traits, et l'on se sépara. Civilis, sans plus oser, se retira de l'autre côté du Rhin. Cerialis ravagea sans pitié l'île des Bataves, laissant intactes, par une politique habituelle aux généraux, les terres et les maisons de Civilis. Dans cette occurrence, le déclin de l'automne et

stagni opplevit : nec classis, aut commeatus aderant : castraque in plano sita, vi fluminis differebantur.

XXIV. Potuisse tunc opprimi legiones, et voluisse Germanos, sed dolo a se flexos, imputavit Civilis. Neque abhorret vero, quando paucis post diebus deditio insecuta est. Nam Cerialis per occultos nuntios Batavis pacem, Civili veniam ostentans, Veledam propinquosque monebat, fortunam belli, tot cladibus adversam, opportuno erga populum romanum merito mutare. Cæsos Treveros, receptos Ubios, ereptam Batavis patriam : neque aliud Civilis amicitia paratum, quam vulnera, fugas, luctus : exsulem eum et extorrem recipientibus oneri : et satis peccavisse, quod toties Rhenum transcenderint : si quid ultra moliantur, inde injuriam et culpam, hinc ultionem et deos fore.

XXV. Miscebantur minis promissa : et, concussa Transrhenanorum fide, inter Batavos quoque sermones orti : non prorogandam ultra ruinam; nec posse ab una natione totius orbis servitium depelli : quid perfectum cæde et incendiis legionum, nisi ut plures validioresque accirentur? Si Vespasiano bellum navaverint, Vespasianum rerum potiri; sin populum roma-

des pluies abondantes firent déborder le fleuve sur l'île basse et marécageuse, et lui donnèrent l'aspect d'un lac. La flotte et les vivres étaient éloignés, et le camp, posé sur un terrain plat, était emporté par la violence des eaux.

XXIV. Écraser alors nos légions eût été possible, et les Germains le voulaient; mais Civilis les en détourna par ruse; du moins il s'en vanta, ce qui n'est pas hors de vraisemblance, puisque, peu de jours après, sa soumission eut lieu; car Cerialis, par des émissaires secrets, offrait la paix aux Bataves, le pardon à Civilis. Il faisait dire à Veleda et à ses proches : « Ces résultats d'une guerre signalée par tant de défaites, changez-les en méritant à propos l'amitié du peuple romain : les Trévirs sont défaits, les Ubiens reconquis, les Bataves n'ont plus de patrie. De votre attachement pour Civilis, il n'est résulté que massacres, fuites, deuils : lui-même, fugitif et banni, n'est plus qu'un fardeau pour qui le reçoit. C'est assez de fautes, d'avoir tant de fois franchi la barrière du Rhin. Si vous osez faire de nouvelles tentatives, d'un côté seront l'insulte et le tort, de l'autre la vengeance et les dieux. »

XXV. Aux menaces se mêlaient les promesses; et, dès que la foi des nations d'outre-Rhin fut ébranlée, les Bataves mêmes commencèrent à discourir ainsi : « Faut-il s'opiniâtrer plus long-temps à sa ruine? Une seule nation ne peut soustraire à l'esclavage tout l'univers? Qu'est-il résulté d'avoir porté la flamme et le fer contre des légions? d'autres, en plus grand nombre et plus fortes, sont arrivées. Si c'est pour Vespasien que la guerre a été

num armis provocent, quotam partem generis humani Batavos esse? Respicerent Rhætos, Noricosque, et ceterorum onera sociorum : sibi non tributa, sed virtutem et viros indici : proximum id libertati : et, si dominorum electio sit, honestius principes Romanorum, quam Germanorum feminas tolerari : hæc vulgus. Proceres atrociora : Civilis rabie semet in arma trusos : illum domesticis malis excidium gentis opposuisse : tunc infensos Batavis deos, quum obsiderentur legiones, interficerentur legati, bellum uni necessarium, ferale ipsis sumeretur. Ventum ad extrema, ni resipiscere incipiant, et noxii capitis pœna pœnitentiam fateantur.

XXVI. Non fefellit Civilem ea inclinatio, et prævenire statuit : super tædium malorum, etiam spe vitæ, quæ plerumque magnos animos infringit. Petito colloquio, scinditur Nabaliæ fluminis pons : in cujus abrupta progressi duces : et Civilis ita cœpit : si apud Vitellii legatum defenderer, neque facto meo venia, neque dictis fides, debebatur. Cuncta inter nos inimica, hostilia, ab illo cœpta, a me aucta erant. Erga Vespasianum vetus mihi observantia : et, quum privatus esset, amici vocabamur. Hoc Primo Antonio notum, cujus epistolis

entreprise, Vespasien est maître de l'empire. Si c'est le peuple romain que provoquent vos armes, quelle faible portion du genre humain ne sont pas les Bataves ? Considérons la Rhétie, la Norique et les autres alliés, apprécions leurs impôts. A nous, ce ne sont pas des tributs, mais valeur et guerriers que l'on demande : c'est presque la liberté ; et, s'il nous faut choisir des maîtres, n'est-il pas plus honorable d'être soumis aux empereurs de Rome qu'aux femmes des Germains ? » Ainsi parlait la multitude : les grands étaient plus exaspérés. « C'est la rage de Civilis, disaient-ils, qui nous a jetés dans les guerres ; il s'est consolé de ses malheurs domestiques par la ruine de la nation ; c'est alors que les dieux nous ont prouvé leur courroux, quand ils nous ont permis d'assiéger les légions, d'égorger leurs chefs, d'entreprendre une guerre à un seul nécessaire, à tous fatale. Nous sommes perdus si nous n'ouvrons les yeux et n'avouons notre repentir par la punition d'une tête coupable. »

XXVI. Civilis ne s'abusa pas sur ces dispositions, et résolut de les prévenir. A l'ennui de tant de fatigues, se joignait l'amour de la vie, qui souvent brise les grands courages. Il demande une entrevue à Cerialis ; on coupe le pont qui était sur le Nabal. Les deux chefs s'avancent aux deux points rompus, et Civilis commença ainsi : « Si j'avais à me défendre devant un général de Vitellius, on ne devrait ni pardon à mes actions ni foi à mes paroles. Tout, entre lui et moi, ne fut que haines, hostilités ; il les commença, je les accrus. Mon respect pour Vespasien date de loin ; et, lorsqu'il était particulier, on nous appelait amis. Antonius Primus, qui le savait, m'é-

ad bellum accitus sum, ne Germanicæ legiones, et Gallica juventus Alpes transcenderet. Quæ Antonius epistolis, Hordeonius Flaccus præsens monebat, arma in Germania movi, quæ Mucianus in Syria, Aponius in Mœsia, Flavianus in Pannonia.....

Cetera desiderantur.

crivit pour me pousser à la guerre, afin d'empêcher les légions de Germanie et la jeunesse de la Gaule de franchir les Alpes. Ce que m'écrivait Antonius, éloigné, Hordeonius Flaccus, présent, m'y conviait. J'ai pris les armes en Germanie, comme Mucien en Syrie, Aponius en Mésie, Flavianus en Pannonie.....

Le reste est perdu.

NOTES.

LIVRE III.

Cap. i. *Petovionem.* La ville de *Pettau*, ou mieux *Petau*, en Pannonie, sur la limite du *Noricum*, au nord-est d'Aquilée.

Cap. ii. *In procinctu.* Suivant Festus, on appelait *procinctus miles* un soldat équipé et tout prêt au combat.

Utrimque viros. M. Burnouf traduit « à droite et à gauche. » La droite et la gauche de l'Italie sont la Grèce et l'Espagne. Tacite désigne les Gaules et les Espagnes, *utrimque.*

Integras vires attulerint. Voyez liv. II, ch. 32 et 85. Les légions de Mésie ne s'étaient pas trouvées au combat de Bédriac.

Si numerus militum. Vitellius avait plus de légions, mais moins complètes que celles des Flaviens.

Vos, quibus fortuna in integro est. M. Burnouf a traduit : « *Vous dont le sort est encore en vos mains.* » J'ai cru que Tacite voulait dire beaucoup plus. « Vous dont la fortune, la destinée, n'est nullement compromise, ni par vos actions, ni par vos paroles. » *Avoir son sort dans ses mains*, c'est avoir déjà fait des dispositions pour régler sa destinée. Tacite veut dire vous qui n'avez pris aucune résolution, qui ne vous êtes pas prononcés.

Jam reseratam Italiam. On lisait auparavant *jam reserata militia*; Pichena a mis *reseratam Italiam*; ce qui a été approuvé de Freinsh. et reçu de J. F. Gronovius. C'est ainsi que Cicéron a dit, *Phil.*, VII, 1, *reserare Italiam.* Le manuscrit du Roi et Lallemant ont *reseratam militiam.*

Cap. iii. *Se centuriones et quidam militum concilio miscuerant.* M. Burnouf traduit : « Les centurions et *quelques soldats s'étaient mêlés à la délibération.* » Il n'y avait là ni révolte ni bouleversement dans les dignités militaires ; les soldats délibérèrent, comme nous l'avons vu précédemment, au milieu des séditieux, lorsqu'ils eurent enchaîné leur chef; mais ici leur chef avait toute son autorité. Des centurions et quelques soldats avaient pénétré dans le conseil, ils s'étaient mêlés aux principaux chefs, *se miscuerant,* ils étaient encore à l'entrée de la salle, et loin du lieu où parlait Antonius, qui faisait retentir sa voix pour qu'elle parvînt jusqu'à eux, *quo latius audiretur;* de plus, il n'y a eu aucune délibération, Antonius seul a parlé.

Recitatis Vespasiani epistolis. Voyez livre II, ch. 82.

Aperte descendisse in causam videbatur, que M. Burnouf traduit : « Il s'était déclaré avec une franchise. » En traduisant plus mot à mot, j'ai espéré suivre plus exactement le mouvement de Tacite : « On le vit se lancer ouvertement dans l'entreprise.... »

CAP. IV. *Ampius Flavianus.* Juste-Lipse a tiré ce nom, qui est le véritable, des manuscrits qui ont *Tampius* ou *Tumpius. Ampia* est une famille connue chez les Romains; on lit de même ici, dans Florus, et dans le livre précédent, ch. 86.

CAP. V. *Aponio Saturnino.* Gouverneur de Mésie. On a vu, l. II, c. 96, qu'il avait informé Vitellius de la révolte des troupes de sa province.

Principes Sarmatarum Iazygum. Les Iazyges étaient une nation sarmate établie entre la Pannonie et la Dacie, c'est-à-dire, entre le cours du Danube, le long de la Pannonie, et la Dacie romaine.

Plebem quoque, et vim equitum. Bornhoxius a *peditem;* mais *plebem* est en opposition avec *principibus.* De plus, l'infanterie se prenait dans le peuple, la cavalerie dans la noblesse. De là vient qu'Horace se sert de *pedites* pour *plebes. De Art. poet.,* 113.

Remissum id munus. Le manuscrit de Guelfe et celui du Roi ont *omissum.* C'est Rhenanus qui a mis avec raison, d'après Bude, *remissum,* qui était déjà dans l'édition Princeps.

Trahuntur in partes Sido atque Italicus. Sidon est connu par un passage des *Annales.* Quant à *Italicus,* il doit être différent d'un roi des Chérusques aussi nommé Italicus, *Annal.,* XI, 16.

Cum ala Auriana. L'aile Auriana et les huit cohortes auxiliaires sont la même chose que *auxilia in latus opposita* de la phrase qui précède. Antonius savait que Vitellius avait mandé des troupes de Germanie (*voyez* l. II, c. 97), et il craignait que, passant de l'Helvétie en Rhétie, elles ne vinssent le prendre en flanc. Guelfe, Bude, Agric., l'édition Princeps, Puteol., Ber., Alciat, ont *ala Auriana*. Rhenanus est le premier qui, de lui-même, ait imprimé *Tauriana*, ou plutôt c'est Froben. Mais, dit très-bien Juste-Lipse, la cavalerie *Tauriana* était jointe à la légion d'Italie qui était pour Vitellius, et on ne voit nulle part rien qui annonce sa défection ou son départ. Il y a un juste motif pour recevoir la leçon *ala Auriana* des manuscrits du Vatican et de Florence ; car les noms des ailes de cavalerie venaient de ceux des commandans, tels que ceux d'*ala Tauriana, Frontoniana, Valeria, Silana, Auriana*. Cette dernière, aile Auriana, a existé jusqu'à la chute de l'empire, et on lit dans la Notice des dignités de l'Empire : « Sub dispositione ducis Armeniæ : *ala Auriana, Dascusæ.* »

Nec his aut illis. Ni Porcius, ni Felix ne passa l'*Ænus*, aujourd'hui l'*Inn*, pour en venir à un combat ; et le sort des armes décida de l'empire ailleurs que sur les bords de ce fleuve (à Bédriac).

CAP. VI. *Dux Corbulo et prosperæ in Armenia res.* Arrius Varus, alors simple préfet de cohorte, fut envoyé par Corbulon pour recevoir les otages que le roi des Parthes fut obligé de lui livrer. Voyez *Annal.*, XIII, 9, 35 et suiv. Tacite fait sans doute ici allusion à cette honorable mission.

Primum pilum adepto. Avant Marius, la légion était divisée en trente manipules, dont dix de *triarii*, qu'on nommait aussi *pilarii*, parce qu'ils étaient armés du *pilum*. Chaque manipule était divisé en deux centuries, ayant chacune un centurion. On nommait le premier centurion du premier manipule des triaires *primus pilus* ou *primipilus*. C'était le premier centurion de toute la légion. Par analogie, la centurie même commandée par le primipilaire s'appelait *primus pilus* : c'est dans ce sens qu'il faut entendre ici *primum pilum adepto* (Burnouf, extrait de LE BEAU, *huitième Mémoire*).

In perniciem vertere. Nous verrons, liv. IV, ch. 11 et 39, Mucien devenir l'ennemi de ce Varus; peut-être même le fit-il mourir.

Aquileiæ... Opitergii... Altini. Aquilée, Oderzo, Altino, dans le ci-devant État de Venise. La première de ces trois villes fut autrefois la plus considérable de cette contrée : elle est aujourd'hui en ruines. Des vestiges d'*Altinum* en conservent encore le nom.

Patavium et Ateste. Padoue et Este, deux villes de la Vénétie. Il est parlé de la première comme de la plus illustre de cette province, car il n'est point question de Venise comme d'une ville, dans l'antiquité, mais seulement d'un port appelé *Venetus*. Ce qui fait le plus d'honneur à Padoue, c'est d'avoir donné naissance à Tite-Live.

Forum Allieni. « On estime, dit D'Anville, que *forum Allieni* pouvait avoir existé dans l'emplacement de Ferrare. » Mais Muret pensait que c'était Legnano, petite ville de l'État de Venise, sur l'Adige; et Ferlet appuie cette conjecture par de bonnes raisons, auxquelles nous renvoyons le lecteur. Si tous ses argumens, comme le remarque M. Burnouf, ne prouvent pas en faveur de Legnano, au moins ils paraissent concluans contre la traduction de ce mot en celui de Ferrare.

Cap. VII. *Post principia belli secundum.* Les commencemens de la guerre étant en faveur des Flaviens. La préposition *post* manque dans Bude ainsi que dans Florence, mais de manière qu'on aperçoit les traces du mot *principia*, et dans Guelfe, où cependant il a été ajouté d'une seconde main. Mais il est dans le manuscrit d'Agricola, dans l'édition Princeps et dans les suivantes.

Duæ legiones. C'était l'armée de Pannonie. Vedius commandait la treizième, et Antonius Primus, la septième Galbienne de ces deux légions.

Tertiadecima Gemina. La treizième *Gemina*. Lorsqu'une légion avait été affaiblie par des pertes trop considérables, pour qu'elle pût être facilement recrutée, on l'incorporait quelquefois dans une autre; et de là, à ce que rapporte Dion, ce surnom de *Gemina* (double), qu'avaient certaines légions.

Quia adductius quam civili bello imperitabat. M. Burnouf traduit :

« En tenant les rênes de la discipline un peu plus hautes que ne le permet la guerre civile. » Le savant professeur n'en a-t-il pas fait dire bien plus à Tacite qu'il n'en dit réellement? Tacite écrit avec une grande simplicité, il n'a rien d'affecté, il ne recherche aucune image. Le mot à mot me semble mieux rendre cette phrase : « commandait avec une rigidité intempestive dans une guerre civile. »

Ad Vespasianum missus. Pour soustraire ce préfet à la fureur du soldat, dont il était menacé, on l'envoya à Vespasien, sous le prétexte de lui porter des nouvelles de l'état de la guerre dans l'*Illyricum*.

Desiderata diu res, interpretatione gloriæ, in majus accipitur. Les mots *in majus accipitur*, dit très-bien M. Burnouf, ne signifient pas que l'action d'Antonius, relevant les statues de Galba, *fut beaucoup trop louée*, ce serait presque la flétrir, et en même temps condamner la mémoire de Galba : c'est une intention qu'on ne saurait prêter à Tacite. Il dit seulement que le motif glorieux auquel on attribua cette action, en fit exagérer le mérite. On peut faire ici une autre remarque. Nous avons vu, II, 55, les Vitelliens célébrer la mémoire de Galba, et se donner pour ses vengeurs. Voilà les Flaviens qui en font autant à leur tour.

Cap. VIII. *Patentibus circum campis.* Un pays de plaines convient à la cavalerie, et elle faisait la force d'Antonius.

Vicetia. On lit *Vicetia* dans Florence, et c'est la leçon que Pichena a suivie dans son édition. Pline appelle cette ville, III, 19, 23, *Vicetia*; Strabon, liv. 5, Οὐϊκέτια ; et une inscription, dans Gruter, pag. 198, porte : INTER ATESTINOS ET VEICETINOS FINES TERMINOSQUE POSUIT. Bude a *Vicentia*; Ptolémée, Οὐΐκεντα ; Strabon, lib. c, Οὐκέτια, d'où Casaubon a fait Οὐϊκέτια. Cf. Gruter, p. 236, 8 ; 1093, 8. Avant Rhenanus, les éditions ont *Vincentia*.

In Veronensibus pretium fuit. La prise de Vicence ne procura que de la gloire ; celle de Vérone procura de la gloire et du profit.

Opibusque. C'est la même chose que *copiis* qui précède.

Et interjectus exercitus per Rhætiam Juliasque Alpes; ac, ne. Les manuscrits du Vatican, de Farnèse et de Florence, et l'édition

Princeps ont *interjectus*.... Les autres éditions et Bude ont *interceptus*. Mais Florence et l'édition Princeps ont *per Rhœtiam*, que Gronovius a rétabli, et que Pichena avait effacé, ainsi que *ac*. Il y avait dans le choix de Vérone pour centre des opérations, un double avantage : d'abord on était maître des débouchés qui conduisaient, d'un côté, dans les Alpes Juliennes, et de l'autre, en Rhétie ; ensuite, on était couvert du côté de la Rhétie par l'armée de Sextilius Felix, qui déjà fermait le passage aux troupes germaniques si elles voulaient pénétrer par l'Helvétie. Cette explication, dit M. Burnouf, fait voir combien la leçon d'Oberlin et de Lallemant, que nous avons suivie, et qui est confirmée par notre manuscrit, par celui de Florence et par les premières éditions, est préférable à celle de Brotier et de Festus, qui, faisant une seule chose de deux, suppriment *per* et *ac*, joignent *exercitus* à *obsepserat*, et présentent ainsi la phrase : *Et interjectus exercitus Rhœtiam Juliasque Alpes, ne pervium illa germanicis exercitibus foret, obsepserat.*

Quœ ignara Vespasiano. L'adjectif *ignara* est pris ici passivement pour *ignota*, comme dans Salluste, *Jug.*, 18 et 52 : *Regio hostibus ignara.*

Consilia post res afferebantur. Les choses étaient faites quand on recevait l'ordre de ne les pas faire. Dans le manuscrit de Bude, on lit *post tres menses*, ce qui prouve que cette glose a passé encore de la marge dans le texte.

CAP. IX. *Legioni tribunus Vipstanus Messala prœerat*. La légion est commandée par un tribun, parce que le lieutenant Tertius Julianus avait été obligé de s'enfuir, comme Tacite l'a insinué, liv. II, ch. 85. Ce tribun est un des interlocuteurs du Dialogue sur les Orateurs. L'éloge qu'en fait Tacite, dit avec raison M. Burnouf, d'après la remarque de Juste-Lipse, ne fournirait-il pas un appui à l'opinion que ce dialogue est bien réellement l'ouvrage du grand historien ? La septième Claudienne était une légion de la Mésie, province dont Aponius Saturninus était gouverneur.

Omissa prioris fortunœ defensione. Ils ne s'amusent pas à répondre à la partie de la lettre de Cécina, où il leur parle de leur défaite à Bédriac : *victa arma tractantium*.

In Vitellium ut inimici, præsumpsere. C'est-à-dire, ils furent assez *présomptueux*, assez téméraires pour s'aviser d'écrire d'une manière outrageante contre Vitellius avant la victoire, avant qu'il fût décidé quelle serait l'issue de la guerre ; car *præsumere* emporte l'idée de confiance, de *présomption*, d'arrogance à contretemps et avant le temps. C'est ainsi que dans Quintilien, XI, 1, 27, il y a *præsumere partes judicis*, s'arroger les fonctions du juge, de manière à prononcer sur une affaire avant que les juges aient rendu la sentence. *Præsumere*, dit Ferlet, ne se rapporte proprement qu'à la dernière partie de l'énumération. *In Vitellium* : ils proclamèrent les vertus de Vespasien, l'excellence de leur cause, l'infaillibilité du succès, le sort qui attend l'infâme Vitellius. Ils parlaient, dit M. Burnouf, avec une présomption qui s'attribuait d'avance la victoire sur Vitellius (c'est le sens de *præsumere*), et qui ne lui épargnait pas les invectives : c'est la nuance indiquée par la préposition *in*.

CAP. X. *Et militari vallo Veronam.* Voulant faire montre de ses forces pour imposer davantage à l'armée de Cécina, Antonius fait construire sous les murs de Vérone, dont il avait fait sa place d'armes, un camp capable de contenir toutes les troupes qu'il avait et celles qu'il attendait encore ; comme nous verrons bientôt que les Vitelliens en avaient élevé un sous ceux de Crémone, qui était aussi leur place forte. Ainsi ces deux camps ne faisaient point partie des fortifications de ces deux villes.

Et ut proditionis ira militum. Selon Ferlet, *causa* est ici sous-entendu, comme dans beaucoup d'autres endroits de Tacite. Mais, dit M. Burnouf, il est inutile de sous-entendre *causa* avec *proditionis*. Le mot *ira* gouverne l'un et l'autre génitifs dans deux sens divers : *ira militum* est la colère qu'éprouvent les soldats, *ira proditionis*, la colère que cause une trahison. L'addition de *ut* fait entendre que cette trahison n'est que supposée : *ira ut proditionis* équivaut à *ira quasi ob proditionem*. Cette construction n'est pas sans exemple.

Conscientiam argueret. Était la preuve qu'il se sentait coupable. Virgile a dit : *Degeneres animos timor arguit.*

Injici catenas Flaviano jubet. C'est ainsi que Marius Celsus est sauvé par Othon, 1, 45 ; et Julius Burdon par Vitellius, 1, 58.

Conversus ad signa et bellorum deos. Ces dieux de la guerre étaient les enseignes qui représentaient Romulus et Remus allaités par une louve ; c'étaient les aigles elles-mêmes, auxquelles les Romains rendaient un culte religieux. Aussi un camp romain était-il une espèce de temple dont l'aigle était la divinité, et les *principia* le sanctuaire ; Stace les appelle, x, 20, *concilii penetrale domumque verendam signorum.*

Hostium potius exercitibus illum furorem. Qui ne reconnaît ici, avec Ferlet et M. Burnouf, ce beau vers de Virgile, *Georg.*, III, 513 ?

>Di meliora piis, erroremque hostibus illum!

Sua quisque in tentoria dilaberentur. Pichena a imprimé ainsi, d'après Florence et l'édition Princeps. Bude et les éditions ordinaires ont *dilaberetur.*

Profectus eadem nocte Flavianus. Flavien se mit en route pour aller trouver le prince, et se justifier en sa présence ; mais cet homme, *natura et senecta cunctator*, lent par caractère et par vieillesse, comme il est dépeint chap. 4, ne se rendit pas en toute hâte auprès de l'empereur. D'où il résulta que la lettre qui l'accusait et celle qui l'excusait arrivèrent avant lui chez Vespasien, qui, ayant pesé l'une et l'autre, l'acquitta sur-le-champ, et, pour le tirer d'inquiétude et de danger, écrivit lui-même une lettre qui rencontra en route Flavien. Si Ferlet, comme le dit M. Burnouf, eût fait ces réflexions, il n'aurait pas rempli une page et demie d'invectives contre ceux qui ne veulent pas retrancher du texte les mots *obviis Vespasiani litteris.*

CAP. XI. *Vulgatis epistolis.* Aponius avait écrit à Vitellius, liv. II, ch. 96 ; ce qui, malheureusement pour lui, avait transpiré, et le soldat l'avait su ou soupçonné. Peut-être même est-ce ce message, dit M. Burnouf, qui avait donné lieu d'en supposer d'autres ; car il ne s'agit ici que de suppositions, *scripsisse credebatur.*

Balnearum fornacibus. C'est ainsi qu'on lit dans Bude. Le manuscrit du Roi et l'édition Princeps ont *balneorum.* Les manuscrits d'Harl., Bodl., etc. Putéol., Bern., Alc., ont *fornicibus*, comme le voulait Muret. Ryckius l'entend d'un fourneau pour faire chauffer les bains.

Digressu consularium. Le départ de Flavianus et d'Aponius. Leur titre de consulaires, comme le remarque M. Burnouf, équivaut à celui de gouverneurs de provinces et généraux d'armée.

Vis ac potestas. On ne peut décider s'il y a *vis* ou *jus* dans Bude; on lit *jus* dans les manuscrits de Harl. et Bodl., mais la leçon commune paraît préférable.

Utrumque exercitum. L'armée de Mésie et celle de Pannonie.

Cedentibus collegis. Par la déférence de ses collègues. Antonius en avait quatre, puisqu'il y avait cinq légions. Les collègues d'Antonius, qui commandait la septième Galbienne, étaient Aquila, commandant de la troisième; Messala, de la septième Claudienne; Aponianus, de la troisième; et Numisius Lupus, de la huitième. C'est donc par erreur que Dureau-Delamalle traduit : *Par la déférence de ses* deux *collègues* (Extrait de M. Burnouf).

CAP. XII. *Vespasiano tenebantur.* Pour et au nom de Vespasien, à cause des légions de ces provinces, qui s'étaient déclarées pour lui.

Classis Cornelium Fuscum præfectum sibi destinat. On ne crut pas ce que disait Bassus, et l'on pensa qu'il était plus sûr, en changeant de maître, de changer de commandant. On mit donc à sa place Fuscus, procurateur de Pannonie.

Hadriam pervectus. Hadria, dont le nom se lit aussi *Atria*. On croyait cette ancienne ville fondée par une colonie étrusque. La mer Adriatique, qui baignait autrefois ses murs, a pris d'elle son nom, et l'une et l'autre le conservent encore aujourd'hui.

Cæsaris liberti. Affranchi de Vespasien.

Is quoque inter duces habebatur. On sent, dit Ferlet, dans ce mot, une ironie d'indignation. C'est ainsi que Tacite (1, 76) dit que ces affranchis, dans les temps malheureux, se font portion de la puissance publique, *partem se reipublicæ faciunt.* « Il y a dans ces deux phrases, ajoute M. Burnouf, une censure amère et douloureuse. Des Crescens et des Hormus se mêlant au gouvernement d'une république qui avait eu pour chefs les Scipion et les Paul-Émile! tant de bassesse après tant de grandeur, tant d'ignominie après tant de gloire! »

Cap. XIII. *Secretiora castrorum adfectans, in principia vocat.* L'endroit appelé *principia,* dit Ferlet, était celui où se tenaient les soldats qui n'avaient pas d'occupation. Cécina leur en donne pour les écarter d'un lieu où il veut être seul avec ses complices et un petit nombre de personnes. Voici l'interprétation que donne M. Burnouf de cette phrase, qui, dit-il, embarrasse tant les commentateurs, et qui leur fait demander comment l'épithète de *secreta* peut convenir à la place d'armes, qui est le rendez-vous de tous les soldats inoccupés, et le lieu le plus fréquenté du camp : *Id adfectans, id quærens ut secreta, id est, tacita et quasi solitaria castra forent, dispergit ceteros milites per diversa militiæ munera, tumque primores centurionum et paucos militum in principia vocat.* D'où l'on voit que, selon lui, *secretiora* ne se rapporte pas seulement à *principia,* mais au camp tout entier. Mais je ne suis pas de son avis : une telle explication me semble forcée, il me paraît que Tacite a voulu dire par *secretiora castrorum adfectans, in principia vocat,* que Cécina, cherchant un endroit solitaire dans le camp, écarta les soldats des *principia,* où ils avaient coutume de se rassembler, et y tint son conciliabule; ce qui le confirme, c'est que Stace, x, 120, comme je l'ai remarqué plus haut, appelle les *principia :*

... Concilii penetrale domumque verendam
Signorum.

In arcto commeatum. Le manuscrit de Florence a *in arce commeatum,* comme l'édition Princeps; mais Guelfe, Marl., Oxford, les éditions de Putéol., de Ber., d'Alciat, ont *in arcto commeatum.* Rhenanus, d'après Bude, a imprimé *inopia commeatum,* ainsi que les éditions suivantes, jusqu'à Juste-Lipse, qui conjecture que le Vatican et Farnèse ont *marcem,* d'où il conclut qu'il faut lire *in arcem,* qui est en effet la leçon d'Agricola. Mais cette correction est mauvaise, et a été rejetée par Ernesti, par Brotier et Lallemant, qui ont adopté la leçon que nous suivons.

Imagines dereptæ. C'est ainsi qu'a imprimé Ernesti. Ils ôtèrent, dit-il, les images des enseignes, qu'ils y replacèrent bientôt après. Ce n'est point là ce qu'on appelle *diripere*, ainsi que le portent les autres éditions, mais *deripere*.

In fama proditio. Cette leçon est confirmée par les manuscrits de Florence, de Bude, de Guelfe, par les éditions de Putéol., de Béroalde et les suivantes; et elle est une manière de parler familière à Tacite. On lit, dans Agr., *infamia prodita;* dans l'édition Princeps, *infamia providit;* dans le manuscrit de la Mirandole, *rei fama dedita*, qui sent l'interpollation.

Præscriptum Vespasiani nomen, projectas Vitellii effigies. L'enseigne de la légion, dit M. Burnouf, d'après Le Beau (*quatorzième Mémoire sur la légion romaine, Acad. des inscript.*, XXXV, 277), était une aigle d'or ou d'argent portée au haut d'une pique et sans drapeau. L'enseigne de la cohorte était un drapeau carré attaché à une traverse, comme la voile d'un navire à son antenne : ce drapeau s'appelait *vexillum*, d'où, par contraction, vient *velum*. Sur le *vexillum* était inscrit par devant, *præscriptum*, le nom de l'empereur régnant, avec celui de la légion et le numéro de la cohorte. L'enseigne de la centurie s'appelait du nom générique *signum*. C'était une pique surmontée, tantôt d'une main droite, tantôt d'une figure représentant la Victoire, Hercule ou une autre divinité, quelquefois d'un fer à cheval. Le bois de la pique était garni de médaillons portant l'image en buste de l'empereur. C'est de là qu'on arrache les effigies de Vitellius pour les jeter par terre. Ces sortes d'enseignes avaient quelquefois des drapeaux, mais attachés au dessous des autres ornemens de la pique, ce qui les rendait tout-à-fait différens du *vexillum*. Au reste, la pique du *vexillum* eut aussi, jusqu'après Trajan, des médaillons ; c'est pourquoi nous disons, *supra*, I, 41 : *Vexillarius comitatæ Galbam cohortis dereptam Galbæ imaginem solo adflixit.*

Abesse... primanos quartadecimanosque. On a vu, liv. II, ch. 66 et 67, que la première légion avait été envoyée en Espagne, et la quatorzième en Bretagne.

Othoniani exercitus robur. Othoniani est l'ancienne leçon, et c'est celle que je préfère. Le manuscrit de Bude a *Germanici*, l'édition Princeps *Othomanici*, ce qui tient de l'une et l'autre leçon.

Rhenanus a rétabli *Othoniani*, mais il conjecture qu'il faut lire *Britannici*.

Exsuli Antonio. Juste-Lipse pense que ce fut sous Néron qu'Antonius fut envoyé en exil par la loi Cornelia sur les testamens. Il fut condamné, pour crime de faux.

Octo nimirum legiones unius classis accessionem fore. On sait que les Romains faisaient peu de cas du service de mer, parce que les troupes de marine étaient formées de gens ramassés dans les dernières classes des pays alliés ou soumis. C'est sur le mépris qu'ils en faisaient qu'est fondée cette raillerie amère.

Licet integros incruentosque, Flavianis quoque partibus viles, quid dicturos, reposcentibus aut prospera, aut adversa? C'est ainsi que lit M. Burnouf. « J'ai suivi, dit-il, sans y rien changer qu'une virgule, la leçon anciennement et généralement admise. C'est la plus conforme à notre manuscrit, qui, cependant, au lieu de *licet*, porte *litem*, et, au lieu de *reposcentibus*, *rem poscentibus*. Je ne sais pourquoi il a plu à Oberlin, d'après l'éditeur de Deux-Ponts, de refaire ainsi toute la phrase : *etiam principi auferri militem : integros incruentosque, Flavianis quoque partibus viles, militibus quid dicturos, reposcentibus aut prospera aut adversa?* M. Anquetil (*Extr. de Tacite*, Paris, 1810) réfute par d'excellentes raisons la leçon d'Oberlin, et adopte la même leçon que nous. » M. Burnouf développe ainsi la leçon qu'il adopte : « Ces forces qu'ils apportaient aux Flaviens, forces intactes, et qui n'étaient point les débris sanglans de quelque bataille, auraient dû les faire honorablement recevoir. Mais non : leur lâcheté, le rôle subordonné auquel ils se condamnent en soumettant leurs destins à ceux de la flotte, les rendront vils et méprisables, même aux yeux de leurs nouveaux alliés. Alors que répondront-ils à ceux qui leur demanderont avec une insultante ironie ce qu'ils ont fait de leur victoire de Bédriac, ou quelle bataille perdue les a donc amenés sous des drapeaux auparavant ennemis? »

Cap. xiv. *Hostiliam.* Hostilia, où ils reviennent, est sur la rive gauche du Pô, à trente milles de Vérone. D'Hostilia ils vont à Crémone, où se trouvait déjà une partie de leurs forces. Voyez *supra*, II, 100.

Cap. xv. *Simul ingens Germanorum vis per Rhœtiam timebatur.*
Nous avons vu *supra*, 5 et 8, que l'armée de Felix, qui gardait
les passages de l'Ænus, était peu considérable, et hors d'état de
résister long-temps au torrent des Germains, qui, prenant par
là leur direction, auraient attaqué Antonius d'un côté, pendant
que Valens, venant de Rome, l'aurait attaqué de l'autre. Il se
hâte donc de livrer un combat décisif qui le délivre d'un ennemi,
et le mette à même de repousser l'autre s'il se présente.

Immensam belli luem. Rhenanus, Faerne, Muret, Acidalius,
veulent changer *luem* sans nécessité, surtout lorsque presque
tous les manuscrits et toutes les éditions le présentent, excepté
le manuscrit de Guelfe et l'édition Princeps, où on lit *lucem* par
une faute de copiste. « On a mis en doute, dit M. Burnouf, que
luem soit la leçon véritable ; on a eu tort : *lues* veut dire peste,
fléau, mal destructeur ; *lues belli* est le fléau de la guerre ; *immensa
lues*, un fléau, une plaie qui frappe à la fois beaucoup de pays. »
Cela est si évident, que je suis surpris qu'il ait pris la peine de
le prouver par des citations nombreuses et par l'étymologie.

Secundis a Verona castris, Bedriacum venit. Il n'est pas encore ici
question de Mantoue, par où Antonius aurait passé nécessairement,
en venant de Vérone, si Bédriac eût été le *Cannetu* d'à présent. Est-il
croyable, dit Ferlet, que Tacite, qui a nommé exactement les
villes par où Antonius a passé, Aquilée, Opitergium, Altinum,
Padoue, Este, Vicence et Vérone, eût constamment oublié Mantoue, si cette ville eût été sur la route de Vérone à Bédriac? Je
sais que ce n'est qu'une preuve négative; mais elle me paraît bien
forte.

Cap. xvi. *Quinta ferme hora diei erat.* La première heure commençait à six heures du matin; ainsi la cinquième était à onze
heures.

Prægredi paucos. Bude a *progredi*.

Acerrimus quisque sequentium fugæ ultimus erat. Dureau-Delamalle avertit, dans une note, qu'à l'exemple d'Ernesti, il croit
devoir lire *primus* au lieu d'*ultimus*, et traduit: « Les plus ardens
à poursuivre étaient les premiers à fuir. » Mais ce n'est certes pas
là ce que Tacite veut dire. *Ultimus fugæ* est pour *ultimus fugien-*

NOTES. LIVRE III, CH. XVIII.

tium, ou *in fuga,* comme le remarque M. Burnouf, et comme l'entend aussi Ferlet. Les Flaviens étant mis en fuite, ceux d'entre eux qui, auparavant, étaient en tête à la poursuite de l'ennemi, se trouvent naturellement ensuite à la queue des leurs, qui fuient vers Antonius.

Cap. XVII. *Fracto interfluentis rivi ponte.* Brotier et Ferlet conjecturent que ce ruisseau était la Delmone, qui tombe dans l'Oglio.

Cap. XVIII. *Fulsere legionum signa.* On sait que ces deux légions avaient été envoyées, dès le commencement, à Crémone, et que les autres étaient à Hostilia.

Forte victi. Vaincus par la fortune qui fut contre eux, par la force aveugle du hasard, et non par la force de l'ennemi, comme il vient d'être dit. C'est ainsi qu'on lit dans Bude, au lieu de *victuri,* qui est dans le manuscrit d'Agr., et qui plaît à Acidalius, à Ryckius, à Ernesti, à Brotier et à Ferlet, en joignant *forte victuri* aux mots précédens, sans virgule. Freinshemius préférait *forte acti,* c'est-à-dire avec témérité, sans dessein et sans ordre. *Victi,* dit Ferlet, ne fait pas de sens ; *victuri,* qu'on ferait rapporter à *hostem,* qui précède, en fait un. Dureau-Delamalle traduit en ce sens ; mais alors, dit très-bien M. Burnouf, ce qui suit reste détaché et sans liaison.

Ducem desideraverant. Si les premiers succès de ces troupes leur avaient fait aisément oublier qu'elles n'avaient pas de général, les revers qui survinrent les en firent ressouvenir lorsqu'il n'était plus temps. Ferlet prétend que les troupes de Crémone ne savaient pas encore que celles d'Hostilia eussent enchaîné Cécina. Mais nous croyons, avec M. Burnouf, qu'il se trompe, et que *ducem... in adversis deesse intelligebant,* est dit par allusion à l'emprisonnement de Cécina.

Victor equitatus. Cette cavalerie d'Antonius, comme le remarque Ferlet, venait de battre celle des Vitelliens.

Vipstanus Messalla, tribunus. Ce tribun commandait une des légions de Mésie, la septième Claudienne, restée comme les autres à Bédriac (Voyez *supra,* 15). Antonius vient d'envoyer l'ordre à ces légions de s'armer (ch. 16) ; mais Vipstanus prend les devants avec les auxiliaires de Mésie, qui, étant plus légèrement équipés, pouvaient faire une marche plus rapide.

Quos militiæ legionariis, quanquam raptim ductos, æquabant. Telle est la leçon du manuscrit du Roi, et celle de Lallemant, d'Oberlin et de M. Burnouf. Brotier lit : *quos militiæ gloria legionariis.... æquabat*, donnant *gloria* pour sujet à ce verbe. Ferlet lit de même. M. Burnouf croit ce changement inutile, et ne pense pas que *militiæ* soit au pluriel et serve de nominatif à *æquabant*. Il n'approuve pas non plus, ainsi que Ferlet, le changement de *ductos* en *delectos*, adopté par Dureau-Delamalle, après Gordon et Juste-Lipse. S'il fallait, dit-il, changer quelque chose à cette phrase, la correction la plus heureuse serait celle que propose M. Anquetil : *quos æmulatio gloriæ legionariis, quanquam raptim ductos, æquabat*. Plusieurs manuscrits, comme Florence, Bude, Oxford, Agr., l'édition Princeps ont *æquabant*. La leçon commune est dans Guelfe, dans les éditions de Putéol., de Ber., de Rhenanus et les suivantes, jusqu'à Pichena; et elle est approuvée par Freinshem. Mais Brotier, d'après d'autres manuscrits, a donné *militiæ gloria... æquabat*. Bude a aussi *militiæ*.

CAP. XIX. *Hæc in medio, pulchra dictu.* Ces derniers mots, que M. Burnouf a traduits par « langage spécieux, » m'ont semblé une ironie de Tacite, qui se moque de la jactance et de l'impudence des Flaviens. J'ai traduit par *ces belles paroles étaient proférées tout haut*, etc.

Rupturi imperium. On lit *ruptari* dans Florence, dans Bude, dans Oxford, dans Guelfe, dans Agr. et dans l'édition Princeps. Les autres ont *rapturi*. C'est Ryckius qui a rétabli *rupturi*, en citant ce passage des *Annales*, XIII, 36 : *rupto imperio congressus cum hoste funditur*; et Ernesti l'approuve et le suit.

CAP. XX. *An operibus et vineis, adgredienda.* Il y a dans Florence, dans le manuscrit du Roi et dans Lallemant, une glose insérée ainsi en parenthèse : *an operibus et vineis (machinamenti genus ad expugnandos muros in modum turrium factum) aggredienda urbs foret.* On lit de même dans l'édition Princeps, mais sans parenthèses. Rhenanus a écrit en marge : *a margine relata in textum glossa est.* Putéol. et Alcuin s'en aperçurent et l'omirent.

Dolabras. La colonne Trajane, n° 299, présente la forme d'une *dolabra ;* c'est un instrument servant à la fois de hache pour couper et fendre le bois, et de pic pour fouir la terre ou saper une muraille.

Simul lixas calonesque. « On voit, dit Ferlet, que l'auteur distingue toujours les vivandiers des valets d'armée, contre le sentiment de Le Beau. » Je dirais plutôt, reprend M. Burnouf, « On voit que l'auteur réunit toujours les vivandiers et les valets d'armée, selon le sentiment de Le Beau. » Pour nous, nous ne pensons pas pour cela que l'auteur, en réunissant toujours les *lixæ* et les *calones*, les confonde, et qu'il ne faille pas les distinguer.

CAP. XXI. *Sistere tertiam legionem, in ipso viæ Postumiæ aggere, jubet.* On lit, au lieu de *tertiam*, *tertiam decimam* dans les manuscrits de Florence, de Guelfe, d'Agr., et dans toutes les éditions avant Rhenanus, qui est le premier qui ait mis ici *tertiam.* Évidemment il y a erreur dans les manuscrits, et nous avons suivi Ryckius, Lallemant, Ferlet et M. Burnouf, qui ont mis *tertiam* au premier endroit. Oberlin, Brotier et Dureau-Delamalle mettent au contraire, au premier, *tertiam decimam;* au deuxième, *tertia.* Dureau-Delamalle, toujours guidé par le P. Brotier, met la treizième légion à la place de la troisième, et la troisième à la place de la treizième.

Agresti fossa. Un fossé ou canal d'irrigation fait par des paysans; il le nomme *agrestis*, pour le distinguer d'un fossé militaire.

Per apertum limitem. La bordure de la voie Postumienne. *Per apertum limitem,* selon Ferlet, est la même chose que *patenti campo,* qui précède. *Apertus limes viæ* est opposé à *agger viæ,* qui précède. C'est ainsi que Tite-Live, XXII, 15, dit : *ne immunito viæ Appiæ limite Pœnus pervenire in agrum romanum posset,* et Tacite lui-même, plus bas, ch. 25 : *per limitem viæ sparguntur.*

Sido atque Italicus, Suevi... primori in acie versabantur. Ferlet prouve très-bien que *primore in acie* ne peut s'entendre que des premiers rangs de la seconde ligne, de laquelle seule il est question depuis *prætorianum vexillum;* et M. Burnouf pense de même. Dureau-Delamalle traduit : *les rois Sidon et Italicus, avec l'élite de leurs Suèves, se trouvaient à la première ligne.* Ce qui supposerait

Cap. XXII. *Confectum algore... hostem.* On voit au ch. 37 qu'on était alors aux derniers jours d'octobre.

Tertia ferme noctis hora. Environ sur les neuf heures du soir, puisque les Romains divisaient du soleil couchant au soleil levant les heures de la nuit en douze.

Cum vexillis. Vexilla se trouve souvent dans Tacite pour *vexillarii.*

Duodevicesimanosque. C'est ainsi qu'on lit dans le manuscrit de Guelfe, dans celui d'Ursin, et dans les éditions antérieures à Rhenanus. L'édition Princeps et le manuscrit d'Agr. ont *duovicesimanosque;* Bude a *duoetvicesimanosque.* Brotier et Oberlin suivent cette dernière leçon. Mais on a vu en plusieurs endroits, notamment I, 55, que c'est de la dix-huitième qu'il s'agit, et non de la vingt-deuxième. Dureau-Delamalle paraît l'avoir senti lui-même, puisque, tout en lisant *duoetvicesimanos*, il traduit cependant comme s'il lisait *duodevicesimanos.*

Rapaces alque Italici omnibus se manipulis miscuerant. Ces deux légions avaient été cruellement traitées dans le dernier combat. Les soldats qui en restaient, n'étant plus assez nombreux pour former des corps séparés, se mêlent et s'encadrent dans les autres.

Ipsam aquilam Atilius Verus. L'aigle de la légion était confiée à la garde du primipilaire. C'était lui, dit M. Burnouf, qui la levait de terre (VAL.-MAX., I, 6); quand l'armée se mettait en marche, il la déposait entre les mains du porte-enseigne, *aquilifer*, qui marchait devant lui; et, dans la bataille, il était surtout obligé de la défendre.

Cap. XXIII. *Vitelliani tormenta in aggerem viæ contulerant.* C'est la raison pour laquelle les prétoriens sont repoussés. Ils enfoncent d'abord l'ennemi, puis ils sont eux-mêmes enfoncés par l'effet des machines de guerre. Les Vitelliens, dont chaque légion avait avec elle sa baliste, les transportent toutes sur la chaussée, afin que les coups en soient plus sûrs. On ne voit pas que les Flaviens eussent de semblables machines. Sans doute que la précipitation de leur départ ne leur laissa pas le temps de les amener de Bédriac, tandis que les Vitelliens se servirent de celles que renfermait Crémone.

Lateque cladem intulisset. D'autant plus que ces légions étaient entassées en grosses colonnes.

Arreptis e strage scutis ignorati. On a déjà vu, I, 38, que les différentes espèces de troupes étaient distinguées par leurs armures. Il y en avait surtout une grande variété parmi les auxiliaires. *Voyez* II, 89. Crevier rend ce passage par *s'étant couverts de leurs boucliers.* C'est un contre-sens, dit Ferlet; il rend aussi *ignorati* par *sans être aperçus:* c'en est un second. On les aperçut, mais on ne les reconnut pas.

CAP. XXIV. *Principes auctoresque belli.* Voyez l. II, ch. 85.

Parthos... Armenios... Sarmatas. Voyez DION, 49, et *Ann.* xv, 26, *Hist.,* I, 79.

Vos, inquit, nisi vincitis, pagani...., que M. Burnouf traduit par : « Et vous (disait-il aux prétoriens avec indignation), *paysans que vous êtes, à moins de vaincre aujourd'hui, quel autre empereur voudra de vous...?* » Je crois qu'Antonius n'a pas parlé aux prétoriens avec indignation, car Tacite ne le dit pas du tout, mais avec ironie, et j'ai traduit dans ce sens : « *Quant à vous, dit-il, si vous n'êtes vainqueurs, redevenez paysans.* » En effet, ils avaient été cassés par Vitellius; s'ils n'étaient pas vainqueurs pour Vespasien, ils n'avaient plus qu'à redevenir paysans, au lieu d'être dans les premiers rangs de l'armée; aussi ajoute-t-il : « *Quel autre empereur voudra de vous....?* Vitellius vous a repoussés, par votre défaite Vespasien ne règnera pas : vous n'avez donc qu'à devenir de misérables et simples paysans... »

Illic signa armaque vestra sunt. Vitellius, en congédiant les prétoriens, leur avait ôté leurs drapeaux et leurs armes; c'est donc dans les rangs de son armée qu'il faut les aller reprendre.

Ignominiam consumpsistis. Vous avez épuisé tous les genres de honte et d'ignominie en tuant votre empereur (Galba), en vous laissant battre lorsque vous combattiez pour le nouveau (Othon), en l'abandonnant et demandant la vie à un troisième (Vitellius), en le quittant pour suivre un quatrième (Vespasien), que vous trahissez sur le champ de bataille.

Orientem solem, ita in Syria mos est, tertiani salutavere. On avait fait venir cette légion de la Syrie, où elle avait combattu sous Corbulon.

Cap. xxv. *Eo notabilior cædes.* « Le carnage fut signalé par une aventure tragique, » a traduit M. Burnouf. Le carnage, dit simplement Tacite, fut comme tous les carnages entre deux armées, mais il y eut un fait plus remarquable, *notabilior*, un fils y tua son père. Dans les carnages, tout est *aventure tragique.*

Auctore Vipstano Messalla. Témoin oculaire. C'était le commandant de la septième Claudienne.

Vulnere stratum, dum semianimem scrutatur. « Il le renversa demi-mort. Pendant qu'il le dépouille, il le reconnaît et en est reconnu, » a traduit M. Burnouf. Il y a dans ce tableau douloureux, si bien peint par Tacite, toutes les gradations, toute la série des circonstances de cet évènement. Le hasard amène le père, la nuit, devant son fils, *forte oblatum,* il le blesse, *vulnere,* il le jette à terre, *stratum,* il le dépouille, *scrutatur,* expirant, *semianimem,* etc. J'ai cru devoir traduire : « Il le blesse, le renverse, et, tandis qu'il le dépouille expirant, il en est reconnu, il le reconnaît, » et non pas « il le reconnaît et en est reconnu ; » car Tacite dit que c'est la victime expirante qui reconnaît d'abord son assassin : l'assassin, tout occupé des dépouilles, ne pensait guère à reconnaître sa physionomie, etc., etc.

Cap. xxvi. *Intolerandus tam longi itineris labor.* Ils avaient fait la veille six de nos lieues, presque toujours en se battant ; ils s'étaient battus toute la nuit ; s'ils voulaient rentrer dans leur camp, il leur fallait parcourir de nouveau le même espace de six lieues, et pour comble abandonner le champ de bataille à un ennemi vaincu.

Cap. xxvii. *Vallum portasque legionibus attribuit.* Les portes du camp ennemi qui répondaient à celles de la ville, excepté du côté du midi ou du Pô, sans doute parce que les lignes du camp n'embrassaient pas Crémone de ce côté. Ainsi le camp fut investi à l'orient, au nord et à l'occident.

Ad Brixianam portam. Cette porte du camp est ainsi nommée parce qu'elle répondait à la porte de la ville appelée de ce nom.

Elatis super capita scutis, densa testudine succedunt. Les soldats, élevant leurs boucliers sur leurs têtes, en forment une espèce de tortue ou de toit solide, et impénétrable aux armes de trait, sous laquelle ils s'avancent. Quoique cette phrase suffise pour faire comprendre ce que c'était que former la tortue, on peut en voir encore la description dans Dion Cassius, XLIX, 30, et dans Tite-Live, XLIV, 9. La colonne Trajane représente une de ces tortues militaires. Celle de la colonne Antonine est encore plus remarquable : les Germains jettent sur ce toit de gros quartiers de pierre, des roues de charrette ; tout cela y reste, sans que la tortue en soit ébranlée. Les Romains avaient une autre sorte de tortue, qui était double. Ils faisaient monter sur la première tortue des soldats qui en faisaient une seconde ; ils égalaient quelquefois par-là la hauteur des murs des villes qu'ils assiégeaient. Voyez *Ant. expl. de Montfaucon*, IV, 144.

CAP. XXVIII. *C. Plinius.* Outre son ouvrage connu sous le nom d'*Histoire naturelle*, et qui est une véritable encyclopédie des anciens, Pline avait écrit l'histoire de toutes les guerres de Germanie en vingt livres, et celles de Rome, depuis l'époque où s'était arrêté Aufidius Bassus, qui vivait sous Auguste et Tibère. Ces deux ouvrages sont perdus.

Semineces. Le manuscrit du Roi, celui d'Agr. et l'édition Princeps ont *semianimes*.

CAP. XXIX. *Tertianus.* Les soldats de la troisième légion, les *tertiani*.

Securibus gladiisque portam perfregit. On voit, dit Ferlet, que l'épée romaine faisait l'effet, non-seulement d'un sabre, mais même d'une hache. Le Beau, qu'il cite, remarque, *vingtième Mémoire sur la légion romaine, Acad. des Inscript.*, XXXIX, 478, que l'épée romaine était une hache dans la main d'un soldat vigoureux, et il cite en preuve ce passage de Tacite. Heinsius ne pensait pas de même, lui qui a corrigé, d'après Ryck., *securibus dolabrisque;* car, pour briser les portes, dit Ernesti, les épées ne sont d'aucun usage. Quant aux *dolabræ*, il faut entendre, ajoute-t-il, celles dont parle Quinte-Curce, V, 6, avec lesquelles les soldats *vasa cædebant*, ou, VIII, 4, *sternerent arbores*.

Portam. La porte orientale ou de Mantoue.

Completur cæde. Égésippe nous apprend quel fut le nombre des morts dans ces combats, IV, 30 : *extincta triginta millia et ducenti viri de exercitu Vitellii. Primusque (id enim Antonio cognomentum erat) quatuor millia quingentos de Mysiacis militibus amisit.*

CAP. XXXI. *Nomen atque imagines Vitellii amoliuntur.* Son nom et ses images, qui étaient sur ses enseignes; car c'était la coutume qu'on inscrivît le nom de l'empereur sur les enseignes et sur les boucliers; ce qui avait lieu du temps même de la république pour les généraux. On lit dans Quintilien, *Pro Milite*, c. 12 : *inscriptum in scuto C. Marii nomen.* « Le nom de C. Marius était inscrit sur le bouclier. » Dion, XLII, 15, dit que « Marcellus effaça le nom de *Pompeii*, que les soldats avaient inscrit sur leurs boucliers, » sans doute pour montrer qu'il était du parti de César.

Signa aquilasque extulere. Dès qu'Antonius a connu l'intention des assiégés, il fait suspendre l'attaque. Alors les vaincus sortent sans armes, avec les enseignes et les aigles, pour les remettre aux vainqueurs.

Subit recordatio illos esse. Recordatio est dans l'édition Princeps, dans Rhenanus, dans toutes les éditions suivantes et dans le manuscrit de Florence, comme on peut l'inférer du silence de Pichena et de J. Gronovius. Dans Bude on lit *ratio*, comme dans Guelfe, d'où Rhenanus tirait *miseratio*. Les éditeurs de Deux-Ponts préfèrent *ratio*.

Consul incessit. Il paraît que Cécina était consul avec Valens depuis le 1er septembre.

CAP. XXXIII. *Ipsos postremo direptores in mutuam perniciem agebat.* J'ai cru que *mutuam* ne signifiait pas seulement la mort mutuelle des ravisseurs entre eux, mais aussi celle de leur victime. M. Burnouf a traduit : « Ils finissaient par exciter entre les ravisseurs eux-mêmes un combat à mort. » J'ai traduit : « Leur rage aboutissait à la ruine commune et des ravisseurs et de leur victime. »

Ubi prædam egesserant. De *egero.* Lorsqu'ils avaient tiré toutes les richesses qui étaient dans les temples ou dans les maisons, ils y mettaient le feu.

NOTES. LIVRE III, CH. XXXVI.

Utque exercitu, vario. C'est-à-dire comme il arrive dans une telle armée, etc. C'est ainsi qu'on lit dans Bude et dans Rhenanus; mais Guelfe et les éditions de Putéol., de Bér., d'Alciat, ont *exercitui.*

Cremona suffecit. Sous-entendu *militum avaritiæ.*

Mephitis templum stetit ante mœnia. Ce temple de *Méphitis*, et non pas de *Méphis*, comme l'appelle Ferlet, était devant les murailles de Crémone et devait être au midi, entre la ville et le Pô, puisque le côté du midi fut le seul à l'abri de l'attaque des Flaviens, et que le nom de cette déesse, qui signifie puanteur, exhalaison infecte, indique aussi qu'il avait été élevé au milieu des exhalaisons marécageuses des rives du Pô. C'est ainsi, comme le remarque très-bien Ferlet, qu'il y avait à Rome un temple de la même déesse au pied du mont Esquilin, sans doute à cause de la mauvaise odeur qu'exhalaient les corps des gens de la populace, qu'on jetait près de là dans des espèces de puits (*puticulæ*) destinés à cet usage, au lieu de les brûler. Les environs de Crémone étaient un marais fort malsain, et ses exhalaisons méphitiques étaient très-meurtrières. C'est du nom de cette déesse que nous avons fait *méphitique* et *méphitisme;* et en effet Servius dit, *Æn.*, VII, 84, que c'était la déesse des mauvaises odeurs.

CAP. XXXIV. *Condita erat Tib. Sempronio et P. Cornelio consulibus.* L'an de Rome 536, l'année même de la prise de Sagonte par Annibal, et de son passage en Italie. *V.* TITE-LIVE, XXI, 25.

Bellis... civilibus infelix. Détruite dans la guerre civile pour avoir suivi le parti de Brutus et Cassius, ses champs furent partagés aux soldats victorieux, ce qui a fait dire à Virgile:

Mantua væ miseræ nimium vicina Cremonæ!

Eclog. IX, v. 28.

CAP. XXXV. *Simul transitus Alpium præsidiis occupati.* Ici il n'est plus question de fermer les passages des Alpes Rhétiques et Noriques, mais tous les passages des Alpes par où l'on pouvait venir du Rhin en Italie.

CAP. XXXVI. *Curis luxum obtendebat. Obtendere,* comme le remarque Ferlet, est mettre un voile devant une chose pour qu'on ne la voie pas. Vitellius, pour s'épargner en quelque sorte la vue importune de ses devoirs, et pour se cacher à lui-même ses propres inquiétudes, mettait entre elles et lui tout l'appareil du luxe et des plaisirs. C'est, dit M. Burnouf, une manière neuve de dire que Vitellius cherchait dans la débauche l'oubli des affaires.

Perculit. Le manuscrit du Roi a *percutit*, celui de Bude *pertulit*. Ernesti avait reçu *percutit*. Oberlin a rétabli avec raison *perculit*, qui était la leçon commune.

Cap. xxxvii. *Dein.* M. Burnouf n'a pas traduit ce mot : je le crois indispensable. Les sénateurs n'eussent pas, dans leur crainte de Vespasien, osé ouvrir d'avis contre Cécina; mais, dès que le frère de Vitellius eut parlé contre lui, *dein*, ensuite, aussitôt après.....

Composita indignatione. M. Burnouf traduit : « S'indignant en termes étudiés. » Je crois que Tacite veut dire simplement que les sénateurs *affectent une indignation* qu'ils n'avaient pas réellement; ils étaient prêts à louer Cécina de sa trahison, quand il reviendrait avec Vespasien. Ainsi ils ne s'indignaient point véritablement alors, ni en termes étudiés ni autrement.

Supererat. On était donc au 30 octobre an 69 de Rome, comme Tacite va le dire.

Iniit, ejuravitque. Se rapporte à *consulatum*. Le matin il fit le serment que l'on prêtait lorsqu'on entrait en charge, et le soir celui d'usage lorsqu'on en sortait. Par ce dernier, les magistrats juraient publiquement qu'ils avaient rempli leurs fonctions pour le plus grand bien de la république.

Non abrogato magistratu, neque lege lata, alium suffectum. Jamais personne n'avait été mis jusqu'alors à la place d'un autre sans une loi qui déclarât l'ancien magistrat déchu et proclamât le nouveau. Cette formalité de l'abdication était si nécessaire, dit Dureau-Delamalle, que lorsqu'il fut question de faire le procès à Lentulus, un des complices de Catilina, et qui était préteur, on commença par le faire abdiquer; et quoique le crime de haute-trahison, dont il s'était rendu coupable, fût censé lui avoir fait perdre, non-seulement les prérogatives de magistrat, mais encore celles de citoyen, on ne se crut pas autorisé à négliger une formalité regardée comme indispensable. *Voyez* la *troisième Catilinaire.*

Consul uno die et ante fuerat Caninius Rebilus. Caninius Rebilus entra en charge le 31 décembre à 2 heures après-midi, pour y rester jusqu'au lendemain matin. *Voyez* à ce sujet DION, 43, 46. C'est de ce consul de quelques heures que se moquait Cicéron, lorsqu'il disait: « Oh! l'infatigable consul que nous avons! il n'a pas fermé l'œil pendant tout le temps de son consulat! » V. ses *Lettres familières*, VII, 30; et MACROBE, *Saturn.*, II, 3.

CAP. XXXVIII. *Nota per eos dies Junii Blæsi mors.* Junius Blésus, fils de Blésus, le vainqueur de Tacfarinas, et oncle maternel de Séjan, gouverneur de la Gaule Lyonnaise, avait déjà, II, 59, encouru les soupçons de Vitellius pour l'avoir reçu à Lyon trop magnifiquement.

Servilianis hortis. Il paraît que ces jardins étaient une résidence impériale, un domaine de l'empire. C'est là qu'était Néron lorsque Milichus alla lui révéler la conjuration de Pison, *Ann.*, XV, 55. C'est là aussi qu'il se retira d'abord lorsqu'on vint lui annoncer, pendant son repos, la défection des armées (SUÉTONE, *Vie de Néron*, 47). On peut supposer qu'ils étaient près du Tibre et de la route qui allait à Ostie.

Turrim vicino sitam. Voyez ce qui est dit de cette tour, dans Suétone, *Néron*, 38, où elle est nommée *turris Mœcenatiana*.

Apud Cœcinam Tuscum. C'est à ce Cécina Tuscus que Néron destinait la préfecture du prétoire, lorsque, sur une dénonciation de Pâris contre Agrippine, il voulut l'ôter à Burrhus, *Ann.*, XIII, 20. Il paraît qu'il était chevalier romain.

In urbe ac sinu cavendum hostem. M. Burnouf traduit: « L'ennemi vraiment à craindre. » Tous les ennemis sont à craindre plus ou moins. Tacite a voulu dire, je crois, l'ennemi contre lequel il est urgent de se *prémunir* tout de suite, *cavendum*, parce qu'en effet il est dans Rome, dans le palais, etc.

Junios Antoniosque avos jactantem, qui se stirpe imperatoria. Tibère permit au père de Blésus de prendre le titre d'*imperator*, réservé pour les empereurs régnans, et Blésus, par la sœur d'Auguste, pouvait faire remonter son origine jusqu'à Octavie.

CAP. XXXIX. *Addidit facinori fidem, nobili gaudio.* Juste-Lipse propose *notabili*, et les éditeurs de Deux-Ponts l'ont admis, ainsi que Dureau-Delamalle, sans doute parce qu'il s'agit ici d'une joie excessive, et qu'on trouve plus bas, ch. 54, *notabilis constantia;* mais *notabilis* y est pris dans un autre sens, et *nobilis*, qui vient de *nosse,* ainsi que *nota,* signifie aussi remarquable, manifeste, *quasi noscibilis;* par conséquent *nobili gaudio,* une joie qu'il fut aisé de remarquer sur son visage.

Blœsum visendo. La joie qu'il affecta, lorsqu'il alla rendre visite à Blésus malade, ne laissa plus de doute sur son crime.

Adeo non principatus adpetens, parum effugerat, ne dignus crederetur. C'est ainsi qu'on lit dans le manuscrit de Florence, au lieu de *ut parum effugeret.* La leçon que nous adoptons, ainsi que M. Burnouf, plaît à Gronovius et à Ernesti; Brotier, Lallemant et Deux-Ponts l'ont suivie avec raison.

Cap. XLI. *Ne... infamia caruit.* M. Burnouf traduit : « Valens ne put *échapper à la flétrissante imputation.* » Je pense que Tacite, dont le trait est toujours acéré, a voulu dire : « Valens ne manqua pas, suivant son usage, de se couvrir d'*infamie;* dans des circonstances si graves où tout doit être prudence, il continua de se livrer à ses vices, il n'y manqua pas, *ne caruit quominus.....* » En traduisant le verbe *caruit* autrement qu'il ne doit l'être, M. Burnouf a été obligé de rendre *infamia* par *imputation,* ce qui n'en est pas la traduction.

Aderant vis et pecunia. M. Burnouf traduit : « C'était l'œuvre de la force, de l'argent. » Je crois que ce n'est pas la pensée de Tacite, qui dit : « *La force et l'argent étaient là,* » dans les mains de Valens, et Valens en faisait ce mauvais usage.

Ruentis fortunæ novissima libido. M. Burnouf traduit : « Les derniers caprices d'une fortune expirante. » *Libido* est bien plus fort que *caprices,* et *expirante* ne se lie pas avec *vis* et *pecunia, la force et l'argent.* Sa fortune allait s'écrouler avec *bruit,* avec *force,* par une grande catastrophe ; elle n'était pas *expirante,* ce qui supposerait les lenteurs d'une agonie.

Haud diuturna vincula apud avidos periculorum et dedecoris securos. D.-Delamalle préfère lire *pavidos periculorum,* avec Ernesti, Faerne, Harlay, Perrot d'Ablancourt, Ferlet, Bahrdt, Lallemant. M. Burnouf, Gruter, Deux-Ponts, Davanzati, Petrucci, Gordon,

Murphy, Hooft, Dotteville, Gallon de la Bastide, tiennent au contraire pour la leçon commune. *Dedecoris* est dans Florence, dans Agr., dans Guelfe et autres manuscrits, dans Muret, Acidalius et Brotier, dans l'édition Princeps et dans les autres éditions jusqu'à Rhenanus, qui a introduit *decoris*, d'après Bude. Mais M. Burnouf prouve très-bien que *dedecoris* est préférable. « Les soldats de Valens, dit-il, étaient tranquilles du côté de la honte, *dedecoris securos;* après ce qu'ils avaient fait pour Vitellius, contre Galba d'abord, ensuite contre Othon, le déshonneur attaché à la trahison les touchait peu. Quant à Ferlet, voici ses motifs pour préférer *pavidos* : « J'aimerais mieux, dit-il, *pavidos*, suivant la correction de Faerne, d'autant plus que *pavidos* contraste mieux avec *securos*, et s'accorde parfaitement avec *trepidos*, que l'historien met plus bas, en parlant de ces mêmes soldats. »

Quos adversa non mutaverant. Adversa, comme le dit très-bien M. Burnouf, n'est pas le désastre de Crémone, qui peut-être n'était pas encore arrivé : c'est le retour de fortune qui troublait Vitellius dans la possession de l'empire, et lui suscitait un rival ; c'est encore la défection de la flotte de Ravenne ; évènement qui était un mauvais début dans cette nouvelle lutte.

Ariminum. Rimini, près de la mer Adriatique, au sud-est de Ravenne.

Cap. XLII. *Marius Maturus.* Celui qui s'opposa inutilement à l'armée navale d'Othon. Il était procurateur de la Gaule Narbonaise.

Procurator Valerius Paullinus. Savilius soupçonne qu'il fut gouverneur de la Gaule Narbonaise, dans laquelle se trouvait la colonie de Fréjus.

Cap. XLIII. *Concitisque omnibus.* Sous-entendu *prœtorianis;* les soldats prétoriens licenciés par Vitellius, II, 67.

Stœchadas, Massiliensium insulas. Les îles d'Hières.

Cap. XLIV. *Initio per Hispaniam a prima Adjutrice legione orto.* Cette légion combattit à Bédriac pour Othon, et, l. II, c. 67, Vitellius, vainqueur, l'envoya en Espagne, *ut pace et otio mitesceret.*

Cap. xlv. *Brigantibus.* Les Brigantes, peuple puissant qui habitait l'Yorkshire et le Northumberland.

Capto per dolum rege Caractaco. Voyez *Ann.*, xii, 37.

Cap. xlvi. *Abducto e Mœsia exercitu.* Les trois légions de Mésie avaient quitté la Mésie pour se joindre à Antonius, *supra*, iii, 9 et 10.

Ni Mucianus sextam legionem opposuisset. La sixième légion de Syrie, que Mucien amenait avec lui, ii, 83.

Fonteius Agrippa. Il fut tué ensuite par les Sarmates. Josèphe, *Hist. Jud.*, vii, 4, 3.

Pro consule eam provinciam... tenuerat. On lit *pro consule* dans Flor., dans Agr., dans l'édition Princeps, dans Ryck. et dans J. Gronovius. Les autres, même Bude, ont *proconsul.* « Les mots *pro consule* ne signifient pas ici, dit M. Burnouf, *en qualité de consul*, ni *pour tenir lieu de consul*; car ce n'est pas un consul que l'on envoyait gouverner les provinces. Cette expression veut dire simplement *proconsul*, et elle sert pour tous les cas. » Il est très-vrai que *pro consule* signifie *proconsul*, mais étymologiquement un pro consul n'est que le lieutenant d'un consul, qui gouverne une province en son nom, en son lieu et place, pour lui. *Pro consule* n'est donc que le mot *proconsul* décomposé, ou plutôt dans sa forme primitive. C'est ainsi qu'on a dit *pro rex* pour *pro rege*.

Cap. xlvii. *Polemonis.* Polémon, roi de Pont, avait cédé volontairement son royaume à Néron, l'an de J.-C. 63. Suétone, *Néron*, 18.

Trapezuntem. Trébisonde, ville sur le Pont-Euxin; sa forme était celle d'un trapèze.

In extremo Ponticæ oræ. La côte du royaume de Pont et l'extrémité par où elle touche à la Colchide, et non de la côte du Pont-Euxin, qui s'étend bien plus loin.

Contemptim vagabantur. M. Burnouf traduit : « Insultaient même audacieusement les côtes... » J'ai traduit : « exerçaient effrontément leurs pirateries. » Tacite a voulu dire, je crois, en nous méprisant, avec effronterie, sans nous craindre : *audacieusement* présente un sens tout-à-fait opposé.

Camaras. Strabon, l. xi, parlant de ces bâtimens, les nomme de même : ils étaient, selon lui, étroits, légers, et contenaient chacun vingt-cinq hommes. Ce nom signifie en latin et en grec, ce qui est couvert en forme de voûte. Nous en avons fait le mot *chambre.*

Cap. XLVIII. *In ostio fluminis Cohibi.* Arrien et Pline, vi, 4, font mention d'un fleuve qui se jette dans le Pont-Euxin, au delà du Phase, et que le premier nomme Χῶϐος, le second *Cobus.* Y a-t-il une faute de copiste dans le nom du fleuve *Cohibi* de Tacite ?

Sub Sedochezorum regis auxilio. On ne connaît point de peuple nommé *Sedochezi.*

Belloque servili finis impositus. Servili se rapporte seulement à Anicetus ; ses complices n'étaient point des esclaves : j'ai donc traduit : « Ainsi se termina cette guerre suscitée par un esclave, » et non comme M. Burnouf, « cette guerre d'esclaves. »

Fame urgeret. « En affamant cette ville, » traduit M. Burnouf. Ce n'était pas la pensée de Vespasien, ce n'est point le sens de Tacite : il veut dire, forcer Rome, la déterminer à le recevoir comme empereur, *fame urgeret*, par la crainte de la famine.

Cap. XLIX. *Dum hac totius orbis mutatione fortuna imperii transit...* M. Burnouf traduit : « Pendant que la fortune de l'empire se déplaçait en remuant l'univers. » C'est, je crois, tout le contraire : c'est le bouleversement de l'univers, c'est-à-dire ce déplacement général de troupes et d'autorités, qui faisait passer la fortune de l'empire... etc. Nous avons traduit : « Tandis que, par ce bouleversement du monde entier, la fortune de l'empire... »

Ut suas, legiones colere. « Il ménageait les légions comme sa propriété, » a traduit M. Burnouf ; *colere* signifie *honorer, rendre un culte.* Il les caressait pour se les rendre propices, pour se les attacher, et non comme sa propriété, ce qui eût été insulter à l'orgueil des légions ; mais *ut suas*, comme siennes, comme à lui seul dévouées, comme s'il n'avait pas à rendre compte à l'empereur de leur conduite.

Nec miles in arbitrio ducum, sed duces militari violentia trahebantur. M. Burnouf traduit : « Le soldat n'était plus soumis au jugement de ses chefs ; les chefs étaient faits tumultueusement par le caprice des soldats. « J'ai admis une version tout-à-fait différente. Tacite dit que les soldats n'étaient plus sous la dépendance des chefs, mais que les chefs étaient entraînés, conduits par la violence des soldats. Tacite n'a pas pu dire que les soldats nommaient les généraux, *duces*, car il a dit précédemment qu'Antonius leur permettait d'élire seulement leurs centurions, ce qui était déjà bien assez contraire à toute discipline. M. Burnouf défend sa traduction par une très-longue note. Je la combats par ce que dit Tacite précédemment, qu'Antonius offrit aux légions de nommer elles-mêmes les centurions, mais il n'alla pas jusqu'à leur permettre de nommer les tribuns, les préfets, les généraux, etc. *Trahebantur* ne veut donc pas dire que les chefs étaient *nommés, faits tumultueusement* par les soldats. Pour faire adopter le sens qu'il a suivi, M. Burnouf a été obligé de traduire *militari violentia* par « le caprice des soldats. » Tacite dit simplement : *les chefs étaient entraînés au gré de la violence des soldats*, ainsi que j'ai traduit, c'est-à-dire, sans perdre leur titre de généraux, ils étaient obligés de suivre les volontés de leurs soldats, ils étaient entraînés...

CAP. L. *Undecima legio.* La voilà enfin arrivée cette onzième légion, quand tout est presque fait. Elle était avec la quatorzième, qui avait été envoyée en Bretagne, et qui est en quelque sorte remplacée ici par six mille Dalmates qu'on venait de lever dans le pays, et dont Silvanus, gouverneur de Dalmatie, se servit sans doute pour excuser son retard.

Annium Bassum. Ce chef de la onzième légion n'est pas le Bassus qui livra la flotte de Ravenne. Celui-ci avait pour prénom *Lucilius.*

Ad omniaque, quæ agenda forent, quieta cum industria aderat. M. Burnouf traduit : « et veillait à toutes les opérations avec une paisible activité. » Il ne veillait pas, il agissait, il était présent, *aderat*, dès qu'il fallait agir, *ad omniaque, quæ agenda forent*. Son activité était réelle, elle n'était point paisible ; mais il agissait sans bruit, sans paroles, en opposition à Silvanus, qui n'agissait pas et parlait sans cesse.

Fanum Fortunæ. Fano, entre Rimini et Ancône.

Clavarium, donativi nomen est, flagitantium. Cette gratification avait pour origine ou pour prétexte de donner aux soldats de quoi payer les clous nécessaires à leur chaussure.

Cap. LI. *Tanto acrior.* Il y a ainsi dans les manuscrits de Florence et de Bude et dans l'édition Princeps. Le manuscrit d'Oxford seul a *tanto ardore.*

Cap. LII. *Expertem se belli gloriæque ratus.* M. Burnouf traduit : « Croyant que sa part de gloire lui échappait avec la guerre. » Mot à mot : Mucien, bien persuadé qu'il serait à la fois étranger à la guerre et à la gloire, c'est-à-dire qu'une fois Rome prise sans lui, il n'y avait plus pour lui de guerre et par conséquent plus de gloire. J'ai traduit : « Sachant bien que, s'il n'était présent à la prise de Rome, il n'avait plus de part ni à la guerre ni à la gloire. »

Plotium Griphum... legioni præpositum. C'est à lui que Stace a écrit une plaisanterie des Saturnales, *Silv.* IV, 9. Ferlet soupçonne que la légion dont il est nommé lieutenant pouvait être la septième Galbienne, qu'Antonius, devenu général en chef, ne commandait plus; et M. Burnouf, avec plus de raison, la septième Claudienne, qui, depuis la fuite du lieutenant Tertius Julianus (II, 85), était commandée par un simple tribun (III, 9).

Et Muciano volentia. M. Burnouf traduit : « Et qui flattaient la passion de Mucien. » Tacite dit que Mucien se fit adresser des réponses dans lesquelles on disait que la précipitation serait funeste; et ces réponses étaient telles que le voulait Mucien : *Muciano volentia.* Elles ne flattaient point sa passion, elles répondaient à sa volonté.

Cap. LIII. *Excitos Mœsiæ duces.* Il ne parle pas de l'armée de Dalmatie, parce que, de deux légions qui la composaient, l'une ne voulut pas venir à temps, et que l'autre ne put pas venir du tout.

Alpes. Les Alpes de Pannonie.

Id pulcherrimum et sui operis. M. Burnouf traduit : « Ce beau fait d'armes était son ouvrage. » Tacite annonce que la lettre d'Antonius est pleine de jactance; et en effet, après avoir rapporté les évènemens, Antonius ajoute : « Tout cela est très-magnifique, très-admirable, et tout cela, *id,* est mon ouvrage, *et sui operis,* et non pas seulement un fait d'armes. » J'ai traduit : « C'étaient là de très-magnifiques exploits, et ils étaient son ouvrage. »

Cap. liv. *Notabili constantia centurio, Julius Agrestis.* Selon Suétone, *Othon,* iv, un simple légionnaire avait donné le même exemple de dévouement, en se tuant aux pieds d'Othon, qui doutait de la défaite de Bédriac, et le courage du soldat avait affermi le prince dans la résolution de mourir. Il se pourrait toutefois, dit M. Burnouf, qu'il y eût erreur dans l'un des historiens, et que, d'une seule action, on en eût fait deux; mais je ne crois pas que Tacite, qui cite ici le nom du centurion, pût confondre deux faits et deux individus.

Cap. lv. *Julium Priscum et Alphenum Varum.* Priscus avait été nommé préfet du prétoire avec Sabinus, ii, 92, et Varus l'avait été à la place de Sabinus, iii, 36.

Secuta e classicis legio. Voilà encore une légion composée de gens de mer. C'est la quatrième que nous voyons, et il n'en a pas été question jusqu'à présent dans le dénombrement des forces de Vitellius. Elle avait donc été récemment formée par lui, et tirée peut-être de la flotte de Misène, dont il va bientôt être question.

Diffidentia properus. M. Burnouf traduit : « Pressé faute d'avenir. » Vitellius avait un avenir, quel qu'il fût, mais Tacite dit qu'il ne s'y fiait pas. J'ai cru devoir traduire : « Se pressant par sa défiance de l'avenir. »

Mevaniam. Dans l'Ombrie, sur la voie Flaminienne : c'est aujourd'hui *Bevagna,* au duché de Spolète, dans les états de l'Eglise.

Cap. lvi. *Profugus altaribus taurus.* C'était un très-mauvais augure si la victime s'échappait, et si elle était immolée ailleurs que devant l'autel.

Ita formatis principis auribus. M. Burnouf traduit : « Ainsi étaient faites les oreilles de ce prince. » Ce qui supposerait que la nature les avait ainsi faites. Ce n'est pas le sens : la nature lui avait *fait* des oreilles pour tout entendre ; ensuite la flatterie, l'adulation les *façonnèrent*, *formatis*, de manière qu'elles étaient blessées par les conseils utiles, et qu'elles n'entendaient que ce qui lui était nuisible. J'ai traduit : « Ils avaient ainsi façonné les oreilles du prince. »

CAP. LVII. *Classem Misenensem.* Nous avons vu la défection de la flotte de Ravenne, ch. 12 : voici celle de la flotte de Misène. Ces deux flottes, qui furent si utiles à Othon, restèrent d'abord dans l'inaction sous Vitellius, et ensuite se révoltèrent ouvertement.

Capua. Capoue et Pouzzoles sont voisines de Misène.

CAP. LVIII. *Narniæ.* Narnia, aujourd'hui *Narni*, sur la *Nera*, rivière qui se jette dans le Tibre. On voit que l'armée de Vitellius avait rétrogradé, puisqu'elle était à Mevania, ch. 55, dans les Apennins, et qu'elle se replie sur Narni, où l'empereur ne laisse même qu'une partie de ses troupes, envoyant l'autre en Campanie.

Initiis valida, que M. Burnouf a traduit : « Impétueux au commencement, » m'a paru signifier : « Énergiques au début. »

CAP. LIX. *Flavio quoque Sabino.* Flavius Sabinus, frère de Vespasien, était préfet de Rome, et Vitellius ne lui avait pas ôté sa charge. On a vu, I, 88, Othon garder aussi près de lui le frère de Vitellius.

CAP. LX. *Carsulas.* Carsules, ville de l'Ombrie, à dix milles en avant de Narni.

Ut prædæ, quam periculorum socias. Le manuscrit d'Agr. ajoute *potius* ; mais Tacite omet souvent *magis*, *potius*, qu'il veut qu'on sous-entende. Cette ellipse est fréquente en grec.

CAP. LXI. *Interamnam.* Ville d'Ombrie, la même qui est nommée, II, 64, *Interamnium*, aujourd'hui *Terni*. Cette ville n'était pas sur la voie Flaminienne, mais à gauche de cette voie, dans les terres, en allant à Rome. Les Vitelliens avaient le gros de leur armée derrière la Nera. La garnison de Terni, en avant de cette rivière, était un détachement, et comme l'avant-poste de leur armée.

Cap. LXII. *Urbini.* Aujourd'hui *Urbino*, dans l'Ombrie.

Fabius Valens..... interficitur. Il avait été pris dans les îles Stœchades, près de Marseille. Voyez *supra*, ch. 43.

Natus erat Valens Anagniæ. Anagnia, dans le Latium, aujourd'hui *Anagni*, dans les états de l'Église.

Ludicro juvenalium. Tous les manuscrits et toutes les éditions ont *juvenum*, avant Juste-Lipse, qui préféra cette leçon à la leçon commune. Les *juvenalia* étaient des jeux institués par Néron, lorsqu'il quitta sa première barbe, et dans lesquels il jouait lui-même un rôle. Voyez *Ann.*, XIV, 15, et XV, 33; Suétone, *Néron*, II.

Mimos. Pièces bouffonnes et licencieuses. C'est aussi le nom qu'on donnait aux acteurs de ces pièces.

Cap. LXIII. *Vitellianus miles, transiturus in partes.* Je ne puis admettre la traduction de mon savant prédécesseur : « Les soldats Vitelliens *décidés* à changer de parti. » Ils ne s'y étaient point décidés, car il n'y avait eu de leur part aucune délibération. Il n'y avait pour eux aucun autre parti à prendre, *abrupta undique spe*.

Intentus armatusque. Tous les manuscrits, entre autres ceux d'Agricola, de Florence, de Pichena, toutes les anciennes éditions, Ernesti, Ferlet, M. Burnouf, etc., ont *armatusque*. Le manuscrit du Roi et celui de Bude ont *ornatusque*, et Oberlin a préféré les suivre, prétendant, avec Ryckius, qu'*armatusque* est une interprétation, et qu'il faut entendre tous les honneurs des armes et des enseignes.

Circa viam. Sous-entendu *Flaminiam*. La voie Flaminienne, qui passait à Narni et non à Terni.

Neque quiescentibus graves, que M. Burnouf traduit par « Sans peser à la fidélité, » ne m'a pas paru le sens de Tacite : ces légions ne devaient pas être *gênantes*, incommodes, inquiétantes pour les Vitelliens, *quiescentibus*, restant en repos ; j'ai traduit : « Qui, sans les inquiéter, s'ils restaient paisibles. »

Si... seque ac liberos suos Vespasiano permisisset. Outre son fils, auquel il donna le surnom de Germanicus, II, 59, et qui fut tué par ordre de Mucien, IV, 80, Vitellius avait une fille qui fut mariée et dotée par Vespasien.

Cap. LXIV. *Esse illi proprium militem cohortium urbanarum.* Les cohortes urbaines étaient sous les ordres du préfet de Rome.

Vigilum cohortes. Dion rapporte, 55, 26, qu'elles furent établies sous le règne d'Auguste, et que ce fut l'an de Rome 759. Paullus le dit aussi, comme on le voit dans les *Pandectes*.

Servitia ipsorum. Les esclaves de ceux même qui parlaient à Sabinus. *Ipsorum* se rapporte à *primores*.

Et omnia prona victoribus. M. Burnouf traduit : « Ce privilège des victorieux de voir tomber tous les obstacles. » Pourquoi prêter à Tacite tant d'esprit? Tacite va si loin, pourquoi aller plus loin que lui? Tacite ne parle pas de privilège, il ne dit point que les obstacles tombent, mais qu'ils offrent moins de difficultés, « que tout s'aplanit devant les vainqueurs. »

Paucas Vitellio cohortes. Nous verrons qu'il n'en avait que trois.

Ipsum Vitellium ne prosperis quidem parem : adeo ruentibus debilitatum. M. Burnouf traduit : « Vitellius n'avait pu soutenir la prospérité, que pourrait-il entouré de ruines? » Le système de traduction mot à mot m'a paru se rapprocher toujours d'une manière plus intime du véritable sens. « Vitellius ne *serait* pas même capable de soutenir des succès, TANT il est affaibli par les revers. » En ne traduisant pas *adeo*, M. Burnouf me semble avoir perdu la trace du véritable sens. Les amis de Sabinus l'encouragent et lui disent : « Montrez-vous, ne redoutez plus Vitellius; lors même qu'il obtiendrait quelques succès, il ne pourrait les soutenir, les poursuivre. » Il s'agit ici de la position présente de Vitellius et non de sa fortune passée, qu'il n'avait pu soutenir, il est vrai, mais cette réflexion ne pouvait déterminer alors en rien Sabinus à se montrer.

Cap. LXV. *Haud quaquam erecto animo eas voces accipiebat.* « Il reçut froidement ces conseils, » traduit M. Burnouf. Tacite dit qu'il reçut ces paroles avec une âme qui n'avait plus d'élévation, qui ne pouvait d'aucune manière s'élever, *haud quaquam.*

Invalidus senecta. Rodolphe ajoute *sensuque* après *senecta*, ce qu'approuve Juste-Lipse, si c'est d'après les manuscrits, et le manuscrit d'Agricola porte *œtate sensuque*. Tous les autres gardent la leçon commune. Mais, dans celui de Guelfe, le premier copiste a ajouté : *il manque ici quelque chose*. En effet, il y a en cet endroit une transposition d'environ deux pages, qui a été faite très-anciennement ; car elle se trouve de même dans Flor., dans Agr., dans Bude, dans le manuscrit du Roi, dans Lallemant, dans l'édition Princeps, et peut-être dans d'autres manuscrits ; mais Puteol. a rétabli le texte tel qu'il convenait de le faire. Ferlet soupçonne qu'après *senecta* il y avait *et* qui joignait la phrase suivante : soit parce que la vieillesse lui avait fait perdre son énergie, soit, comme quelques-uns l'en soupçonnaient, parce que, etc.

Credebatur adfectam ejus fidem præjuvisse. Avoir aidé le crédit ruiné de son frère, l'avoir cautionné, en le forçant de lui engager, de lui donner en nantissement, etc. *Præjuvisse* signifie avoir secouru auparavant, selon Ferlet. Les éditeurs de Deux-Ponts lisent *parum juvisse*, comme aux *Ann.*, XII, 63. Suétone, *Vespasien*, 4, favorise cette conjecture, en rapportant que Vespasien avait engagé toutes ses terres et tous ses revenus à son frère. Si néanmoins, dit Oberlin, *præjuvisse* est le vrai mot, lequel est dans Bude, le blâme vient de ce qu'il ne convenait point que, pour venir au secours d'un frère, il acceptât pour gage sa maison et ses revenus. M. Burnouf, qui n'admet pas la conjecture de *parum juvisse*, ne croit pas non plus, pour la même raison, que *præjuvisse* signifie *olim juvisse*.

In æde Apollinis. Ce temple était sur le mont Palatin, dans le palais d'Auguste. C'est de ce lieu même que, moins d'un an auparavant, I, 27, Othon était parti pour ôter l'empire à Galba.

Pepigere. Tacite ne dit pas ce que cet arrangement portait. Suétone, *Vie de Vitellius*, 15, assure qu'il fut convenu que Vitellius aurait la vie sauve et un traitement annuel de cent millions de sesterces.

Cluvium Rufum et Silium Italicum. Cluvius Rufus est ce gouverneur d'Espagne qui rejoignit Vitellius dans les Gaules, II, 65.

Silius Italicus est l'auteur du poëme sur la seconde guerre punique, qui avait été consul la dernière année du règne de Néron.

CAP. LXVI. *Vitellii cliens, quum Vitellius collega Claudio foret.* « Lui qui fut jadis le client, le protégé d'un Vitellius, quand un Vitellius était collègue d'un empereur. » Vitellius le père avait en effet exercé avec Claude la censure et deux consulats. *Voyez* I, 52. Ces mots *quum Vitellius collega Claudio foret*, que Juste-Lipse regardait comme une glose, sont nécessaires au jugement d'Acidalius pour faire entendre la phrase, et faire connaître pourquoi Vespasien avait été le client de Vitellius.

CAP. LXVII. *Opportuna morte.* « De là, disent les commentateurs, ce soupçon dont parle Suétone, *Vitellius*, 14, d'avoir occasioné la mort de sa mère, en empêchant de lui donner la nourriture nécessaire à sa subsistance, parce que la devineresse *Catta* (ou une femme Catte, une devineresse des Cattes), en laquelle il avait autant de confiance qu'en un oracle, lui avait annoncé qu'il ne serait affermi sur le trône et n'aurait un long règne qu'autant qu'il survivrait à sa mère. » Et c'est ainsi que les commentateurs entendent et expliquent les passages les plus simples. Tacite n'explique-t-il pas lui-même clairement l'épithète *opportuna* par ce qui suit, *excidium domus prævenit*.

CAP. LXVIII. *Cæcilius Simplex erat* (consul). Cécilius Simplex était consul : on était au 18 décembre ; il l'était donc depuis le 1er novembre avec Q. Atticus, dont il va être question, ch. 73 ; ils succédèrent donc, dit Ferlet, l'un et l'autre à Cécina et à Valens, dont la magistrature avait expiré au 1er novembre. Il y a donc eu quinze consuls cette année, et Vitellius n'a abrégé le temps d'aucun d'eux, comme voudrait l'insinuer Le Nain de Tillemont.

Pugionem, velut jus necis vitæque civium, reddebat. Les consuls, comme le remarque Ferlet, sous le gouvernement impérial, étaient nommés par le sénat seul ; ils étaient ses représentans. Vitellius, en s'adressant à eux pour leur remettre son autorité, rend donc hommage aux principes républicains et à la souveraineté du sénat. Ce droit de vie et de mort qu'il leur remet n'est pas celui des despotes d'Asie, dit M. Burnouf; mais celui de punir d'après les lois, en tant que ces mots *jus necis vitæque* se rapportent aux citoyens. Mais, appliqués aux soldats, ils sont vrais dans toute leur rigueur.

In æde Concordiæ positurus insignia imperii. C'est dans le temple de la Concorde que se tenait ordinairement l'assemblée du sénat. Refusé par le représentant du souverain, Vitellius veut aller au souverain lui-même pour lui remettre les marques de sa dignité.

Clamor obsistentium penatibus privatis. On lui ferma le passage vers la maison de son frère, où il voulait se retirer. Voici la marche que suit Vitellius. Il descend le mont Palatin, gagne les *Rostra* sur le forum, où il harangue le peuple, s'avance ou veut s'avancer vers le temple de la Concorde, placé au dessus du forum, et au pied du *Clivus Capitolinus*, pour se retirer ensuite dans la maison de son frère, qui était de ce côté-là, et également au dessus du forum, comme va le dire Sabinus, ch. 70. Mais le peuple l'environne de toutes parts, et le force de regagner la voie Sacrée, en ne laissant de passage ouvert que de ce côté-là.

Quod in Sacram viam pergeret. La voie Sacrée par où Vitellius était descendu, et par où il fallait qu'il remontât du forum au mont Palatin, pour gagner le palais impérial qui y était situé.

CAP. LXIX. *Circa lacum Fundani.* Il paraît, d'après une ancienne inscription de Gruter, p. 398, où on lit : VICUS LACI FUNDANI DICTATORI SULLÆ ARAM POSUIT, et trouvée sur le mont Quirinal, que la fontaine dont il est ici question était sur cette colline, où se trouvait située la maison de Sabinus, comme le dit Victor, qui la nomme dans la sixième région de sa *Description de Rome*. Ce *lacus Fundani* était une des 1352 fontaines de la ville. Il ne faut donc pas la confondre avec le *lacus Fundanus*, qui était dans le territoire de Fondi, comme l'a fait Cluvier, dans son *Italia antiqua*, tom. II, p. 1084.

Arcem Capitolii. Tacite a mis ainsi ailleurs (ch. 71 et 78). Tite-Live et Cicéron disent toujours *arcem et Capitolium*, en distinguant la citadelle du temple qui était sur la même colline; Tite-Live le dit trois fois, liv. V, XXXIX et LX.

Verulana Gratilla. Les manuscrits de Flor., d'Agr., de Bude, de Guelf. et l'édition Princeps, ont *Gratilia*; le manuscrit de Florence *Gratillia*. Mais Ernesti et Oberlin veulent qu'on lise *Gratilla*, d'après Pline, *Ep.* III, 11, et v, 1. Au lieu de *Verulana* Guelf. a *Vernula*, mais on lit en marge *Verulana*. Je ne sais d'où la leçon de *Gracilia* a été prise, et d'après quelle autorité elle a été admise par Ferlet et par Dureau-Delamalle.

CAP. LXX. *Sed tantum belli causa, erat.* M. Burnouf traduit : « Il n'était plus qu'un sujet de guerre ; » ce qui voudrait dire aussi qu'il resterait un sujet de guerre pour toute autre occasion. Tacite m'a semblé vouloir dire simplement, car le style de Tacite est toujours aussi simple que concis : « Il n'était plus empereur, mais seulement la cause de la guerre. » On me pardonnera cet examen, ce n'est souvent que par des *nuances* de style que mon travail diffère de celui du savant professeur.

CAP. LXXI. *Vix dum regresso in Capitolium Martiale.* Les Vitelliens, après avoir laissé la veille au soir quelques-uns des leurs pour garder le Capitole et empêcher que Sabinus et sa suite n'en sortissent, étaient retournés, non dans leur camp, mais au palais de l'empereur, pour veiller autour de lui pendant la nuit. Le lendemain matin, ils quittent le palais, descendent la voie Sacrée, traversent le forum, et, montant le *Clivus* du Capitole, arrivent sans obstacle jusqu'à la première porte, qui était au haut du *Clivus*, et par laquelle on entrait dans la vallée, ou *intermontium*, qui séparait les deux collines formant le mont Capitolin.

Usque ad primas Capitolinæ arcis fores. Cette porte n'est point celle du temple. C'est la première porte qui fermait l'enceinte fortifiée du mont Capitolin, et se trouvait au haut du *Clivus*. BURNOUF.

Faces in prominentem porticum jecere, ne me semble pas signifier, comme le traduit M. Burnouf, « *l'extrémité* de la galerie ; » ce qui indiquerait la partie la plus éloignée, le bout, la partie du fond, mais plutôt la partie la plus voisine d'eux, le portique qui avançait le plus. En examinant avec soin les localités comme je l'ai fait, on saisit clairement toutes les dispositions de ce siège.

Revulsas undique statuas. Le mont Capitolin, et l'espace du milieu, nommé l'*Asile*, étaient couverts de statues des généraux et des grands hommes de la république.

Diversos Capitolii aditus invadunt. Les deux issues dont va parler l'historien étaient effectivement d'un autre côté que celle par où les Vitelliens avaient voulu pénétrer en montant le *Clivus*.

Juxta lucum Asyli. Du côté diamétralement opposé à celui par où les Vitelliens avaient voulu entrer en montant le *Clivus*. Le mont Capitolin avait deux sommets. Sur celui qui regardait l'Orient était le temple de Jupiter, le Capitole, *Capitolium*; sur l'autre, qui était à l'Occident, se trouvait la citadelle, *arx, arx Capitolina*. C'est dans l'espèce de vallée, dans l'*intermontium* qui séparait les deux cimes, que Romulus avait ouvert un asile sacré, qui portait le nom d'*Asylum*, et où était le bois de l'Asile, *lucus Asyli*, qui est aujourd'hui la place du Capitole. Denys d'Halic., II, 15, appelle ce lieu, μεθόριον δυοῖν δρυμῶν, *inter duos lucos*, parce que chacun des deux côtés de la vallée était anciennement couvert d'un bois. On voit dans Tite-Live, I, 8, qu'il y avait à cet endroit une pente par où l'on pouvait monter et descendre, et qui était fermée de son temps.

Tarpeia rupes. La roche Tarpéienne était à l'extrémité occidentale du mont Capitolin et de la citadelle, du côté opposé au *Clivo dell'Asylo*, et du côté du *Clivo Capitolino*. Aujourd'hui toute la Roche Tarpéienne est couverte de maisons et de jardins. Les décombres résultant de ruines accumulées ont comblé le précipice, qui n'a plus que trente à quarante pieds de profondeur.

Propior atque acrior per Asylum ingruebat. Par opposition à ceux qui, partis comme les autres du *Clivus*, ne s'arrêtèrent pas à l'issue de *l'Asile*, et allèrent plus loin attaquer la roche Tarpéienne. Les Flaviens ayant dirigé leur défense vers la porte qui fermait le *Clivus*, l'attaque formée par le bois de l'Asile les menaçait de plus près que l'escalade de la roche Tarpéienne.

Inde lapsus ignis in porticus adpositas ædibus. Le feu se communique de ces maisons qui bordaient extérieurement le mont Capitolin aux portiques bâtis sur ce mont, et qui environnaient le Capitole. Suivant Denys d'Halic., l. IV, le temple du Capitole était composé de trois nefs parallèles, consacrées, l'une à Jupiter, l'autre à Junon, la troisième à Minerve. Elles étaient comprises sous le même toit, et n'avaient qu'un seul fronton. Tout autour régnait un péristyle formé de trois rangs de colonnes sur la façade principale, et de deux sur les côtés. Le mot *œdes*, qui se met ordinairement au singulier pour signifier un temple, est ici au pluriel, et plus bas, IV, 53, parce que, comme le remarque très-bien Ferlet, le temple de Jupiter en renfermait deux autres sous le même toit, ceux de Junon et de Minerve.

Sustinentes fastigium aquilæ vetere ligno. Des aigles en vieux bois qui soutenaient le faîte ou le toit du temple, et non pas le fronton, comme le dit le P. Brotier. Ces aigles, attributs de Jupiter, placées de distance en distance autour du temple, entre la corniche et le toit qu'elles paraissaient soutenir, servaient de consoles ou corbeaux.

Traxerunt flammam alueruntque. Telle est la leçon du manuscrit de Florence, d'où elle a été tirée par Pichena. Mais le manuscrit de Bude, celui de Guelfe, et toutes les éditions avant Pichena, ont *traxere*, et l'édition Princeps, ainsi que le manuscrit d'Agr., ont aussi *aluereque*.

CAP. LXXII. *Id facinus*, M. Burnouf traduit par *cette catastrophe*. Ce fut bien plus, ce fut un crime, un forfait, un attentat, et le plus déplorable et le plus infâme de tous, celui d'incendier le temple de Jupiter.

Nullo externo hoste. M. Burnouf traduit : « Sans ennemis au dehors. » Rome a toujours eu des ennemis au dehors. Tacite veut dire : sans ennemi *étranger* qui fût venu à Rome commettre ce forfait, comme il l'a si bien dit, *Hist.*, I, 2 : *Ipso Capitolio* CIVIUM MANIBUS *incenso*: ce qui s'accorde parfaitement avec ce qu'il dit ici : *nullo externo hoste.*

Quam non Porsena dedita urbe. Il est donc vrai que Rome se rendit à Porsenna. Aucun autre historien ne parle de ce fait. Pline semble confirmer le témoignage de Tacite, lorsqu'il dit, 34, 14 (39), que le roi Porsenna, après l'expulsion des Tarquins, défendit aux Romains de se servir du fer, si ce n'était pour l'agriculture, *ne ferro, nisi in agricultura, uterentur.*

Arserat et ante Capitolium civili bello. Cet incendie du Capitole, dont on ne put découvrir la cause, eut lieu pendant la guerre de Sylla contre Marius.

Jeceratque fundamenta, spe magis futuræ magnitudinis. M. Burnouf : « Il en jeta les fondemens, sur des proportions plus conformes aux grandeurs de l'avenir qu'aux ressources... » Pourquoi ne pas traduire ce mot heureux de Tacite, *spe,* dans l'espérance, dans la pensée de la grandeur future de Rome? Tacite n'a jamais pu dire « des proportions conformes aux grandeurs de l'avenir. »

Capta Suessa Pometia. Suessa Pometia était la capitale des Volsques, et située près de la côte, entre Ardée et Antium. Elle a été inondée par les marais, auxquels elle a donné le nom de *Pometinæ Paludes,* d'où l'on a fait par contraction *Pomptinæ,* aujourd'hui les marais *Pontins.*

Interjecto CCCCXXV *annorum spatio.* Dans l'édition Princeps, dans le manuscrit de Bude et dans celui du Roi, il y a en toutes lettres *quadringentorum quindecim ;* mais, dit Juste-Lipse, la chronologie l'emporte, et il faut écrire d'après les fastes CCCCXXV. Ryckius a aussi clairement démontré que, depuis l'année 247, où Horatius Pulvillus a été consul pour la seconde fois, jusqu'à l'an 661, où L. Scipion et C. Norbanus ont exercé la même magistrature, il s'est écoulé 425 ans, et il met en marge ce nombre corrigé. Brotier a admis cette correction. Lallemant l'approuve, mais il laisse la faute dans le texte.

Curam victor Sulla suscepit, neque tamen dedicavit. Sylla en effet rebâtit le Capitole, et pour sa reconstruction il se servit des colonnes du temple de Jupiter Olympien, qu'il fit apporter d'Athènes. *Voyez* PLINE, XXXVI, 6. Mais ce fut Catulus qui dédia le nouveau temple, l'an 685, quatorze ans après l'incendie de l'ancien. Sylla était mort l'an 676. C'est aussi Catulus qui fit dorer les tuiles d'airain de la couverture. *V.* PLINE, XXXIII, 3.

Hoc solum felicitati ejus negatum. Allusion au surnom de *Felix* qu'avait pris Sylla lorsque Marius fut tué (*V.* VELLEIUS, 2, 27), et à un mot rapporté par Pline, VII, 43 (44), où Sylla convient toutefois qu'une chose avait manqué à son bonheur : c'était d'avoir fait la dédicace du Capitole.

Lutatii Catuli nomen. Cependant Dion assure, XLIII, 14, qu'entre autres honneurs accordés à César on fit mettre son nom sur le Capitole à la place de celui de Catule, qui fut effacé. L'arc triomphal de Septime Sévère, à Rome, offre un exemple d'une inscription changée de la sorte, et où il reste des traces de la première.

CAP. LXXIII. *Et veluti captus animi*, m'a paru signifier : et comme privé de jugement, de sens, de raison, et non « comme frappé de stupeur, » ainsi que M. Burnouf a traduit.

Quinctium Atticum, consulem. Il était consul avec Cécilius Simplex, pendant les deux derniers mois de l'année. De ces deux consuls, Atticus avait embrassé la cause de Vespasien; Simplex paraît être resté fidèle à Vitellius, puisque nous l'avons vu, ch. 68, refuser de recevoir son abdication. C'est peut-être à ce *Quinctius Atticus*, que Martial s'adresse dans deux épigrammes, l. VII, *ép.* 31, et l. IX, *ép.* 100.

Audaciam pro latebra haberent. M. Burnouf traduit : « L'audace leur tint lieu d'asile. » Autant un mot à mot exact rapproche du sens de Tacite, autant un mot à mot inexact en peut éloigner. Ainsi les partisans de Vespasien, maîtres du mot d'ordre, s'en servirent audacieusement, et cette audace leur évita la peine de chercher une retraite; ils eurent cette audace, *pro*, au lieu de rechercher, *latebra*, un asile; ce que j'ai cru traduire clairement par : « Et cette audace les dispensa de chercher une retraite. »

CAP. LXXIV. *Apud œdituum*. Le mot *lineo* fait présumer que cet *œdituus* était celui du temple d'Isis, dont les prêtres étaient vêtus de lin, et nommés de là *linigeri*. Suétone le dit formellement.

Immixtus ignoratusque. On lit ainsi dans les manuscrits de Florence, d'Agr., de Guelfe et dans toutes les anciennes éditions. Bude a aussi *ignoratus*, mais sans la conjonction. Le manuscrit du Vatican, celui du Roi, Lallemant et l'édition Princeps ont *ignotusque*. Nous avons préféré *ignoratusque*. Domitien n'était pas inconnu, mais ignoré sous son déguisement.

Disjecto œditui contubernio. Ferlet pense que cet *œdituus* n'était pas le gardien du temple de Jupiter Capitolin, mais celui de quelqu'un des nombreux édifices sacrés érigés sur le plateau du Capitole.

Frementibus, qui jus cœdis... petebant. M. Burnouf traduit : « Malgré les murmures du soldat, qui réclamait ses droits sur leur vie... » Tacite ne désigne pas les soldats : c'est la populace qui entoure Vitellius, qui l'approche, le presse de lui accorder la permission, le droit de les égorger, et non ses droits sur leur vie.

Corpus Sabini in Gemonias trahunt, sous-entendu *scalas.* Les *scalæ gemoniæ* étaient au bas du *Clivo dell' asilo* à côté de la prison, et dominaient le forum. Quand on avait fait mourir quelqu'un dans cette prison, on jetait son cadavre sur les degrés gémoniens pour le faire voir au peuple, qui ensuite le traînait avec des crocs jusque dans le Tibre.

CAP. LXXV. *Sermonis nimius erat.* « Il parlait avec excès, » traduit M. Burnouf. Excès ne rend pas le comparatif *nimius ;* j'ai cru devoir traduire : « Il était trop prolixe dans ses discours. »

Sive aptum tempori mendacium. Le mot à mot « ou par ce mensonge approprié à la circonstance, » n'est-il pas préférable à « par ce mensonge politique, » qui m'a semblé bien vague dans la traduction de M. Burnouf?

CAP. LXXVI. *Apud Feroniam.* Ville du Latium, célèbre par le temple de *Feronia,* par son *lucus* et par ses eaux, à trois milles de Terracine.

Excidio Terracinæ imminebat. « Menaçait de près Terracine, » traduit M. Burnouf. J'ai préféré le sens littéral : « Menaça de ruiner de fond en comble Terracine, » *excidium,* ruine, perte, anéantissement.

Ut supra memoravimus. Voyez *supra,* ch. 57.

Lascivia. Oberlin met deux points avant ce mot, avec les éditeurs de Deux-Ponts, et joint ce qui suit à *loquebantur,* jusqu'à la fin de la phrase, en ne mettant qu'une virgule après *similes.*

Fluxi, pour *deliciis fluentes.*

In ministerium luxus dispersis militibus. M. Burnouf traduit : « Et pendant que, messagers de leurs débauches, les soldats erraient loin du drapeau. » J'ai traduit : « Les soldats étaient dispersés pour le service des plaisirs. » C'est bien assez dire : Tacite n'a pas, je crois, voulu dire plus : ce grave historien parle toujours des soldats avec dignité. *Luxus* ne veut pas dire toujours *débauche*, mais luxe, recherche dans les habits, les meubles, la table :

>Domus regali splendida luxu.
>
> Virg.

Cap. LXXVII. *Præfectus classis Apollinaris.* Apollinaris était resté commandant de la flotte de Misène, plus heureux que Bassus, commandant de celle de Ravenne.

Ipse lauream gestæ prospere rei ad fratrem misit. « Chez les Romains surtout, dit Pline l'Ancien, xv, 30 (40), on entoure de lauriers les lettres des généraux, les javelots et les piques des soldats, pour annoncer la victoire. Les faisceaux des empereurs sont couronnés de lauriers, et l'on en tire une branche qu'on pose dans le sein du grand Jupiter. »

An perdomandæ Campaniæ. M. Burnouf traduit : « Ou achever la conquête de la Campanie. » N'est-ce pas plutôt « poursuivre la soumission de la Campanie, » qui faisait partie de l'empire et était révoltée ? Nous n'aurions pas dit : « Nos soldats ont achevé la conquête de la Vendée. »

Nec sine exitio urbis, foret. M. Burnouf : « Et fatal à cette grande cité. » Tacite dit bien plus : « Et Rome était perdue. »

Cap. LXXVIII. *Festos Saturni dies Ocriculi per otium agitabat.* « Célébrait tranquillement les fêtes de Saturne, » traduit M. Burnouf. L'armée ne les célébrait pas tranquillement ; car le mot *agitabat* signifie qu'à ces fêtes elle portait beaucoup d'activité, qu'elle y prenait une grande part, *per otium*, tandis qu'elle abandonnait ses exercices militaires, et n'avançait pas, etc.

Peractum bellum. Le manuscrit romain a *patratum*, qu'approuve Juste-Lipse.

Salaria via. La voie *Salaria*, ainsi nommée, dit-on, parce que c'est par là que les Sabins portaient à Rome le sel qu'on retirait des marais salans, aboutissait à une porte appelée également *Salaria*, mais qu'on désigne aussi souvent sous le nom de *porta Collina*. C'est de ce côté qu'entrèrent les Gaulois, et qu'Annibal établit son camp. Cette porte était au nord-est de Rome.

Cap. lxxix. *Ad saxa Rubra.* Les Pierres-Rouges, au nord de Rome. D'Anville compte de Rome au lieu appelé les *Pierres-Rouges*, neuf milles. Voy. *Anal. géogr. de l'Italie*, p. 148. Cluvier, *Ital. Ant.*, ii, iii, p. 526, et Noris, *Annus Syro-Maced.*, p. 59, indiquent en détail tous les lieux que ces massacres ont rendus remarquables.

Cap. lxxx. *Vulneratur prætor, Arulenus Rusticus.* Arulenus Rusticus était tribun du peuple quand Néron fit accuser Thraséas, et il aurait usé du droit de sa charge pour s'opposer au jugement, si celui-ci lui-même ne l'en eût détourné comme d'une entreprise qui ne sauverait pas l'accusé et perdrait le tribun (*Ann.*, xvi, 26). Arulenus fut mis à mort par Domitien pour avoir écrit la vie de Thraséas (*Vie d'Agricola*, 2). *Voyez* aussi Pline, *Ep.* i, 5. Les manuscrits de Flor., de Bude, de Guelfe et l'édit. Princeps portent *Arulenius*.

Cap. lxxxi. *Miscuerat se legatis Musonius Rufus.* Pline le Jeune, *Ep.* iii, professe beaucoup d'admiration pour ce philosophe, exilé sous Néron, parce que ses leçons entretenaient dans l'esprit de la jeunesse une émulation suspecte à ce tyran; *Ann.*, xv, 71. Il revint lorsque Galba eut rappelé les exilés, i, 59, 77 et 90. Eusèbe dit qu'il dut son rappel à Titus; Scaliger, à Vespasien.

Dirempta belli commercia. « Avaient rompu tout commerce entre les deux partis, » traduit M. Burnouf. Je crois ici le mot à mot très-dangereux : *commercia belli* veut dire les rapports, les moyens de traiter entre troupes ennemies : *les négociations militaires.*

Cap. lxxxii. *Fulgentia per colles vexilla.* « Des étendards brillant *sur* les collines, » traduit M. Burnouf. Les étendards ne brillaient pas seulement à la sommité des collines, mais tout le long des collines. En visitant Rome, comme je l'ai fait, Tacite à la main, on se forme une juste image de ce spectacle. C'était encore la circonvallation établie sous Servius Tullius et Tarquin, et les murs, dont il existe encore une partie, suivaient tous les mouvemens des collines.

Tripartito agmine. Sur trois colonnes.

Plebs invectis equitibus fusa. La populace fut dispersée par une charge de cavalerie. Il ne resta plus alors que les cohortes prétoriennes de Vitellius.

Prælia ante urbem multa et varia. Tacite, dit Ferlet, après avoir décrit la disposition et la marche des Flaviens et des Vitelliens sur trois colonnes, parle de leurs combats. Ici c'est l'attaque de la colonne du centre qui était sur la voie Flaminienne, en face de la ville (*ante urbem*), tandis que les deux autres colonnes Vitellienne et Flavienne étaient à droite et à gauche. Celle du centre, dont il est ici question, s'avançait vers la porte aujourd'hui nommée *del Popolo*.

Ad Sallustianos hortos. Ce sont les jardins de Salluste l'historien, qui, ayant renoncé aux affaires, après la mort de César, se fit bâtir une superbe maison sur le mont Pincius, tout près du mont Quirinal.

Subeuntes. Les Flaviens, qui s'avançaient par la voie *Salaria* pour entrer dans la ville par la porte Colline, et qui se battent ici contre les Vitelliens.

Cap. LXXXIII. *Fruebantur; nulla partium cura.* M. Burnouf traduit : « On jouissait, sans aucun triomphe de parti. » N'est-ce pas plutôt : sans penser aux partis, sans s'en inquiéter, *sine cura*, sans nul souci de qui était vainqueur?

Cap. LXXXIV. *Plurimum molis in oppugnatione castrorum.* Sous-entendu *prætorianorum*, car il s'agit du camp des prétoriens, où les trois cohortes de Vitellius, chassées de la ville, s'étaient retirées. Ce camp était à l'orient de Rome.

Præcipuo veterum cohortium studio. Ces cohortes prétoriennes licenciées par Vitellius, et rappelées sous leurs enseignes par les chefs Flaviens, II, 67.

Inquietare victoriam. « Inquiéter la victoire, » traduit M. Burnouf. Ce mot à mot rend-il la pensée de Tacite? n'est-ce pas plutôt notre expression si naturelle : « Troubler ce triomphe? »

Cap. LXXXV. *Per aversam palatii partem.* « Par une porte dérobée, » traduit M. Burnouf. Cette porte dérobée aurait pu donner sur le forum, où l'on combattait ; c'est, je crois, par la partie du palais opposée à sa face principale, qui donnait sur le forum, opposée au forum, au danger.

Pudenda latebra semet occultans. Suétone, *Vitellius*, 16, raconte qu'il se ceignit d'une ceinture pleine d'or, et se cacha dans la loge d'un portier, devant laquelle un chien était attaché, en s'y barricadant avec une couchette et un matelas.

Per iram. Dion, LXV, 21, décide ce que Tacite laisse en doute ; il dit que ce fut par compassion. Il prête même à ce soldat un mot sublime : « Mon général, lui dit-il, en levant l'épée pour le frapper, je n'ai plus que ce moyen de te servir. »

CAP. LXXXVI. *Patria illi Luceria.* Nous adoptons cette leçon avec Oberlin et M. Burnouf, au lieu de *Pater illi L. Vitellius*, qui se trouve dans toutes les éditions, depuis celle de Puteolanus, où ces mots sont suivis de *nam*. Il serait étonnant, comme le remarque M. Burnouf, que Tacite, qui a déjà dit, I, 9, de qui Vitellius était fils, crût devoir le répéter. La leçon de Puteolanus ne s'appuie que sur un seul manuscrit, celui de Guelf. Les autres varient entre *Patrem illi Luceriam*, qui est dans Florence et dans Bude, et *Patrem illi Lucerium*, texte évidemment corrompu, dont Gruter a fait *Patria illi Nuceria*, qu'approuvent Ernesti et Lallemant. En effet, dit Oberlin, Suétone (*Vitellius*, ch. 1) rapporte qu'au temps de la guerre des Samnites, un corps de troupes ayant été envoyé en Apulie, plusieurs membres de la famille Vitellienne s'établirent à Nuceria (*Nuceriæ consedisse*) ; et, ch. 2, il dit que le grand-père de Vitellius était de cet endroit (*domo Nuceria*). Mais Glaréanus prouve que, dans Suétone, il faut lire *Luceria*, qui était une ville de l'Apulie Daunienne, et non pas *Nuceria*, qui était le nom de deux autres villes, l'une en Campanie, l'autre en Ombrie.

LIVRE IV.

Cap. I. *Interfecto Vitellio...* « La mort de Vitellius avait fini la guerre, plutôt que rétabli la paix, » traduit M. Burnouf. Peut-on dire que la mort, qui est la disparition, l'anéantissement d'un individu, peut finir une chose et en rétablir une autre? Tacite ne l'a point dit : la simple traduction mot à mot de cette phrase m'a paru rendre exactement toute la pensée de Tacite. « Vitellius tué, la guerre avait cessé plutôt que la paix n'avait commencé. »

Plenæ cædibus viæ. « Les rues étaient pleines de meurtres, » traduit M. Burnouf. Les meurtres sont l'action ou les actions par lesquelles on assassine. Les rues ne peuvent être pleines que de choses réelles, physiques, c'est-à-dire, comme j'ai traduit, *de carnage*; ce qui, d'après l'origine du mot, exprime les corps, les cadavres, les chairs, etc. On me pardonnera ces observations, qui tiennent sans doute à des nuances légères; je les émets parce qu'elles prouvent tous les soins que j'ai apportés à mon travail.

Augescente licentia. « La licence croissant de plus en plus, » traduit M. Burnouf. Ce mot à mot semble la version de Tacite : il en est fort éloigné. La licence était bien assez accrue, puisque le sang rougissait les places publiques, etc., etc., comme le dit Tacite dans la phrase précédente; mais il veut dire ici qu'après avoir égorgé dans les rues, les vainqueurs, voyant qu'on ne s'opposait plus à eux, osèrent plus, *leur fureur s'accrut encore* : et ils cherchèrent dans les maisons et en arrachèrent leurs victimes, etc.

Cap. II. *Redeuntem Tarracina L. Vitellium.* Terracine, sur la voie Appienne, la plus célèbre des voies romaines, conserve encore son nom.

Præmissi Ariciam equites. Bude porte *Ariciani*, qui est fautif, mais qui met sur la voie de la vraie leçon. Un seul manuscrit a *Arriani*, l'édition Princeps *Artiani*, qui sont encore plus fautifs ; ce qui suit, le mot même qui précède, font voir assez qu'il faut ici un nom de lieu. *Aricie*, nommée aujourd'hui *La Riccia*, était également sur la voie Appienne, à seize milles de Rome (*Voyez* D'ANVILLE); elle est marquée à dix-sept milles de Rome dans l'*Itinéraire d'Antonin*, et à treize dans la *Table Théodosienne*.

Bovillas. A douze milles de Rome, sur la voie Appienne, comme Aricie : cette voie traversait Bovilles.

CAP. III. *Lucilius Bassus.* Celui que nous avons vu livrer la flotte de Ravennes, l. III, ch. 12. Du moins c'est le même nom et le même prénom.

Hiemandi causa. Nous verrons, *infra*, ch. 39, que Mucien ne la laissa pas tout l'hiver à Capoue, et qu'il la renvoya par politique en Syrie.

Patibulo adfixus, in iisdem annulis, etc. Sans doute pour le punir de sa perfidie. Le genre de mort de cet affranchi, fait chevalier romain par Vitellius, est le même que celui d'Icelus, I, 46, et que celui d'Asiaticus, qui *malum potentiam servili supplicio expiavit*. C'est pour les trois le supplice de la croix, qui était celui des esclaves.

Romæ senatus cuncta principibus solita Vespasiano decernit, lætus et spei certus. C'est-à-dire que le sénat décerne à Vespasien, non-seulement les titres et les honneurs, mais encore les droits et les privilèges qui constituaient la puissance impériale. C'est ainsi qu'il avait fait à l'avènement d'Othon, I, 47, et à celui de Vitellius, II, 55. On voit encore à Rome, dans le Musée du Capitole, une table de bronze trouvée au quatorzième siècle, dans laquelle on peut lire une partie de ce sénatus-consulte. On en peut voir le texte dans les éditions de Tacite de Brotier, d'Oberlin et de M. Lemaire.

Tanquam manente bello scriptæ. En tête de la lettre que Vespasien écrivait au sénat, il n'avait pris que le titre de gouverneur de la Judée, comme si la guerre durait encore, et que le sort des armes n'eût pas encore nommé un empereur. Cette lettre fut reçue avant le 1ᵉʳ janvier, puisque Tacite ne rapporte que ci-après, au ch. 39, les actes qui eurent lieu à cette date. Or Vitellius était mort pendant les Saturnales, c'est-à-dire du 17 au 24. Vespasien, qui était à Alexandrie, ne pouvait en avoir reçu la nouvelle. Il n'est donc pas étonnant, dit M. Burnouf, qu'il écrive dans la supposition que la guerre dure encore. On conçoit, d'un autre côté, qu'après tous les succès de son parti, il écrive comme un homme qui ne doute pas de la victoire définitive.

Ipsi consulatus cum Tito filio. Pour commencer l'année suivante, comme Galba avait commencé celle-ci.

Consulare imperium. Grævius, *sur Suétone*, et Pagius, *a. C.*, 69, pensent qu'il s'agit de la puissance consulaire avec laquelle on pouvait être envoyé dans une province quelconque. Dion, 58, 10, n'y est point contraire; toutefois il fait voir que la puissance consulaire a plus de latitude, lorsqu'il dit qu'elle donnait le pouvoir de se faire toujours et partout précéder de douze licteurs, et de s'asseoir entre les consuls sur la chaise curule. Ce passage reçoit une grande lumière d'une médaille, qui offre d'un côté la légende : IMP. CAESAR VESPASIANUS AUG., avec la tête de Vespasien couronnée de lauriers ; de l'autre : T. CAES. AUG. F. COS. D. CAESAR. AUG. F. PR., avec les têtes affrontées de Titus et de Domitien. *Voyez* ECKHEL, *Doctr. numm. vet.*, t. VI, p. 368.

Cap. IV. *In Sarmatas expeditio.* Ernesti pense avec Colerus, Gronov. et Ryck., que, par Sarmates, Tacite entend les Daces, d'après ce qu'il dit, liv. III, ch. 46. Les noms des Sarmates, des Gètes, des Daces, sont très-fréquemment confondus chez les anciens, à cause de leur voisinage, ch. 54. Les Sarmates et les Daces sont joints aussi. Il conjecture que cette expédition contre des Sarmates eut lieu pendant cette guerre civile, lorsque Mucien vint à petites journées en Thrace et dans la Mésie.

Valerius Asiaticus. Le consul en charge proposait et n'opérait pas, et c'était le premier des deux consuls qui donnait d'abord son avis. Asiaticus, gouverneur de Belgique, et gendre de Vitellius, I, 59, avait sans doute été nommé consul par son beau-père pour l'année suivante, car c'est comme consul désigné qu'il opine ici le premier. Il est vrai que, dans l'entrefaite, le consulat fut déféré à Vespasien et à Titus; mais cela ne recula celui d'Asiaticus que de deux mois, et ne l'empêcha pas de parler le premier, parce que l'empereur et son fils étaient absens.

Ceteri vultu manuque. La manière de voter dans le sénat était de vive voix ou par signe. On votait par signe des pieds ou de la main : des pieds, en se retirant du côté de celui dont on adoptait l'avis; de la main, soit qu'on fût assis ou debout, en l'avançant pour signifier qu'on était de l'avis en question. On lit dans Vopiscus, *Aurel.,* 20 : *deinde aliis manus porrigentibus, aliis pedibus in sententiam euntibus, plerisque verbo consentientibus conditum est S. C.;* et dans Sénèque, ép. 8 : *Non videor tibi plus prodesse, quam si in senatu candidato vocem et manum commodarem?* Isidore transporte aussi à l'armée cette manière de voter, 1, 25 : *Mos est militaris, ut, quoties consentiat exercitus, quia voce non potest, manu promittat.*

Cap. v. *Iterum in mentionem incidimus.* Helvidius est nommé une première fois, *supra,* l. II, ch. 91 des *Histoires,* et non pas des *Annales,* où renvoie le P. Brotier. Tacite en parle aussi dans les *Annales;* mais il ne faut pas oublier que cet ouvrage fut composé après les *Histoires,* comme le remarque Ferlet.

Doctores sapientiæ. Les stoïciens. Bude a *doctores sapientum.*

Quæstorius adhuc. Il fut questeur sous Néron, et administra l'Achaïe, ce qu'a démontré un scholiaste sur la sat. 5, 36, de Juvénal ; mais il ne fut préteur que sous Vespasien, comme l'écrit Suétone, ch. 15. On le voit cependant nommé par Tacite, *Ann.,* XII, 49 : *Helvidius Priscus legatus legionis,* à l'année 305 de Rome.

A Pæto Thrasea gener delectus. Avant d'épouser la fille de Thraseas, qui s'appelait Fannia, Helvidius avait déjà eu d'une autre femme un fils nommé comme lui *Helvidius Priscus,* qui périt sous Domitien, et dont Pline, ép. IX, 13, nous apprend que Fannia n'était que la belle-mère. Voy. *Ann.,* XVI, 28 et 35.

Civis, senator. Voilà de grandes louanges qui prouvent, selon Juste-Lipse, que ce personnage était l'ami intime de Tacite. On trouve dans Arrien, disciple d'Épictète, I, 2, et IV, 1, l'éloge de ce même personnage, ainsi que dans Pline, ép. VII, 19, et IX, 13.

Cap. VI. *In exsilium pulsus.* Voyez *Ann.*, XVI, 33.

Galbæ principatu rediit. Helvidius Priscus, après la condamnation de Pétus Thraseas, son beau-père, ayant été exilé d'Italie, se retira à Apollonia, comme nous l'apprend le scholiaste de Juvénal, sat. v, 36.

Agmen reorum. Les anciens accusateurs, devenus accusés à leur tour.

Egregiis utriusque orationibus testatum. Rhenanus, d'après Bude, a mis *certatum*, qui a été imprimé depuis lui jusqu'à Juste-Lipse. Muret préférait *utrinque* à *utriusque*, et Pichena l'approuvait. Ferlet dit que *testatum* est ici pris passivement, suivant l'usage ancien, assez souvent adopté par Tacite.

A magistratibus juratis. Ce serment des magistrats portait que leur avis serait conforme à leur conscience, et qu'ils en prenaient le ciel à témoin : il ne se prêtait que pour les affaires majeures.

Urnam postulabat. Il demandait qu'au lieu de choisir ces députés au scrutin on les tirât au sort.

Cap. VII. *Ad continuas... orationes...* « Ils en vinrent à des discours suivis, » traduit M. Burnouf. Tacite me semble vouloir dire plus : « à des harangues en forme ; » car *oratio* veut dire harangue, et non discours.

Pertinere ad Vespasiani honorem. A rapport à *sententiam ut honorificam*, qui est plus haut.

Fuisse Vespasiano amicitiam cum Thrasea, Sorano, Sentio. Sentius n'est pas connu ; peut-être est-ce une faute. *Sentio* est dans Flor., dans Bude et dans l'édition Princeps. Les manuscrits de Guelf. et d'Agr. ont *Senecio*, d'où paraît être venue la leçon *Senecione*. Brotier conjecture qu'il faut lire *Seneca*, comme étant surligné dans le manuscrit du Vatican, 1958.

Vespasianum melioribus relinqueret. « Et qu'il abandonnât Vespasien à de meilleurs conseils. » M. Burnouf a sous-entendu le mot *consiliis*; je crois que c'est *hominibus* qu'il faut sous-entendre. Marcellus, homme pervers, devait s'éloigner de Vespasien, et le laisser s'entourer d'hommes qui valaient mieux que lui, Marcellus, *melioribus*.

Cap. VIII. *Contentionibus jactata*. Le manuscrit d'Agr. a *concertationibus*.

Cap. IX. *Nam tum a prætoribus tractabatur ærarium*. Tacite, *Ann.* XIII, 28 et 29, détaille les changemens qu'avait subis, depuis Auguste, l'administration du trésor public. Il paraît qu'il fut administré par des préteurs jusqu'au temps de Trajan. L'*ærarium*, sous le nouveau gouvernement, était distingué du *fiscus*. Le premier appartenait au public, c'est-à-dire au sénat, qui représentait la nation, et le second à l'empereur.

Quum perrogarent sententias consules. L'année n'était pas finie, et c'étaient encore les consuls Cécilius Simplex et Quinctius Atticus.

Fuere, qui et meminissent. Voilà, dit Ferlet, le *magnæ offensæ initium, et magnæ gloriæ*. Des trois avis qu'ouvre Helvidius, ce dernier atteignait jusqu'au vif l'empereur, qu'il abaissait au second rang. Par cette réflexion et par celle qui termine le ch. 4, Tacite annonce ainsi le supplice qui termina les jours d'Helvidius. *Voy.* Suét., *Vesp.* 15.

Cap. X. *Invectus est Musonius Rufus in Publium Celerem*. Publius Celer est le même qui est appelé, *Ann.* XVI, 32, P. Egnatius. Il faisait profession, comme Musonius, de la philosophie stoïque, et il en donnait des leçons. C'est de lui que parle Juvénal, III, 116 :

> Stoicus occidit Baream, delator amicum,
> Discipulumque senex.

Il a été question de Musonius, l. III, ch. 81.

Protegi non poterat. Le manuscrit d'Agr. a *eripi non poterat*.

Cap. XI. *Princeps*. C'est ainsi qu'on lit dans les manuscrits de Guelf., de Flor. et de Bude, d'où Pichena l'a imprimé, au lieu de *principes*, qui était la leçon commune.

Varique Arrii. Il y a ainsi dans les manuscrits de Florence et de Guelf., dans les éditions de Puteol., de Bér., d'Alciat ; mais le manuscrit de Bude et l'édition Princeps ont *Ariique*.

Is fuit filius C. Pisonis. Pison, père de Calpurnius, le même qui avait conspiré contre Néron, *Ann.* xv, 48. Le surnom de Galerianus indique assez que Calpurnius était son fils adoptif.

Ad quadragesimum ab urbe lapidem. C'était donc à un mille au dessus de l'endroit où l'on voit encore l'ancienne colonne milliaire avec un nombre que l'on juge aisément être xxxix, entre *Tripontium* et *Appii Forum*, ou Borgolongo, sur la chaussée qui traversait les marais Pontins. Il y avait là une ville et un monument des Calpurniens; et on y trouve des inscriptions relatives à des affranchis de cette famille, comme le remarque Brotier, t. 2, p. 202, d'après le *Latium vetus* de Corradin.

Alphenus Varus. Nous l'avons vu, ainsi que Priscus, son collègue, quitter l'armée de Vitellius, l. iii, ch. 61.

Asiaticus enim, is libertus. C'est celui que Tacite appelle, ii, 57, *fœdum mancipium et malis artibus ambitiosum*, et que Vitellius avait fait chevalier.

Cap. xii. *Iisdem diebus crebrescentem cladis germanicœ famam.* Il s'agit de la guerre de Civilis, annoncée iii, 46, et dont le récit commence ici.

Capta legionum hiberna. Rhenanus, d'après Bude, et toutes les éditions suivantes jusqu'à Pichena, ont *castra;* mais les manuscrits y sont contraires.

Cap. xiii. *Julius Paullus et Claudius Civilis.* Ch. 32, Julius Paullus est dit frère de Civilis, qui est appelé *Julius Civilis, Hist.*, 1, 59, au lieu de Claudius. Felix, intendant de la Judée, est de même nommé tantôt *Antonius*, tantôt *Clodius*.

Simili oris dehonestamento. Civilis était privé d'un œil, comme Annibal (Tite-Live, xxii, 2), et comme Sertorius (Plut., *Vie de Sertorius;* et *Ann.*, ii, 9).

Hordeonius Flaccus præsens. Il était sur les lieux, et commandait sur le haut et bas Rhin.

Cap. xiv. *Novare res hoc modo cœpit.* N'est-ce pas : « Prépara ses moyens de révolution de la manière suivante, » et non, comme traduit M. Burnouf, « commença de la sorte à remuer l'ordre établi » ?

Sacrum in nemus vocatos. La forêt sacrée dont il s'agit ici devait être, selon Ferlet, près de *Batavorum oppidum*, chef-lieu de la nation, et la seule ville qu'elle eût, comme on le verra dans la suite.

Velut supremum. « Comme par une dernière séparation, » traduit M. Burnouf. *Velut supremum* ne veut-il pas dire plutôt comme au moment suprême, comme si c'était pour toujours, sans doute éternellement?

Cap. xv. *Canninefates.* Ursin, d'après une inscription latine, veut qu'on écrive partout *Cannanefas;* mais les inscriptions et les manuscrits n'autorisent pas cette correction. On croit que le nom de ce peuple s'est conservé dans celui de *Kennebourg.* Voyez Bucher, *sur la Belg. rom.,* pag. 183, et Ryckius.

Britannica auxilia, Batavorum cohortes. Ces cohortes bataves avaient été attachées comme auxiliaires à la quatorzième légion, en Bretagne, ii, 69.

Hiberna. Les Romains avaient une suite de postes fortifiés sur toute la rive gauche du Rhin, depuis *Vindonissa,* en Helvétie, jusqu'à la mer. Ces postes sont désignés par les noms de *hiberna,* de *castra,* de *castella.* Les *hiberna* n'étaient point ce que nous entendons par des *quartiers d'hiver,* qui sont des cantonnemens épars dans plusieurs villes ou villages voisins. C'étaient des camps stationnaires, de véritables villes entourées de murs crénelés de dix à douze pieds de hauteur, fortifiés de distance en distance par des tours, avec une plate-forme, où étaient dressées les machines de guerre propres à repousser les assaillans. Le long de ce mur, en dedans, étaient des logemens en bois ou en pierres pour les soldats, dans l'hiver. On voit dans Montfaucon, t. iv, la figure d'un camp de prétoriens, dont l'inspection seule en apprend plus que toutes les descriptions.

Cap. xvi. *Dolo grassandum ratus.* « Sachant bien qu'il n'avancerait que par la ruse », et non pas, je crois, comme traduit M. Burnouf, « croyant devoir employer la ruse. » *Grassari* est le synonyme d'*incedere, vadere.*

Læta bello gens, non diu occultaverant. Comme on cache peu ce qui réjouit, comme on aime à s'en glorifier, les Germains, qui aimaient à faire la guerre, se réjouirent de cette nouvelle de guerre, et ne la cachèrent pas long-temps, et non, je suppose,

« ce secret mal gardé par la joie belliqueuse des Germains, » comme traduit M. Burnouf. Se réjouir de la guerre n'est pas, je crois, avoir la joie belliqueuse.

Cap. XVII. *Provinciarum sanguine provincias vinci.* J'ai adopté la construction de phrase employée par Tacite : « C'est avec le sang des provinces que les provinces sont vaincues. » M. Burnouf traduit : « Le sang des provinces domptait seul les provinces. »

Esse secum veteranas cohortes. Ces cohortes n'étaient pas encore avec Civilis, mais il était sûr de les avoir dès qu'il le voudrait.

Multos adhuc in Gallia vivere, ante tributa genitos. « Il y a encore beaucoup d'hommes, dans la Gaule, qui sont nés avant qu'elle payât tribut à des maîtres. » Il y avait à peu près cent vingt-cinq ans que César avait établi des tributs dans les Gaules.

Nuper certe, cæso Quinctilio Varo, pulsam e Germania servitutem. Il y avait à peu près soixante ans que Varus avait été défait par les Germains : c'était donc une époque rapprochée relativement à la conquête de la Gaule.

Cap. XVIII. *Mummium Lupercum.* Il paraît, d'après le ch. 22, qu'il était lieutenant de légion, *legatus legionis*, et non pas seulement *legatus*, dit Ernesti.

Is duarum legionum hibernis præerat. Le camp appelé *Vetera*, le Vieux-Camp, qui sera nommé un peu plus bas, et que D'Anville prouve être aujourd'hui *Santen*. Ce camp était hors de l'île des Bataves. Chacune de ces deux légions avait son lieutenant (*legatus*), mais Lupercus était sans doute le plus ancien, et commandait le camp à ce titre. Les deux légions qu'il commandait étaient la cinquième et la quinzième.

Raptim transmisit. Il fit passer ces troupes de Vétéra dans l'île des Bataves, où était encore Civilis, par le pont qui était sur le Vahal, à *Batavorum oppidum*, qui est aujourd'hui Batenburg, à trois lieues sud-ouest de Nimègue, et non pas Nimègue même, comme le croit Ferlet. Ces mots *raptim transmisit*, appuient au reste, sa conjecture, que Vétéra était le premier camp romain sur le Rhin, en sortant de l'île des Bataves.

Captarum cohortium. Les deux cohortes surprises par les Frisons et les Canninefates, dans le combat précédent, ch. 15.

Fuit interim effugium legionibus in castra. Lupercus, mis hors de combat, profite du temps que lui laisse l'ennemi occupé à poursuivre les Ubiens et les Trévirs, pour sortir de l'île par le même pont par lequel il y était entré, et pour revenir à Vétéra.

Oppidano certamine. Dans les assemblées qui se tenaient à *Batavorum oppidum*, chef-lieu de la nation, pour y traiter des intérêts publics. *Oppidano certamine*, discussion d'intérêt entre citoyens.

In Frisios avehitur. Labéon ne put s'enfuir, Civilis le fit arrêter et déporter chez les Frisons.

CAP. XIX. *Batavorum et Canninefatium cohortes.* La suite du récit, II, 69, annonce qu'il s'agit ici des huit cohortes bataves, attachées autrefois à la quatorzième légion, et dont il est parlé, I, 59, II, 69, IV, 15. Avec elles se trouvaient d'autres cohortes composées de Canninefates, dont il n'a pas encore été question.

Jussu Vitellii. On a vu II, 97, que Vitellius, apprenant la révolte de Vespasien, avait mandé des secours de Germanie. C'était par suite de ces ordres que ces cohortes retournaient en Italie. On a vu aussi, ch. 15, qu'elles étaient à Mayence, où Civilis avait déjà envoyé pour s'assurer de leurs dispositions.

CAP. XX. *Procax ante periculum, manus.* Cette troupe de vivandiers était pleine de *jactance* avant le péril. Voilà pourquoi les légions les entraînent au combat. Elle n'était donc pas *insolente*, comme a traduit M. Burnouf.

Colonia Agrippinensium vitata. Au lieu de continuer leur route sur les bords du Rhin et vers Cologne, ils prennent à gauche, vers la Meuse, pour conserver toutes leurs forces, et n'avoir plus à se battre contre les autres troupes romaines, dont les différens postes occupaient de distance en distance la rive gauche du Rhin jusqu'à Vétéra.

CAP. XXII. *Legati legionum.* Mummius Lupercus et Numisius

Rufus commandaient ces deux légions, la cinquième et la quinzième, qui étaient à Vétéra.

Mixta belli civilis. Le manuscrit de Florence et celui de Rome, ainsi que l'édition Princeps, ont *mixta*, leçon qui a été accueillie par Pichena. Le manuscrit de Bude, Rhenanus et les éditions suivantes ont *juxta*, que Juste-Lipse et J. Gronovius croient être la vraie leçon, et c'est ainsi qu'on lit, *Ann.* I, 48 : *innocentes ac noxios juxta cadere.* Le manuscrit de Guelf. et les éditions de Puteol., de Bér., d'Alciat, portent *justa*. Les éditeurs les plus récens préfèrent *mixta*.

CAP. XXIII. *Nec ulla ipsis solertia.* Cela ne veut-il pas dire « n'ont pas l'esprit inventif, » et non, comme a traduit M. Burnouf, « n'ont aucune industrie ? » Tacite, dans son ouvrage sur les Germains, les dépeint comme industrieux et fort intelligens.

CAP. XXIV. *Duodevicesimæ. Duoetvicesimæ* est dans les manuscrits du Roi, de Flor., de Bude, d'Oxford, dans l'édition Princeps et dans les suivantes, jusqu'à Pichena, qui a rétabli, ainsi que Brotier, *duodevicesimæ.* Il n'y avait que deux légions à Mayence, la quatrième et la dix-huitième. Vocula commandait celle-ci ; Hordeonius, commandant général de la province, lui donne l'élite de ces deux légions (*lectos e legionibus*), pour aller au secours de Vétéra.

Civilem stare contra. « Civilis debout, *stare*, en face d'eux, *contra*, » par opposition au général romain qui restait couché et dans sa chambre, et non, je crois, « Civilis marchait en avant, » ainsi que traduit M. Burnouf.

CAP. XXV. *Infensior illic miles.* Les soldats de Bonn, c'est-à-dire la première légion, qui avait été battue par les cohortes bataves, ch. XX.

CAP. XXVI. *Herennius Gallus, legatus.* Ce lieutenant commandait, non la seizième légion qui campait à Novesium, et dont Tacite ne nomme point le commandant, mais la première, dont le quartier était à Bonn, comme on l'a vu, ch. 19 et 25.

Loco, cui Gelduba *nomen est.* C'est ainsi qu'on lit dans l'édition Princeps, et plus bas, ch. 84, *loco cui nomen Rhacotis.* Ernesti a *loco Gelduba nomen est. Gelduba* est *Gelb*, sur le Rhin.

In proximos Gugernorum pagos. On regarde les *Gugerni* comme un reste de la grande nation des Sicambres, qu'Auguste établit en deçà du Rhin. Ils s'étendaient le long du fleuve, entre les *Ubii*, transplantés comme eux, et les *Batavi.* Voyez SUÉTONE, *Aug.*, et D'ANV., *Not. de la Gaule.*

CAP. XXVIII. *In vico Marcoduro.* C'est peut-être *Duren*, sur la Roer, dans le duché de Juliers. *Voyez* D'ANV., *Not. de la Gaule.*

CAP. XXIX. *Congestis circum lignis accensisque.* Ces évènemens eurent lieu dans les derniers jours d'octobre ; car Tacite va dire, ch. 31, qu'ils se passèrent avant la bataille de Crémone, livrée vers la fin de ce mois.

Congestis circum lignis accensisque, simul epulantes. M. Burnouf traduit : « Les barbares ayant allumé de grands feux, se mettent à manger à l'entour. » Je crois que Tacite dépeint les Germains dans une tout autre position : « Ils amassent des bois *autour d'eux* pour s'en faire une enceinte ; » et ce qui le prouve, c'est que ce fut du milieu de cette enceinte de feux qu'ils lancèrent leurs traits, etc., etc.

Misceri cuncta tenebris et armis jubet. Civilis ordonne que partout les ténèbres enveloppent ses guerriers, qui, entourés de feux, étaient beaucoup trop visibles aux Romains, et non pas « il fit ajouter les horreurs de la nuit aux horreurs du combat ; » traduction par laquelle M. Burnouf ne m'a pas paru rendre la pensée de Tacite.

CAP. XXX. *Prætoriæ portæ.* La porte prétorienne, c'est-à-dire de la tête du camp.

Pavorem intulit. Le manuscrit du Roi, celui d'Agr. et Lallem. ont *terrorem.*

CAP. XXXI. *Addito Cæcinæ edicto.* Cécina était encore consul lors du combat de Crémone : c'est en qualité de consul, c'est-à-dire de représentant du sénat, et de la nation, comme le remarque Ferlet, qu'il rend un édit pour ordonner aux légions de Germanie de mettre bas les armes, et de reconnaître Vespasien pour empereur.

Alpinus Montanus. C'est ce même Trévir dont le départ pour l'armée de Germanie a été annoncé, III, 35, et qui fut envoyé pour attester la défaite du parti des Vitelliens.

Cap. XXXII. *Et dominorum ingenia.* N'est-ce pas « tous les caprices de la tyrannie, » et M. Burnouf n'a-t-il pas été bien au delà de la pensée de Tacite en traduisant : « Et tout ce que des maîtres savent inventer de supplices » ?

Cap. XXXIII. *Asciburgii.* Asburg, sur le Rhin, et non *Augsbourg*, en Souabe, qui est *Augusta Vindelicorum*.

Subsignano milite. Il est évident que, dans ce passage, *subsignano milite*, opposé à *auxilia*, signifie les soldats légionnaires; à la lettre, les soldats qui ont pour enseignes des étendards, *signa*, et non pas des aigles, et peut s'entendre par conséquent aussi des auxiliaires, comme au liv. I, ch. 70, où l'on a vu déjà que la même expression désignait des détachemens de légionnaires, qui, ayant laissé l'aigle à l'autre partie de la légion, combattaient sous de simples étendards (*signa*). Ce passage le confirme. Vocula n'avait avec lui que des détachemens légionnaires (*lectos e legionibus*, ch. 24), tout le reste était des auxiliaires. *Voyez* la note d'Ernesti, et surtout celle de Dureau-Delamalle.

Eques. La cavalerie romaine.

Vasconum lectœ a Galba cohortes. Les Vascons habitaient l'Espagne Tarragonaise, avant de passer les Pyrénées, et de prendre dans les Gaules le nom de *Gascons*.

Cap. XXXV. *Vallum turresque castrorum augebat.* Vocula augmente les fortifications de Vétéra, où il venait d'entrer après avoir mis en fuite l'ennemi.

Quinta et quintadecima. C'est ainsi qu'on lit dans Bude ; il y a *quinta et decima* dans les manuscrits d'Agr., du Roi et Lallemant, et dans l'édition Princeps, ce que Ryck. regarde comme favorable à la leçon reçue.

Cap. XXXVI. *Nec diu cunctatus Hordeonius.* Hordeonius s'était avancé depuis Mayence jusqu'à Novesium.

Cap. XXXVII. *Iis, qui e superiore exercitu erant.* La quatrième et la dix-huitième légion, dont les quartiers étaient à Mayence, sur le haut Rhin. Vocula commandait la dernière. Si la première, dit

Ferlet, suit la quatrième et la dix-huitième, c'est qu'elle était de Bonn, le quartier le plus voisin de Mayence, et qu'elle voulait y retourner.

Primani. La première légion, qui appartenait à l'armée du bas Rhin, et avait son quartier à Bonn.

CAP. XXXVIII. *Cui una ex republica annonœ cura.* Juvénal a dit de même des Romains :

> . . . . Duas tantum res anxius optat
> Panem et circenses.
>
> Lib. III, sat. x, v. 80.

CAP. XXXIX. *Kalendis Januariis.* Le 1er janvier 70 après J.-C., l'an de Rome 823. Un an auparavant, à pareil jour, avait commencé la révolte de Vitellius, et, dans le cours d'une seule année, nous avons vu passer successivement trois empereurs, Galba, Othon et Vitellius, et un quatrième, Vespasien, se saisir de l'empire.

Julius Frontinus. C'est l'auteur des *Stratagèmes militaires* et d'un ouvrage sur les aquéducs. Il précéda Agricola dans le commandement de la Bretagne, et eut Pline le Jeune pour successeur dans la dignité d'augure.

Ac regibus. Les rois Sohemus, Antiochus et Agrippa.

In Plotium Griphum. C'était la créature, le confident et l'espion de Mucien, III, 52.

Hormo dignitas equestris data. On a vu III, 12, qu'il était affranchi de Vespasien.

Ejurante Frontino, Cæsar Domitianus prœturam cepit. Sans doute il s'agit ici des fonctions de préteur de Rome ; car on a déjà vu, ch. 3, que Domitien avait été nommé préteur.

Scribonianum Crassum... fraterna imagine fulgentem. Il était frère de L. Pison, que Galba avait adopté. *Voyez* I, 14 et 15.

Discessu Cluvii Rufi. Voy. II, 65.

Legione septima, cujus flagrantissimus in Antonium amor. C'était la septième Galbienne de Pannonie, dont Antonius avait été commandant.

Tertia legio, familiaris Varo Arrio miles. Cette troisième légion était de Syrie, où nous avons vu que Varus avait long-temps servi sous Corbulon, III, 6. On la retire de Capoue, où elle avait été envoyée, IV, 3.

Redit urbi sua forma legesque et munia magistratuum. « La ville reprit sa première forme, les magistrats leurs fonctions, » traduit M. Burnouf. Les magistrats n'avaient ni quitté ni perdu leurs places, mais ils ne pouvaient dans ce désordre rendre la justice, et Tacite dit que Rome retrouva sa forme, ses lois et la *protection* de ses magistrats.

CAP. XL. *Ingressus est Domitianus.* M. Burnouf traduit : « Domitien fit son entrée au sénat. » Il n'y avait aucun cérémonial pour l'entrée des fils de César au sénat, et j'ai cru devoir traduire : « Le jour où Domitien entra au sénat. »

Quique æra legum, vetustate delapsa noscerent figerentque. Les tables d'airain sur lesquelles les lois étaient gravées. Suétone, *Vespas.*, 8, raconte que Vespasien fit rétablir trois mille tables d'airain détruites dans l'incendie du Capitole.

Junius Mauricus. Les manuscrits de Florence, de Bude, de Guelf. ont *Maricus*; celui d'Agr. et l'édition Princeps ont *Martius*. Ryck. défend la leçon commune d'après Pline, *ep.* IV, 22, où il y a le même nom. Mais les manuscrits sont partagés entre *Mauricus* et *Maricus*, dans Pline I, 5, et de même, III, 11. Exilé sous Domitien, rappelé sous Nerva, il fut ami de Pline le Jeune, qui fait de lui ce bel éloge : *Junius Mauricus, quo viro nihil firmius, nihil verius.*

Commentariorum principalium. Les empereurs tenaient des registres particuliers. C'est la communication de ces registres que demande Mauricus.

CAP. XLI. *Probabant religionem patres, perjurium arguebant.* Les interprètes de Tacite sont partagés sur le sens de cette phrase. L'auteur veut-il dire : « Les sénateurs applaudissaient à la bonne foi, protestaient contre le parjure? » M. Burnouf le croit avec Gordon, Hooft, les éditeurs de Deux-Ponts, Ferlet, Gallon de la Bastide. Lorsqu'un sénateur, dit Ferlet, qui s'était toujours bien conduit, récitait la formule du serment, tout le monde s'écriait qu'il disait vrai : *religionem probabant.* Mais quand elle était récitée par d'anciens délateurs, on se récriait contre eux, et on les traitait de parjures : *perjurium arguebant.* Tacite nomme ceux qui furent ainsi maltraités, honnis : *arguebant.* Ce mot est donc opposé à *probabant*, comme *perjurium* à *religionem.* L'autre sens est celui de Pichena, Davanzati, Petrucci, Bahrdt, Dotteville. C'est aussi celui de Dureau-Delamalle, qui traduit : « Les pères (des sénateurs), tout en approuvant le scrupule, en concluaient le parjure. »

Scribonios fratres. Tacite les nomme encore conjointement, *Ann.* XIII, 48. Xiphilin, l. c, nous apprend que ces deux frères étaient surnommés, l'un *Rufus*, l'autre *Proculus.* Ils avaient été en même temps gouverneurs, l'un de la haute, l'autre de la basse Germanie. Ils furent tous deux mandés en Grèce par Néron, accusés et réduits à se faire ouvrir les veines. L'histoire ajoute qu'il y eut aussi entre eux une parfaite conformité de mœurs et d'inclinations, et qu'ils offrirent un exemple rare d'union fraternelle.

Cap. XLII. *Vipstanus Messala.* Le même, sans doute, dont il est question, III, 9.

Nondum senatoria ætate. L'âge de vingt-cinq ans, selon Ferlet; le vingt-sept, selon Dureau-Delamalle, qui dit que la questure était la première dignité qui donnait entrée au sénat, et qu'on ne pouvait pas être questeur avant l'âge de vingt-sept ans.

Aquilio Regulo. Ce Regulus, que Pline dit, *Ep.* II, 20, IV, 2, VI, 2, avoir été, *omnium bipedum nequissimus*, le plus méchant de tous les animaux à deux pieds, fut un des plus exécrables délateurs des temps de Néron et de Domitien, quoique frère d'un homme vertueux.

Subversa Crassorum et Orphiti domus. Crassus était frère de L. Pison, adopté par Galba et tué avec lui. Accusé par Regulus (Pline, *Ep.* I, 5), il périt sous Néron. Orphitus est sans doute celui qui est nommé, *Ann.* XII, 41, et XVI, 12. Le manuscrit d'Agr. et l'édit. Princeps ont *Orfita*, le manuscrit de Guelf. *Orfiti*, celui de Bude *Orphici.*

In summum odium extulerat. « La haine contre lui était au comble, » m'a paru rendre plus littéralement le sens que : « avaient allumé contre Regulus une haine universelle, » adopté par M. Burnouf.

Sponte ex senatusconsulto accusationem subiisse... videbatur. Ernesti et Dotteville suppriment *ex senatusconsulto*, et supposent que ce n'est autre chose que *ex se*, glose de *sponte*, qui se sera introduite de la marge dans le texte.

Truci oratione. « Un violent discours, » traduit M. Burnouf. Ce qui suit n'est pas un violent discours, il rappelle des faits qui ont dû accabler l'accusé, *truci oratione*, ce sont des paroles foudroyantes.

Nullis defensionibus expertum. Dureau—Delamalle traduit « Tu fis le premier apprentissage d'un talent tout nouveau. » Ce talent n'était pas tout nouveau, car il y avait eu beaucoup d'infâmes délateurs avant ce Regulus ; et ce n'est pas là ce que Tacite a voulu dire. M. Burnouf traduit : « Avant qu'il eût fait preuve de soi dans aucune défense. » Cette version peut-elle être admise ? Je soumets à la sévérité du lecteur le sens que j'ai adopté, et qui a du moins le mérite de la nouveauté. Ferlet, qui a fait vingt longues notes sur ce seul paragraphe, n'entre à ce sujet dans aucune explication.

Diutius durant exempla quam mores. Il y a vingt traductions différentes de cette phrase ; elle signifie que les exemples restent, que les hommes passent.

Optimus est... « Le plus beau jour après un mauvais prince est toujours le premier. » Cette traduction de M. Burnouf, *le plus beau jour*, m'a paru s'éloigner de la pensée de Tacite : ne veut-il pas dire plutôt : le jour dont il faut profiter, celui qui offre le plus d'espérances, de moyens réparateurs, etc., c'est celui qui suit la chute d'un mauvais prince ? c'est là le jour *le plus précieux.*

Cap. XLIII. *Posse etiam Marcellum prosterni.* Ce Marcellus, délateur de Thraseas, étant entré dans une conspiration contre Vespasien, fut condamné par le sénat, et se coupa la gorge avec un rasoir.

Cap. XLVI. *Nudosque, et illuvie deformes,* que M. Burnouf rend par « Tout hideux de misère et de nudité. » Les Germains étaient de fort beaux hommes, dont la nudité ne pouvait être hideuse, et Tacite ne le dit point.

Militiam et stipendia orant. Ils demandent la milice et la solde des prétoriens ; cette milice est appelée plus bas *prætorium ;* c'est ainsi que, plus haut, on lit *promissa stipendia flagitabat.*

Cap. XLVII. *Actum in senatu, ut sexcenties sestertium a privatis mutuum acciperetur.* Suétone (*Vesp.*, 16) dit que Vespasien avait déclaré au commencement de son règne que l'État, pour subsister, avait besoin de quatre milliards de sesterces, qui font sept cent onze millions six cent mille francs de notre monnaie, en lisant *quadragies millies*, au lieu de *quadringenties millies*, qui décuplerait la somme.

Funusque censorium. C'étaient les plus riches funérailles, les plus honorables ; on les célébrait aux frais de l'État.

Summaque et ima miscentis. Pourquoi le savant M. Burnouf traduit-il *miscentis* par *rapprocher* et non par *mêler?* ce qui présente un sens tout opposé ; la fortune aveugle mêle tout, bouleverse tout, elle ne *rapproche* pas : ce qui supposerait une action sage et raisonnée.

Cap. XLVIII. *L. Piso proconsul.* Ce même proconsul de l'Afrique, dont il a été parlé ch. 38.

Legio in Africa, auxiliaque... proconsuli parebant. L'Afrique, province sénatoriale, était gouvernée par un proconsul.

M. Silanum. Sur Silanus, *voyez* Ann. XIII, 1.

Cap. XLIX. *Galerianum.* Calpurnius Galerianus, *supra*, ch. 11.

Magna voce. « A cris redoublés. » Cette traduction de M. Burnouf n'annoncerait, dans le centurion, qu'un factieux, un fou : il vient en héraut, il proclame Pison empereur, *d'une voix élevée.*

Clodii Macri. Clodius Macer, gouverneur d'Afrique, mis à mort par ordre de Galba, I, 7.

Cap. L. *Bebius Massa.* Fameux délateur, dont il est parlé dans Juvénal, *Sat.* I, v. 35.

Œensium, Leptitanorum. Le manuscrit d'Agr. a *Aspensium ;* le manuscrit de Bude et l'édition Princeps ont *Offensium.* Rodolphe voulait *Ruspensium ;* mais Juste-Lipse a fort bien corrigé

Œensium, et peu après *populus Œensis*, d'après Pline, v, 5. Ryck., Ernesti, Brotier, Oberlin ont adopté sa correction. Elle est confirmée par une médaille d'Antonin le Pieux, où il y a OEA. *Œa* et *Leptis* étaient deux des trois villes qui faisaient appeler *Tripolis* une province de la côte d'Afrique. *Œa* était la seconde, et c'est elle, dit D'Anville, qui a pris le nom de *Tripoli*.

Cap. li. *Cecidisse Vitellium.* « La mort de Vitellius, » dit M. Burnouf. C'est bien plus : « Vitellius avait succombé, lui, ses partisans, son armée ; il était tombé du haut rang où la fortune l'avait placé. »

Cap. lii. *Integrumque se...* M. Burnouf fait dire par Titus à Vespasien : « De garder, pour juger un fils, un esprit libre et une âme indulgente. » Je crois que Tacite veut dire par *integrum* sans préventions.

Titi pietate gaudens. Je n'ai pu admettre la version de M. Burnouf : « Charmé du bon naturel de Titus. » Il est ici question de la tendresse fraternelle, et *pietas* s'entend, non-seulement envers les pères et mères, mais aussi envers les frères et sœurs.

Rempublicam attollere. M. Burnouf fait dire par Titus à Vespasien « d'illustrer la république. » La république romaine était bien assez illustre : Titus veut dire sans doute « d'élever encore plus haut la gloire et la puissance de la république. »

Cap. liii. *Curam restituendi Capitolii in L. Vestinum confert.* Vespasien charge L. Vestinus du soin de rebâtir le Capitole. D'après cela, il paraîtrait qu'il était absent. Cependant on lit dans Suétone (*Vesp.*, 8) qu'il entreprit lui-même de le rétablir, qu'il travailla le premier à enlever des décombres, et y porta même des matériaux sur ses épaules ; et Dion, lxvi, 10, s'exprime à peu près de même. Quant à L. Vestinus, est-ce celui dont Claude dit, dans sa harangue pour la colonie de Vienne : « Je chéris particulièrement L. Vestinus, l'ornement de l'ordre des chevaliers ; » ou bien est-ce le même que celui dont parle Martial, iv, 73 ?

Undecimo kalendas Julias. Le 21 juin.

Milites, quis fausta nomina. Des noms heureux et de bon augure, tels que ceux de *Salvius, Faustus, Felix, Valerius, Statorius, Longinus*, etc. On regardait au contraire comme des noms de mauvais présage ceux de *Furius, Hostilius, Curtius, Minucius, Agrippa*, etc.

Felicibus ramis. Des rameaux de bon augure, c'est-à-dire d'arbres consacrés et agréables aux dieux.

Præeunte Plautio Æliano. Guidé, précédé dans cette cérémonie par le pontife, qui prononçait les mots sacrés du rituel, lesquels étaient répétés par Helvidius. On lit dans le manuscrit du Vatican, *Pluto Æliano;* dans celui de Bude, *Plautio Eliato.* Ryckius conjecture très-bien qu'il faut écrire *Plautio Æliano*, parce qu'il pense que c'est *T. Plautius Silvanus Ælianus*, personnage célèbre de ce temps-là, dont on connaît une inscription qui est dans Gruter, p. 453, et plus exactement dans Pirangi, *Antiq. rom.*, pl. XI.

Jovem, Junonem, Minervam. Une médaille de Vespasien offre au revers un temple à six colonnes, orné de statues, au milieu duquel Jupiter est représenté ayant Pallas à sa droite, Junon à sa gauche.

Vittas, quis ligatus lapis. La première pierre, la pierre fondamentale.

CAP. LIV. *Fatali nunc igne signum cœlestis iræ datum.* M. Burnouf traduit : « Ces flammes, au contraire, le destin les avait allumées comme un signe de la colère céleste. » Tacite ne dit point que le destin ait allumé les flammes, mais mot à mot : « Aujourd'hui, par cet incendie *fatal*, est donné le signe de la colère céleste; » et comme fatal ne rend pas le mot *fatalis* des Latins, j'ai traduit : « Cet incendie est le signe donné par les destins de la colère céleste. »

CAP. LV. *Classicus nobilitate opibusque ante alios.* Ce chef Trévir commandait sous Valens, pour Vitellius, au combat de Vintimille, II, 14.

Corpore atque adulterio placuisse. M. Burnouf traduit : « Avait plu à Jules César, et s'était prêtée à son amour. » Sans doute ici la concision de Tacite présentait de grandes difficultés; mais

M. Burnouf n'a rendu ni *corpore* ni *adulterio*. Tacite dit que cette femme était belle de corps, car une femme barbare ne pouvait guère séduire César autrement que par ses charmes corporels; il dit de plus qu'elle était mariée, qu'elle commit un adultère, et il sous-entend ainsi combien il était honteux à Tutor de se vanter du déshonneur de sa bisaïeule. Tous ces faits disparaissent dans la traduction de M. Burnouf: ai-je été plus heureux que lui? j'ai traduit: « avait séduit César par ses charmes et par ses faveurs adultères. »

Cap. lvi. *Diximus.* Voyez ch. 18.

Betasiorumque. Leur nom est conservé, selon D'Anville, dans le village de *Beatz*, entre Halen et Leewe, à la gauche de la Gette, dans le Brabant.

Marsacosque. Nation voisine des Canninefates, dans la Nord-Hollande.

Cap. lvii. *Sic olim Sacrovirum et Æduos.* Voyez *Ann.* III, 40 et 46.

Vindicem Galliasque, singulis prœliis concidisse. Un seul combat avait en effet suffi pour exterminer chacun de ces deux rebelles, Sacrovir et Vindex.

Cap. lviii. *Exitium parari, libens audio.* M. Burnouf traduit: « Ma perte est résolue, je le sais, et je m'en réjouis. » Vocula ne peut se réjouir de la révolte de ses troupes, qui, de plus, veulent l'égorger; il leur dit: J'apprends que vous tramez ma perte, et je l'apprends *volontiers*, je ne refuse pas d'y croire, c'est *volontiers* que je m'y livre; c'est-à-dire, puisque vous avez résolu ma perte, je viens *volontairement* m'y soumettre.

Honestam, ut finem. Oberlin et M. Burnouf ont mis *hostium*. Juste-Lipse a proposé *honestam*, que j'ai adopté; *hostium* ne présente aucun sens; l'épithète *honestam* m'a semblé indispensable.

Imperiumque et sacramentum Galliarum ostentat. M. Burnouf traduit: « Il montre à votre obéissance l'empire des Gaules, et attend vos sermens. » Je n'ai pu comprendre ainsi ce passage de

Tacite. Classicus, pour entraîner les légions romaines, se vantait d'être déjà le maître souverain des Gaules et d'avoir leur serment. *Sacramentum* ne peut se rapporter qu'à *Galliarum*. La phrase de M. Burnouf signifie : « Si vous m'accordez vos sermens, je vous rendrai maîtres des Gaules : » ce qui ne se lie point avec ce qui précède.

An est une interrogation, et doit se rendre en français par *quoi, si....*, et non pas, je pense, par *hé*, ainsi que l'a fait M. Burnouf : *hé* n'est qu'une interpellation ou une appellation.

Arma patriæ inferetis? « Vous livreriez l'assaut à votre patrie, » traduit M. Burnouf. Livre-t-on l'assaut à une patrie, et pourquoi ne pas faire dire à Tacite ce qui se dit tous les jours : « Porteriez-vous les armes contre votre patrie ? »

Transfugæ e transfugis... M. Burnouf traduit : « Irez-vous, une seconde fois transfuges et traîtres à la trahison, promener entre vos nouveaux et vos anciens sermens des têtes haïes des dieux ! » « Être traîtres à la trahison, promener ses têtes entre des sermens, et ses têtes haïes des dieux, » n'a jamais pu être dit par Tacite.

Si vobis non fuit cordi. « Si vous n'avez pas eu pour agréable. » Ces expressions, adoptées par M. Burnouf, peuvent-elles être celles d'un général romain à Jupiter et à Romulus ? J'ai mis : « Si votre bonté n'a pas voulu... »

Sine noxa pœnitentiam. M. Burnouf traduit : « Un prompt repentir sans autre expiation. » *Noxa* vient de *nocere* : c'est un trait touchant du général : il invoque les dieux pour ses soldats révoltés ; il veut qu'ils se repentent et qu'ils n'éprouvent aucun mal, aucune punition, *sine noxa*.

Cap. LIX. *Herennium, et Numisium, legatos.* On a vu qu'Herennius commandait la première légion, en garnison à Bonn, et Numisius une des deux qui campaient à Vétéra, où il paraît que Lupercus était resté seul. Herennius y avait suivi Vocula. Numisius et lui en étaient sortis avec Vocula pour aller à *Novesium*, au devant du convoi, de là à Mayence, d'où ils étaient retournés tous les trois à *Novesium*.

Cap. lx. *Calones*. Nous avons dit que les *calones* ou goujats étaient esclaves. On le voit ici clairement, dit Ferlet, puisqu'on les comprend parmi les bagages, *sarcinas*, que les barbares forcèrent les Romains d'abandonner, conformément à la capitulation.

Cap. lxi. *Magontiaci ac Vindonissæ sita sunt*. *Magontiacum* est Mayence, et *Vindonissa*, quartier de la vingt et unième légion, en Helvétie, est Windisch, sur la Reuss, près de sa jonction avec l'Aar. *Voyez* D'Anville, *Not. de la Gaule*, et *infra*, ch. 70.

Cap. lxii. *Legio sextadecima*. La seizième légion, et non la treizième, comme il y a dans les éditions vulgaires.

Proficiscendi hora, expectatione tristior. « L'heure du départ, plus triste que l'attente, » traduit M. Burnouf, et M. Delamalle : « plus cruelle qu'ils se l'étaient figurée. » Je n'entends pas la première traduction, et la seconde n'est pas du tout la pensée de Tacite. N'est-ce pas « plus triste par l'attente » ? En effet, plus vous ferez languir un condamné, plus il souffrira, plus sa dernière heure sera cruelle, elle deviendra plus triste, plus pénible *par* l'attente.

Insolito spectaculo nimium fruebantur. Pourquoi M. Burnouf n'a-t-il pas osé traduire *nimium*, et met-il en place « *insolemment* » ? M. Delamalle le rend bien faiblement par « avec transport ». Cette belle expression de Tacite (*nimium*) est bien celle de la fierté romaine. Les barbares jouissaient *trop* de ce spectacle inaccoutumé ; ils n'eussent jamais dû en jouir, ce fut *trop* insultant pour Rome ; et cette expression est française ; on dit : Vous avez trop joui de mes peines, de mes larmes, de mes tourmens, etc., etc.

Ala Picentina. Les *Picentini* étaient dans le midi de l'Italie, entre la Campanie et la Lucanie, et avaient pour capitale la ville de Salerne.

Cap. lxiii. *Rebus secundis sublati*. M. Delamalle traduit : « enflés de tant de succès ; » M. Burnouf : « dans l'ivresse du succès. » N'est-ce pas « dans l'exaltation de leurs succès ? » Il fallait que ces chefs barbares fussent parvenus à toute l'exaltation de l'orgueil pour oser concevoir la pensée de livrer au pillage une colonie romaine.

Coloniam Agrippinensem. Cologne. Ce n'était point un camp romain, mais une *colonie* romaine, qui avait le privilège de se garder elle-même.

Cap. LXIV. *Sed, ut amicitia societasque nostra in œternum rata sit.* Nous avons imprimé ainsi, d'après les manuscrits du Roi et d'Agr. et l'édition Princeps; communément il y a *sint*, comme dans Bude, mais alors il faudrait *ratœ*, qui est peut-être la vraie leçon.

Cap. LXVI. *Sunicis.* Cette orthographe est dans les manuscrits de Florence, de Guelf., de Bude, de Harlem, d'Oxfort, dans toutes les éditions depuis Putéol., comme dans tous les manuscrits de Pline, IV, 17 (31). Les *Sunici* étaient placés, selon D'Anville, entre la Meuse et les *Agrippinenses*, autrement nommés *Ubii*. Pline nomme les *Sunici* (ainsi lit-on dans son texte) à la suite des *Tungri*, ce qui confirme la position que notre célèbre géographe leur assigne. Il ne faut donc pas croire, avec Oberlin, que leur nom existe encore dans celui du bourg de *Sinnich*, au comté de Limpurg.

Pontem Moscæ fluminis. C'est aujourd'hui Maestricht, qui signifie « pont sur la Meuse, *Moscæ-trajectum.* » Voyez D'Anville.

An ex composito. Soit que ce fût par composition, qu'il en fût convenu avec des chefs des Tongres.

Cap. LXVII. *Julius Sabinus.* Juste-Lipse pense que c'est un autre que celui que nomme Sénèque, *Controv.*, XXVII, 5; IX, 4, et que le *Julius Sabinus*, qui fut gouverneur des Gaules sous Caius. Serait-ce le père du Sabinus dont parle Tacite?

Projectis fœderis romani monumentis. C'est-à-dire les tables publiques ou les colonnes sur lesquelles étaient gravés les traités des Romains avec les *Lingones*, dont Julius Sabinus était le concitoyen.

Epponinæ. Plutarque, qui raconte cet exemple rare de la fidélité conjugale, à la fin de son *Traité de l'amour*, écrit *Empona*, et dit que ce nom, chez les Gaulois, désigne une héroïne. Xiphilin, l. c, ch. 16, l'appelle *Peponila*.

Cap. LXVIII. *At Romæ cuncta in deterius audita Mucianum angebant, ne...* M. Burnouf traduit : « A Rome, cependant, on ne voyait des évènemens que le côté sinistre, et Mucien tremblait. » D'abord cette phrase se lie avec *tout* ce qui précède, *cuncta*; ensuite ces évènemens ne présentaient aucun côté favorable : ils étaient tous fâcheux, et à Rome on les présentait comme *plus* sinistres encore. Je n'ai donc pas cru devoir négliger ni *cuncta* ni le comparatif, et j'ai traduit : « Cependant, à Rome, tous ces rapports, rendus encore plus sinistres, inquiétaient Mucien....

Gallum Annium et Petilium Cerialem delegerat. C'est ce même Annius Gallus qui avait été l'un des généraux d'Othon. *Voyez* I, 87; II, 11, 23, 33; et sur Petilius Cerialis, III, 59, 78, 79. *Voyez* aussi, sur ce dernier, Josèphe, 714 (23), et Dion, LXVI, 3.

Arretinum Clementem. Suétone, *Domitien*, 11 et 15, fait mention de deux Clemens. L'un, Arretinus, était ami de Domitien, et servit long-temps sa tyrannie; ce qui n'empêcha pas le tyran de le faire mettre à mort, sans doute pour les crimes qu'il lui avait commandés : c'est celui dont parle Tacite, et qui était allié à la maison Flavienne. L'autre, Clemens, appartenait par le sang à cette maison, et se nommait Flavius; il était cousin-germain de Domitien, qui le fit tuer aussi. C'est celui que l'Église a mis au nombre des martyrs, sous le nom de saint Clément. C'est à tort que Brotier les confond. Burnouf.

Quamquam senatorii ordinis. On ne pouvait donc, dit Ferlet, cumuler les deux places de sénateur et de préfet du prétoire. Aussi était-ce ordinairement des chevaliers romains qui remplissaient la dernière. Suétone, *Titus*, n'a donc pas tort d'écrire que Titus est le premier des sénateurs qui fut préfet du prétoire; et Pline est d'accord avec lui dans la préface de son ouvrage quand il dit à Titus : *Dum illud patri pariter et equestri ordini præstas, præfectus prætorio ejus.* Cependant notre auteur affirme ouvertement que ce Clemens Arretinus fut et préfet du prétoire et sénateur.

Ille spe ac juventa properus. M. Burnouf traduit : « L'un impétueux de jeunesse et d'espérance. » Cela ne m'a pas paru un mot à mot qui rendît la pensée de Tacite. Domitien, par sa jeunesse et par l'espoir, caractère de la jeunesse, qui ne doute de rien, voulait tout hâter.

Legiones victrices sexta et octava. La sixième légion est celle que Mucien avait amenée avec lui, II, 83, et qui avait repoussé les Daces, III, 46. La huitième était de Mésie, et s'était trouvée au combat de Crémone, III, 21.

Vitellianarum unaetvicesima. La vingt et unième, surnommée *Rapax*, sortie tout entière de la Germanie supérieure, avait été envoyée dans l'*Illyricum*, III, 35, après la défaite de Vitellius à Crémone, III, 18, 22.

E recens conscriptis secunda. C'est la première fois qu'il est question de cette seconde légion : elle venait d'être formée.

XIV legio. On a vu qu'après le premier combat de Bédriac, Vitellius l'avait renvoyée en Bretagne. C'était celle à laquelle les cohortes bataves avaient été attachées.

In Remos. Chez les *Remi*, qu'on a vus plus haut inviter les autres peuples des Gaules à envoyer des députés pour assister à l'assemblée générale.

CAP. LXIX. *Nondum victoria, jam discordia erat.* M. Burnouf traduit : « Ainsi la discorde n'attendait pas la victoire. » Cela supposerait que la discorde devait nécessairement venir après la victoire, ce que ne dit point Tacite : on se disputait sur le siège du nouvel empire ; cet empire n'existait pas : la discorde avait lieu à propos de cet empire, et la victoire n'avait pas encore établi ce nouvel empire. Ai-je été plus heureux en traduisant : « Ainsi pas encore de victoire, et déjà la discorde » ?

CAP. LXX. *Unaetvicesima legio Vindonissa.* *Vindonissa*, ville de l'Helvétie, aujourd'hui Windisch.

Sextilius Felix. Le même qu'Antonius avait envoyé sur les bords de l'Inn pour observer la Rhétie, et s'opposer au passage des Germains qui pourraient venir au secours de Vitellius. *Voyez* III, 5.

Ala singularium. Hygin, dans son livre de la Castramétation, intitulé *Gromaticus*, nous apprend que les *singulares equites* étaient un corps de cavalerie dont le service se rapprochait de celui des prétoriens, et qui campait à leur gauche. Quand l'empereur allait au combat, il avait un corps de prétoriens à sa droite, un corps de *singulaires* à sa gauche. On voit aussi des EQUITES SINGULARII AUGG. dans Gruter, p. 1028, II.

Excita olim a Vitellio. On a vu II, 97, que Vitellius avait mandé des secours des différentes provinces qui tenaient pour lui.

Ut ferme acerrima. « Toujours plus vive, » traduit M. Burnouf. Tacite, auquel on a trop reproché de considérer la nature humaine avec mysanthropie, ne dit pas cela, mais « ordinairement, le plus souvent. »

Caracatium. D'Anville les place, comme Tacite, près des *Vangiones*, et leur donne Mayence pour capitale. Les *Vangiones* avaient pour chef-lieu *Borbetomagus*, Worms; les *Triboci*, *Brocomagus*, *Helcebus* et *Argentoratum*.

Ut supra memoravimus. Voy. ch. 62.

Occisis Herennio ac Numisio, legatis. Nous avons vu, ch. 59, que Classicus avait d'abord fait charger de chaînes ces deux lieutenans.

CAP. LXXI. *Proniores ad officia, quod spernebantur.* M. Burnouf traduit : « Dédaignés, ils en étaient plus officieux. » Ils n'étaient point officieux, puisqu'on dédaignait leurs services, mais ils se montraient plus disposés à le devenir, ils y avaient plus d'inclination, *proniores*. Si on les eût acceptés, il n'y aurait peut-être plus eu d'inclination.

Contracto, quod erat militum Magontiaci. C'était la quatrième et la dix-huitième légion, auxquelles il faut joindre *l'ala Picentina*, qu'on a vue, ch. 62, se retirer à Mayence.

Quantumque secum transvexerat. La vingt et unième légion, les cohortes auxiliaires de Felix, et l'aile des singulaires.

Paullum moræ in ascensu. « On eut quelque peine à monter, » dit M. Burnouf. Il y a toujours de la peine à monter sous les traits des ennemis. Tacite dit qu'on éprouva quelque *retard*, que l'on fut quelquefois arrêté.

Cap. LXXII. *Per manipulos.* M. Burnouf pense que *manipulus* doit se prendre ici pour une simple chambrée de dix hommes (*voy.* III, 6), et non pour un corps composé de deux centuries, comme autrefois, ou pour une centurie, une compagnie, comme *infra*, ch. 78.

Cap. LXXIII. *Rhenum insedimus.* Sous-entendu *coloniis*, *classibus*.

Ceterum libertas. Bude a *ceterorum*.

Cap. LXXVII. *Medius Mosellæ pons.* Strabon parle du pont qui fut construit de son temps, liv. IV, et Trèves était posée sur les deux rives de la Moselle.

Palantes captarum apud Novesium Bonnamque legionum manipulos. La seizième et la première.

Ac prope circumventas aquilas. Ces deux légions avaient donc chacune son aigle. Ces aigles, dit Ferlet, n'avaient donc pas suivi les détachemens de ces légions que Vitellius avait envoyés ou conduits en Italie.

Cap. LXXVIII. *Consistunt per cohortes et manipulos.* M. Burnouf avoue que *manipulus* signifie ici une compagnie, une subdivision de la cohorte, contre l'opinion de Le Beau, et non pas une chambrée, comme au chap. 72. Il pourrait, dit-il, à la rigueur, signifier un *peloton*; mais Tacite se sert ordinairement de *globus*, dans ce sens; par exemple, *Ann.*, IV, 50; XII, 43; XIII, 25; XIV, 61; *Hist.* III, 22. Dans ce dernier chapitre, *globus* et *manipulus* sont même employés l'un et l'autre, et *manipulus* signifie certainement ce que nous entendons par compagnie.

Cap. LXXIX. *Tolbiaci.* C'est ainsi qu'on lit dans les manuscrits de Florence et d'Agricola et dans l'édition Princeps; Farnèse a *Colbiaci*; Bude et Guelf., et l'édition de Putéol. ont *Calbiaci*; Béroalde et Alciat *Galbiaci*. *Tolbiaci* a été rétabli par Rhenanus. L'*Itinéraire d'Antonin* porte *Tobiaci*. Mais le nom actuel, qui est Zulpich, ou par contraction Zulch, prouve que la vraie leçon est celle que nous avons adoptée. Ce lieu, qui est sur la route de Trèves à Cologne, est devenu célèbre depuis par la victoire de Clovis sur les *Alemanni*.

Terrestri itinere. C'est, à ce qu'il paraît, une voie, une chaussée militaire, qui, selon Oberlin, est encore assez entière. *Voyez* Brotier.

Cap. lxxx. *Mucianus Vitellii filium interfici jubet*. Voyez ch. 59, livre ii.

Cap. lxxxi. *Statos æstivis flatibus dies*. Végèce, 5, 9, nous apprend que les vents d'été soufflaient du 26 mai au 14 septembre, et que les mois où ils régnaient étaient les plus propres à la navigation. D'après cela, on ne doit plus s'étonner que Vespasien ne fût pas arrivé d'Égypte à Rome, lorsqu'on posa le 21 juin la première pierre du Capitole : il ne pouvait l'être à cause du temps où s'ouvrait la navigation, à cause de la distance des lieux et de la lenteur qu'occasionait la nécessité d'aller le long des côtes. Juste-Lipse conjecture qu'il faut lire *etesiarum*, Acidalius *etesiis* au lieu d'*æstivis* ; mais, comme le remarquent Ernesti et M. Burnouf, César, *de Bell. civ.*, iii, 107, dit positivement que les vents étésiens sont contraires à ceux qui viennent d'Alexandrie.

Cap. lxxxiii. *Origo dei* (*Serapidis*). Plutarque, *Traité d'Isis et Osiris*, ch. 28, et de l'*Adr. des anim.*, ch. 36, s'écarte un peu de cette explication dans celle qu'il donne de cette origine : il dit que Ptolémée Soter ayant raconté son rêve à ses amis, Sosibius, l'un d'eux, qui avait beaucoup voyagé, déclara avoir vu à Sinope l'image d'un dieu parfaitement semblable à celui dont le roi venait de décrire l'apparition. Sur-le-champ furent envoyés Sotélès et Dionysus, qui, après une longue attente, et grâce à une protection divine, parvinrent à dérober la statue du dieu de Sinope. Saint Clément d'Alexandrie, au contraire, rapporte (*in Protreptico*) que cette statue fut donnée en présent par des Sinopites, non pas au premier des Ptolémées, mais au second, à Philadelphe, qui les avait sauvés de la famine *.

Antistitem cærimoniarum, Eleusine exciverat. Qu'il avait fait

---

* L'évènement est de la trente-huitième année du règne de Ptolémée Soter, selon M. Champollion-Figeac, qui a discuté ses autorités, *Ann. des Lagides*, i, 380-383.

venir d'Éleusine pour présider aux cérémonies grecques qu'il venait d'établir à Alexandrie. On sait que la ville d'Éleusine, dans l'Attique, était renommée par le temple et les mystères de Cérès, auxquels présidaient les descendans d'Eumolpe. On lisait *Eleusi* avant Gronovius, qui a pensé que Tacite avait dû écrire *Eleusine*. Les manuscrits de Florence, de Bude et du Roi et l'édition Princeps ont *Eleusim*, ce qui confirme sa conjecture, laquelle a été reçue par Lallemant, par Ferlet et par M. Burnouf.

Scydrothemidi. C'est ainsi que ce nom se lit dans Bude. Le manuscrit d'Agr. a *Licarotemdi*; l'édition Princeps, *Ciarotemadi*, ainsi que le manuscrit de Guelf.

CAP. LXXXIV. *Rhacotis.* Village qui devint une portion de la ville d'Alexandrie, dont il dominait le port. *Voyez* STRABON, l. XVII; AMMIEN MARCELLIN, XXII, 16, qui en décrit le Sérapion, ou temple de Sérapis, et DENYS, vers 255.

Ptolemœo, quem tertia œtas tulit. Ptolémée III, surnommé *Evergetes*.

Ex qua transierit Memphim. « Voilà sans doute la vérité, dit très-bien Ferlet. Peut-être transporta-t-on la statue de Sérapis, non de Sinope, ville du Pont, mais du mont Sinope, près de Memphis. » Ce qui confirme cette conjecture, c'est qu'Eustathe, qui commenta au 12° siècle le poëme géographique de Denys le Périégète, pense aussi, comme le remarque M. Guigniaut, que le nom de *Sinopite*, appliqué au grand dieu de la capitale des Ptolémées, veut dire le *Memphite*, c'est-à-dire le Jupiter de Memphis, appelé ainsi du mont *Sinopium*, auprès de cette ville.

CAP. LXXXV. *Præcipua victoriæ fides, dux hostium Valentinus.* On a vu déjà, ch. 71, que ce général des Trévirs avait été fait prisonnier par Cerialis au combat de *Rigodulum*. On apprend ici que le général romain l'avait envoyé à Domitien. Les éditeurs de Deux-Ponts lisent *Valentinus. Is nequaquam*, etc.

Auditus ideo tantum, ut nosceretur ingenium ejus. « On l'interrogea seulement pour juger de son esprit, » traduit M. Burnouf: je crois qu'ici *ingenium* veut dire caractère, dispositions, fermeté de caractère. Les Romains s'inquiétaient fort peu de l'esprit des

Barbares, mais bien de leurs projets et du caractère qu'ils pouvaient mettre à les exécuter.

Cap. LXXXVI. *Intelligebantur artes; sed pars obsequii in eo, ne deprehenderentur.* M. Burnouf traduit : « Domitien comprit l'artifice ; mais les égards commandaient de ne pas l'apercevoir. » Tacite ne dit pas que ce fût Domitien qui comprenait l'artifice : Domitien d'ailleurs ne devait aucun égard à Mucien ; ce furent les sénateurs qui, dans leur obséquiosité, craignirent de se laisser surprendre, et que Mucien ne vînt à découvrir qu'ils avaient pénétré sa pensée.

Qua cogitatione bellum... agitaverit. Le manuscrit de Rome a *qua contagione*, d'où Juste-Lipse corrige *contatione*, de *contari*. *Contagione cogitaverit* est aussi dans le manuscrit d'Agr., du Roi, dans Lallem.; ce que Ryck. trouve préférable à la leçon vulgaire tirée du manuscrit de Florence. Bude a *cogitatione... cogitaverit.* Gruter voulait *cunctatione* ou *rogitatione*, Ernesti *sollicitatione*.

Simplicitatis ac modestiæ. Le manuscrit de Guelf., l'édition de Putéol., et les autres, avant Rhenanus, ajoutent *simul*.

Interpretabatur. Le manuscrit de Farnèse ajoute : *deest hic aliquantulum*, et Juste-Lipse le croit : Bude finit ainsi : *Cornelii Taciti liber* XX *explicit : incipit* XXI.

LIVRE V.

Cap. I. *Privatis utriusque rebus.* Juste-Lipse croit cette leçon bonne, quoiqu'elle ne soit point dans les manuscrits, qui tous, dit-il, portent *prœlatis utriusque* ou *prœliatis.* Flor., Agr. et l'édition Princeps ont en effet *prœlatis* ; Bude a *prœliatis.*

Ut super fortunam crederetur. Cette leçon est de Juste-Lipse. Avant lui on lisait : *ut superior sui jam crederetur.* « Cet endroit, dit-il, m'a tourmenté long-temps ; mais je puis enfin m'écrier avec le philosophe : je l'ai trouvé. »

Decorum se promptumque in armis ostendebat. « Il se montrait sans cesse ardent et brillant sous les armes, » traduit M. Burnouf. Je ne crois pas que *decorum* se lie à *armis* ; d'ailleurs peut-on dire : se montrer brillant sous les armes ?

Cap. II. *Primordia ejus aperire.* Tout ce que Tacite va dire n'est pas conforme, on le pense bien, aux livres saints, ni même aux ouvrages historiques de Josèphe, quoiqu'ils dussent être connus à Rome à cette époque.

Ducibus Hierosolymo ac Juda. Le prince *Hierosolymus* n'a pas plus existé que la reine Isis. Plutarque n'était pas moins instruit que Tacite. *Voyez* son *Traité d'Isis et d'Osiris.* Le nom d'*Hierosolymus* vient probablement de celui de la ville dont on le suppose fondateur, pour expliquer l'origine de la ville et de la nation dont elle était la capitale. Il est du reste remarquable que la tradition dont parle Tacite suppose les Juifs indigènes de l'Égypte, et s'accorde avec leurs livres sacrés pour leur migration d'Égypte en Judée.

Plerique, Æthiopum prolem. Dans tous les récits de la haute antiquité, dit M. Guigniaut (*Religions de l'ant.*, tome I, seconde partie, p. 777), les Égyptiens sont associés aux Éthiopiens, et à ces derniers s'attache particulièrement une renommée de sagesse, de lumières, de piété envers les dieux, qui dépose de leur antériorité dans l'ordre de la civilisation. Aussi voyons-nous que les traditions communes des deux peuples rapportent à Méroé l'origine de la plupart des cités de la Haute-Égypte, de Thèbes entre autres; et c'est encore à Méroé, son antique métropole, que Thèbes s'unit lorsque, pour étendre leur commerce, elles envoyèrent une colonie fonder au sein des déserts une nouvelle ville d'Hammon. *Voyez* DIOD., I, et HÉROD., II, 42. Il n'y a donc rien d'étonnant que les uns fassent venir d'Éthiopie un peuple que les autres regardent comme Égyptien.

Sunt qui tradant, Assyrios convenas. Cette origine assyrienne est plus conforme à la Bible, puisque Abraham sortit de *Ur*, ville des Chaldéens, pour aller dans la terre de Chanaan.

Solymos, carminibus Homeri celebratam gentem. Les Solymes sont mentionnés deux fois dans l'Iliade, VI, 184, 204, avec l'épithète κυδάλιμοι, glorieux; et il est question des monts Solymes, ἐκ Σολύμων ὀρέων, dans l'Odyssée, V, 283. D'après les deux passages de l'Iliade, on peut croire que les Solymes étaient un peuple de Lycie ou voisin de la Lycie. *Voy.* STRABON, l. XIV, et PLINE V, 27 (24).

Conditam urbem Hierosolyma nomine suo fecisse. C'est ainsi qu'a imprimé Oberlin. On lit dans le manuscrit de Bude, comme dans Guelf.: *conditæ urbi Ierosolymam nomine suo fecisse;* dans Rhenanus, Lallemant et Brotier: *conditæ urbi Hierosolymam nomen e suo fecisse.* Les autres manuscrits et les éditions avant Rhenanus ont *conditam urbem*.

CAP. III. *Plurimi auctores consentiunt, orta per Ægyptum tabe, etc.* Cette contagion est sans doute la lèpre. *Voyez* JUSTIN, XXXVI, 2, et JOSÈPHE, *contre Apion*, l. I. Justin appelle cette maladie contagieuse *vitiligo*.

Regem Bocchorim. C'est ainsi qu'on lit dans Flor., dans Guelf., dans l'édit. de Putéol., et dans les autres avant Juste-Lipse, qui a reçu *Occhorim*, qui est dans le manuscrit d'Agricola et dans l'édition Princeps. C'est Pichena qui a rétabli *Bocchorim* avec raison. Clément, il est vrai, appelle ce roi *Omosis* ou *Amasis*

(*Strom.*, 1); mais outre que ce nom n'est plus le même, Orosc, 1, 10, et Josèphe, *contre Apion*, 1, 34, l'appellent aussi *Bochoris*. Bude a *Bocchorum* : ce qui confirme notre leçon.

Remedium petentem, purgare regnum. « Demanda le remède à l'oracle d'Hammon, et reçut pour réponse de purger son royaume, » traduit M. Burnouf. Tacite est un auteur tellement sérieux qu'il faut sans doute éviter de jeter dans son style des rapprochemens que la verve comique de Molière ne nous a pas épargnés.

CAP. IV. *Effigiem animalis, quo monstrante, errorem sitimque depulerant, penetrali sacravere.* Tous les anciens, dit Juste-Lipse, se sont accordés à entendre *effigiem animalis*, de la tête de l'âne. Diodore, Plutarque, Apion et d'autres parlent aussi de ce culte de l'âne. Plutarque, *Propos de table*, IV, 5, copie Tacite.

Sue abstinent. Voyez, sur les explications que les anciens donnaient de cette abstinence, Plutarque, *Propos de table*, l. IV, quest. 5.

Septimo die otium placuisse, ferunt. Ici Tacite est d'accord avec la Bible pour le repos du septième jour et de la septième année. Les Juifs comptaient même sept semaines d'années (c'est-à-dire quarante-neuf ans), et consacraient au Seigneur la cinquantième, qu'ils appelaient l'année du jubilé, *Lévit.*, XXV, 8. Jules-César, par respect pour cet usage religieux, exempta les Juifs du tribut de chaque septième année, parce qu'alors, dit Josèphe, ils ne recueillaient point les fruits des arbres, et n'ensemençaient point la terre.

CAP. V. *Circumcidere genitalia instituere.* « Voilà, dit Ferlet, un trait précieux qui prouve que les Juifs n'avaient pas pris la circoncision des Égyptiens, comme le dit Hérodote. » Mais Hérodote, qui avait voyagé en Égypte, pouvait mieux connaître l'origine de cet usage que Tacite, qui, d'ailleurs, ne contredit pas positivement Hérodote.

Nec quidquam prius imbuuntur, quam contemnere deos, etc. Je pense comme M. Burnouf, que, dans cette phrase, Tacite a en vue non-seulement les Juifs, mais les chrétiens, que l'on confondait de son temps avec eux.

Necare quemquam ex adnatis, nefas. Quoique M. Burnouf prétende le contraire, *adnati*, composé de *ad* et *natus*, né sur, au dessus, auprès, signifie ici, comme le dit Oberlin, *super numerum nati*, nés au dessus du nombre, surnuméraires, qui sont venus par surcroît. C'est ainsi que Pline a dit *agnata membra*, membres surabondans, comme un sixième doigt à la main. C'est ainsi que Tacite lui-même, *de Mor. Germ.*, 19, se sert de la même expression dans le même sens : *Numerum liberorum finire, aut quemquam ex adnatis necare, flagitium habetur.* C'est un éloge qu'il donne ici aux Germains, là aux Juifs, par opposition aux mœurs romaines. La nation juive avait tant à cœur de se multiplier pour remplir les promesses faites à ses pères, qu'il était défendu de faire périr les nouveau-nés, que c'était un crime à ses yeux de les tuer ou de les exposer ; tandis que rien n'était plus commun, chez les Grecs et chez les Romains, que le meurtre ou l'exposition d'enfans nouveau-nés. Minucius Felix, *Octav.*, le reproche à ceux qui accusaient les chrétiens d'immoler des enfans dans leurs agapes, dans la célébration de leurs mystères : *Vos enim video procreatos filios nunc feris et avibus exponere, nunc adstrangulatos misero mortis genere elidere. Sunt quæ in ipsis visceribus, medicaminibus epotis, originem futuri hominis exstinguant, et parricidium faciant antequam pariant.* Voyez ce que dit Montesquieu sur l'exposition des enfans chez les Romains, *Esprit des Lois*, XXIII, 22.

Animasque prælio aut suppliciis peremptorum æternas putant. Je crois qu'on a tort de voir ici une restriction dans la croyance des Juifs à l'immortalité de l'âme. Comme les anciens, les Juifs même admettaient un Élysée ou un paradis pour les bons, des enfers pour les méchans. Tacite veut dire sans doute que les Juifs croyaient que les âmes de ceux qui périssaient dans un combat, pour leur patrie, ou dans des supplices, pour leur religion, jouissaient de l'immortalité dans le séjour des bienheureux. Je soupçonne même qu'il confond encore ici les Juifs avec les chrétiens, et que, par *suppliciis*, il entend le martyre des derniers.

Hinc generandi amor, et moriendi contemptus. « Il s'ensuit qu'on aime à procréer, et qu'on s'inquiète peu de mourir, » traduit M. Burnouf. La Divinité bienfaisante a voulu que tous les peuples aimassent également à procréer, et pas plus les Juifs que d'autres. Tacite dit que les Juifs, dans la persuasion que l'âme est immortelle, aiment à voir naître d'autres êtres qui jouiront de l'immortalité ; mais ce n'est pas du fait matériel qu'il s'agit. Il ne dit pas non plus qu'ils s'inquiètent peu de la mort : ils s'en inquiétaient, ils y pensaient, puisqu'ils la croyaient suivie de l'immortalité ; mais ils la méprisaient comme chose vaine, qui ne les anéantissait pas.

Hedera vinciebantur. Le P. Brotier dit qu'il n'y a pas même de mot en hébreu pour exprimer le *lierre.* On le trouve cependant cinq fois dans le seul chapitre quatrième de Jonas, si l'on en croit Ferlet.

Vitisque aurea templo reperta. Josèphe, *Guerre des Juifs*, v, 5, n° 4, dit qu'au frontispice du temple, au dessus des chapiteaux des colonnes, était une vigne d'or pur, présent du roi Hérode, dont les grappes avaient la hauteur d'un homme ; que, pendant près de quatre-vingt-dix ans, elle s'accrut des dons de tous les Juifs ; que quiconque faisait une offrande au temple ajoutait à la vigne d'or une feuille, un grain de raisin, ou même une grappe entière ; et il raconte, dans ses *Ant. jud.*, 15, 11, que, sur le fronton des portes du temple, il y avait un cep de vigne d'or avec des grappes pendantes, qui, par leur grandeur et l'art, frappaient d'admiration ceux qui les considéraient. *Cf.* Duker, *sur Florus*, 3, 5, 30. Quant au culte que les Hébreux rendaient à Bacchus, *voy.* PLUTARQUE, *Propos de table*, IV, 5, et Huet, *Dém. év.* Voyez aussi la note de Brotier sur ce passage, dans sa grande édition in-4°.

CAP. VI. *Balsamum modica arbor.* Pline dit aussi, XII, 54 (25), que la Judée est le seul pays qui produise le balsamier ou baumier. Il expose ensuite la manière dont on recueille le baume, c'est-à-dire le suc de cet arbre. « Depuis un temps immémorial le baume de la Mecque jouissait d'une grande célébrité, et l'on ignorait encore l'arbre qui le produit. On doit à Pierre Belon les premiers renseignemens sur ce végétal. Prosper Alpin publia des détails nouveaux et précieux ; enfin Gerlach, Hasselquist, Forskahl, Niebuhr, Gleditsch, Bruce, complétèrent la partie descriptive que les deux premiers voyageurs avaient seulement ébauchée. Ils nous ont appris que le balsamier est un arbrisseau toujours vert, qui croît dans divers lieux de l'Arabie, et surtout entre Médine et la Mecque. La tige, qui s'élève à la hauteur de cinq à sept pieds, est recouverte d'une écorce brunâtre; elle fournit de nombreux rameaux, flexibles, et d'une teinte moins foncée. Les feuilles sont ailées avec impaire, et composées de trois, cinq ou sept folioles sessiles. La fleur présente un calice monophylle, petit, persistant, à demi divisé en quatre dents pointues; quatre pétales oblongs et ouverts; huit étamines de la longueur de la corolle; un ovaire supérieur, ovale, surmonté d'un style court, dont le stigmate est un peu capité. Le fruit est une espèce de baie drupacée, sphéroïde, renfermant un noyau olivaire. Pendant les chaleurs de la Canicule, le tronc et les rameaux du balsamier distillent un suc résineux, d'une odeur très-suave, que l'on désigne sous les noms variés de baume de la Mecque, baume de Judée, baume d'Égypte, baume du grand Caire, baume de Constantinople, baume blanc. On facilite par des incisions l'écoulement de ce baume, auquel on attribue des qualités merveilleuses, et dont le prix est énorme. Aussi est-il réservé pour les personnes les plus distinguées par le rang et la fortune. Quand la distillation de ce suc *vierge* a cessé, on coupe les rameaux et les jeunes tiges, qui, soumises à l'ébullition dans l'eau, donnent une résine liquide, claire, transparente, légère, destinée aux dames turques, qui l'emploient à titre de cosmétique et de parfum. Une seconde ébullition, beaucoup plus forte et plus longue que la première, exprime un suc résineux plus épais, plus fixe, moins diaphane. Cette troisième espèce, apportée par les caravanes, est la seule qui soit livrée au commerce et employée en médecine; encore est-elle souvent altérée par la résine de copahu, la térébenthine, l'huile de sésame, la graisse d'autruche. Elle ne possède presque plus aucun des caractères qui distinguent les deux premières espèces. Au lieu de former comme elles une pellicule transparente à la surface de l'eau, elle se précipite au fond du liquide. Vainement y cherche-t-on cette odeur suave et pénétrante qu'exhale le vrai baume de la Mecque. Celui-ci est aux yeux des Turcs un antidote infaillible, le meilleur remède prophylactique et curatif de la peste; ils le prescrivent comme sudorifique dans les fièvres putrides et malignes. Les

Égyptiennes espèrent combattre la stérilité au moyen de cette *panacée*, qu'elles avalent, ou dont elles forment des suppositoires. Elles prétendent surtout que rien n'est plus propre à relever l'éclat de leur beauté. » (*Flore médicale*, t. 1, p. 187.)

Idem amnem Jordanem alit funditque. Le Jourdain tire sa source d'une montagne nommée Hermon, liée avec l'Antiliban; mais les écrivains ont depuis appelé Liban, l'Antiliban, et, même dans les livres saints, l'un et l'autre sont nommés Liban.

Lacus immenso ambitu. Le troisième lac. Le Jourdain en effet traverse deux lacs, et se perd dans le troisième. Le premier, qui est le plus petit et dans la Trachonite, est nommé, dans Josèphe, le lac Samachonite; le second est celui de Génésareth, autrement mer de Tibériade; le troisième et le plus grand est appelé mer Morte ou mer Salée dans les livres saints, *Asphaltites lacus;* ou lac de bitume, dans les auteurs grecs et romains; aujourd'hui Almotanah, c'est-à-dire *puant*, par les Arabes : ce qui explique ce qu'en dit Tacite : *Sapore corruptior, gravitate odoris accolis pestifer.*

Neque pisces, aut suetas aquis volucres patitur. « D'après la plupart des témoignages, dit Malte-Brun (*Précis de la Géogr.*), il ne vit dans ce lac ni poissons ni coquillages; une vapeur malsaine s'en élève quelquefois, et ses rives, affreusement stériles, ne retentissent des chants d'aucun oiseau. » Mais d'abord Hasselquist, que cite M. Burnouf (*Voy. dans le Levant*, t. 2), atteste qu'on trouve beaucoup de coquilles sur la grève; et peut-être cette fausse tradition est-elle fondée sur la croyance que ce lac était pour les Juifs ce qu'était pour les Grecs le lac Averne.

Incertæ undæ. On ne sait, au premier coup d'œil, si ce sont des eaux ou une terre ferme et solide, c'est-à-dire que les eaux de ce lac sont d'une telle nature et d'une telle apparence qu'on ne sait si c'est de l'eau ou le sol.

Periti imperitique nandi perinde adtolluntur. Josèphe, *Guerre des Juifs*, IV, 5 (8), dit que Vespasien l'avait éprouvé. M. Gordon a lui-même constaté que les hommes y flottent sans avoir appris à nager, ce qui vient de ce que l'eau de ce lac est très-pesante. « Les autres merveilles racontées de la mer Morte, dit M. de Châteaubriant (*Itin. de Paris à Jérusalem*), ont disparu devant un examen plus sévère. On sait aujourd'hui que les corps y plongent ou y surnagent suivant les lois de la pesanteur de ces corps et de la pesanteur de l'eau du lac. Les vapeurs empestées qui devaient sortir de son sein se réduisent à une forte odeur de marine, à des fumées qui annoncent et suivent l'émersion de l'asphalte, et à des brouillards, à la vérité malsains comme tous les brouillards. »

Bitumen egerit. Ce bitume est l'asphalte; on le trouve plus particulièrement à la surface du lac; il s'y accumule, y prend de la consistance, et répand dans l'air une odeur désagréable, que l'on croyait assez active pour en éloigner les oiseaux ou faire mourir ceux qui passaient au dessus[1]. « Les Arabes et les Égyptiens, dit Buffon, ont su tirer beaucoup d'utilité de l'asphalte, tant pour goudronner leurs bateaux que pour embaumer leurs parens et leurs oiseaux sacrés; ils recueillent sur la surface de l'eau cette huile liquide qui, par sa légèreté, la surmonte comme nos huiles végétales. »

Cap. VII. *Atra et inania velut in cinerem vanescunt.* Ici Tacite, d'après Josèphe, *Guerre des Juifs*, IV, 8, n° 4, fait sans doute allusion à l'arbre fameux de Sodome. Quelques-uns révoquent en doute son existence : ce n'est à mes yeux qu'une allégorie prise pour une réalité. D'autres décrivent l'arbuste qui, selon eux, ressemble à une aubépine, et dont le fruit est une petite pomme d'une belle couleur. Seetzen, voyageur moderne, dit avoir vu, sur un arbre pareil au figuier, des fruits ressemblans à la grenade, et remplis d'une espèce de coton; il pense que ce pourrait bien être là les fameuses pommes de Sodome; M. de Châteaubriant croit avoir retrouvé, vers l'embouchure du Jourdain, le fruit tant cherché. « Il est, dit-il, tout-à-fait semblable en couleur et en forme au petit limon d'Égypte. Lorsque ce fruit n'est pas encore mûr, il est enflé d'une sève corrosive et salée; quand il est desséché, il donne une semence noirâtre, qu'on peut comparer à des cendres, et dont le goût ressemble à un poivre amer. »

Belus amnis Judaico mari illabitur. Pline, v, 19, appelle *Pagida sive Belus* une petite rivière qui prend sa source au pied du

---

[1] *Dictionnaire des Sciences naturelles*, tom. IV.

mont Carmel, et se jette dans la partie de la Méditerranée qui baigne les côtes de Judée, non loin de Ptolémaïs. Les Arabes la nomment Nahr Halou. Suivant Pline, XXXVI, 26, c'est sur ce rivage que le hasard a fait trouver la fabrication du verre.

CAP. VIII. *Et primis munimentis urbs, dein regia; templum intimis clausum.* Ferlet prétend que le texte que nous suivons est altéré, et que, tel qu'il est, il signifie qu'il y avait trois murs ou trois enceintes concentriques, dont la première enfermait la ville, la seconde le palais, et la troisième, ou celle du milieu, le temple. Il lit *in primis monimentis orbis*, change *intimis* en *interius*, et traduit : « Là est un temple d'une richesse immense, et l'un des plus beaux monumens de l'univers; ensuite un superbe palais. Le temple intérieur était fermé aux Juifs; ils ne pouvaient pénétrer que jusqu'à la porte (de ce temple intérieur ou sanctuaire); les prêtres seuls y étaient admis. » Ces mots ne signifient pas, dit M. Burnouf, qu'il y avait trois enceintes concentriques, dont la première enfermait la ville, la seconde le palais, la troisième le temple, arrangement qui placerait le temple au centre, tandis qu'il était sur le mont Moria, à l'extrémité orientale de Jérusalem, à laquelle il servait comme de citadelle. Tacite considère la place relativement au côté par lequel on y arrivait de Syrie, c'est-à-dire au côté de l'ouest : en partant de l'ouest, on trouvait un premier rempart, puis la ville proprement dite, puis encore un rempart derrière lequel était le palais; enfin le temple, enfermé dans une enceinte particulière. De cette manière, Tacite est d'accord avec la description que Josèphe donne de Jérusalem, et que D'Anville a si bien expliquée dans sa Dissertation sur l'étendue de cette ville et de son temple.

Nam ea tempestate Arsaces desciverat. On est d'accord que Tacite s'est ici trompé, en confondant Antiochus Épiphane, huitième roi de Syrie, avec Antiochus, surnommé Θεός, Dieu, qui fut le deuxième; car c'est sous ce dernier qu'Arsace se révolta, et fonda l'empire des Parthes, dit des Arsacides, de son nom. Il faut, dit M. Burnouf, qu'il y ait ici erreur de la part des copistes, ou confusion de noms dans l'auteur même.

Macedonibus invalidis. Les princes macédoniens, c'est-à-dire les descendans des différens compagnons d'Alexandre, qui s'étaient partagé ses vastes conquêtes,

<small>Soldats sous Alexandre, et rois après sa mort.</small>

Tum Judœi... sibi ipsi reges imposuere. Les Juifs, ayant secoué le joug des rois de Syrie, l'an de Rome 611, pendant que Démétrius Nicator était prisonnier des Parthes, choisirent pour prince et grand-prêtre Simon Machabée, le second des cinq fils de Mathathias, et déclarèrent la double puissance sacerdotale et civile, héréditaire dans sa famille. Comme Mathathias, père des Machabées, était fils d'Asmonée, les princes de sa famille furent appelés Asmonéens.

Qui mobilitate vulgi expulsi. Ceci doit s'entendre de la guerre civile qui éclata entre les Juifs et leur roi Alexandre Jannée, l'an de Rome 663, et qui dura six ans.

CAP. IX. *Pompeius... templum... ingressus est.* Pompée, s'étant emparé de Jérusalem, pénétra dans le temple et même dans le Saint des Saints; il n'enleva aucune des richesses.

Nulla intus deum effigie. Il y a *nullas... effigies* dans le manuscrit de Guelf., et dans les éditions de Putéol., de Bér., d'Alciat. Rhenanus a corrigé d'après Bude. C'est comme s'il y avait *inventa*, sous-entendu.

Mox, civili inter nos bello. Il y a ainsi dans le manuscrit d'Agr.; on lit dans Flor. *civili interno bello.* Bude a aussi *civili interno*, mais omet *bello*. Ernesti trouve *inter nos* préférable à *interno*.

Rex Parthorum Pacorus. Pacorus n'était pas roi, mais fils d'Orode, roi des Parthes. On a déjà vu, II, 25, que les Romains appelaient *reges* les fils de roi. Il fut envoyé par son père contre la Judée, et s'en empara l'an de Rome 714. L'année suivante, il fut vaincu et tué par Ventidius, lieutenant de Marc-Antoine.

Judæos C. Sosius subegit. Après la défaite et la mort de Pacorus, Antigonus, que des Parthes avaient établi roi des Juifs, résista encore près d'un an. Il fallut que Sosius, gouverneur de Syrie, assiégeât Jérusalem, prît la ville et le temple d'assaut après un siège de cinq mois.

Regnum ab Antonio Herodi datum. Hérode, surnommé le

Grand, le premier des rois idaméens. Les triumvirs l'opposèrent à Antigonus, et le firent déclarer roi des Juifs par le sénat. Il mourut l'année même de la naissance de J.-C.

Antonius Felix. Frère de Pallas, affranchi de Claude, il épousa, dit Suétone, *Claude,* 28, trois femmes du sang royal.

Jus regium servili ingenio exercuit. Sans doute parce que cet esclave, devenu gouverneur de la Judée, permettait, sous son gouvernement, de piller et de voler, à condition qu'il aurait sa part du butin, comme le dit Tacite, *Ann.,* XII, 34.

CAP. X. *Duravit tamen patientia Judæis usque ad Gessium Florum, procuratorem.* Gessius Florus fatigua la patience des Juifs. La guerre des Juifs éclata la douzième année du règne de Néron, et ne cessa qu'après la destruction de Jérusalem.

Cestium Gallum, Syriæ legatum. Cestius Gallus mit le siège devant Jérusalem, et perdit dans sa retraite environ six mille hommes et une de ses aigles.

Proximus annus. Ainsi la description de cette guerre, si intéressante, se trouvait à la fin des *Annales* sous les deux dernières années de Néron, c'est-à-dire 67 et 68. La suivante, *proximus annus,* celle de Galba, Othon, Vitellius, fut remplie par la guerre civile.

CAP. XI. *Duos colles... claudebant muri.* Jérusalem, dit Ferlet, d'après D'Anville, était bâtie sur un rocher qui formait trois collines, savoir : Sion, ou la ville de David, au midi ; Acra, au nord (c'était la ville haute, qui cependant était devenue la ville basse, depuis qu'on en avait coupé le sommet, pour qu'il fût dominé par le temple) ; et Moria, au levant d'Acra, sur lequel le temple était bâti. L'auteur parle d'abord des deux premières collines seulement, et de leurs fortifications extérieures et intérieures, les regardant comme le corps de la place, dont le temple était la citadelle. Il faut observer, continue-t-il, que l'historien envisage Jérusalem militairement du côté du nord-ouest, où était campé Titus. De cet endroit, on voyait le premier mur extérieur qu'on avait devant soi ; ensuite un second mur qui régnait le long de la crête d'Acra ; derrière ce second mur, le palais dans Acra, et les hauteurs de Sion vers le midi ; puis, vers le levant, la tour Antonia et le temple, lequel dominait le tout, et terminait l'horizon.

Cap. XII. *Templum in modum arcis.* Le temple, suivant Josèphe, était, à l'extrémité orientale, séparé par le torrent du Cédron du jardin des Olives, situé hors de la ville.

Joannes, quem et Bargioram vocabant. Jean, qu'on appelait aussi Bargioras, c'est-à-dire fils de Gioras. C'est Simon que Josèphe, *Guerre des Juifs*, II, 22, et IV, 7, appelle fils de Gioras, et Jean, fils de Levi. Il est donc possible que Tacite se soit trompé, et que ces mots, *quem et Bargioram vocabant*, aient été transposés, après avoir été placés après *Simo* dans l'origine.

Cap. XIII. *Quæ ambages Vespasianum ac Titum prædixerat.* «Tacite et Suétone, *Vesp.* 4, dit Bossuet, rapportent ce bruit d'un roi venu de l'Orient, comme établi par une opinion constante et par un ancien oracle qu'on trouvait dans les livres sacrés du peuple juif. Josèphe récite cette prophétie dans les mêmes termes, et dit comme eux qu'elle se trouvait dans les saints livres..... Les flatteurs du premier Hérode, éblouis de la grandeur et de la magnificence de ce prince, dirent qu'il était lui-même ce roi tant promis..... Josèphe tomba dans la même erreur....., mais il poussa un peu plus avant le temps de la prophétie; et, l'appliquant à Vespasien, il assura que cet oracle de l'Écriture signifiait ce prince, déclaré empereur dans la Judée..... La conjoncture des temps le favorisait.» Il y aurait donc de la sottise à dire que Tacite flatte ici et Vespasien et Titus. Il ne les flatte pas plus que ne fait Suétone, qui rapporte les mêmes choses et en fait la même application. Ils parlent l'un et l'autre d'après une opinion, une croyance généralement répandue.

Multitudinem obsessorum.... sexcenta millia fuisse accepimus. Josèphe, *Guerre des Juifs*, VI, 9, n° 3, exagère bien plus encore : il assure qu'il périt pendant le siège onze cent mille hommes par le fer, la peste ou la famine, et il ajoute, pour justifier cette exagération, que les Juifs s'étaient rassemblés à Jérusalem de tous les pays afin d'y célébrer la Pâque, lorsque la guerre vint tout à coup les surprendre et les envelopper.

Virile ac muliebre secus. Il y a ainsi dans le manuscrit de Flor., et J. Gronovius a eu raison de le recevoir, ainsi que Pichena, qui a changé seulement *secus* en *sexus*. Les autres manuscrits, et de ce nombre est celui de Bude, ont *virilis ac muliebris sexus*.

Cap. XVI. *Gugernique*. Bude a *Cugerni;* le manuscrit du Roi et l'édit. Princeps ont *Cugerni;* plus bas, chap. 18, Guelf. a *Gugerni;* l'édit. Princeps *Ecugerni*. Mais on lit plus haut, IV, 26, *Gugerni*, et c'est ainsi que D'Anville écrit ce nom.

Cap. XIX. *Quartadecima legio in superiorem provinciam. Gallo Annio missa*. Gallus est le même que nous avons vu, I, 87, parmi les généraux d'Othon.

Cerialis exercitum decima ex Hispania legio supplevit. Voilà, remarque Ferlet, la dixième légion d'Espagne qui se rend auprès de Cerialis quelque temps après la sixième, sortie de la même province.... Ainsi toutes les légions sont arrivées à leur destination. Gallus en a trois pour garder le haut Rhin et soutenir Cerialis; et Cerialis en a le double pour combattre Civilis. Cerialis commandait la Germanie inférieure, il était parent de Vespasien.

Non tamen ausus oppida Batavorum armis tueri. *Oppidum* est la leçon commune; D'Anville pense que c'est Batemburg.

Transiere Rhenum Tutor quoque, et Classicus. Le mot *quoque* annonce que Civilis passa aussi le Rhin. Cependant Tacite n'a pas encore dit qu'il l'eût passé; c'est ce qui porterait à croire qu'il y a ici une lacune.

Superius memoravimus. Voyez III, 35 et IV, 31.

Cap. XX. *Arenaci...... Batavoduri...... Grinnes Vadamque.......* D'Anville place *Vada* vis-à-vis de Rhenen, *Grinnes* aux environs de Tiel, *Arenacum* à Aërt, et *Batavodurum* à Wick-te-Durstede.

Cap. XXI. *Diximus*. Voy. ci-dessus IV, 70, et conférez II, 22.

Idem Veracis effugium. Tacite a déjà parlé du sort des soldats, en disant que les soldats germains se sont précipités dans le fleuve; il lui restait à parler des périls des quatre généraux. Il en passe trois en revue, et il n'est pas question de Verax le quatrième; d'où il est facile de conjecturer qu'il faut lire *Veracis* au lieu de *Germanis* qui est la leçon commune. Les manuscrits du

Roi et de Bude, et l'édition Princeps ont *Germani*. C'est à J. Gronovius qu'on doit cette conjecture, que les éditeurs de Deux-Ponts, Ernesti, Oberlin et M. Burnouf approuvent avec raison, comme la seule qui soit vraie et admissible. Ferlet, qui a reçu *Germanis* en place, prétend, mais sans aucune preuve, que c'est Verax qui avait attaqué le pont de *Batavodurum*, et que, n'ayant pu le forcer, il était resté sur la rive droite. M. Burnouf répond à cela très-bien que le pont n'était que commencé (*inchoatum pontem*), et que l'on ne put par conséquent en venir aux mains sans que les deux partis fussent sur la même rive.

Cap. xxiii. *Quo Mosæ fluminis os amnem Rhenum Oceano adfundit.* Tacite prend ici le Rhin pour le Vahal qui en est un bras, et qui se jette dans la Meuse.

Cap. xxiv. *Neque aliud Civilis amicitia paratum.* Ernesti a imprimé *paratum*, d'après Bude et Guelf., au lieu de la leçon commune *peractum*. Brotier, Lall. et Deux-Ponts ont fait de même.

Cap. xxvi. *Scinditur Nabaliæ fluminis pons.* Juste-Lipse a cru que ce pouvait être le Vahal; mais, comme le remarque Ferlet, et après lui M. Burnouf, Civilis s'était retiré de l'autre côté du Rhin, et Cerialis occupait l'île des Bataves, par conséquent les deux rives du Vahal. Brotier, d'après Alting, croit que c'est le canal de Drusus, mais Tacite ne l'appelle jamais *Nabalia*.

Ab illo cœpta. Comme on l'a vu, liv. iv, chap. 13.

Flaccus præsens. Voyez encore, iv, 13.

Flavianus in Pannonia. Sous-entendu *moverunt*. Ainsi l'on peut croire que la phrase est complète. Ici finit ce qui nous reste des Histoires de Tacite, qui comprenaient encore un espace de plus de vingt-six années. Civilis s'étant soumis, la guerre cessa dans la Germanie inférieure vers la fin de l'automne. Jérusalem avait déjà succombé. L'année suivante, Vespasien ferma le temple de Janus pour la sixième fois depuis la fondation de Rome.

FIN DES HISTOIRES.

ERRATA.

Page 10, ligne 7 : *supprimez* la virgule qui se trouve après *nec*.

20, ligne 14 : *supprimez* la virgule après *ultionem*, et ajoutez-la à la ligne suivante, après *referentes*.

32, ligne 22 : au lieu de *rapienti*, lisez *rapiendi*.

45, ligne 7 : au lieu d'*empéchés*, lisez *empéchées*.

82, ligne 1 : au lieu d'*exitiosus*, lisez *exitiosius*.

86, ligne 20 : au lieu de *ne*, lisez *nec*.

206, ligne 9 : au lieu de *deciscunt*, lisez *desciscunt*.

240, ligne 3 : au lieu de *tentandi*, lisez *tentanti*.

——— ligne 7 : au lieu de *e quidam et Vitellianis*, lisez *et quidam e Vitellianis*.

240, ligne 14 : au lieu de *et transfugis*, lisez *e transfugis*.

278, ligne 28 : au lieu de *prosperus*, lisez *properus*.

320, ligne dernière : au lieu de *potentem*, lisez *petentem*.

324, ligne 16 : au lieu de *gerebant*, lisez *congerebant*.

——— ligne 17 : au lieu de *qui*, lisez *quia*.

354, ligne 12 : au lieu de *ac*, lisez *ad*.

VOYAGE PITTORESQUE AUX ILES HÉBRIDES,

avec un texte explicatif et vingt-cinq vues dessinées sur les lieux, par M. C. L. F. PANCKOUCKE, chevalier de la Légion d'Honneur, associé correspondant de la Société des antiquaires d'Édimbourg, de l'Académie d'archéologie de Rome.

Arès avoir traversé toute l'Angleterre, visité Édimbourg et les lieux voisins, si bien décrits par le chantre de la Dame du Lac, qu'ils nous sont mieux connus que les environs de nos villes, nous avions le plus grand désir de nous rendre à Staffa, ce palais gigantesque d'Ossian, placé par la nature au milieu des flots de toutes les tempêtes d'une mer dont le courroux s'apaise rarement.

Nous nous étonnions que Walter Scott n'eût pas aussi décrit cette île extraordinaire, et qu'un peintre si habile, dont la touche magique a embelli des lieux qui n'ont souvent de remarquable que les tableaux du poëte écossais, n'eût placé aucune de ses scènes ni à l'île de Sky, dans son immense grotte d'albâtre, ni à l'île de Staffa, près de ses noires colonnes de basalte, ni à l'île d'Iona, si célèbre par la retraite de saint Colomba, par son université, par son abbaye et par les sépultures de tant de rois ; Iona, qui servit de refuge et d'asile aux sciences et aux lettres, lorsque les Barbares, sortis des forêts de la Germanie, bouleversaient la Gaule, l'Italie et l'Angleterre..... (Extrait de la *Description de Staffa*.)

ILE DE STAFFA

AVEC UN TEXTE ET UNE DISSERTATION MINÉRALOGIQUE SUR LES BASALTES.

En trois livraisons.

1re LIVRAISON.

Un Frontispice imprimé sur la couverture.
Une carte générale du Voyage.
Pl. 1. Vue de l'île, prise à une lieue en mer.
2. *Idem*, à peu de distance.
3. Fauteuil de Fingal.
4. Intérieur de la grotte.

2e LIVRAISON.

5. Vue prise du fond de la grotte.
Pl. 6. Presqu'île de Boo-Sha-la.
7. Plateau supérieur de l'île.
8. Vue générale de la marée montante.

3e LIVRAISON.

9. Vue du côté du grand Océan.
10. Vue de l'île au soleil couchant.
11. Coupe et mesure de la grotte.
12. Configuration de dix prismes basaltiques.

ILE D'IONA, SON ABBAYE, SES TOMBEAUX, avec un texte. — *En une seule livraison de quatre planches.*

ILE DE SKY ET SA GROTTE D'ALBATRE, avec un texte. — *En une seule livraison de cinq planches.*

ILE DE LA DAME DU LAC, avec un texte. — *En une seule livraison de quatre planches.*

Le Voyage pittoresque sera complet en six livraisons, qui paraîtront dans l'année 1831 ; elles renfermeront vingt-cinq planches et une carte itinéraire.

Il sera mis au jour une livraison de mois en mois, à partir du mois de mars. — Le prix de chaque livraison est de HUIT FRANCS.

La première livraison de Staffa est en vente

Chez l'ÉDITEUR, RUE DES POITEVINS, N° 14.

www.ingramcontent.com/pod-product-compliance
Lightning Source LLC
Chambersburg PA
CBHW050249230426
43664CB00012B/1883